有效教学的技能与艺术

主　编　吴洪成

副主编　　秦俊巧

天津教育出版社

内容简介

　　有效教学的核心是教学的效益,而"学生"又是教学的核心,有效教学的目的则在于达到学生的全面发展。由此可见,只有从"学生"这一根源抓起,立足于学生本质基础之上的教学技能与艺术才能真正实现有效教学。

　　本书即从教育对象,也是教育主体,具有生命性和社会性的不断发展中的学生出发,抓住学生的本质和特性(生命性、社会性、教育主体、教育对象、发展性、人),从根源找起,找出了符合各个特性的、促进学生发展的有效教学的技能和艺术,具体分为六章来叙述,分别为:关注"学生生命性"的有效教学技能与艺术、培养"学生社会性"的有效教学技能与艺术、立足"教育主体"的有效教学技能与艺术、定位"教育对象"的有效教学技能与艺术、注重"发展性"的有效教学技能与艺术、借助"人类语言、文字"的有效教学技能与艺术。

图书在版编目(CIP)数据

有效教学的技能与艺术 / 吴洪成主编.—天津:
天津教育出版社,2010.5
ISBN 978 - 7 - 5309 - 6045 - 5

Ⅰ.①有… Ⅱ.①吴… Ⅲ.①中小学—教学研究
Ⅳ.①G632.0

中国版本图书馆 CIP 数据核字(2010)第 067495 号

有效教学的技能与艺术

出 版 人	胡振泰
主　　编	吴洪成
责任编辑	强　华
出版发行	天津教育出版社
	天津市和平区西康路 35 号
	邮政编码 300051
经　　销	全国新华书店
印　　刷	北京市燕鑫印刷有限公司
版　　次	2010 年 5 月第 1 版
印　　次	2013 年 7 月第 3 次印刷
规　　格	16 开 (787×1092 毫米)
字　　数	319 千字
印　　张	13.5
定　　价	26.00 元

前　言

　　教学是教育的核心及主体部分，其历史悠久，学校的产生是人类教育制度化的飞跃，掀开教育历史的崭新篇章。从此，通过教育延绵文明、创新科技，繁荣学术思想，培养人才，以服务于社会的任务，就天然而神圣地成为了学校的职责。学校这种特殊教育机构也就成了社会制度的重要组建部分，日益受人关注。学者考察、探讨教育思想、理论及学术命题，改革教育以实现社会目标及理想政治，重构教育制度，也纷纷将目光焦点投向了学校。如何使教育有效、高质、经济、优化，实现人性的涵养与社会发展统一，这是一个亘古而又常新的命题。由于教学与教育的内在沟通及本质统一，于是上述思索的学理便合乎逻辑地转向了教学。教学的课题很大，领域宽广，涉猎众多的分支学科及专业领域，我们只选择了"冰峰"之一角，讨论教学有效性的技能与艺术问题，并希望以此来带动或反映教学理论与实践的某些内容，表达我们的认识。

　　中国的《学记》认为要"善教"，其文曰："善歌者使人继其声，善教者使人继其志。其言也，约而达，微而臧，罕譬而喻，可谓继志矣。"① 汉代大思想家、教育家董仲舒在《春秋繁露·玉杯》中称："是故善为师者，既美其道，有慎其行，齐时蚤晚，任多少，适疾徐，造而勿趋，稽而勿苦，省其所为，而成其所湛，故力不劳而身大成，此之谓圣化，吾取之。"② 由此可见，中国从古至今都在探索教学有效性的技能和艺术。

　　究竟如何做到有效教学？不同的学者所持观点不同。有的学者注重教师在教学过程中的主导作用，认为要给学生一碗水，教师首先要有一桶水，只有学识深厚、知识渊博的教师才能在课堂有限的时间内传授给学生更多的知识，提高教学的效率。有的学者则认为活动教学可以增强学生的实践能力，以最高的效率和质量促进学生的发展。持科学观者以科学主义的思想方法注重教学的先后顺序、知识的内在逻辑；持艺术观者以人文主义的思想方法注重教学场景的创设、学生心理的放松等。

　　诸家学派，论说纷纭，难以适从。我们认为要真正回答和解决"如何做到有效教学"这一问题，关键要认真分析"学生"这一教学核心和目的。有效教学的目的在于达到学生的全面发展，只有真正促进学生身心不断进步和完善的教学才可以称得上有效教学。所以，只有从"学生"这一根源抓起，立足于学生本质基础之上的教学技能与艺术才能真正实现有效教学。反之，如若对学生的本质没有深刻清晰的认识，则找不到真正利于学生发展和进步的教学技能和方式，甚至背道而驰、南辕北辙。因此，本书作者始终谨记"学生"这一核心和目的，万变不离其"根"，在深刻分析并研究现代教学理念、教学实践及其教学现状的基础之上，构建有效教学的技能和艺术，力求做到"学生为本"、"和谐发展"。

---

① 孟宪承，孙培青. 中国古代教育文选 [M]. 北京：人民教育出版社，2003. 96.
② 顾树森. 中国古代教育家语录类编（下册）[M]. 上海：上海教育出版社，1983. 23.

学生是一个个活生生的生命，是处于社会中的不断发展着的一分子，是教育主体，又是教育对象，多种特性和角色辩证统一于教学环境中；教师只有深谙生命的特性、社会的思想，把握教育主体和教育对象两种角色的合理向度，正确运用人类特有的工具，才能真正探寻到适合学生本质和规律的教学技能和艺术。由此，本书根据学生的本质（生命性、社会性、教育对象、教育主体、发展性、人），从各个方面分别探讨了关注"学生生命性"的有效教学技能与艺术、培养"学生社会性"的有效教学技能与艺术、立足"教育主体"的有效教学技能与艺术、定位"教育对象"的有效教学技能与艺术、注重"发展性"的有效教学技能与艺术和借助"人类语言、文字"的有效教学技能与艺术，并结合很多具体案例，旨在探寻真正适合学生发展、利于学生成"人"的教学方式和方法，从而最大限度地实现我国当前教学改革及实践高质、有效与优化的发展。

　　当前我国高扬素质教育大旗，理论研究与实践推行一样，都轰轰烈烈。新课程改革风云再起，浪涛汹涌，是新时期的一场教学革命，对悠久而稳固的教学观念的冲击难以描述。但其中的核心与灵魂仍在学生的发展，关怀的中心之一在于教育的有效高质。此时，上述构思及选题便富有了时代意义及现实功能，而与此同时，本书的写作也渗透以上两股教育浪潮的信息资源及价值理念，使得问题的思考居于教育发展趋势的前沿。这是我们的心愿，但不敢妄测在多大程度上实现，留给读者反馈评议吧。

吴洪成

2010 年 3 月 9 日于

河北大学

目 录

第一章 绪 论

　　教学是最基本的教育学和教学论概念,也是一个基本的学校日常用语。任何一位教师或学生未必能说得出教学的概念,但一点也不影响他们的日常教学和学习。教学是一种目的性很强的活动,通过教与学的互动使学生掌握知识,习得技能,发展智力,形成态度和相应的品质。在过去很长的时间里,一个教师最值得珍惜、能够反映和代表他教学生涯的价值及一生教学最宝贵的财富就是他的教学经验。凡在教学岗位上取得令人瞩目的成绩的,真正被大家所接受的优秀教师,基本上都是立足于个体优秀的教学实践。时代发展到今天,中小学教学改革虽经长时期艰苦探索,但传统教学的固有体系仍成为阻碍创新型人才培养和教学改革的内在障碍。过去人们常说教学有法但无定法。所谓教学有法,就是教学要遵循基本的规矩。但最重要的还是要追求教无定法。教无定法,就是要求教师要大胆创新,要进入自由、艺术和具有教育智慧的境界。近年来,关于教学和生命的关系的探讨又成为教育理论界研究的热点问题之一,那就是教学活动是一个充满生命力量的和谐生态有机体,教学过程与个体生命成长过程相伴随,教学必须彰显生命的本来意义。

第一节　有效教学的内涵

　　在学生的生命成长历程中,从幼年到青年有十余年的光阴在校园中度过,随着职业技术教育的发展,高等教育大众化的比例攀升,在校学习的时间还在延长。世界各国教育改革大潮趋势,已经从教育量的扩张或面的延伸走向内涵深化或质的诉求,这就需要从克服教学中低效、陈旧及费时的弊端入手,在力主经济化、优化教学活动的同时,渗透素质教育理念,实现学生生长与社会利益双向兼顾的有效教学活动模式,而从教学起点及归宿而论,只有洋溢着鲜活的生命特征的教学才是名副其实的有效教学,它才能真正搭建起一座师生共同学习共同成长的平台,在自由和民主的氛围中实现教与学的相辅相成、彼此促进,从而达到个体发展与社会需求的双丰收。

一、教学

　　对教学这一概念的理解,人们仍有不同的见解,分歧较大,由于教学不是瞬间、短暂的行为,而是周期性的活动,其作用及效果都需要在一定时限内积累及渐进,因此又有教学过程这一相联系的术语。本章限于篇幅,不再例举及辨析。此处引用当代教学理论家,我青年时代在浙江大学教育学院求学时本科与研究生阶段的业师董远骞教授的观点,作为本书的基本认识及逻辑起点,他说:"教学是通过教师的指导启发和学生的积极学习,使学生逐步掌握系统科学知识技能,并在此基础上发展学生的认识能力的过程;在这过程中,交织着培养共产主义思想品德和发展体力的活动。它主要是认识活动的过程,还有情感和意志活动的过程。如果用一句话来说明,那就是:教学过程是以系统科学知识技能的教学为基础,促进学生的全面发展的过程。这就是教学过程的特点和本质。"[1]在上述定义内涵规范背景下,对有关教学的若干问题略简析,并在此基础上围绕有效教学的技术与方法层面依次设计展现、构

---

[1] 董远骞. 教学原理与方法[M]. 北京:人民教育出版社,1993.26.

建本章，尤其是本书的结构体系及内容思想。

（一）教学的意义

教学是教育目的规范下的、教师的教与学生的学共同组成的一种实践活动。在我国，教学是以知识的授受为基础的，通过教学，学生在教师的有计划、有步骤的积极引导下，主动地掌握系统的科学文化知识和技能，发展智力、体力，陶冶品德、美感，形成全面发展的个性。所以，教学是学校实现教育目的的基本途径。[①] 教学在学校工作中居于十分重要的地位。教学是解决个体经验和人类社会历史经验之间矛盾的强有力工具之一。作为一种专门组织传递人类知识经验的活动，它能简捷地将人类积累的科学文化知识转化为学生个体的精神财富，使他们在短时间内达到人类认识发展的一般水平。通过教学，不仅促进个体实现社会化的进程，而且使人类文化一代代继承发展。因此，教学是社会历史经验得以再生产的一种主要手段。教学为个人全面发展提供科学的基础和实践，它扩大了个体的认识范围，赢得了个人生命体在知识、技术、能力及智慧方面的增长，在统一的过程中实现德、智、体、美、劳诸方面的和谐发展，成为社会生产力的最活跃力量，科技及社会文明的创造者。学校工作应该坚持以教学为主，建立正常的教学秩序，保证全面提高学校教育的质量。

有效教学从属于教学，是教学总概念的属概念，但却是教学的核心及精华，在一定程度上超越了普遍意义教学的观念及要求，这是基于对以往教学中繁琐、机械、无序、沉闷及由此导致学生畸型、异化、个性压抑、生命力缺失的一种否定，是对教学社会性的追求及生命化的张扬。

（二）教学原则

教学原则，是根据一定的教学目的和对教学过程规律的认识而制定的指导教学工作的基本准则。教学原则是有效进行教学必须遵循的基本要求，它规范着教师的教与学生的学。教学原则既有历史继承性，也随着教学目标、理念的变化以及教学经验的积累而有所变动。我国当今实践有效教学的教学原则主要包括如下六条：

1. 理论联系实际原则。教学过程中教师与学生的协作，共同进行的系统知识技能的授受活动，主要基于人类社会已经获得并已加工整理的科学技术与文化，以科目、学科及教材为基本方式呈现，属于间接经验。无疑，这对于人类社会的历史发展及学生的成长是重要而必须的，但这同时就会导致教学中的知识与应用脱节、理论与实际疏远、学校与社会无法有效接轨，这就要求教学活动应谋求实现知识与经验结合，理论与运用统一，学校与社会沟通，并加强操作与动手能力培养。同时教学活动中，教师与学生是双向沟通的，教与学，是施与受的过程，唯有了解、摸清每个学生的性格和兴趣所在，才能充分激发他们的学习兴趣，调动他们对学习的主动性。

2. 直观性原则。这一原则是指在教学中，教师通过实物、演示、活动、情境创设及形象描述，使学生形成对所学事物、过程的清晰表象，丰富他们的感性认识，从而使他们能够正确理解书本知识并发展认识能力。

3. 启发性原则。这一原则是指教学中通过调动学生学习的主动性、积极性，激发其内在的潜能欲望及探求心理，师生讨论，设疑置难，在活跃而充满理性的氛围中实现教学目标要求。进行启发性教学时，要像"知时节"的春雨，只要需要即可发生，也就是说启发要及时。而要做到启发及时，就要注意创设"愤"、"悱"的情境。通过必要的设疑、铺垫等一系列的启发、诱导，把学生带入"心求通而未通，口欲言而未能"的境界，即孔子在《论语·述而》中所称

① 王道俊，王汉澜．教育学［M］．北京：人民教育出版社，1999．178．

的："不愤不启,不悱不发,举一隅,不以三隅反,则不复也。"[1]这时候,学生注意力高度集中,思维活跃,而教师只要抓住其本质稍加点拨,启发的效果就会更明显。

4.巩固性原则。巩固性原则是指教学要引导学生在理解的基础上牢固地掌握知识和技能,并长久地保持在记忆之中,能根据需要迅速再现出来,以利于知识技能的运用以及为后续的学习发展做准备。因此教师要引导学生深刻理解知识内涵、逻辑关系、纵向联系及横向沟通,同时要引导学生把理解知识与巩固、记忆知识联系起来。

5.循序渐进原则。循序渐进原则是指教学要按照学科的逻辑系统和学生心理阶段水平特点及认识发展的顺序,使学生系统地掌握基础知识、基本技能、形成严密的逻辑思维能力及其他心理能力。因此,在教学中贯彻循序渐进原则,既有学科知识、专业技能的衔接顺序,结构图式的线线贯通的体例,也有学生在不同年龄阶段的记忆、思维、观察、想象、甚至言语等诸种能力的序列及程度,还包括由浅到深、从简单到复杂,从低谷到高峰等哲学认识论意义的顺序等三方面"序"交叉结合的教学过程。

6.因材施教原则。因材施教原则是指教师在课堂教学面向全体的背景下,从学生的实际情况、个别差异出发,有的放矢地进行有差别的教学,使每个学生都能扬长避短,获得最佳的发展。在这个系统中,教师的教既面对全体又要关注个体,这就需要教师对学生的性情及其他状况予以充分的了解。

教学原则是有效进行教学必须遵循的基本要求。教师的教与学生的学,若能善于正确、灵活地运用教学原则,结合学生自身的个体差异,就能有效提高教育教学质量。

(三)教学理念

教学理念是关于教学思想、理论的结晶浓缩及高度概括,并带有前驱、正向及内在精神的意蕴,是教育者对教学和学习活动内在规律认识的集中体现,同时也是人们对教学活动的看法和持有的基本的态度和观念或从事教学活动的信念。现代意义正确或合理的教学理念对教学活动有着极其重要的指导意义。我国的教学理论源远流长,但陈旧的教学观念也根深蒂固。传统教学观最大的弊端就是把学生放在一个从属和被动的地位,这与现代社会的发展已不相适应。

当前中小学课堂中经常出现背着沉重书包的"我",不敢回答问题的"你",被空洞的说教训练的"他"。对此,每一个关心教育的人不禁要问,这就是所谓的教学?当有学者高呼"把课堂还给学生,让课堂充满生命活力"的时候,新的教学理念开始在教育领域萌发,"主动、探究、合作"这三个关键词为新课程改革背景下的教学理念注入了新鲜的活力,其基本内容在于:民主平等的教学,沟通合作的教学,自主探究的教学。一句话,就是促进学生全面和谐发展的教学。这正是新课程改革的基本出发点和理想追求。现代新的教学理念应摆脱"应试教育"扭曲的评价制度,鼓励学生不断地超越自我,尊重学生人格和个性的独立和尊严,建立适合每个学生发展潜能的评价标准,真正体现"以学生为本"的教学理念。下面的案例是苏教版小学数学《统计》(第一册第76—77页)的教学内容设计:

一、创设情境,激发兴趣

1.出示白雪公主图像,讲《白雪公主》的故事……巫婆对白雪公主下了魔咒,把她关在了一座神秘的城堡里面。

2.同学们愿意去寻找白雪公主,把她从城堡里救出来吗?那我们就出发吧!

(点评:情境引入是课堂教学的起始阶段,目的是通过创设一定的情境,帮助学生主动地

---

[1] 孟承宪,孙培青.中国古代教育文选[M].北京:人民教育出版社,2003.24.

投入到学习过程中去。依据低年级学生喜欢生动形象的感性事物和争强好胜的特点,创设救白雪公主这一故事情境,充分激发了学生的学习积极性。)

二、情境之中,探究新知

(一)简单的统计图

1.(出示三座城堡)这儿有三座城堡,左边是红城堡,中间是蓝城堡,右边是绿城堡,白雪公主到底关在哪一座城堡里呢?这儿有一个魔盒,魔盒里装了花片,哪一种花片最多,白雪公主就被关在哪一种颜色的城堡里。

问:用什么办法知道盒子里哪种花最多呢?

2.讨论交流:

板书:分一分,排一排,数一数

3.教师分类贴花片。

4.现在从图中能清楚地看出哪种颜色的花片最多吗?(绿花)

5.小结:刚才我们通过分一分,排一排,数一数就清楚地知道了盒子里绿颜色的花最多,这就是今天我们这堂课要学的统计。

(出示课题:统计)

(点评:新课程标准中指出:"数学教学应该是从学生的生活经验和已有知识背景出发,向他们提供充分从事数学活动和交流的机会。"教师以"用什么办法知道盒子里哪种花最多呢"这一问题为切入点,自然引出"各种花各有多少朵"这一涉及统计的问题,使学生感受到调查统计活动的目的意义,从而产生统计的愿望。)

(二)简单的统计表

1.通过统计,现在我们知道白雪公主被关在哪一座城堡中了?(绿城堡)让我们进入绿城堡看看,这是一座大房子,里面有三间房间(房间的门分别是□、○、△),要知道白雪公主被关在哪一间房间里,必须先统计□、○、△的个数,哪一种图形最少,白雪公主就关在这种门型的房间里面。

2.小组合作统计并做完表格。

	△	□	○
个数	( )个	( )个	( )个

3.汇报统计情况。

4.从表中能看出白雪公主关在哪种门里面吗?为什么?

5.现在我们知道白雪公主就在○门的里面,让我们一起打开门。瞧,白雪公主!

(点评:"成功的快乐是一种巨大的情绪力量。"课堂上教师能多给学生一些主动参与、合作学习的机会,使他们更多地体验成功的喜悦。)

三、巩固应用,发展能力

1.白雪公主为了感谢小朋友,想请大家吃水果呢。它来到水果店一看,呀,这里的水果又多又新鲜,有苹果、梨、西瓜、桃子、草莓,(边说边在黑板上依次出示各种水果图片)可是呀,它不知道小朋友最喜欢吃什么水果,哪些要多买一些点,哪些要少买一点,该怎么办呢?

2.以小组为单位统计。(完成以后把统计表贴在黑板上)

3.以班为单位请一位学生统计。

4.师生一起汇总统计全班小朋友吃水果情况。

5.问:从这张表中你知道了什么?可以提出哪些数学问题?

（点评：每一个学生都是富有个性、极具潜力的思维主体，关键是我们的教学有否为学生创设一个宽松和谐的学习环境。开放性的问题——"你知道了什么？""可以提出哪些数学问题？"都鼓励学生自主探索，畅所欲言，有效地锻炼了学生的发散思维，一次又一次引领着学生进入创新思维的海阔天空。这一环节的教学，也体现了教师的教学设计由"给出知识"转向"引起活动"；教学目的由"完成教学任务"到"促进学生发展"。）

四、课堂总结，学以致用

1. 今天这节课你有哪些收获？你还想统计什么？

2. 今天，大家和白雪公主玩得很开心，她也该走了，让我们一起和她告别，白雪公主，再见！小朋友，再见！①

这一教学案例贯穿了师生交往合作，联系学生生活，结合学生性情、心灵的特点，采用开放性、生动活泼的组织方式，使学生在活动中发挥主动性。因此，极富现代教学意蕴。

二、有效教学

近年来，随着我国新课程改革的深入发展，提高教学的有效性再次成了人们议论和探索的焦点。尤其可喜的是，许多一线的教师正积极投入探索，但从研究成果到实际应用的实效来看，仍然不理想。因此，在新的形势下，我们必须对有效教学作出符合新课程理念的科学阐述。自学校教学活动组织之日起，教育实践者和教育研究者就不断孕育、萌生和形成了有效教学思想。中国的《学记》认为要"善教"，其文曰："善歌者使人继其声，善教者使人继其志。其言也，约而达，微而臧，罕譬而喻，可谓继志矣。"②汉代大思想家、教育家董仲舒在《春秋繁露·玉杯》中称："是故善为师者，既美其道，有慎其行，齐时蚤晚，任多少，适疾徐，造而勿趋，稽而勿苦，省其所为，而成其所湛，故力不劳而身大成，此之谓圣化，吾取之。"③这里明确提出教学要达到"圣化"的境界。上述内容证明我国很早就有有效教学思想。国外的有效教学思想更为系统，前苏联教育家、心理学家维果茨基主张好的教学是促进学生的发展，巴班斯基主张教学要适应学生，讲究学习艺术。他提出的最优化教学思想是有效教学思想发展的重要里程碑。"教学是科学还是艺术"的争论和共识为有效教学奠定了思想认识基础，进一步推进了有效教学思想的发展。④ 教学既不能受科学限制而呆板僵化，也不能过分强调艺术性而违背教学规律，这也是教育工作者的理想追求。

（一）有效教学的涵义

学界对有效教学的阐释存在着学术的争鸣，这是民主、宽松环境下学术对话、交流的正常状态，有利于理论和实践向合理的方向发展。无论教育思想如何更新，教学内容如何改革，教学组织及方式方法怎样重组及实验，最终都要落实在教学效果上。可以说，教学有效性的追求是课程与教学改革的基础和归宿。因此，随着新课程改革（从目标设计到组织实施）的深入发展，有效教学的理解和阐释必须适应时代的步伐。有效教学并不简单等同于高效教学，而是随着课程目标发展变化而变化的动态系统。在总结前人研究成果的基础上，并根据当前有效教学的实践活动，认为有效教学是师生遵循教学活动的客观规律，以最优的速度、效益和效率促进学生在知识与技能、过程与方法、情感态度与价值观"三维目标"上获得整合、协调、可持续的进步和发展，从而有效地实现预期的教学目标，满足社会和个人的教育

① 《统计》教学案例与评析，http://ffkj.net/FanSi/ShuXueFS1/3121.html
② 孟宪承，孙培青．中国古代教育文选[M]．北京：人民教育出版社，2003.96.
③ 顾树森．中国古代教育家语录类编（下册）[M]．上海：上海教育出版社，1983.23.
④ 吴洪成．现代教学艺术的理论与实践[M]．石家庄：河北人民出版社，2009.9—10.

价值需求而组织实施的教学活动。有效教学是每一位教师应追求的最高境界,即高质、高效,让学生充满梦想和希望的教学。

17世纪上半叶捷克教育大家夸美纽斯在《大教学论》一书的扉页上就指出,该书的主题是"把一切事物教给一切人类的全部艺术",写作此书的主要目的在于"寻求并找出一种教学的方法,使教员可以因此少教,但是学生可以多学"。[①] 他倡导的班级授课制提出了新的教学有效观,即在一定的教学投入内更好地满足学生的学习需求,能理想地促进学生发展的教学。当今时代,轰轰烈烈的教育变革仅使传统的教师角色发生了根本性变化,而且对教学中所蕴涵的创造与生命的认识日益凸显。

瑞士民主主义教育家裴斯泰洛齐通过教学实验,深入地探究了教学方法问题,创立了"要素教育"的理论。他认为,人的感觉是建立在简单的要素之上,从简单的要素过渡到复杂的要素,把简单的要素搞清楚了,那么最复杂的感觉印象也会变得简单明了。要素教育从它的本质讲是要求普遍的简化的方法,使教学方便易行,简洁明了。这种学说客观反映近代工商业发展,要求扩大教育对象的普遍趋势,力图摆脱陈腐的、烦琐的经院主义教育方法,使"教育过程心理化"。[②]

前苏联著名教育家巴班斯基在1980年提出了教学最优化的理论,要求把教师的教学最优化与学生的学习最优化紧密融合在一起,使师生活动协调统一。其核心理念是指在一定条件下,既取得最大可能的教育教学效果,而师生又只花费最少的必要时间。这也就是说,教学最优化有两个标准,即每个学生于一定时期内,在知识、技能、思想和发展方面达到的水平;另一个是时间标准,即师生遵守学校有关规定的课堂教学和家庭作业的时间定额[③]。显然,这与有效教学意见一致。

美国杰出教师教育专家阿兰兹所著的《学会教学》一书采取的观点是:教育的最终目标是帮助学生成为独立的、自律的学习者。有效教学有其底线,即教师应当是有知识的,对自己教授的科目能够掌握,并且关心孩子和青年一代的幸福。它也要求教师要有成果,主要是指学生的学业成就和社会学习。

上述可见,有效教学是带有普遍意义及独立思想的永恒命题,也有漫长的历史积淀。在新课程改革的背景下,有效教学的本质和内涵有了进一步的发展,人们关注的是教学效益,即教学能否满足社会对人才的需求,对个体主体价值的实现,满足学生个体生命的持续发展。

(二)有效教学的原则

有效教学的原则即我们进行有效教学实践活动所依据的基本准则。有效教学的核心是在一定时期内以及相对量的人力、财力消耗前提下能够如愿地促进学生真正的成长,包括知识、能力、情感及创造力的培养,从而让学生身心获得全面健康的发展,为此需要明晰如下总体的要求,即原则:

1. 激励原则。有效教学的激励原则是指教师要通过分析学生的学习需要,明了学生的学习动机,采取有效的激励手段调动学生的积极性、主动性和创造性,使学生产生最大的学习动力,从而推动教学活动持续有效地进行。根据人本主义心理学的早期代表人物、美国心理学家马斯洛创立的需要层次理论,人至少有五种基本需要,即生理、安全、归属与爱、尊重

① [捷]夸美纽斯(傅任敢译). 大教学论[M]. 北京:人民教育出版社,1984.3.
② 吴式颖. 外国教育史简编[M]. 北京:教育科学出版社,1991.194-195.
③ 李秉德. 教学论[M]. 北京:人民教育出版社,1991.98.

以及自我实现。这些需要相互联系,排成一个优势层次,其中占优势的需要支配着意识,积极推动有机体的各种能量,而对学生来说占优势的需要是尊重和自我实现,对于这两种需要最佳的管理方法应该是激励。正像一句西方谚语所说:"你可以把一匹马牵到河边去,但你不能使其一定要喝水。"同理,恰当的课程和好的教学虽然非常必要,但不能充分保证学生学好。如果教学不能激励学生,使学生参与,就不能到达预期的目的。教学要做到有效激励,需要教师把握不同学生的学习动机,对症下药,施以相应的激励手段。在教学过程中应对学生学习活动的结果给予客观公正而又有层次差异的评价,并对每个学生满怀希望。教师要指导学生对学习行为和结果进行正确归因,并通过不同的强化手段给予行动导向。

有这样一个故事:某班一学生在期中考试时,语文只得了 59 分,他急中生智,找到语文老师,请求把他的作文加上 1 分,老师和颜悦色地说:"我可以把你的成绩改为 60 分,不过这 1 分不能白借,是要还利息的,借 1 还 10。期末考试,我会从你的考分中扣下 10 分,你愿意吗? 他迟疑了一下,终于答应。结果期末考试,学生语文得了 81 分,老师扣下 10 分,净剩 71 分,皆大欢喜。这位语文教师用巧妙的激励法达到了良好的教学效果。①

2. 目标原则。学校的教育教学工作是有目的、有意识的复杂实践活动,目标及规格体现了教育的刚健有为与积极干预力量。这里的关键词是教学目标思想,它是指教学中师生预期达到的学习结果和标准,在方向上对教学活动设计及实施起指导作用,并为教学评价提供依据。无论哪门学科的教学都是一项有计划、有目标的活动,纵观当今许多课堂教学实践,不难发现存在有教学目标淡化,课堂气氛表面热闹,学生却收获甚少的现象。因此有效教学理想的到达,需要遵循目标原则。美国当代教育家布鲁姆指出:"有效教学始于准确地知道需要到达的教学目标是什么。"②所以,有效教学要以明确具体的教学目标作为教学的导向,使整个教学活动始终置于教学目标的控制下进行,使师生双方在教学过程中均有方向感,教学结束时均有达标感,这样就可避免传统教学由于目标模糊不清所带来的随意性和盲目性。有效教学中实施目标原则首先表现为设立正确的教学目标,然后以教学目标为准绳,全面开展目标教学。同时要学会用观察、谈话等方法对情感、态度、价值观方面的目标分别进行的评价。

一位教师在教学"中位数和众数"(北师大版教材)时是这样引用的:有一个农村小伙子王强要到城里打工,他看到一家超市在招聘工作人员。招聘公告上写着(课件出示):本超市招收工作人员若干名,月平均工资 1000 元,有意者请于本超市联系。王强想,条件不错嘛,我得去应聘。最后,王强被选用了,他非常珍惜这份工作,很勤奋地干,一个月很快就过去了,他满心欢喜准备领工资,没想到工资一发下来,一数怎么才 600 元,王强想不是说平均工资有 1000 元吗? 我得去问清楚。他就去找超市领导,超市副经理拿出了超市工作人员的工资表。王强算了算工作人员的月平均工资确实是 1000 元。

师:看到这里,我想请同学们讨论一个问题:月平均工资 1000 元能不能反映超市员工每人的月工资? 为什么? 学生在讨论的基础上初步理解到平均数并不一定能反映一组数据内的个别数。于是就产生了这样的疑问:什么样的数是平均数? 它与数据组内的个别数有什么关系?

在此基础上教师引出课题。③

---

① http://www.chinaeduc.com/zonghe/daodu1.asp? id=2195
② 有效教学的"五条原则",http://www.cqvip.com/qk/85928X/200823/29091273.html
③ 韩四清.教育实践与研究[J].河北省教育科学研究所,2009.43.

上述教例中教师把现实中的问题与数学知识有机地联系起来,将生活材料数学化、数学教学生活化,既有利于学生凭借生活经验主动探究,实现教学目标,又有利于让学生感受到数学就在身边,使原来枯燥乏味的数学有了"应用味",从而对数学产生浓厚兴趣和亲切感。

3. 参与原则。有效教学的参与原则是指教学要尊重学生的自主权,在民主、平等的氛围中,引导学生主动介入教学活动的决策、规划、实施等相关事项或环节,积极交往和互动,以达到师生之间、学生之间的情感共鸣,在沟通与协作中创造性地完成教学目标。本着高度的职业精神和教育挚爱,教师对每个学生负责,"让每个学生都抬起头来走路,不让任何一个学生掉队"。特别强调的是,不能让班上学业成绩较差的学生沦为陪读生,成为"被遗忘的角落"。教师要留心为他们创造能够获得成功和自尊的机会,使他们感到自己可以回答以往只有好学生才能回答的问题,获得基于快乐自信基础上愉悦的生命体验,从而更为积极主动地参与到课堂教学之中。以下是人教版三年级下册《妈妈的账单》一文的案例,细细读来,文章洋溢着浓浓的母爱亲情,一位优秀教师的教学片段至今都使我难以忘怀。

师:母爱是人间最圣洁、最高尚、最无私的爱。母爱是灿烂的阳光,炽热而光明;母爱是一条长长的路,无论你走到哪里,她都伴你延伸、顺畅;母爱是座高高的山,无论你遇到多大的困难,她都是你依靠的屏障。同学们,在你的心中,母爱又是什么呢?

学生沉思片刻后,发言热烈,妙语迭出。

生:有一天晚上,我翻来覆去睡不着,妈妈把我抱在怀里,轻轻地唱着摇篮曲哄我睡觉,母爱是悦耳的歌声。

生:我肚子饿了,妈妈为我烧好了可口的饭菜,我大口大口地吃着,而妈妈却在一边忙家务,母爱是可口的饭菜。

生:一个寒冷的冬天,妈妈脱下自己的大衣为我披上,自己却冻得瑟瑟发抖,母爱是一件保暖的大衣。

生:有一次,我数学考试考得很差,妈妈一道一道地给我讲解,我羞愧得不敢抬头看她,母爱是语重心长的教育。……①

这位教师用诗意的语言贴近学生的生活,挖掘学生的灵气,激发学生自主参与。此时的阅读已成为孩子的一种需要,一种享受。孩子们在享受生命的过程中收获了知识。

三、有效教学的特征

事物都是相比较而存在的,两个或以上客观对象的同异差别,往往要诉诸比较加以鉴别、区分。从这种意义上说,比较不仅是思维的内容,而且是研究的方法。有效教学的特征指有效教学的独特征象、标志等,即有效教学区别于低效、负效、无效教学的特质内容。笔者认为,有效教学的特征应是最符合有效教学的涵义,最有助于有效教学目标实现的思想因素,它是通过教师的具体教学行为来反映的。一般说来,有效教学具有以下特征,它们相互影响,相互制约,发挥着实现教育培养目标的整体效能。

(一)学生身心的全面发展

有效教学是促进学生发展的教学。这里的"发展"不仅是知识和技能,以及学习方法的获得,还包括学生的内在发展。日本著名课程专家佐藤正夫所讨论的教学价值与新课程中知识技能、过程与方法、情感、态度及其价值观是相通的。有效教学一定是三维目标的统一。这就区别了以知识为中心的教学,揭示出教学具有促进学生全面发展的普遍意义。因此,有

---

① 马振行. 河北教育[J]. 河北教育报刊社,2009.7.

效教学要充分发挥学生的主动性,体现以人为本,以学生为本的现代教育理念,充分挖掘和展示教学中潜藏的各种道德因素,使教学过程成为学生一种高尚的人生体验。教师要尊重和承认学生间存在着的个体差异,正视学生的独立性和可变性,为他们创造适当的教学情境,促进学生全面、和谐与健康的发展。

(二)师生双向互动交往

有关师生关系的理论以往主要有"教师中心论"与"学生中心论"两大系列,后来在讨论教学过程中师生地位与作用问题中又提出"主导主体说"、"双主体说"。由于它们涉及教学中主要因素价值力量的认识及实践命题,因此,迄今都在争鸣之中。显然,双向互动交往的思想源于课堂社会学中的角色关系及教学管理中的民主化模式建构思路,是当今教学过程的理论支撑之一。新课程改革的核心理念是"一切为了每一位学生的发展"。这就要求教师真正把学习的权利还给学生,把本属学生的思维过程还给学生,从而把学生的自主学习和教师的指导帮助在教学过程中有机和谐地统一起来,从教学内在结构的沟通对应中实现其有效性。若从生命化课堂构建观察,教师和学生都是教学过程的主体,是具有个体生命价值发展中的人,教师的教和学生的学和谐统一,分享彼此的思考,交流彼此的情感,并从平等和开放的对话中获得新的感受,在场景中获得知识及能力的构建和生成,从而实现教学相长和共同发展。

(三)教师为主导,学生为主体

在有效教学中,教师充分发挥着教学的主导作用,组织开展教学活动,调节和控制教学过程,开展教学评价。其间需要充分地激发学生的学习兴趣,引导学生积极参与,以最大可能地调动学生的主观努力及能动力量。建构主义教学观认为,学生通过积极建构学习新知识,而不是被动地接受或照搬获得的知识。学生作为学习的主体,运用已有的知识经验创造性地获取知识,构成自己个性的基本部分。有效教学不但要求学生学有收获,学有发展,而且也要求教师大胆探索师生彼此促进的教学思路,通过理论学习和实践反思不断提升专业成长水平。

(四)教学有效知识量高

知识教学的有效性是保证课堂教学有效的一个十分重要的条件。因为教学离不开系统科学知识与技能的传授与掌握,知识技能无疑是检测教学活动的重要指标,那种将知识与能力、智力与非智力因素对立起来与两者同等划一一样是站不住脚的。教学实践表明,教学的有效性仍然在较高程度上取决于教学的有效知识量。所谓教学的有效知识是指教学中学生真正理解并有助于其智慧发展的知识,是能提高学生有效知识的知识。任何知识,就其存在的价值,从发生学意义讲,都是有效的,但是,从教学论意义讲,教学知识可分为有效知识和无效知识两大类。科学的教学内容如果传授方法不当,不能与学生的认知发生实质的、有机的联系,教学的效果仍然可能很差甚至出现负效。教学效果在某种程度上取决于教学的有效知识量,而不是教学传授知识的多少和教学时间的长短。

(五)高效利用时间

高效利用教学时间,指教学时间利用的高效率,在单位时间内教学造成了最大的教学效果。"时间是教育王国的金钱,教育需要时间……教师用时间提供教学服务,学生用时间购买学习。"①很多研究表明,高效利用时间是有效教学的关键。在教学中,高效利用时间表现为:减少用于课堂管理、维护学习秩序的时间;实施启发性、探究式教学,精讲多练;教学活动最大程度地指向教学内

① 傅道春.教学时间的利用.http://www.jledu.com.cn/jyjxyj/view_content.asp? id=11&seq=8&c_seq=309

容的重点、难点或学生易于发生混淆及矛盾的地带;通过教学的生动有趣来激发学生的学习动机,增加他们的有效学习时间。

(六)预设与生成的辩证统一

有效教学是充分预设与动态生成的辩证统一。教学是有目标、有计划的活动,预设是教学的基本要求,为各种可能的生成做好充分的准备。为了达成教师预期的教学目标,选择最有效的教学策略,使教学具有最大的效益,是有效教学的基础条件。有效教学追求的就是让学生在最短时间内获得最佳的学习效果。但如果只讲预设,没有动态生成,不能根据教学实际作出灵活的调整和变化,很难满足学生的学习需求并促进学生的发展。教师要做教学智慧的创造者,精心预设,机智地对待教学中的动态生成,灵活地调整教学策略。教学过程的开放生成是教师在预设的教学基础上展开的。为此,教师要关注学生的学习情况,引进生理学反馈的思想或控制论中信息回路、结果调整设计过程及发端的意识,适时改变自己的教学思路,使教学过程成为一个个活的、流动的进程,一个充满着人的情感、有着审美的要求以及不完全在"预料之中"的探险过程。

四、有效教学的标准

如何提高教学质量和效益已不同程度地引起世界各国教育学者的重视,而且对有效教学的标准分析和研究也较多。当前关于有效教学的研究一方面注重社会性,而与此同时又体现个体的主体价值。有效教学的标准应当遵循新课程改革的基本理念,建立有助于促进学生发展,有助于教师反思与提高,有助于实现课程改革总体目标的评价模式与方法。作为最新的研究成果,反映国际教学研究方面一种发展的趋势与方向的有效教学标准值得我们借鉴和学习,对分析和研究我国课堂中依然大量存在的低效教学,改进课堂教学具有重要的意义。有学者对此作了颇有见地的探讨,发人深省,能引人思索。[①]

(一)师生共同参与创造性活动(Joint Productive Activity)**以促进学习**

在教学活动中,师生共同参与的创造性活动能使教与学的效果达到最大化,也就是说师生间的这种互动行为能大大增加教学交流,相互间能及时传递语言、意义与价值,让师生共同理解和发展知识,把学校的经验和日常生活联系起来。师生共同参与创造性活动是一个相当重要的有效教学标准。根据这个标准,为教师提供了若干的教学指导:1. 充分利用学生已有的知识和经验,通过启发、引导、讲解、示范等手段,与学生共同设计问题;2. 根据学生的兴趣、性格、能力等,积极鼓励学生采取小组合作学习的方式;3. 妥善安排班级座次,以便学生的相互交流、协同工作,给予学生自主学习和活动的时间;4. 允许学生与教师一起设计小组工作方案,共同面对所要解决的问题;5. 指导和帮助解决学生在学习过程中遇到的疑难和困惑,在互动中促进学生学习的动力。

(二)语言发展——通过课程发展学习者的语言,提高学习者素质(Developing Language and Literacy across the curriculum)

苏霍姆林斯基说:"教师的语言是一种什么也替代不了的影响学生心灵的工具。教学艺术首先是说话的艺术。"传统教学注重知识的传授,却很少注重语言能力的发展。语言是交流和交际的基本需要。如果语言能力的发展较低或者出现语言障碍问题,都会对交流和交际造成一定的影响。尤其对正在接受基础教育的学生来说,语言能力的发展显得不可或缺。在外语教学中,长期以来培养的"哑巴"英语学习者,更让我们意识到发展语言能力的重要性

---

① 张璐. 略论有效教学的标准[J]. 教育理论与实践,2000. 11.

和紧迫性。为了发展学生的语言能力,提高学生的素质,就需要做到以下几点:1. 引导学生谈论他们熟悉的话题,尽量鼓励学生把谈论的问题或话题说完整;2. 要改变传统的"满堂灌"的授课方式,尤其更要关注平时不爱说话或者性格内向,不爱表达自己的学生;3. 引导学生谈论时,要切合学生已有的知识和经验,鼓励学生分析和解决遇到的现实问题;4. 鼓励学生运用书面词汇表达他们的理解;5. 在教学活动中鼓励学生运用第一和第二语言。

(三)学习标准化——把教学与学生的真实生活联系起来,以此创造学习的意义 (Making meaning:Connecting school to students' Lives)

根据学生的背景知识发展其新的知识和技能,以此作为学校的日常教学目标是很有益的,教育理论家、行为主义者一致认为,与学生个人、家庭、社会经验相联系的学习才是有意义的学习。这就要求教学要从书本世界向生活世界回归,不但要把学生的知识、直接经验、生活世界看成重要的课程资源,发掘童心、童趣的课程价值,而且要鼓励学生对教科书的自我解读,尊重学生自我的个人感受和独特见解,使学习过程成为个性化的过程。如果知识教学能够切入学生的经验系统,那么知识就能转化为智慧。倘若知识教学不能切入激活学生的经验系统,那么知识就会蜕变为信息,而不能实现知识向个体精神世界的转化。在教学指导中,教师的教学应做到如下几点:1. 充分挖掘学生已有的知识和经验与当前学生要学的教学内容,指导学生理解和巩固新的知识;2. 尽可能地以学生已有的家庭、社区与学校经验为出发点,使抽象的书本知识与学生的日常和现实生活相联系;3. 根据学生所了解和熟悉的事物和现象,设计师生共同参与的有意义教学;4. 向家长提供机会,参与课堂教学活动;5. 开展丰富多彩的活动,充分发挥学生的特长。

(四)挑战性的活动——教学生复杂的思维技能,通过思维挑战发展学生的认知技能 (Teaching Complex Thinking)

对于那些面临教育失败的学生,我们通常认为是他们的能力有限。其实当前的评价工具还不够完善,学习标准也有所欠缺,这对于真正的学习都是障碍。为了防止学生的教育失败,需要提供有认知挑战的教学。它应该关注成长中的人的整个生命。教师不但要引导学生积极主动的学习,把学生看成是充满活力的人,更要在尊重学生个体差异性的基础上,尽可能地挖掘那些有趣的有意义的材料,发掘一些适合学生需要的挑战性活动。这不仅有利于学生主观能动性的充分发挥,而且有利于学生个性特长的发展和完善,有利于促进学生的全面发展。至于如何把握挑战的合宜性则是需要教师深思熟虑的。为此,教师应注意如下几点:1. 对学生的学习确立挑战性的行为标准;2. 教会学生复杂的思维技能,使教学从机械、沉闷和程式化的情境中摆脱出来,使师生的生命力在课堂中充分发挥;3. 联系学生的生活实践,帮助学生达到更复杂水平的理解;4. 对学生的学习有一个清楚的、直接的反馈。

(五)教学对话——通过对话进行教学(Teaching through Conversation)。交往是人类最基本的需要之一

交往意味着对话、参与和相互建构,它不仅是一种教学活动方式,更是弥漫、充盈于师生之间的一种教育情景和精神氛围。引用一句哲人的话:"一个苹果跟一个苹果交换,得到的是一个;一个思想跟一个思想交换,得到的是两个,甚至更多。"对话作为教学中交往的重要途径和形式,有利于创造良好的师生关系,挖掘学习者的知识、技能与价值。在对话中,教师与学生作为有生命的、具有平等地位的人,相互尊重彼此的独特个性,自由而持久地交换意见,共享不同的个人经历、人生体验,通过言谈和倾听的方式,达到师生之间的相互理解和沟通。教学对话也有助于激发灵感,产生新颖的观点、奇特的思路,从而增强思维的灵活性和广阔性,这样无疑提高了课堂教学的质量和效率。教师有关教学对话的意见如下:1. 确立

11

清晰的学习目标,与学生进行教学对话;2.教学对话要展示学生的观点、思维与判断;3.确保所有的学生都能参与交谈;4.对话并非越多越好,它的使用都必须服从于教学目的;5.指导学生准备一个产品,体现已实现的教学对话目标。

有效教学的五个标准决不是泾渭分明、自成一体的,而是相互交融,相互支持的。教学体现思想,不仅其内容、方法或管理、实践诸方面有深刻的观念意识,即使教学的某一领域部分也蕴涵相应的认识。有效教学的标准是关于有效教学衡量的依据,人们的构思、设计或有不同,无划定凝固之必要,但其间的教学导向及测评考核则有参照或路向的估量作用。从这个意义上说,上述标准虽然只是一家之言,却也有现代意义的渗透,并带有方法论的意向。

五、有效教学对师生的要求

教学的有效性问题,几乎贯穿于个别教学、分组教学、集体教学及课堂班级授课制乃至开放教学各种丰富多样教学组织形式中师生合作活动的整个生命历程,堪为学校教育永恒的话题。随着新课程改革的稳步推进,提高教学质量已成为当前教学的症结及难题。追求教学效益的最大化成为实施有效教学关键一环。但无论是在示范性学校的建设过程中,还是在基础教育课程改革的实践中,教学的有效性总存在着不尽人意之处。追求有效教学,是时代的呼唤,是教师专业成长的需要,是教学焕发生机与活力的契机,是基础教育教学改革的重大使命。教师和学生作为教学中的主体因素,有效教学必定是师生双赢的,它必须要求教师有效地"教"和学生有效地"学",促进师生之间、学生之间情感的传递,知识的共享和智慧的交融。以下作者从教师的教与学生的学两个相联又相异的维度,对统一过程中的两个侧面分别加以探讨。

(一)促进教师有效地"教"

从教学的结构因素及动态过程分析,有效教学是教师通过自觉探求,运用教学规律,成功引起、维持和促进学生自主、独立地学习,从而有效地达到预期教学效果的实践活动,属于符合教学规律、有效益、有效率的教学范畴。有效教学是提高学校教学质量的重要保证,教师是进行有效教学的启动者及设计师。这就会对教师能担负起有效教学的责职而提出所须具备的必要条件:

1.制定明确的教学目标。教学目标具有导向、激励、控制、评价等功能,一个表述恰当的目标具有以下两个基本特征:包含要求达成的具体内容的明细规格;能用规范的术语描述所需达到的教学结果的明细规格。按照教学活动的需要,可以从总目标递次分化为课程目标、单元目标、课程目标等不同的系列。[①] 教学的有效性总是相对于一定的教学目标而言的,一节课是否成功有效,首要条件是教师对教学目标的把握准确与否。教师的每一次决策,都是一次教育教学价值的判断过程,是在教师平衡各种内外因素、权衡各种利弊的前提下做出的。现实中,许多教师对教学目标的重要性认识不足,往往是对参考书上的课程标准加以整合,缺乏真正的内化与思考。教师对教学目标的确定必须精确恰当,全面贯彻新课程理念。教学目标要着眼于学生的发展和成长,我国的新课程改革明确提出要实现三维目标:知识与技能、过程与方法、情感态度与价值观,由以学科中心转向以学生的发展为根本,真正对知识、能力、态度进行有机整合,体现了对人的生命存在及其学生综合发展的整体关怀。这样,既有利于激发学生对学习内容的期待和达成学习目标的欲望,调动学生学习的积极性和主动性,又有利于教师对学生的学习活动和学习结果有效地实施目标性评价,对自己的教学行

---

① 《教育大辞典》编纂委员会.教育大辞典(第1卷)[M].上海:上海教育出版社,1990.184.

为及时反思与校正,从而为取得最佳的教学效果奠定基础。

2.创设合理的教学情境。情境作用于教学实际会引起意想不到的效果,任何教学都处于特定的情境中。在具体教学过程中,师生与情境相互影响,共同构成和谐统一的课堂氛围。教学情境是指教师在课堂教学的特定时空中,通过主客观的综合筹措所营造的、与教学内容直接关联的、外在客观情况与内在心理境况相融合的、教学生活中的当下在场状态。我们更倾向于将教学情境理解为教学双方情感、认知、行为和环境的有机统一体,在具体教学活动中师生进行情感交流、思维互动,形成和谐的教学氛围。[①] 情因境生,境为情设,情促境,境生情,二者相互统一,不可分割。

教学目标的落实效果如何,很大程度上取决于教学情境创设的是否具有激趣性、科学性。对于教学的情境化,德国一位学者的比喻,十分精辟。如果将几克盐放在你面前,你无论如何难以下咽。但是,当将这几克盐加在一碗美味可口的汤中,你就在享用佳肴时,将盐全部吸收了。盐需要溶于汤中,才能被吸收;教学需要融入情境之中,才能显示出生机活力,才能被学生理解和掌握。教育学家苏霍姆林斯基曾经说:"教师如果不想方设法使学生产生情绪高昂和智力振奋的内心状态,而只是不动感情的脑力劳动,就会带来疲倦。"[②]这就是学生学习中的好奇、探求、新颖独到、充满兴趣及理性思考的心理状态。为此,教师所创设的教学情境,应符合学生的认知水平,符合知识的逻辑体系,贴近学生的生活实际。有这样一种现象较为普遍,虽然教师在课堂上创设丰富多样的情境,但利用率不高,只追求观赏价值,没有深入挖掘内部蕴藏的知识要素,影响了学生的有效思考。怎样创设有效的教学情境呢?笔者认为,在实践中要注意以下几点:(1)要有趣味性。对中小学生来说,创设能引起学生兴趣的情境,从情境中引出问题尤为重要。低年级学生对故事、童话、自己熟悉的经历非常感兴趣,在教学中,如果把知识编成故事或融入学生亲身经历的场景中,通常能起到良好的教学效果。对于高年级的学生可以用知识自身的魅力创设情境,引领学生去体验,享受成功的快乐。(2)要有针对性。教师在教学中,材料或活动的情境创设应针对教学的内容特点,为实现教学目标服务。(3)要有探究性。爱因斯坦指出:"思维世界的发展,在某种意义上说就是对惊奇的不断摆脱。"[③]中小学教学过程是探索的过程,教师要给学生提供自主探索的机会,让学生凭借已有的知识经验去主动探索发现,这样才能激活学生的思维和兴趣,提高解决问题的能力。

阅读郁达夫的《故都的秋》第四段时,"北国的槐树,也是一种能使人联想起秋来的点缀。像花而又不是花的那一种落蕊,早晨起来,会铺得满地。脚踏上去,声音也没有,气味也没有,只能感到一点点极微细极柔软的触觉……"怎样激活这段文字呢? 教师设置了几个问题:为什么会有"脚踏上去"的动作? 作者为什么不说"没有声音,没有气味",却说"声音也没有,气味也没有",加了个"也"字,似乎在与另一种情景相比较,而这种情景则是大家所熟悉的,那是一种什么情景? 于是学生展开联想与想象,调动以往的生活体验,回答说:"雪"、"似花非花的雪花"、"雪后观景"。尽管多数学生并不认识槐树,更没见过秋天槐树落蕊的情景,但通过想象,却似乎看到了这样一幅画面:秋天的清晨,作者起来打开房门,惊喜地看到院子里槐树的落蕊铺了一地,于是就像早上醒来才发觉夜里静悄悄地下了一场大雪那样,怀着欣喜而又好奇的未泯童心,去踏上几脚,却发现"声音也没有",不像踏雪那样会发出"吱嘎,吱

① 吴洪成.现代教学艺术的理论与实践[M].石家庄:河北人民出版社,2008.176.
② 周平蓉.浅谈小学英语教学中的情感体验。http://www.docin.com/p-11257447.html
③ 爱因斯坦名句,http://ai.jun.zi.blog.163.com/blog/static/126569666200992110433496/

嘎"的声响,然后掬起一把,闻一闻,"气味也没有",同雪一样清爽;一阵扫后,只留下"一条条扫帚的丝纹",槐花就这么静悄悄地走了。①

"一叶落而知天下秋",一种悲凉弥散开来。通过这种想象,学生走进了作者笔下凄美的意境之中,感受到故都秋的清、静、悲凉的韵味。在有效教学中,需要创设教学情境,让学生走近作者,运用想象架设心灵的桥梁,从而达到心灵上的沟通,与作者产生共鸣。

3.引导学生自主学习。弘扬人的主体性,唤起人的主体意识,发挥人的主观能动性,已成为时代精神的主旋律。当代教学论渗透着以人为本和以学生发展为本的新理念。因此,在有效教学中,教师要树立以学生为主体的观念,充分发挥学生的自主性与创造性。教师要把学习的主动权交给学生,突出学生在学习活动中的主体地位,调动全体学生主动参与意识,激发学生的学习动机,促进学生对知识的主动建构。教师要给学生充分的表达机会,对持不同意见的学生有自我理解和独立评价的机会,这时学生思维会有"灵感火花"的闪现,有利于教学目标的实现。自主学习还意味着学生明确学习的意义、价值以及学习过程本身,他所认识、理解的学习活动不再是因功利性的机械高压,社会化的控制、逼迫所引起的重负、焦虑及畏惧,而是基于自我需求的兴趣、激情以及学习成就意义的引领、催化,从而化"苦学"为"乐学","要我学"也就转化成"我要学"。具有学习主动性的学生将使学习过程生动活泼,情趣盎然。在师生合作的教学活动中互动互惠,共同生活,共同成长。为此,教师可以通过以下方式引导学生自主学习:改变"在听中学",一统天下的单一方式,为学生创造"在做中学"、"在体验中学"等多种学习方式的机会;改变学生被动接受的学习习惯,大力开展自主学习和研究性学习;改变学生机械模仿的学习习惯,引导学生进行创造性地有意义的学习。以下案例是教师在组织 9B unit 2 Integrated skills 教学过程中的几个片段:

片段一:Teacher:Have you seen a robot? ss:yes. Teacher:I'm tiring of housework. I want to buy a robot. I'd like you to give me some advice. Shall we watch a video about robots? All the students:Good idea. 这样课就拉开序幕,之后我放段机器人的视频,这时候学生都在聚精会神地看录像,还有的说出了机器人的许多形状和不同用途。

以上这个环节,用多媒体来直接引导学生的学习兴趣,吸引了学生的注意力。同时学生的观察能力和语言表达能力得到培养。

片段二:在了解之后,我让学生看书上 Part A ,分两人一组用英语讨论机器人的信息,这时学生们开始仔细观察,有的同学还小声和同桌研究起来。在这一环节中,学生能够自主地参与到学习中来,并积极思考这件作品的制作方法和所用材料。

片段三:学生已经知道了机器人所用的材料和绘画步骤,在此基础上,我又问学生你们想用这样的表现形式,把你心中最漂亮的机器人画下来吗? 这时学生就开始绘画。画完后,进行展评。说出自己喜欢的作品,并说理由。(如颜色、外形、构图、及功能等等)

这个片段中,学生不仅看到了别人画的机器人,而且还用精美的语言来表达自己的作品内容。这不仅提高了学生的欣赏能力和语言表达能力,而且提高了学生学习英语的兴趣。

片段四:最后把学生画的机器人都张贴在墙上,并在图画下面写出机器人的功能,供大家互相交流和学习。②

在整个学习过程中,学生能自主地发现问题并解决问题,达到了自主学习的目的。培养学生自主学习是有效教学的要求,也是学生个性发展的迫切需要。我们教师有义务与责任

---

① 语文教学从"死"中提炼出"活"意,http://blog.edu11.net/space.php? uid=4948&do=blog&id=212906
② 英语课中引导学生自主学习的案例分析,http://www.xzedu.net.cn/ktoblog/u/8243/archives/2009/ 54440.html

去尊重、培养学生自主学习的能力,使学生从小能主动获取自己所需的知识,学会学习。

(二)提升学生有效地"学"

有效教学要求教师教学过程和学生学习过程的和谐平衡。因此有效教学既依赖于"有效教师",又依赖于"有效学生"。教师在探索有效教学思路的同时,学生也能够积极主动地参与教学活动,充分能动地发挥自身潜能,从而不断获得进步和发展。

依据当代教学论的基本原理:学生的学是教师教的出发点和归宿。教师教的行为,目的是引起学生学的行为。教师教的过程,也就是为学生的学服务的过程。学生的学习情况和学习效果是检验教师教的主要依据。不仅如此,教师的教只有依赖于学生的学,依赖于学生的积极配合,才能够产生预期的效果。所以,教师是否发挥了主导作用恰恰表现在学生是否具有学习的主动性和积极性上。教师主导作用发挥得越好,学生学习的主动性、积极性、独立性和创造性也就越强。反过来说也是一样。没有学生的积极配合,则教师的主导作用也必然落空。这样就不会产生积极有效的教学活动。[1]

1.具有适度的学习动力。学习动力是指发动学习活动的倾向或意向,或是引起和维持个体的学习活动、并使该活动按某一目标进行,以满足个体需要的内部力量。它作为一种内驱力持续不断地激励学生自觉学习以完成学习任务、达到学习目标。学习动力的强弱直接影响学习的效果。在有效教学中,通过教师的引导,学生应激发内在的学习动力促进自己的生存和发展,把自己视为学习的主人,支配自己的学习活动,而不是消极地依赖老师,等待外部世界的恩赐。学生可以根据自己的价值判断选择教师的讲授内容,也可以根据自己的兴趣特点与学习个性化偏好,探寻最有效的学习方法。如果没有较强的学习动力,即使学习环境再好,条件再优越,也难以取得良好的学习效果。

社会心理学的理论认为,激发学生的学习动力,就是疏通心理循环的缺陷环节,不断使学生体验成功的愉悦,不断输入新的心理能量,不断挑战新的学习目标。归因理论是动力理论之一,所谓归因就是"人们在做完一项工作之后,往往喜欢寻找自己或他人之所以取得成功或失败的原因"。[2]将成功或失败的原因归因为自己主观的原因,叫内归因;将成功或失败的原因归因为外部客观的原因,叫外归因。学习的成功与失败,只有从自己主观上找原因,才会产生积极的学习动力。人的一生坎坷不平,10余年的校园生活有无数次测评、考试、筛选的经历及挑战,挫折在所难免。重要的不是躲避,在失意、困顿中一蹶不振、颓废消极,而是直面挑战,在艰难困苦中思索其中缘由,找出化解之法,进行尝试调整,刚健有为,以挫折甚至失败作为一种经历,难得教育资源,走出阴影,奔向辉煌的征途。挫折教育与成功教育构成了一种相对而又相依的矛盾统一范畴,富有辩证思维。所以,学生只有在"努力—成功—努力—成功—努力—偶尔失败"的生活经历中,才能形成内归因的思维定势,不断从自身不足寻找失败原因,不断挑战新的学习目标。这不仅有利于激发学生的学习兴趣,也在一定程度上提高了学生的学习效率。

2.具有较高的学习执行水平。在教学活动中,具体的学习任务是通过执行系统的工作来完成的,学生的学习执行水平主要表现在:能够根据教师的指导或自己的能力确定适当的学习目标,能够根据学习材料灵活地选择学习方法,能够在学习过程中自觉监控自己的学习行为,灵活运用各种策略进行调节,从而有效地实现学习目标。[3] 学生作为成长中的人,较高

---

① 李秉德.教学论[M].北京:人民教育出版社,2001.32.
② 时蓉华.现代心理学[M].上海:华东师范大学出版社,1989,235-243.
③ 林咏红.中小学有效教学研究—基于管理学的视角[D].湖南师范大学硕士学位论文,2008.17.

的学习执行水平不是与生俱来的,教师要成为课堂智慧的引领者,帮助学生进行正确的抉择。除了依赖教师的科学指导,学生自身也应有意识地培养,使其内化为良好的学习品质,提高学习迁移能力,促进学生主动参与探究和发现新知的能力。

一个学生读完《鸟的天堂》中"起初周围是静寂的……"这个片段后,老师引导学生自我评价:"你自己觉得读得怎么样?"他腼腆地笑了一下,说:"读得比较流利,只是声音较小。""能不能再试一次?"他又试读了一遍,老师又问:"你觉得这次读得好些了吗?""比前一次要好,只是感觉速度慢了些,还不能很好地表达出鸟的天堂里热闹、欢乐的情景。""有没有信心再试一次?""谢谢老师,我尽我所能!"这次,他读得抑扬顿挫、声情并茂,赢得了同学们热烈的掌声。①

学会自评有利于学生对自己形成一个正确的认识,这也是最难以培养的一种能力。正所谓当局者迷,旁观者清。学生在朗读、讲故事、做小老师和合作学习等过程中,教师要引导他们对自己的表现做出判断,逐步由概括性评价向具体、客观的评价发展,提高学生的自我意识和学习执行水平。

3.具有较高的学习监控水平。有效教学的评价标准是学生的有效学习,其核心是学生的进步和发展。教学是否有效,关键是看学生的学习效果。学习效果不仅是学习执行系统的产物,而且更离不开监控系统的调节和控制。有效教学要求学生具有较高的元认知水平,即对自己或他人的认识活动、过程、结果及其相关信息具有一定的认识、判断、鉴别能力,会产生一种认知体验和情感体验,并能够通过各种知识监控自己的学习过程。其实质是个人对认知活动和结果的意识,进行自我批评、自我控制、自我调节并得到自我体验。元认知水平的高低很大程度上决定了一个人成就的高低,举个比喻性的例子:

勾股定理:什么?我知道它。——普通工人;

勾股定理:为何要学,有什么用?哦,用它能看懂图纸,还能制图。——技术员。

勾股定理:它是怎样证明的?看来数学的逻辑思维真有用,那就用它来检验我的这个设想是否合理吧。——工程师或其他应用数学专家。

勾股定理:这个证明方法的根据是什么?几何是怎么一回事?数学是怎么一回事?——数学家。②

在有效教学中,坚持让学生独立思考,强调随时对思维过程进行检验和反思,是培养学生自我监控能力,提高学生学习思维能力的关键措施。

第二节 学生的本质

学生的本质包括他作为人的一般属性和他具有的特殊属性。学生是未来社会的成员、成年人、社会人,但他在可塑性极强的身心变化过程之中。学生不仅仅是教学的对象,更是以一个能动的主体直接参与教学过程。为了实现有效教学的目的,教师有必要把握其本质特点,他的愿望、性情及权利、要求、兴趣等,从而树立正确的学生观、教学观。

一、学生具有生命性

长期以来,由于升学竞争的压力和人们对个性的种种误解,教育始终有这样一个错误的定位:教育可以规定甚至代替人的发展。正是这种偏差的教育决定论使个体生命主动性被

① 小学语文课堂多元评价策略的思谋,http://mail. lwedu. cn/public/gardenplot/kxgg/2305.htm
② 元认知的意义,http://hi. baidu. com/ljie_12/blog/item/6f3b8f3dd29ae2ce9f3d62f5. html

剥夺了。多数学校靠升学率求生存,忽视了学生的个性培养。某中学高二(一)班的一名学生曾经给教育部长写了一封信,其中有这样的一段话:"……奴隶般的学习使学生变得浮躁。我们太脆弱,一触即发。我们学会的不是面对困难,而是逃避困难;在教育的恐惧下,我们麻木了,对周围的事物和人漠不关心,不尊重别人甚至他们的生命。"①这不正反映了传统教学观的根本缺陷吗?德国著名哲学家博尔诺夫在他的《教育人类学》中,就曾大声疾呼:教育必须转向,必须摆脱过于务实的作风,重新回到人类精神生活的本原之中。总之,从婴儿的第一声啼哭开始,人就在生成着,发展着,创造着。人总是在告别过去,走向未来,在向他人、向社会、向自然开放的过程中,生成新的"我"。生命是人的根本,教育理应依据人的生命本性,尊重生命的价值,促进生命的发展,教师就是看守学生生命的护园人。从苏格拉底把教育转向对人的重视,到卢梭、裴斯泰洛齐和福禄培尔遵循自然的儿童教育,再到如今的生命教育,都把研究的目光投入到学生的生命上。因此,我们要努力构建让学生拥有生命发展权的教育理念。生命是价值的前提和基础,从最根本的意义上说,教育就是激发人的生命价值,对生命进行价值解读。因为教育的存在,人的生命更加充盈、完善。只有洋溢着鲜活生命特征的教学才是名副其实的有效教学,它才能真正搭建起一座师生共同学习共同成长的平台,实现教与学的双丰收。

(一)生命的自由性

生命在本质上是自由的存在物,自由自觉的活动是人的最高需要。近代教育家卢梭曾说:"人生而禀赋着自由、理性和良心,它们构成了人的善良天性,自由是人的最宝贵的本性。"②对于有效教学而言,课堂充满的应是自由的气息,民主的氛围,使真实、平等的个体生命插上放飞的翅膀,尽显其活力和生机。对于发展中的学生而言,自由就是自然流露,真实成长,没有自由的童年成长环境,就不可能会有后天潜能的巨大释放。雅斯贝尔斯认为,"在民主制度下,人的地位受到尊重,自由才能发挥效力。"③遗憾的是,我们有些课堂为了达到功利的目的,已经扼杀了孩子的自由天性,注视着孩子们时常严肃的表情,听着他们机械、沉闷而又不乏有条不紊的回答,我们不禁深思:这里又在上演了中古时期家塾私学灌输教条或者古罗马中世纪学校规范与驯服的教育景观,谁才是学生生命主体的真正代言人?所以,自由是一切基础教育改革不能回避的问题,我们认为改革的关键是把自由还给学生,因为这是生命的本质。我们必须追求具有生命意义的自由,启迪学生的自由天性,让学生自由地成为他自己。当然,有效教学生命自由性的表现并非指向绝对自由,犹如法国近代自然主义教育大师卢梭在长篇教育小说《爱弥儿》当中所宣扬的以乡村为学校,以自然为教师,以事物为教材,主张一切顺应儿童本性,自由发育,自然成长,而仅仅以自然后果法加以干预。我们仍然视教育有人为设计、组织及引导的必要,这里的关键是合理引导,而不是完全放纵。为此,教师在课堂上能够在一定目标、计划的标准规范下,尽可能地让学生自由自觉地活动,体验生命活力的展现与心灵的自由舒展,从而焕发生命活力。具体的措施如下:

1. 自由想象,让学生捕捉奇思妙想。爱因斯坦说:"想象力比知识更重要,因为知识是有限的,而想象力概括着世界的一切,推动着进步。"教师应让学生自由联想,迅速地突破思维定势,在更大的空间里寻找问题的答案;让学生大胆假设,提出解决问题的种种可能性,培养学生的发散思维能力;让学生积极猜想,充满着对未知事物的探索兴趣与对客观事物奥秘

---

① 谢利民,张爱琴.学科课程:关注学生的生命发展[J].当代教育论坛.2007.2.
② 谭桂荣.试论有效教学的生命特征[J].保山师专学报.2006.6.
③ http://emuch.net/journal/article.php? id=CJFDTotal—SXSK200604035

的理性好奇;引导学生保持良好心境,勤于积累与思索,在学习及思考中的顽强毅力与恒心,善于捕捉灵感,豁然开朗,提高学生的直觉整体思维能力。教师只有让学生展开想象的翅膀自由翱翔,学生才能迸发出奇思妙想,感受生命活力的无限飞扬。

2. 大胆表述,让学生学会交流思想。在有效教学中,教师要创设问题情境,鼓励学生大胆表述,师生间自由沟通。畅谈对问题的看法、意见和观点,让学生学会表达自己的思想;讲述解决问题的思路、方法和途径,从中找到最佳方案,让学生学会正确选择;表达感受和体验,使学生的认识得到升华。学生有充分交流的自由,在思想对话中就能够引起思维的冲击和碰撞,产生生命的冲动,创新的激情与果实的胚胎、蓓蕾。

3. 积极尝试,让学生获取新的体验。有效教学的根本目的是指导学生学会学习。教师应该为学生的尝试学习提供足够宽松的时空条件,让学生积极探索知识发生的过程,问题的解决方法,感受成功带来的惊喜或暂时受挫的沮丧。这样,学生会很容易发现新的问题,感受到新的体验,创造出新的方法,其尝试活动才会充盈着生命的灵性和创意。

自由钓鱼 快乐识字

教育家陶行知先生说:只要把儿童解放出来,小孩能办大人的事,也能互教互学。根据孩子们的遗忘规律和爱玩、好动等特点,我经常采用"钓鱼"的游戏来激发孩子们的学习兴趣。把每天学习的新字写在鱼上,散落在讲台桌上,孩子们能正确读出卡片上的字就算"钓鱼"成功,这里的"鱼"实际就是识字卡片,它的形状可根据课文内容来定,如教学《一路鲜花》一课时,将"鱼"做成一朵朵绽放的鲜花,五彩缤纷,孩子们争着抢着去钓,钓到哪一个卡片,老师就把那张卡片奖励给他,五张卡片就可以获得一个笑脸,孩子们兴致勃勃地"钓鱼",

这样的课堂孩子们真正进入了自由识字,快乐识字的境界。[①]

(二)生命的完整性

学生是以其整个生命个体,全身心投入教学过程,并以身心的各个方面与教师协作、感知、体验,享受和创造教学的活动场域。教师面对的是一个个活生生的生命个体,富有朝气,充满活力,有炽热的求学动力,渴望充满希望与光明的未来。当然,他还不成熟,处在可塑阶段,但不是教育预成生产线下的商品。这样,教学就不能持单一、分解的路向或观念,而应该促使学生综合、整体的成长。正如杜威所说:"我们所需要的是儿童整体的身心和整个的心灵来创造学校,并以更圆满发展的心灵和甚至更健全的身体离开学校。"[②]

近年来,美国哈佛大学心理学教授霍华德·加德纳提出了多元智力理论,对于以培养和发展人的认知能力为核心的传统教学活动进行了反思和批判,从侧面证明了人的生命发展的完整性。《读者》上有一段利奥·巴恩格利亚先生写的话:"我们整天在干些什么?我们如此忙于传授知识。如果我们没有教莉亚妮任何她真正需要知道的东西,譬如:如何快乐地生活,如何有个人价值感和自尊心,而单教给她如何读书、写作、算题,这又有什么用呢?"[③]如果教学过程失去了对人的生命存在的整体关怀,不能成为学生道德提升和人格发展的过程,如此的教学实践无论多么周详、丰富、充分或合乎教法,都是残缺不全、枯燥乏味的,而这正是流行一时以学科为本位教学的最大失职。新课程三维目标的重新认定凸显了对学生生命完整性的重视。即在教学活动中,学生都是以一个完整的生命体参与和投入的,应注重学生生命的整体发展,超越狭隘单一的学生认知性生存观念,以一种更全面的观点来关注和促进学

---

① 巧用卡片 快乐识字,http://www.dytxx.sn.cn/bjzy/2009/200901/Article.asp? ID=42

② 赵祥麟,王承绪.杜威教育论著选[M].上海:华东师范大学出版社,1981.56.

③ http://www.oldq.com.cn/beike/ShowArticle.asp? ArticleID=70802

生生命多方面的成长。真正的有效教学应协调学生在知识、能力、个体心理、思想情感等各方面所受的影响，将培养一个有智慧的和谐发展的社会人作为教学的终极目标。任何突出发展学生某一方面的倾向，都是对生命完整性的忽视，最终也将造成学生人性的异化。当学生面对着战争年代的历史悲情，面对着无辜生命的瞬间消失，面对着社会现实中他人的不幸、同伴的悲伤、乡邻的痛苦，仍然浑然不知，充耳不闻，表情麻木甚至不屑一顾时，我们不得不反思，我们的教学在追求知识，追求事物间客观真理的过程中，是否让孩子体会到了真、善、美等完整生命的内涵，人类的至爱、道德的温情、生命的珍爱、人与自然的和谐与关怀？因此，教学要着眼于学生生命的整体性，促进学生的一般发展，注意到认知因素与非认知因素、意识与潜意识、科学与艺术的统一。在教学中，教师要懂得和珍爱学生的生命整体性，用整体的教育去开发学生丰富的生命潜能，实施一种"全人教育"。不仅要实施知识技能的教学，充分挖掘和展示教学中的各种道德因素，还要积极关注和引导学生的各种道德表现和人文精神，从而使教学过程成为学生一种高尚的道德生活和丰富的人生体验，这样，学科知识增长的同时也促进了人格的健全与发展，提升了学生的生命境界。

上课铃响了，同学跑进教室，这节课老师要讲的是《灰姑娘》的故事。

老师先请一个孩子上台给同学讲一讲这个故事。孩子很快讲完了，老师对他表示了感谢，然后开始向全班提问。

老师：你们喜欢故事里面的哪一个？不喜欢哪一个？为什么？

学生：喜欢辛黛瑞拉（灰姑娘），还有王子，不喜欢她的后妈和后妈带来的姐姐。辛黛瑞拉善良、可爱、漂亮。后妈和姐姐对辛黛瑞拉不好。

老师：如果在午夜12点的时候，辛黛瑞拉没有来得及跳上她的番瓜马车，你们想一想，可能会出现什么情况？

学生：辛黛瑞拉会变成原来脏脏的样子，穿着破旧的衣服。哎呀，那就惨啦。

老师：所以，你们一定要做一个守时的人，不然就可能给自己带来麻烦。另外，你看，你们每个人平时都打扮得漂漂亮亮的，千万不要突然邋里邋遢地出现在别人面前，不然你们的朋友要吓着了。女孩子们，你们更要注意，将来你们长大和男孩子约会，要是你不注意，被你的男朋友看到你很难看的样子，他们可能就吓昏了（老师做昏倒状，全班大笑）。

老师：好，下一个问题，如果你是辛黛瑞拉的后妈，你会不会阻止辛黛瑞拉去参加王子的舞会？你们一定要诚实哟！

学生：（过了一会儿，有孩子举手回答）是的，如果我是辛黛瑞拉的后妈，我也会阻止她去参加王子的舞会。

老师：为什么？

学生：因为，因为我爱自己的女儿，我希望自己的女儿当上王后。

老师：是的，所以，我们看到的后妈好像都是不好的人，她们只是对别人不够好，可是她们对自己的孩子却很好，你们明白了吗？她们不是坏人，只是她们还不能够像爱自己的孩子一样去爱其他的孩子。

老师：同学们，下一个问题，辛黛瑞拉的后妈不让她去参加王子的舞会，甚至把门锁起来，她为什么能够去，而且成为舞会上最美丽的姑娘呢？

学生：因为有仙女帮助她，给她漂亮的衣服，还把番瓜变成马车，把狗和老鼠变成仆人。

老师：对，你们说得很好！想一想，如果辛黛瑞拉没有得到仙女的帮助，她是不可能去参加舞会的，是不是？

学生：是的！

老师：如果狗、老鼠都不愿意帮助她，她可能在最后的时刻成功地跑回家吗？

学生：不会，那样她就可以成功地吓到王子了。（全班再次大笑）

老师：虽然辛黛瑞拉有仙女帮助她，但是，光有仙女的帮助还不够。所以，孩子们，无论走到哪里，我们都是需要朋友的。我们的朋友不一定是仙女，但是，我们需要他们，我也希望你们有很多很多的朋友。下面，请你们想一想，如果辛黛瑞拉因为后妈不愿意她参加舞会就放弃了机会，她可能成为王子的新娘吗？

学生：不会！那样的话，她就不会到舞会上，不会被王子遇到、认识和爱上她了。

老师：对极了！如果辛黛瑞拉不想参加舞会，就是她的后妈没有阻止，甚至支持她去，也是没有用的，是谁决定她要去参加王子的舞会？

学生：她自己。

老师：所以，同学们，就是辛黛瑞拉没有妈妈爱她，她的后妈不爱她，这也不能够让她不爱自己。就是因为她爱自己，她才可能去寻找自己希望得到的东西。如果你们当中有人觉得没有人爱，或者像辛黛瑞拉一样有一个不爱她的后妈，你们要怎么样？

学生：要爱自己！

老师：对，没有一个人可以阻止你爱自己，如果你觉得别人不够爱你，你要加倍地爱自己；如果别人没有给你机会，你应该加倍地给自己机会；如果你们真的爱自己，就会为自己找到自己需要的东西，没有人可以阻止辛黛瑞拉参加王子的舞会，没有人可以阻止辛黛瑞拉当上王后，除了她自己。对不对？

学生：是的！！！

老师：最后一个问题，这个故事有什么不合理的地方？

学生：（过了好一会）午夜12点以后所有的东西都要变回原样，可是，辛黛瑞拉的水晶鞋没有变回去。

老师：天哪，你们太棒了！你们看，就是伟大的作家也有出错的时候，所以，出错不是什么可怕的事情。我担保，如果你们当中谁将来要当作家，一定比这个作家更棒！你们相信吗？同学们欢呼雀跃。①

在这节课中，老师没有创设巧妙的情景，也没有用多媒体课件。老师只是通过与同学们对话的形式，对这个童话进行了很好的剖析。她通过故事情节告诉同学们守时、注重仪表、多交朋友和爱护自己是多么的重要，关注人生命的完整性，让同学树立了对人的正确评价。更精彩的是老师还让同学们对安徒生的作品进行质疑，从而告诉同学们犯错误并不是可怕的事，培养了他们敢于向权威挑战的精神。它蕴含着教育性的相互倾听，师生之间敞开心扉，进行了思想的碰撞，擦出了智慧的火花。

（三）生命的多样性

生命不仅是完整的而且是独特的。就像世界上没有完全相同的两片树叶一样，世界上也绝不会有两个完全相同的生命个体。生命的个体形式是具体的、独特的、丰富的，每一个生命个体都有独特的天赋、兴趣和爱好，即生命具有多样性，这也是生命生成性的必然结果。学生个体的生命彰显应该是千姿百态的，但当前部分教学的程式化倾向直接影响了生命的多样性展示。诚如美国学者詹宁斯所说："自然界用尽所有心力，尽可能使得我们一群孩子禀性各异，自然不遗余力把无限的可能性隐藏其中，没有人能确定或预言这些可能性。但有时似乎我们作为父母（教师）的，在孩子教育的过程中，却要根除这种多样性……在这种企图

---

① http://blog.stnn.cc/zhysj/Efp_Bl_1001413876.aspx

中,能够取得明显进步的唯一方法是消除、阻碍、防止个体特殊以及与众不同的个性发展。遗憾的是,在一定程度上可以做到这点,但只能通过一种过程,而这种过程恰好可以和杀人相比。"①

有效教学的课堂应该是生命多样性展示的舞台,既有温顺听话的学生,也会有调皮固执的同学,既有对生命完美表现时的精彩肯定,也有对生命遗憾表现时的引导鼓励。作为教育者应该明白,我们的教育对象是一个个鲜活生命的人,应尊重学生生命的独特性,清楚地认识到每个学生都是独特的自我,所以,我们不可用同一的标准去衡量所有的学生。在生成性教学观的指导下,教师应尊重每一个个体,尊重每一个学生的观点、想法,针对每个学生的特点,找出最适合的教育教学方式,善待那些处于生命弱势的学生,尊重生命的独特性与多样性,让学生在多元"生命"形态下提升其生命质量,在接受教育的同时,享受生命的价值。

二、学生具有社会性

学生首先是人,便拥有人性的共性,因此为更好地理解社会性,还得从生物学及社会学的视角谈起。人既是自然实体,又是社会实体,具有自然属性和社会属性两个方面,诸如人的有机体、人的遗传素质、人的本能要求等等都是自然属性,没有它,人就没有了发展的物质基础,这就是马克思所说的:"任何人类历史的第一个前提无疑是有生命的个人的存在。因此第一个需要确定的具体事实就是这些个人的肉体组织,以及受肉体组织制约的他们与自然界的关系。"②

人作为社会动物,作为万物之灵,不决定于人的自然属性,而决定于人的社会属性,马克思在批判了费尔巴哈的人本学之后,强调指出:"人的本质并不是单个人所固有的抽象物。在其现实性上,它是一切社会关系的总和。"由此可以说明,在马克思主义看来,人性应当是人的社会性。从历史上有关人性的主张来看,除了个别人仅从人的自然属性来谈人性外,如告子的"生之谓性"、"食色性也"等论点,几乎找不出更多的人只从生物学方面来谈论人性而不涉及人的社会性的观点,新兴资产阶级打出人性的旗帜以反对封建的等级性。它的出发点是生物学的,但它要实现的目的却是社会性的,从反对神权一直到反对君权,因而他们所讲的人性也不是自然属性方面的问题。张载在论人性的问题上,虽然区别为"天地之性"和"气质之性",但他也认为人性乃是"天地之性"的一部分,又夹杂着"气质之性"在内,也就是说在天理中夹杂着人欲。他主张只有严守礼法,约束身心,才能变化"气质之性",复归"天地之性"。可见张载也是把"天地之性"放在"气质之性"之上,也就是要使社会属性来统制自然属性。③

人性不是人的自然属性,而是人的社会属性;人的社会属性,又不能简单地等同于人的阶级属性。社会性是比阶级性更为广泛的概念,如家庭关系、亲友关系、师徒关系、工作关系、民族关系等等,都是阶级社会中的阶级关系所不能包括的,而从人类发展的历史来看,人性的社会性是永恒的,人性的阶级性是短暂的。社会性是指生物作为集体活动的个体,或作为社会的一员活动时所表现出的有利于集体和社会发展的特性,是人不能脱离社会而孤立生存的属性,是个体能动地进行社会认知、社会判断的内化品质。

按照教育学的基本原理,影响、甚至决定人后天成长、发展的因素或力量有遗传、环境和教育。就其广义来说,人们周围所接触到的一切事物都是环境,包括了自然环境和社会环境

① 冯建军. 现代教育学基础[M]. 南京:南京师范大学出版社,2003.255-256.
② 马克思恩格斯选集(第一卷)[M]. 北京:人民出版社,1972.24.
③ 黄济. 教育哲学初稿[M]. 北京:北京师范大学出版社,1982.63.

两个方面。而自然环境对于人的影响来说，也常常成为人化的自然，因而环境对于人的影响，也可以说就是社会的影响。在环境中起决定作用的是社会物质生活条件，其中最主要的是社会关系。儿童从其降生的时候起，就在一定的社会关系中生活，接受来自环境的积极的或是消极的影响，在环境的影响下形成一定的思想、观点和行为、习惯，所以人就其最本质的一点来说是一切社会关系的总和。人们接受环境的影响，不是消极的、被动的，而是积极的、能动的过程，环境影响人，人同时在社会实践过程中改造环境，并在改造环境中不断改造自己。认为人就是"命定的"受"不变的"环境的影响，那种环境决定论的观点，也同样是错误的。在一定的社会物质生活条件的决定影响下，教育又在人的发展中起着主导作用。因为教育是在教育者对受教育者的直接影响下所进行的一种有目的、有计划、有组织、有系统的影响活动；而且它能够把遗传、环境的影响充分地利用起来和组织起来，使它向着社会所需要的方向发展。在社会主义国家中，由于国家和人民的利益一致，因而教育的作用空前加大，它在提高全民族的文化水平、培养社会主义一代新人的过程中，将起着前所未有的巨大作用。教育万能论和教育无能论的思想都是错误的。[①]

学校是教育的核心机构，它不仅通过社会化过程，参与了社会控制，而且也对学生的行为进行直接控制，例如，进行品德评定，对被认为有"问题"的学生进行严密监控，以及运用惩罚手段对学生的违规行为进行制裁等等，使他们必须遵守校纪国法，遵从社会规范。当然，学校的社会控制也有自己的特点：(1)学校通过开设"政治"或"公民"或"社会"等课程的正式教学，给学生灌输占统治地位的意识形态，对学生的思想控制便带上了合理化的色彩。这种意识形态训练，既能使个人变得容易被统治，又披上了科学理性的外衣。(2)学校总是倾向给学生灌输对权威的忠诚和遵奉。学校将当权者以一种理想化的不容置疑的权威形象介绍给学生，学习模仿既定的权威榜样，培养人们对等级制度的盲目尊重，从而支持现存的政治权力机构。可见，在阶级社会里，学校的社会控制总是起着保障统治阶级利益的作用。每个社会的统治阶级都利于学校进行社会控制来维持其利益，巩固既定的社会制度。我国的教育制度同样重视社会控制，特别是政治思想控制的作用，以维持安定团结，努力建设社会主义现代化强国。[②]

在"成绩"已经不能完全诠释"完整的人"的今天，我们不应该忽视对学生社会性品质的培养。教育的核心目标在于促成学生的全面发展，使其成为符合社会需要的人，这就决定了教育过程中必须关注学生社会性的塑造与发展。学生的社会性不仅表现为个体的内在心理特征，也体现在学生现实的社会网络和场域中，具有独特的建构过程和动态特征。学校教育要以学生的整体素质发展为核心，建立多维度、多层次的整合社会性发展的素质教育目标，拓展学生的社会场域，改善学校文化生态，开发和利用学校社会性课程，在学生的社会化过程中配合社会、家庭、学校教育和学生群体等社会因素，不失时机地采取有效的教育措施，才能有效地促进学生的社会性发展。从某种意义上讲，班级也是一种比较特殊的初级群体。诚如有的教育学者所说："班级不仅是以社会化学习为中心的社会关系体系，而且也是一种为社会需要培养未来人才的社会组织。"[③]

在有效教学中，教育目标应充分重视和反映学生社会性发展的要求，应使学生充分体验情感、价值、协作、规范等，内化为初步的社会观念，并塑造以学生体验和实践活动为中心的

① 黄济.教育哲学初稿[M].北京:北京师范大学出版社,1982.74.
② 励雪琴.教育学是什么[M].北京:北京大学出版社,2006.239—240.
③ 鲁洁.教育社会学[M].北京:人民教育出版社,1990.416.

学习过程。学生的社会性学习需要在具体的活动中、环境中体验与探究。1. 情境体验学习。学生情境体验学习包括两种方式,一是对现实社会的体验,往往是在教师组织下在学校以外的空间进行;二是模拟体验活动,是由教师设计的关于社会生活中各种角色或情境的模拟活动。情境体验学习拓宽了学生理解和认识社会的渠道,有助于获得对社会现实的真实感受。2. 问题探究学习。问题探究学习不是按照某种固有的体系、顺序来接受和记忆知识,而是学生针对社会生活中的某种现象或事实,通过提出问题、收集资料、自行探讨、解决或解释问题的活动过程进行的,其价值在于使学生学会分析和思考社会问题的方法,形成关心社会的态度,参与社会生活的行为方式以及社会评判推理的能力。

三、学生具有发展性

学生的发展是指学生在遗传、环境和学校教育以及自我内部矛盾运动的相互作用下身体和心理两个方面所发生的量、质、结构方面变化的过程与结果。所谓身体的发展,包括了学生机体的正常发育和体质增强;心理的发展指学生在认知、情感、态度、行为等方面的发展。学生的发展是众多内外因素综合作用的结果。从外部因素看,可以分为可控和不可控、积极和消极维度。学校是影响学生发展的主要外部因素。它是通过可控的、积极的学校因素和选择社会环境中的积极因素来影响学生的发展的。从内部因素看,学生身心发展的社会需要与个体现有发展水平之间的矛盾和由这种矛盾所构成的现实性活动是学生发展的根本动力。由于影响学生发展的内外因素都是发展变化并相互作用的,不同的个体有不同的发展道路,其发展呈现多种可能性。[①]

瑞士心理学家皮亚杰构建了一种理论,关于人类如何发展、如何形成对世界的认识的理论。对于教师来说,皮亚杰最重要的理论贡献是"认知发展阶段理论"。他认为儿童的心理或智慧发展可以分为四个阶段:1. 感知运动阶段(从出生到二岁),相当于婴儿期,是智慧的萌芽期。2. 前运算阶段(二至六七岁),相当于学前期。出现语言功能、直觉思维和表象思维。3. 具体运算阶段(六七岁至十一、二岁),相当于小学阶段。由外部的动作、直觉思维向内部的初步的逻辑思维过渡,儿童获得了各种守恒观念(如物质、重量、长度、面积等的守恒),并能理解二维空间及其补偿关系。4. 形式运算阶段(十一二岁至十四五岁),相当于初中阶段。形成了认知结构的整体或组合系统,能考虑假设的可能性与现实性,进行抽象思维,"使形式从内容分离"。[②] 学生具有发展性,学生有无充分发展,是有效教学的核心所在。

美国人本主义教育家罗杰斯在《学习的自由》一书中强调"充分发展的人"有四个显著特征,教学应该通过师生间情意作用,使学生成为充分发展的人。1. 有洞察力。罗杰斯把洞察力看成是与情感成分密切相关的思维能力,学生的洞察力一旦形成,它会将人引向新的目标,达到自我实现。在有效教学中,教师必须具备提高学生洞察力的能力,使学生思维更加活跃。2. 有建设性。罗杰斯相信,人的本性是善的,只要有自由发展的优良条件,他就会成为一个积极向上,锐意进取,适应社会变化的人。《学记》中谈到教师的影响作用时曾说:"善歌者使人继其声,善教者使人继其志。"一个善于引领学生发展的教师,应该是一个既负责,又有教学创见的人。3. 有选择性。行为主义认为,人的行为是由环境和刺激决定的,但学生作为自由的生命体,有选择的自由。客观因素可能影响学生的发展,但人仍可按照自己的爱好、兴趣、经验去塑造自己,充分挖掘自身的潜能。选择是"人的本质从不确定到确定、人的发展从可能到现实"工作的最终完成者。

---

① 全国十二所重点师范大学联合编写.教育学基础[M].北京:教育科学出版社,2002.129.

② 朱作仁.教育辞典[M].南昌:江西教育出版社,1987.196－197.

在目前教育教学中，尤其是中小学生，在知识和经验上欠缺、在经济上缺乏独立、在情感上存在依恋，其选择性也最易受到破坏。忽视学生选择性的教学模式，只能批量生产出同一规格的"产品"，"单一"取代了"丰富"，抹煞了学生鲜活的个性和可贵的发展性。今天在学生中普遍流行的凡事不合作的"无兴趣病"，让教育工作者施之无计，这其实就是学生对不尊重其选择性的消极反抗。我们对学生说了太多的"不"，却很少聆听他们"要"什么，教师在教学活动中应尊重学生的选择性，勇于把选择权还给他们，把童年生活中弥足珍贵的自由烂漫还给他们。学习不一定非要在教室或学校里面进行；教室不一定非要固定而不能流动；教室的布置不一定非要"秧田式"的；课堂纪律不一定非要安安静静；每节课的教学任务不一定非要完成……，这些"不一定"其实就是发展的可能性、选择的多样性。

正因为学生是不断发展的人，所以教育不应以尽善尽美的标准去评判衡量学生，应该以宽容的态度对待他们在成长中所出现的各种缺点、各种反复、波折及震荡，甚至是倒退与过失，只有这样，才不会挫伤学生自我发展的积极性，使他们向着更高的目标追求。有效教学应以促进学生的发展为出发点，重视其未来的、动态的、个性的发展。任何人的发展都有一个过程，我们一定要学会耐心等待孩子们成长的脚步。

学生具有与成人不同的身心特点，有着他们自己特殊的需要和独立发展的方式，教师对待学生，就不能施以"成人模式"，不能以成人的标准去评价和要求，这正如苏霍姆林斯基所告诫教师的："时刻不要忘记，你曾经也是个孩子。"同时，学生的身心所展现的各种特征都处在变化之中，潜藏着各方面发展的极大的可能性。也正因为这样，学生发展就必然需要成人的关怀和帮助，并借助这种关怀和帮助实现他们自己的人生价值。如果教师不以发展的眼光辩证地去看学生，一些从学生年龄特征看是正常的行为被视为问题行为，一些明明是个性心理方面的行为被视为品德问题加以处置，必然使学生人格、身心发展受到极大损害。[①]

四、学生具有主体性

长期以来，由于受传统教育思想的束缚，加之"应试教育"的影响，学生的主体作用难以发挥。"主体哲学"集中体现了西方文化的特征，近年来，主体教育理念开始在我国教育领域萌发。主体教育认为学生是学习的主体，主张改变学生的被动地位与现状，从而真正调动和充分发挥学生在教育与教学过程中的能动作用，改进和重新调整师生关系。对于学生而言，主体性是其作为学习主体的质的规定性，是在与教师相互作用中得到发展的自主性、积极性和创造性。主体性也是学生全面发展的核心和根本特征，有效教学应弘扬学生的主体性，尊重学生的主体地位，促进学生充分、自由的发展。在教学活动中，学生的主体性主要表现在以下三个方面：

(一)自主性

个体生命的独立自主性是对依赖性的一种扬弃和超越，个体只有成为独立自主的人，才会有主体性。自主性既是学生的一种内在要求，又是人的本质力量的一种感性显现。英国学者迪尔登在《自主性智育》一文中曾经概括出了学习自主性的三个特征：独立作出判断；批判性地反思这些判断的倾向；以及依据这些独立的、反思的判断将信念与行为整合起来的倾向。教师在教育活动中要深入地了解和研究学生，掌握他们的认知水平、学习态度及思维方式，为学生自主性的发挥创设条件和机会，促进学生主动学习、主动内化和发展。学生只有通过自我教育和自主活动，主动吸收人类积累的精神文化财富，才能不断地促进自己主体性

① 李秉德.教学论[M].北京:人民教育出版社,2001.115.

品质的生成和发展。

（二）能动性

尽管在教学中学生具有教育对象的一面,他们绝不是被动地接受塑造,而是作为一个有意识的主体参与到教学过程中,对各种教学因素进行有选择的接受或拒斥。这就使得教学活动及其效果异常复杂,教学的输入与输出并不等量,其中学生的能动性是重要的中介。所以,教学应激发学生的积极能动性,引导他们自觉地以一种与教师相协调统一的目标行动,共同完成教学任务。在教学活动中,学生的积极能动性首先表现在能够根据社会的要求积极参与教学活动,并以此作为自己今后学习的努力方向;其次,能够以自己已有的知识经验、认知结构去主动地同化外部教育活动的影响,使新、旧知识进行新的组合,从而实现主体结构的建构与改造;第三,形成自我发展的动力和要求,不断改善学习方式并提高学习能力,创造满足自己的物质和精神需要。

（三）创造性

创造性是以探索和求新为特征的,它是个人主体性的最高表现,是人主体性的灵魂。创造性的实质是对现实的一种超越。罗杰斯认为"充分发展"的根本标志是具有创造性,有效教学的价值在于保护、发展学生的创造性。有创造性的学生富有不断探索知识的精神,能够对各种新旧条件作出健全的顺应,会不断地趋向自我实现。陶行知先生的教育思想充满着创造精神,他极其重视培育具有创造能力和开发能力的人才。他还特别指出:"我们要真正承认小孩子有创造力,才可以不被成见所蒙蔽。"[①]在教学活动中,学生的创造性包括以下丰富内涵:在学习兴趣上,有强烈的好奇心、丰富的想象力和旺盛的求知欲;在学习态度上,富有远大理想,善于幻想和思考;在学习行为上,能够举一反三,灵活运用知识,善于解决问题,喜欢发明创造等。

五、学生是教育对象

学校教育是有计划、有目的、有组织的培养人的社会活动,它以有发展潜能和发展需要的个体为活动的对象,由一定的教育者按照一定的教育目的来选择内容,组织教材,并采取一定的教育方法来施以有意识的影响。学生是学校教育的主体力量之一,也是教师教育对象。学生是在教师指导下以学习为主要任务的受教育者,是教师教育实践活动的对象。

学生的基本特征就是在教师的指导下,从事实习活动,完成学习任务,促进自身的发展。儿童中心论,以学生为教育的中心,把教师置于从属地位,颠倒了教育活动、教育过程中的主客体关系,他们对于教育的本质,首先就缺乏正确的理解。明确学生是教育的对象,使教师对自己的工作对象"心中有数",有利于发挥其主导作用;学生也因此而能理解自己的地位与责任,有利于接受有目的的教育影响;教育内容和手段也因师生双方都各有需求而使其中介作用得以充分发挥。系统论认为,系统内各要素的合理组合是整体力量大于各孤立部分之和的动力。教育过程中各基本要素如果能摆正位置,结构合理,就能互相促进,发挥教育过程的整体功能,促进教育目标的实现。[②]

教育家苏霍姆林斯基曾经反复强调:"学生是教育最重要的力量。如果失去了这个力量,教育也就失去了根本。"作为教育对象的学生,其主要任务是学习。在学校教育这种待定的环境中,学生通过学习获得身心的发展。学生不是消极被动地接受教育,他们是学习的主体,学生是具有主观能动性、具有不同特殊素质的人。学生从无知到有知,从优良品德形成

25

---

① http://www.jylxx.net.cn/ReadNews.asp? NewsID=13791
② 胡德海.教育学原理[M].兰州:甘肃教育出版社,1998.427-428.

到各种技能获得,从能力的提高到智力的发展等更离不开教师的教育。因此,我们说,学生不仅仅是教育对象,更是教育最重要的资源,是教育活动、教育过程学习的主体。

学校教育的目的在于帮助学生为未来做好准备,即帮助学生获得生存与全面发展的能力。有效教学要求必须促进学生素质全面、和谐、充分的发展。学生是教育对象,更是服务对象;教育要侧重人格魅力的感染,对学生应友好、宽容、支持、激励;要强化学生的自我教育意识,让他们学会自育、自评、自理、自立;要确立师生共同的追求目标:快乐、和谐、健康、发展。

学校应遵循"以人为本"的原则,既培养学生的独立生活能力和社会适应能力,更注重学生成长中的个性差异;注重学生学习能力和学习成绩的提高,更关注学生心理和情感的健康发展;既严格要求,更关心体贴,为学生解决各种困难。但现实中,学校教育存在许多不足,这是我们不能回避的,需要采取有效的措施去克服和矫正。首先,必须树立"以人为本"的教育理念和"以发展为本"的教育质量观;其次,应建立可选择性的教学设计或目标方案,为学生发展提供更多的选择机会;另外,对教学效果的评估和考核,应从只重视知识的传授转向注重全面素质的培养。

六、学生是人类的一分子

学生是受教育者群体中的一员,在社会生活中又是人类的一分子,同样具有人类社会成员的一般特征,这一点,在学生处于少年儿童阶段而被忽视。正如叶澜所说:"就中国目前教育学理论的现状来看,在有关'人'的认识上,主要缺失的是'具体个人'的意识,需要实现的理论转换是从'抽象的人'向'具体个人'的转换。"[①]因此,认识学生的一般特征是确定对学生态度,提高教育要求的重要依据。

每一个社会成员都是自然人与社会人的统一,既是自然的生命实体,又是接受了社会知识经验、思想意识的社会人。学生也不例外,既是学生,又是已经形成一定的思想意识,获得一定经验的社会人。因此,必须明确,少年儿童处于学生时代,同样具有人类社会成员的基本特征,即具有主观能动性、有思想情感、有个性的人。首先,学生在参与社会生活中同样有自身的主观能动性,富有主观选择性地参与教育活动,在教育过程中可能主动学习,也可能拒绝某种教育要求。其次,学生在掌握知识、提高认识的过程中,与教师、同学进行着情感交流。通过师爱的力量,教学过程中双方协作、沟通的交往关系以及民主平等制度下的尊师爱生理念的践行,建立良好的师生人际关系,将为教学有效性保驾护航。在教学过程中,培养积极情感,既是教育目标的内容,又是保证教育效果的重要条件。

1906年,鲁迅在日本仙名医专学医时,担任主讲的藤野严九郎是日本福井县人。1896年在爱知县立医学专门学校毕业后,即在该校任教;1901年转任仙台医学专门学校讲师,1904年升任教授,1915年回乡自设诊所,受到当地群众的尊敬。据鲁迅先生的回忆,藤野先生对他的课堂讲义每星期要看一回,隔两三天便归还,但校正认真细致,而对于鲁迅学业中的差错,则耐心地教诲:

我交出所抄的讲义去,他收下了,第二三天便还我,并且说,此后每一星期要送给他看一回。我拿下来打开看时,很吃了一惊,同时也感到一种不安和感激。原来我的讲义已经从头到末,都用红笔添改过了,不但增加了许多脱漏的地方,连文法的错误,也都一一订正。这样一直继续到教完了他所担任的功课:骨学,血管学,神经学。

可惜我那时太不用功,有时也很任性。还记得有一回藤野先生将我叫到他的研究所里

---

① 叶澜.教育创新呼唤"具体个人"意识[J].中国社会科学.2003.1.

去,翻出我那讲义上的一个图来,是下臂的血管,指着,向我和蔼地说道:"你看,你将这条血管移了一点位置了。——自然,这样一移,的确比较地好看些,然而解剖图不是美术,实物是那么样的,我们没法改换它。现在我给你改好了,以后你要照着黑板上那样的画。"[①]

在鲁迅离开仙名时,藤野先生送的照片背面写着"惜别",师生之情在跨间依然炽烈,而这种情怀,尤其是教育者的精神,竟成为鲁迅回国后思念、牵挂的素材、偶像,更是一种延绵、激励的人格规范力量。鲁迅在文中回忆说:

从他那一面看起来,是一去之后,杳无消息了。但不知怎地,我总还时时记起他,在我所认为我师的之中,他是最使我感激,给我鼓励的一个。有时我常常想:他的对于我的热心的希望,不倦的教诲,小而言之,是为中国,就是希望中国有新的医学;大而言之,是为学术,就是希望新的医学传到中国去。他的性格,在我的眼里和心里是伟大的,虽然他的名字并不为许多人所知道。

他所更改的讲义,我曾经订成三厚本,收藏着的,将作为永久的纪念。不幸七年前迁居的时候,中途毁坏了一本书籍,失去半箱书,恰巧这讲义也遗失在内了。责成运送局去找寻,寂无回信。只有他的照相至今还挂在我北京寓居的东墙上,书桌对面。每当夜间疲倦,正想偷懒时,仰面在灯光中瞥见他黑瘦的面貌,似乎正要说出抑扬顿挫的话来,便使我忽又良心发现,而且增加勇气了。[②]

另外,人类社会成员都是有个性特征的,每个学生同样有其个性。人的个性既是客观存在,也是社会发展的需要。教育者应该尊重学生个性,从学生实际出发,联系学生丰富的生活经验,因势利导,因材施教,使每个学生的特长、兴趣都得到发展。

第三节 探寻有效教学的技能与艺术

有效教学是教学活动追求的境界,需要以实际的效果,尤其是教学质量及学生发展的指标来评定,这对当前教学改革具有重要的意义,但仍需进一步的理论探索,以加强实践指导。这里主要从有效教学策略的宏观构建及教师教学如何促进学生学习而加以分析,以下全书各章将进一步从结构构成到技能实践依次探讨。

一、有效教学的策略

教学策略是指教师为实现教学目标或教学意图,使学生掌握有效学习方法或手段而采用的一系列具体的问题解决行为方式。它包括合理组织教学过程,选择具体的教学方法和材料,制定教师和学生所遵守的教学行为程序,进行发展性教学评价等。在有效教学中追求绿色教学效益,就是要在有限的时间内,通过转变教学方式,挖掘教学潜力,达到提高教学质量的目的。有效的教学策略是实现教学效益的前提和基础。

(一)教学准备策略

教学准备策略主要是指教师在课堂教学前所要处理的问题解决行为。有效的教学准备是有效教学的前提。它要求教师不仅要领会课程标准,还要有效地利用课程资源。教学目标的有效确立是有效备课的开端,教学内容的选取要符合课程标准和学生的实际水平。教师只有深入的理解、研究和挖掘教材中所提供的丰富的信息资源,才能根据学生已有的生活经验创造性地使用教材,有效安排学生的自主活动。有效教学准备策略倡导集体备课,充分

---

① 鲁迅.朝花夕拾[M].北京:人民文学出版社,2001.73.
② 鲁迅.朝花夕拾[M].北京:人民文学出版社,2001.76.

发挥集体的智慧,发掘和利用课程资源。

1. 教学目标是教学活动的出发点和归宿,教师专业活动的灵魂,判断教学是否有效的直接依据。从教育目的论系统理解,教学目标就是进一步具体化了的教育目标和培养目标,它又可以进一步划分为某一学科、某一阶段、某一节课的更为具体的目标。然而我们的教师对此研究得不够,往往误把"目的"当作"目标",导致一堂课的任务也要写上"培养学生成为德智体全面发展的人"、"提高学生写作技巧"或"拓宽学生的知识面"等语言,对实际的课堂教学没有管理或评价的价值,也就没有具体的指导意义。因此,我们着重讨论教学目标阐述的问题。规范的教学目标应该包含四个要素:

——行为主体必须是学生而不是教师,因为判断教学有没有效益的直接依据是学生有没有获得具体的进步,而不是教师有没有完成任务。如"拓宽学生的知识面","通过教学活动,培养学生的概括能力与争辩能力"等,这些写法都是不规范的,因为目标行为的主体是教师,而不是学生。

——行为动词必须是可测量可评价的、具体而明确的,否则就无法评价。如有位教师在写《海燕》(高尔基)这篇课文的教学目标时,写了"培养学生革命的大无畏精神;提高学生的写作技巧"。这种写法不仅主体不对,而且也无法评价"革命的大无畏精神"和"学生的写作技巧"到底"进步"了多少。

表现程度通常是指学生通过一段时间的学习课程内容后,所产生的行为变化最低表现水准或学习水平,用以评价学习表现或学习结果所达到的程度。如假设一道题目有五种解题方案,但不能要求所有学生都能回答,那么可以陈述,"至少写三种解题方案","80%学生应能答出五种解题方案"等。

——行为条件是指影响学生学习结果的特定的限制或范围,为评价提供参照的依据。如"根据地图,指出我国的首都北京"、"通过这节课的学习,了解'环境保护要从我做起'的道理"或"在10分钟内,学生能完成15道简单计算题"等。

2. 教学准备的结果是教学方案,也就是通常所说的教案。教案即课时计划,是教师深入而周密地考虑过的组织和指导学生学习活动的途径和步骤的书面形式。制定课时计划的步骤是:深入钻研教材,分析重点、难点,确定教学任务,研究教学形式和方法,最后写出书面教案。一个完整的教案应包括下列内容:上课年级、学科名称、授课时间、课题、教学目的、课的类型、教学方法、教具、教学进程(步骤)。教学进程一项的安排应包括教学内容的安排、教学方法的具体运用和各个教学环节时间上大体的分配等。教案有详略两种,视教师的经验而定。一般说有经验的教师可写简案,缺乏经验的新教师要写详案。[①] 对教案的管理本身其实只是一种手段,而不是目的。管理教案的目的是为了后续教学的课堂效益。然而,目前对教案的管理有一种倾向就是走向过于繁琐的所谓规范化、标准化,对所有的教师采用同样的模式进行统一的管理,而且管理的要求过于具体、过于详尽、过于死板,这可能是教学管理的大忌。我们知道,对教案的规范化管理对新教师和欠经验的教师来说是必需的,但对合格教师尤其是优秀教师而言,过于规范可能是弊大于利。教案主要是物化的详细书面计划;也可以是简要的纲目提要,结构内容的线性陈述,以文字符号文本形式为主,但也有多媒体教学的课件编制或开发;对于极少数专家型或特级教师来说,甚至表现为在头脑里的思路。既然是合格教师或优秀教师,教学准备的产物应该是多样化的,大可不必追求一种形式或模式。教学实施从本质上说是一种艺术性,需要个性化,而没有个性化的教学(包括教案),就

---

① 朱作仁.教育辞典[M].南昌:江西教育出版社,1987.633—634.

不可能有独特的教学风格。再者,这种自上而下的管理容易导致教师产生不信任感。如果把这种管理权部分交给学生,由学生来评价教师的备课是否认真与充分,形成一种自上而下与自下而上相结合的校本管理模式,这种管理方式的改变可能会带来更好的效果。

(二)教学实施策略

教学实施策略主要是指教师为实施教学方案而发生在课堂内外的一系列行为。在教学中,教师应恰当选用教学策略,争取收到良好的教学效果。

1. 有效讲授。讲授是最基本的教学方法,有效讲授应坚持适时原则和适度原则。适时原则是指教师要恰当选择"讲"的时机,在教学过程中能及时对学生进行引领和点拨。让学生在教师智慧灵性的引领下,学会倾听接纳,学会建构和提升自己的认识。适度原则是指教学中要讲多少,需要把握一个度,这个度要视讲授的内容和学生的实际情况而定。

2. 有效互动。有效互动是在一定的组织形式下,教师、学生、教学内容、教学媒体等各要素之间产生的一种激发学生学习兴趣,激活学生思维,体现学生生命活力的课堂教学行为[1]。平等、对话与交流是实施有效互动的基础,和谐的师生关系是有效互动的条件。教师与学生交往时,要尊重学生的互动方式,善于倾听学生的见解,通过表扬、鼓励等帮助学生有效地学习,努力创造民主和谐的课堂气氛,实现互动的真实生成。

3. 有效管理。在多年之前,美国斯坦福大学心理学家詹巴斗进行了一项试验,他把两辆一模一样的汽车放在街上,把其中一辆车的车牌摘掉、把顶棚打开,结果这辆车,不到一天就被人偷走了;而另一辆汽车,停放了一周却完好无损。这时,詹巴斗博士又偷偷用锤子把这辆汽车的玻璃扎碎,没想到不到一个小时,这辆汽车也不见了。以这项实验的结果为基础,美国的政治学家威尔逊和犯罪学家凯琳提出了一个理论——"破窗理论"。"破窗理论"提示我们,在课堂教学过程中,如果学生不守纪律,而老师却视而不见的话,就会给学生形成一种不良暗示,这样一来,不当的课堂行为就会像瘟疫一样蔓延开来,所以有效的课堂管理是必要的。沟通是有效课堂管理的源泉,没有沟通就不会有宽松、和谐的课堂环境;没有沟通也就不会有融洽的师生关系,所以无论在什么时候都要为沟通留出时间与空间。激励是有效课堂管理的核心,激励能促使学生积极参与学习,促进师生关系和谐发展。即使在最佳的课堂环境中,学生总会遇到各种不同程度的阻碍或失败,所以有效的课堂管理,应该通过激励使阻碍朝着建设性的方向变化。管理不等于控制,安静不等于投入,利用才是课堂管理的真谛。存在即合理,社会的进步和发展需要不同层次、不同类型的人才,所以教师要允许违规学生的存在,尊重其个性差异性,善于因利诱导。

(三)教学评价策略

教学评价策略主要是指对课堂教学活动过程与结果做出的一系列的价值判断行为。传统的评价策略忽视了课堂学习的主体——学生的情况,有效教学应注重形成性评价和发展性评价,以是否有利于学生的全面发展作为评价的出发点和归宿。教育部北师大基础教育课程中心在教学评价方面做了一些探索,建议从教学中的情境过程、学习中的认知过程、教师的因材施教过程三个维度进行评价。这样的评价不仅关注学生的学习效果,更关注学生在学习过程中的情感与态度,有利于激励学生的学习和改进教师的教学,是有效教学的重要措施。

1. 教学评价的设计策略。教学评价要坚持正确的方向,促进学生的全面发展,既要评价知识、技能的掌握情况,又要评价智能发展和思想道德水平提高情况。教学评价要注意影响教学质量的各个因素和它们之间的联系,抓住主要矛盾,全面系统地进行分析评价。构建

---

① 申英姬.浅谈有效教学的实施[J].延边教育学院学报.2008.5.

的评价体系必须从教学实际情况出发,具有可操作性,过程评价和终结评价相结合,定性和定量评价相结合,使得整个评价体系逻辑严密,尽可能准确地反映教学实际情况。

2.教学评价的实施策略。有效教学评价的实施策略,主要是指教师为实施有效教学而采取的一系列的客观化的评价措施,包括制定对学生整个学习过程和结果的评价标准、评价方法和评价手段,还包括在具体的教学环节中建立的及时反馈和教师课后针对课堂教学及时的小结与反思,以保障"有效果、有效率、有效益"的教学落到实处。建立评价队伍和组织,明确各类人员在评价中的职责权限,保证评价工作的透明、公正和规范。建立教学评价指标体系,包括教师教学评价体系和学生学习评价体系。教师评价指的是在正确的评价原则指导下,根据学校的教学目标和教师的任务,制定相应的指标和标准,运用科学的方法收集信息,对教师个体的教学工作质量进行各方面评价,不断提高教师的教学工作。学生评价除了事实判断之外,还一定伴随着价值判断,而不以选拔优劣为目的的价值判断,是使学生得到反馈、诊断、激励和导向的最好方式,这种评价更能促进学生的发展,让学生在课堂中享受民主、感受自主和全程参与。因此,在评价策略上,我们应制定以激励、指导为主,以促进学生发展为目的的多元评价。

二、有效教学的决定性因素

有效教学的影响因素指影响教学活动进行并促成教学达到取得预期教学效果的因素。虽然教师、学生、教学环境、教学内容等因素都影响教学效果,但由于教师在教学中的主导作用,其决定性因素主要指影响教师教学有效性与学生影响学习有效性的因素。但教师是教学行为发端者,教的活动影响学生学的活动,教师以有效、优化的方式组织教学,指导学生学习方法,成为学生成长、发展的促进力量,通过平等、沟通、对话、交流活跃气氛,建立良好师生关系,都体现教师在有效教学中的巨大作用。限于篇幅,本节主要从教师引导、实施教学的视野分析。笔者根据国内外学者的研究,并结合对有效教学实例的观察,综述如下:

美国鲍里奇等根据对课堂评估和标准化测验的研究,认为大约有十种教师教学行为与学生发展相关。其中五种对有效教学至关重要,起着决定性作用,称为关键行为,另五种与关键行为结合使用才能更好地发挥作用,称为辅助行为(加里.D.鲍里奇《有效教学方法》。

关键行为	辅助行为
清晰授课	利用学生的思想和力量
多样化教学	组织
任务导向	提问
引导学生投入学习过程	探询
确保学生成功率	教师影响

目前,我国华东师范大学博士研究生姚利民在其2004年教育学原理专业博士学位论文《有效教学研究》中提到了五个有效教学的影响因素:

(一)教学观念

教学观念是教师对教学要追求什么样的理想目标和为什么要追求这样的目标的认识。就有效教学而言,它是教师对教学的一种主观期望和价值判断,是教学开展的指导思想,对教学起导向作用,支配教师的教学行为。教师只有意识到开展有效教学是有意义的,才会付出时间和精力作出这方面的努力。

(二)教学知识

教师的教育知识是其开展教学的基础,也是其有效教学的基础。教师的教育知识是教师在教学实践中所获得的认识和经验的总和,是其学习、总结的产物。这种知识可以分为公共知识和个人知识,前者是教师可学可用的教育资源,后者是教师学习、获得的公共知识。教师的知识可以分为学科内容知识,一般教育学知识和教学法内容知识。这三类知识是教师有效教学所必需。教师要做到有效教学,必须努力掌握这三类知识。

(三)教学责任意识

责任意识即人们对分内应做之事做好的认知和觉察。教学责任意识是教师对分内应做的教学工作应做好的认知和觉察。它体现了教师的教学责任感,既是教师做好教学工作的强烈愿望,也是自己的义务的心理认可。教师的教学责任意识对教师的有效教学行为起定向作用,它成为教师有效教学的推动力,是教师永远追求教学有效的力量源泉。一方面,它使教师在教学中充满热情,热爱学生,努力追求有效教学。另一方面,它促使教师不断提升教学能力,创新教学方法,展现教学机智,具备成为有效教师的条件。

(四)教学效能感

效能是个体对通过个人的努力所能获得结果的预期。教学效能感是教师对自己能够完成教学任务的信心,是对其能有效地做好工作和实现教学目标的信念,是对其能影响学生学习行为和学习成绩的能力的知觉。教师的教学效能感会使教师把教学成败的原因都归咎于自身方面,认真吸取教训,总结经验,积极寻求正确的教学策略。教师的教学效能感对教师有激励作用,促使教师努力教学,实现教学目标。

(五)教学能力

教学能力是教师为达到教学目标,顺利从事教学活动所表现出的一种心理特征。教学能力对有效教学的影响是通过有效地认知教学、进行教学实践和监控教学活动等实现的。教学能力可以分为普通或一般教学能力与特殊或具体学科的教学能力。这两种还可以再进一步分为三种:教学认知能力,教学操作能力和教学监控能力。[①] 不同的教学能力在不同的层面影响教学活动的有效性。

(六)教学机智

机智是指"瞬间知道该怎么做,一种与他人相处的临场智慧与才艺"。[②] 教育机智是教师面临复杂教学情况时所表现的一种敏捷、迅速、准确的判断能力[③],是根据教学情境变化创造性地进行教学的才能,是教师面临突变的教学途径所表现的敏捷、果断、准确判断和恰到好处地处理的一种教学技术[④],是教师所具有的在复杂微妙的教学情境中迅速且恰当地行动的能力[⑤]。面对变化多样的教学情境,教师必须表现出教学机智,提高教学效益,达到教学活动的理想结果。

姚利民从理论和实际两个角度对影响有效教学的因素进行了探索和研究,并指出了各个因素的具体作用,有助于教师深化对这些因素的理解,从而指导实际教学。

---

①　申绩亮,王凯荣.论教师的教学能力.北京师范大学学报(社会科学版).2000.64-71.

②　马克斯·范梅南.教学机智—教育智慧的意蕴.李树英译.教育科学出版社,2001.165.

③　顾明远.教育大词典(增订合编本).上海教育出版社,1998.716

④　赵正铭.略论课堂教学机智.中国教育学刊.2002.(03).

⑤　吴德芳.论教师的实践智慧.教育理论与实践.2003.(04).

第二章 关注学生"生命性"的有效教学技能与艺术

"教育是直面人的生命、通过人的生命、为了人的生命质量的提高而进行的社会活动,是以人为本的社会中最体现生命关怀的一种事业"。① 教学作为教育的主要环节和实施阶段,面对的是一个个充满生机和灵性的活生生的生命,如果仅仅关注知识传递的速度和效率,灌输知识的总量和质量,一切以知识为中心,那就丢弃了教育之根本、教学之根据。著名教育哲学专家、北京师范大学石中英教授对这种分裂病态教学的危害作了剖析:"这样的教学本末倒置,只有为'教学'而存在的人,而没有完整的丰富的生命,在这种场域下构筑而成的师生关系基本上是一种'功能性的关系',即为了满足某种外在的个体或社会的功能性目的而建立起来的社会关系。在这种关系中,教师和学生不是以完整的人的存在方式出现的,而是以各自所扮演的'教师'和'学生'的角色面貌出现的。"② 现代课堂教学中忽视生命的现象非常普遍,甚至出现了生命元素的空缺。学生成为学习知识和社会发展的工具,其生物性和自然生命成长的需要却被忘却,否定了学生作为一个生命体其自身生理和心理所固有的发展规律,教学成为束缚学生自然性发展的枷锁,失去了其本真的目标。其实这也是导致其自然性失落及社会性歧路苍白的缘由之一,知识的丰富未能催生智能开发及健全人格的形成。和谐社会的到来,科学发展观的提出,标志着我们进入一个"以人为本"的新时代,从此生命的发展受到前所未有的重视。为了学生——这一个个生命个体的成长,必须探寻关注学生生命性的有效教学技能与艺术。

第一节 生命的特性

生命是什么? 多少哲人和学者一直在找寻着这一问题的答案,对"生命"的理解也各不相同,"生命是一种独特的现象。正如社会是由人组成的,但不能在人与社会之间画等号一样,人属于生命,但生命不仅仅属于人,每个人都有生命,但生命不仅仅属于每个人;生命属于自然,但自然不只是生命;生命存在于人、社会、自然之中并与之'相通',但它并不完全等同于人、社会、自然等现象。生命作为一种独特的现象",③难以对其下一个准确且统一的定义,只能透过生命本身所具有的特性窥见其内涵和本质。

一、发展的具体性

连续是生命发展的显性特征和一般过程,任何生命有机体的成长都是绵延而进、不可中断的。从个体上看,其"成长是不间断的、持续进行的,是以过去的经验为底色、为材料,接纳、吸收或排斥流变的(当下)经历,走向未来。生命科学的研究表明,与机器不同的是生命体具有存在于 DNA 之中的内在发生编码,为未来的发展和经验提供指导。这意味着未来的经验和行为产生于现实的经验和行为,正如现在的经验和行为来自于过去一样"④。从总体上看,生命的延续是一代接一代,生生不息,即使有个体的生命结束,也丝毫不会对人类群体

---

① 叶澜、郑金洲、卜金华.教育理论与学校实践[M].北京:高等教育出版社,2000.136.
② 中国教育学会.中国教育科学(2004)[M].北京:人民教育出版社,2005.126.
③ 刘慧.生命德育论[M].北京:人民教育出版社,2005.18.
④ 刘慧.生命德育论[M].北京:人民教育出版社,2005.114.

的延续造成威胁。从时空上看,任何时代或任何地方只要有生命的存在,它就无时无刻不在发展,生命的每一段时间都是不可跳跃、不可置换的,都经历着新生、成熟、衰竭直至死亡的过程,或许偶然的灾难和意外的伤害会改变某一个体生命的发展阶段,但对于在一般生活环境里成长的正常生命体来说,其身心发展是不间断的,这是客观存在的,是任何主观力量都阻止不了的。

然而,在生命发展的具体道路上,各个年龄阶段的人心理和生理状况差别很大,性格特征也有质的不同,连续性只是生命发展的一般趋势和总体方向,具体性才是生命发展道路上呈现出的千姿百态、各式各样的实然状态,是构成生命的显性特征,是生命一般发展中的质料特点。就具体的个体生命来说,因受到各种不同因素的影响而各不相同,在微观层面上,每个生命都是特立独行的。孟子说:"权,然后知轻重;度,然后知长短。物皆然,心为甚。"说的也正是这个道理,个别差异是宇宙万物之间存在的客观规律,生命亦是如此。"系统学、体质人类学、遗传学、行为生物学等都论证了任何物种包括人类在内,都没有两个个体完全相同的情况,也就是说,世上没有两个完全一样的个体,每个个体都是独一无二的。"[1]生命发展的具体性是世间万物多样性的基本前提。

生命的具体性是由于遗传基因和环境的不同而形成的。生命体的遗传是独特的,生物在分子水平上的差异性是源于它们具有储存从历史上所获得的信息的机制。有性繁殖生物中的个体在遗传上是独特的,因为几个不同的等位基因在某个种群或物种中可能在成百上千个座位上表现。一切有性繁殖的二倍体生物的遗传程序是成双的,由来自父本的一组指令和另一组来自母本的指令所组成。这两个程序在正常情况下是严格同源的,共同作为一个单位起作用。每一个遗传程序都是成千上万个不同基因的独特组合,而且它们之间的差异不能从数量而只能从质量(性质)的观点来表示"[2]。

脑科学的研究也证实每个个体生命的思维运转方式、获取信息的渠道、具备的优势等也都各不相同,有的生命体听觉敏感,而有的视觉则更强,如若让听觉敏感的生命体看一些色彩鲜艳的图画来帮助记忆显然效果是不会好的,相反,视觉敏感的听报告的收获肯定没有前者多,所以根据生命体生活样态的不同,选择适合其成长的方式方法是很必要的。

生命体的成长离不开环境,总要从外界吸收能量和资源,在与外界环境的不停交流和相互作用中不断发展,环境的复杂性导致了个体生命发展道路的曲折性,也就是说会常常出现一些偶然的、意想不到的事情而使得生命发展不得不转向、迟缓,甚至停止,并且各个生命体所生存的环境或遭遇的事件、获得的惊喜等是不可能完全相同的,这一切都使得生命在具体的实现样态上丰富多彩。存在主义者认为,"生命的存在是一个'此在',偶然性本身构成了生命的本质。所以,以存在主义来看,人的生活中突然出现的这些偶然的、外在的事件,无论如何不能把它们纯粹视为外在的干扰,相反这些事件具有重要的积极作用。如果我们仅仅按照存在主义的理念,每个人的存在都是偶然的,即'每个人的最近的始终只在瞬间出现又在瞬间消失',"[3]否定了必然因素的存在和其在生命发展中的作用肯定是不正确的,但存在主义者却也从一个侧面说明了这样一个道理:即由于生存环境的复杂,使得个体生命的生存样式和生存样态各异,反映了生命发展的具体性。

生命发展的具体性对于群体而言,是分工合作的前提,是人类延续和发展的根本。"对

① 刘慧.生命德育论[M].北京:人民教育出版社,2005.36.
② 刘慧.生命德育论[M].北京:人民教育出版社,2005.20.
③ 冯建军.生命与教育[M].北京:教育科学出版社,2004.345.

于个体而言,种种差异的存在,意味着不同的生命景观和不同的生活风格。一般而言,卑微可以生发强劲的上进心,优势可以生发自尊与自爱。这种差异的存在,使得个体生命存在有了比较,有了生发新的需要的现实性,也有了领悟、尝试新的生存方式的诱惑"。① 也为个体成长提供了丰富的资源,在比较中思考、行动,为自己向往的生存样态而积极努力。关注生命,切不可忽视生命的具体性,抹平个体之间的差异,而应把尊重生命多样性和差异性作为一个根本原则,摒弃标准划一的教学形式,反对一刀切,根据不同的生理和心理特点,设计有层次高低差异的教学内容,运用多样化的教学方法,挖掘生命的潜能,促进生命健康成长。

二、趋利避害性

趋利避害性是指人的生命倾向于被肯定,避免和逃避被否定的一种心理。通俗的说,就是爱听好话,不爱听坏话,前者是表扬或奖励,属肯定性评价,后者是批评或惩戒,属否定性评价。当某个生命体发出的行为被认可后,他不仅会强化这种行为,而且会调动细胞中的一切潜能,积极主动地朝着更完善的方向发展,而当被不恰当地否定后就会产生逆反心理,做出更与愿相违、适得其反的事情,使生命发展的方向扭曲,甚至背道而驰。生命的本能是趋利避害的,对生命产生威胁的事情,大脑会本能地做出反应,如当一辆汽车迎面而来时,你会本能地急忙避开;当不小心接触到滚烫的热水时,第一反应也是迅速移开。这些都是还没来得及思考就做出的决定,恰恰说明了生命的趋利避害性。

三、体验性

缺乏体验是生命的抽象与异化,是极端的虚无缥缈的理想主义,生命具有体验性,"生命体验是生命时空获得的内在体现。它在个体生命活动中生成,同时又是对个体生命活动的内在鼓励、对生命的自我确认。它是生命不可缺少的一环,也将作为一种向往、追求、态度,引领生命走向新的境界"。② 体验是生命的本性,是生命存在于这个世界上的外在表现形式,没有体验,生命的能量将无法吸收与释放,生命存在的合理性、客观性将遭到怀疑。体验也是生命存在的目的所在,缺乏体验的生命,即使花费再多的人力、物力、财力,其生长的速度和健康度也将难以保证。只有让生命充分参与、体验生活,才能使其焕发出勃勃生机。

四、发展的全面和谐性

生命是一个系统,从生理解剖学上分析,它由各个器官组成,又分为神经系统、呼吸系统、循环系统等六大部分,却并不能等同于各个器官的总和,就如整体是由部分构成,但整体却不等于部分相加一样,生命具有组成元素所不具备的性质——发展的全面和谐性。同生理结构功能相依伴随的还有复杂的心理现象,生命具有理性、情感、意志等,生命的发展是各个方面统一协调的发展。突出的反映是身心统一,心理因素中智力与非智力相辅相成,如逻辑思维能力提高、意志力增强、情感的丰富等是互为基础、共同发展的。"在生命成长的过程中,成长不是意味着元素的增加、组合、优化,而是意味整体性生命存在的不断的自我解体、自我组织。人的成长,绝不可能有单独的知识的发展、情感的发展、意志的发展,即使把三者或更多的方面综合起来,也是不可能的。生命的成长,始终是整体性的发展,任一时刻、任一事件,个体都是以生命的整体存在来应对问题。人的成长不是元素的相加,而是整体性突破性的扩展,是在解体与分化的基础上获得的更高层次的'组织'"。③

---

① 李家成.关怀生命:当代中国学校教育价值取向探[M].北京:教育科学出版社,2006.194.
② 李家成.关怀生命:当代中国学校教育价值取向探[M].北京:教育科学出版社,2006.164.
③ 李家成.关怀生命:当代中国学校教育价值取向探[M].北京:教育科学出版社,2006.175.

但是,我们的教育面对整体性的生命常常以分裂的面目出现,诸如"生活世界"与"书本世界"的分离、动脑与动手的分离、记忆与思维的分离、左脑与右脑的分离,以及智育与其他各育的分离等。分离的教育造成了人格的分裂和生命的残缺,找寻失落了的完整生命意义已是对当代教育,特别是当代教师的一项最为严峻的挑战。[①] 生命由肉体组成,但肉体仅仅是生命的实体,其超越的本性由精神和性灵来体现,是肉体和精神的统一整体。生命发展的全面和谐性不仅表现在本体内部各元素发展的协调、统一,还体现在与外界环境的相互作用、相辅相成,每一个生命的成长都与所处的时代和地带紧密结合在一起,没有任何一个生命可以超越时代、跨越时空而存在。

恰如学者所述:"无论是当代中国社会的变化,还是个体生命层面的诸多变革,都是人的生命活动的体现。丰富多样的社会生活,都是人的生命活动的体现;个体的各种生活状态,是个体活动不同方式的体现。对社会的研究,对个体的研究,都可以通过'生命'而找寻到共通的基础。我们可以在生命的视角下省思社会转型,省思曲折多姿的人生历程。无限长久的历史,无限多样的人生,都是生命的呈现,都是生命的启示,都是生命的呼唤。"[②] 往往在死亡面前,我们能深切地感受生命的存在,在生命残缺时回味生命的完整,然而,在完整的生命面前,我们却忘记了像你我这样普通却真实的生命,教学作为生命成长的重要手段,切不可忽视生命的存在,只有了解生命的特性,顺应生命之"道"而行,适应生命之"道"而动,才能真正找到促进生命成长的有效教学技能与艺术。

第二节　教学方法多样化:尊重生命的具体性

每一个学生都是一个具体的生命,即使是同一年龄阶段、同一班级、同一民族、同一家庭背景的学生,其心理和生理也各有特征。"每个学生的生命都是独特的,这种独特性以其独特的遗传因素与环境相互作用,并通过其经历与经验、感受与体验体现出来。而人又是以其经历而形成的自我经验来感受生活、感受世界的,也是基于他的生命感受、他的自我经验来理解生活、理解他人、理解世界的"。[③] 这种差异是客观存在的,每一个生命都是一个全新的世界,每一种性格都是生命的体现,学生和教师在师生之间、学生之间、教师之间的差异中,自我生命的意识得以唤醒。教学有法,但无定法,就是因为这种差异的存在。进入"教学场"的学生有着各式各样的生活图式,从教师到学生,从女生到男生,从贫苦到富裕,从幸福到悲惨,无限不同的生命个体被浓缩在一个几十平米的教室中,课堂成为众多生命样态的汇集,为了使每一个个体生命都得到发展,教师必须充分考虑这些生命的不同特征,因材施教,有针对性地运用多种教学方法。

一、直观教学法

"从具体到抽象是儿童认识的正常的过程,同时,它又是儿童发展自己抽象思维能力的最佳途径——人的自然就是这样巧妙地表现着自然法则的价值:'自然的,同时又是最好的。'儿童有了具体,就能理解抽象物,能永远在抽象遇阻的时候回到他所熟悉的具体上去"。[④] 直观教学法顺应了这一认识规律,有利于学生的发展和提高。所谓直观教学法就是教学中借

---

① 胡中锋.现代教育学[M].广州:广东高等教育出版社,2007.148.
② 李家成.关怀生命:当代中国学校教育价值取向探[M].北京:教育科学出版社,2006.19.
③ 刘慧.生命德育论[M].北京:人民教育出版社,2005.108.
④ 郭思乐.教育走向生本[M].北京:人民教育出版社,2001.23.

助实物、模型、图画、幻灯片、电影等让抽象知识直观化，吸引学生的注意，提高学生学习的积极性和主动性，用"直观"作为桥梁和基础，一方面更容易理解抽象事物，逐渐提高抽象思维能力；另一方面，"直观"距离"实践"要比抽象近，这样转化为学生的实践能力也就更容易一些。北欧尼德兰（荷兰）人文主义学者伊拉斯谟提出"事物先于文字"的口号，要求引导儿童观察自己身边的现象和事物，并且主张在教学中使用直观教具。此后，夸美纽斯、裴斯泰洛奇及第斯多惠等教育家都充分地论述直观教学，使之成为带有普遍意义的教学思想。

（一）运用实物、实景进行教学

大自然是学生学习的重要课堂。生活周围的真实物体或景色、场景等往往是教学的宝贵的资源，运用这些资源可以使学生形成真实、完整、清晰的认识，因为这些都是学生相当熟悉的，理解起来相对要容易得多。教师一定要做个有心人，注意观察和挖掘身边的直观教材。如，中小学生物课堂所讲的很多植物在学校周围和学生生活的地方经常可以看到，教师最好领着学生到田地观察植物、制作标本，抑或让学生亲自栽培一些植物，以了解植物的习性和特征。"由于活体具有生命活动的能力和新鲜的天然色彩，而实物标本则是生物的真实体，它们可使学生对生物体的形态、结构、生理活动和行为特征有最真切最深刻的认识，从而获得正确的知识"。[①]

（二）运用幻灯片进行教学

虽然实景、实物给人的感觉是最深刻的，但是，不是所有的事物都能在生活的周围看到，生活在四季如春的昆明的人恐怕很难感受到冬天的严寒和白雪的无暇，像这种学生不能直接感知的事物和场景，可以借助幻灯片协助教学。幻灯片可以不受时间和空间的限制，将事物和场景再现在学生面前，例如，地理课上，可以运用幻灯片呈现春天的嫩绿、夏天的酷热、秋天的萧瑟、冬天的严寒，以便对比四季交替、以及温度变化。

（三）运用图画进行教学

把抽象文字描述的事物或场景勾画成一幅幅图画，化抽象为直观，有助于学生的理解，增加学生的感受。例如，教授唐诗的时候，可以"配画"，方式有两种，一种是全诗入画，即诗的每一句都能形成一个画面，各个画面又能结成一幅完整的意境，表达一个完整的画意。如杜甫的《绝句》，"两个黄鹂鸣翠柳，一行白鹭上青天。窗含西岭千秋雪，门泊东吴万里船。"该诗的每一句都能入画。一种是部分诗句入画，根据诗的意思，把含义深远而又表达明晰的诗句绘成画，这样会起到强调、刺激感官和加深理解的作用。如范仲淹的《江上渔者》："江上往来人，但爱鲈鱼美。君看一叶舟，出没风波里。"这首诗的立意在第三四句，阐述的是捕鱼的危险。如能把三四句绘成这样一幅画：狂风巨浪中，一只小船在艰苦作业。这样的一幅画面，捕鱼的艰险性就胜于言表的表述。[②]

（四）运用颜色来调节学生的情绪

不同的颜色给人的感觉不同，红色使人兴奋，绿色代表凉爽，蓝色予人平静，黑色给人以紧张，白色使人肃静等，教师要随着学生情绪的变化调整板书的颜色，不要总用清一色的白色粉笔，这样学生容易感觉疲倦。当学生昏昏欲睡时最好用红色促使神经兴奋，提高注意力；当炎热难耐时，及时换用绿色，以"降低"学生的温度，使大脑更清醒。

直观教学法可以增强学生学习的兴趣，提高注意力，大大提高教学效果。直观是抽象的基础，教学从直观开始，有助于抽象思维能力的提高。但切不可一味强调直观、止于直观，这

① 瞿保奎.教育学文集·教学（下册）[C].北京：人民教育出版社，1890.610.
② 默耕.经典教学方法荟萃[M].福州：福建教育出版社，1993.283－284.

样会造成学生思维的懒惰,不利于其长期的持续性发展。

二、暗示教学法

暗示教学法是依据人的生命具有潜意识,而且潜意识在无声无息地时刻产生着作用这一客观规律提出的。潜意识与意识相对应,又称为"无意识"或"下意识",顾名思义,是"潜"在意识之下的意识,是人类生命的一种本能活动。著名科学家、物理学家钱学森说:"意识可以被直接控制,但潜意识我们却控制不了,也没法控制,但它确实在工作,就是不知道它是怎么工作的,它的工作状态怎样。有时苦思冥想,不得其门,找不到出路,然而不知怎么回事它却突然来了,这就叫灵感。"[①]灵感是潜意识发生作用的一种表现方式。虽然潜意识作用于无形、无感之中,但可以从危险情况突然发生时所做的一系列无意识行为中体会到它的客观存在,是人类生命的一种直觉。弗洛伊德说:"意识就如同冰山浮出水面的一角,而潜意识就是埋藏在水面下那不知多厚、多深的部分。"[②]时至今日,对"埋藏在水面下那不知多厚、多深的部分"仍然开发甚少,了解不多,忽视了它的存在和作用,这是教学资源的极大浪费,对学生潜力的挖掘是极为不利的。尤其是正处于青少年年龄阶段的学生,潜意识在行为动机中发挥的作用更为重要,一旦接触什么新信息,潜意识就会积极地去获取和存储,不停、不歇、不累,时刻处于学习的状态。教学肩负着维持学生生命发展完整性的使命,所以更应该设计出适应生命的可暗示性这一特征的教学方法,使学生的意识和潜意识得到协调快速的发展。暗示教学法正是顺应这一需求而产生的,它能用隐性的方法使教学取得很好的效果,有助于实现其他教学方法很难完成的教学任务和目标。

暗示是一种普遍的心理现象,是环境和个人间连续不断的信息交流。它用含蓄的间接的方法对人们心理和行为产生影响,使人按一定的方式行动或接受一定的意见或信念。按照创立者洛扎诺夫给暗示教学法下的定义是:利用一定的情境,"创造高度的动机,建立激发个人潜力的心理倾向,从学生是一个完整的个体这个角度出发,在学习的交流过程中,力求把各种无意识暗示因素组织起来。"[③]暗示教学法的优点:1.潜移默化。暗示教学法利用潜意识的发生机制,直接渗入人的心理圈。潜意识犹如空气一样,时刻充溢在学生四周,是学生不可缺少的生命资源,为生命的成长起着巨大的作用,然而,我们却感觉不到它的存在,只有在危机时刻才能体会。潜意识时刻在与周围的环境进行着交流,人的可暗示性是这两者交流的桥梁,正是这暗示性使人的潜意识心理得以产生,生命的潜力得以更多地开发。2.自动。意识活动通常是被动的,是在执行意识所发出的命令。而潜意识在不知不觉中时刻学习,随时自动做出反应,学习和消化知识的速度之快,运用知识之灵活是一般教学方法难以媲美的。很多知识靠暗示可以直接获得。3.学生轻松,不易疲倦。暗示教学法运用的是极少利用的潜意识,潜意识的发生是无须注意力高度集中,付出极大努力的,倒反而常常伴有休息的效果,学生在不知不觉中就掌握了知识、提高了能力。4.可以使原本闲置或没有朝正确方向用力的潜能得以开发和利用。人人都具有潜意识,且潜意识时时刻刻都在吸收和释放能量,但这力量却不一定有利于自身生命的成长,甚至可能阻碍或扭曲自身生命的发展。暗示教学法可以将这无意识的心理倾向引导到促进生命成长、利于学生学习的轨道上来,使之成为学生学习的动机和源泉。暗示教学法的原则有四个:第一,气氛融洽,轻松无压力,使学生不至于感觉紧张。第二,师生、学生之间必须坦诚相待、相互信任。第三,师生平

① 程鸿勋.生命发展阶梯:阶梯式学习法[M].北京:新世界出版社,2002.40.
② 程鸿勋.生命发展阶梯:阶梯式学习法[M].北京:新世界出版社,2002.42.
③ 朱作仁.教育辞典[M].南昌:江西教育出版社,1987.707.

等,相互尊重。第四,情绪和理智并重,无意识与有意识相统一,须满足学生全面和谐发展的要求。满足这四个基本的原则,才能有效地开发和利用潜意识,使学生获得综合全面的发展。暗示教学法运用的是人的潜意识,但这并不说明暗示教学法中可以忽视意识的存在,置理性的、逻辑的、批判的心理活动于不顾。相反,只有教师有意识地"运用心理学、生理学、精神治疗学的有关知识和规律,精心设计教学环境、系统运用暗示、联想的力量,通过听音乐、想象、智力、体力、练习等综合方式,巧妙地利用无意识的心理活动,充分挖掘学生的心理潜力,使学生在轻松愉快、精神毫不紧张的情况下进行学习",①才能使学生的有意识和无意识的学习能力都得到发展,才能取得良好的教学效果。

暗示教学法的具体实施办法主要有如下几种:

(一)营造轻松、和谐的课堂气氛

潜意识只有在意识放松警惕、心理不紧张时才会出现。心理完全放松,看似处于一种休息状态,停止了一切学习,其实不然,潜意识却在更加积极地捕捉信息,生命的创造力正被悄然激活。"当我们舒舒服服地坐着听音乐的时候,我们的思想全在享受音乐旋律的美,并不在理解和记忆上特别用力。我们的身心处在松弛状态。其实这是表面现象。大量的生理和心理过程就是在这个时候,在我们身上展开:精神状态在形成,自由浮想在联翩,观念、情绪在起伏。创造力在活跃,但是我并不感到疲劳,因此这是创造力的假消极状态。洛扎诺夫认为,这是特别适宜于为开发人的潜力而准备心理倾向的时刻"。② 轻松、和谐的课堂气氛与上述心理状态是吻合的,也属同样色彩的基调。有位教师在指导学生背诵《小小的船》这一课文时,一边播放配乐的课文录音,自己同时随着乐曲表演舞蹈。学生情不自禁地也边背诵文章边舞蹈了起来。形象的动作、优美的诗句完美的融合为一体——手指蓝天,比画着"弯弯的月儿小小的船",半蹲着双手交于胸前,再现"我在小小的船里坐"……学生在最佳的精神状态中背得轻松,记得牢固,联想丰富。③ 由此可见,轻松的氛围营造了完美的学习状态,为潜意识的释放创造了条件。

(二)关注学生的情绪

情绪是指人对客观事物的态度的体验。人对客观事物的态度与该事物是否符合人的需要密切相关。当客观事物符合人的需要时,人就表现肯定的态度,产生满意、愉快、赞赏、尊敬等内心体验;反之,就表现否定态度,产生憎恨、不满、忧虑、忿怒、恐惧、羞耻等内心体验。情绪与潜意识紧密相关,积极地情绪体验可以促使脑细胞更加活跃、勤快、强壮,从而加快大脑的工作速度,提高学习的效率,使潜意识发挥更大的作用。因此教师要特别关注学生的情绪生活,想方设法地使学生体验各种积极情绪。如在语文课刘白羽的《长江三日》的教学中,教师可在放映课文中描述相关景色的录像带时,配有激情的课文朗读,让学生有亲临其景的三日长江旅途生活的感受。然后教师着重在"闲笔"之下谈论船在暮色中航行的艰难,迷雾锁江、轮船抛锚时旅客的焦虑,船过暗礁险滩的惊险,江鸥在明丽的江面上飞翔的和平景象,使学生进入深层次的思考,从而揭示出课文富有哲理的主题。④ 直观的教学方式有效地调动了学生的情绪,从主观上为潜意识的发挥创造了前提。

(三)紧密联系实践,结合学生的实际生活

当在生活中看到抽象内容的具体形象、理论与鲜活的实践统一起来时,潜意识获得的知

---

① 阎金铎,潘仲茗.现代教学方法百科全书[M].河北教育出版社,1992.143.
② 瞿保奎.教育学文集·教学(上册)[C].北京:人民教育出版社,1988.803.
③ 默耕.经典教学方法荟萃[M].福州:福建教育出版社,1993 5.
④ 默耕.经典教学方法荟萃[M].福州:福建教育出版社,1993 5-6.

识要比仅仅学习抽象符号多得多。因此教师一定要努力从生活中找寻或创造与所学内容相关的实际经验或场景，使学生置身其中，这样会使教学效果更加显著。如，有位教师以素描的方法上了一节作文指导课。上课了，老师让同学甲把作业本交上来，甲不小心把同学乙的铅笔盒碰倒，摔坏了。甲赶忙道歉，表示要予以赔偿。乙珍惜友谊，坚决谢绝。老师表扬他俩都是"好学生"。这时一位同学站起来宣布独幕剧《他俩都是好学生》，演出结束时，同学们一下子恍然大悟，教室里顿时迸发出阵阵的笑声。接着教师指导拟列提纲，组织口述，相互交流；最后习作。学生饶有趣味地看、听、想、说，气氛异常活跃，一改以往作文指导课的沉闷，收到了良好的教学效果。①

（四）注意节奏，增强艺术的暗示效果

"生活中无处没有节奏。它是生物学的基本原则，是自然界的节奏的反映。昼夜季节，支配着劳动的周期，支配着人的各种活动和情绪。艺术的暗示效果，很大部分来自节奏和一定语调的组合。目前对于音乐疗法的研究，目的也在以具体的方式利用音乐对人的身心影响"，②不同的节奏对人的生理和心理影响不同，快节奏给人以活泼向上的感觉，慢节奏又使人觉得悲壮激昂，因此教学节奏的设计或选择是不容忽视的。学生小组活动时需要一定的节奏，朗诵诗歌时需要另一种节奏，不同的材料、不同的课堂阶段要运用各自所需的节奏。"1. 在呈现新材料、默读（写）和听写时，应选节奏缓慢、悠扬动听、音色纯净的交响曲、小提琴协奏曲及小夜曲。2. 在进行集体朗读、小组对话、语言游戏、竞赛时，应选用热烈兴奋、轮廓鲜明、曲调宽广、富丽堂皇的交响曲及奏鸣曲。3. 在拼读单词、连锁重复、替换练习和机械模仿时，应选活泼欢乐、节奏感强（2/4、3/4、4/4、常带切分音）的进行曲、舞曲及器乐小品"。③ 适当的音乐般的节奏可以充分调动显意识和潜意识的作用，挖掘学生潜力。

（五）用图画增加暗示效应

潜意识研究者发现，"潜意识是以画面的方式贮存起来的，也就是说所以被人获取的东西，都将以画面的方式贮存在人的潜意识中"。④ 所以，课堂上多运用一些图画可以把学生埋藏在心底的潜意识激发出来，增加暗示效应。也许抽象的文字难以勾起学生的回忆，但图画却因为与潜意识的贮存机制相同而使学生想象联翩。从左右大脑的开发角度来讲，由右脑控制的以图画形式贮存的潜意识，在图画的暗示作用下，可以得到尽可能充分的发展。又据脑科学的研究成果，大脑左右半球的认识与学习机能既各有分工、相对独立，但又是互相连结，形成共生共存的整体。

（六）进行合理的教室布置

"在班级布置中，黑板报与墙报的内容与形式设计，班级标语与作品的选择与陈列，甚至几盆鲜花的摆放，都会整体改变物理环境的气质。物理环境并非是'死'的，它的成分。构成方式、风格，可以体现出某种生命意味，可以成为一个浓缩的生命世界。生命个体始终需要一种关怀性、鼓励性的环境，需要象征朝气与热情的色调，需要一种自己熟悉，并体现自己生命成长的学习环境布置。在这种环境中，人与物理环境间的亲密关系更容易达成，也更容易激起生命的共鸣，从而为个体的心境、意愿、灵感提供无形的资源"。⑤ 颜色、灯光、味道等教室内一切细微的东西都在无声无息地暗示着学生，使学生的大脑唤醒、磨灭或改变某些观念

① 默耕.经典教学方法荟萃[M].福州：福建教育出版社，1993.5.
② 瞿保奎.教育学文集·教学（上册）[C].北京：人民教育出版社，1988.803.
③ 瞿保奎.教育学文集·教学（下册）[C].北京：人民教育出版社，1890.303.
④ 程鸿勋.生命发展阶梯：阶梯式学习法[M].北京：新世界出版社，2002.44.
⑤ 李家成.关怀生命：当代中国学校教育价值取向探[M].北京：教育科学出版社，2006.203.

和想法。这是教学环境育人性的突出表现,也符合教育生态学的基本原理。所以,教室一定要尽可能地合理布置,使暗示朝着有利于正确观念产生、易于化为积极行动的方向发展。通常情况下,教室内采光要充足,灯光要柔和,桌椅高度要适宜,要经常通风换气,保持空气清新,并且要根据学习的不同需要布置不同的教室环境。如,语音室与活动室的布置就不应相同,语音实验室最好"四壁是蔚蓝色的墙壁,红漆打蜡地板,壁灯,吸顶灯色调优雅柔和、立体音响设备俱全。学生在这种舒适的课堂环境中,心情特别愉快。组织教学时,窗帘开启,室内不用照明,让自然光线漫射而入。播放音乐时,让学生闭目伏案,自然放松一分钟"。① 而活动室则最好用鲜艳的色彩粉刷墙壁,室内放一些学生自制的玩具,圆形摆放桌椅等,适应学生活动和讨论。

(七)教师要注意说话的语调和语速

在教学中,教师的语调高低起伏、抑扬顿挫,既与教学内容色彩、基调有关,同时也会影响学生的理解与记忆,是教学思想性与艺术手段的统一。而语速体现了教学进度、信息密集量以及学生认知水平的要求,会影响学生的学习效果。特级教师斯霞主张教学语言表述时应快慢适宜,富有节奏和韵律,既反对机关枪的快速,也不赞成慢条斯理的拖沓。研究发现,语调比说话本身的内容对人的暗示作用更大。当一个人说谎时,虽然他编的内容是合情合理,看不出任何破绽,但人的潜意识可以从他的语调和语速中判断出来。有一个笑话,说的是一个人不识字,在外求学的儿子写信来让他给寄生活费,他拿着儿子的信去让一个屠夫给他念,结果听到"给我寄钱"时气坏了,半截就听不下去了,而后又拿着同样的信让一个说话很温柔的女孩给他念时,他却笑眯眯地直到听完,最后还说"我儿子真懂事"。这虽然是一个笑话,但却说明了说话语调是思想交流的一个不容忽视的平面,通过潜意识对人的心理起着巨大的作用。教师上课千万要注意说话的语调和语速,既不能小声嘟囔,也不可像泼妇要泼一样大声叫喊,更不可嘲讽、调侃学生。有的学者提出这样的认识:"当你学习的时候,当你获取信息、储存信息的时候,你的潜意识也同你一起捕捉信息、储存信息,而且还能捕捉到你意识不到的地方的信息。当你刻苦、努力认识事物时,潜意识可能比较好地摄取到事物的一些重要的本质的特征。正像潜意识是人的全部意识的主要部分一样,潜意识学习是人的整体学习的一个重要组成部分,学习没有潜意识的参与是不可思议的。"②暗示教学法正是开发和利用学生的潜意识,使教学取得事半功倍的效果。若要更好地利用暗示教学法就必须注意上述七个方面的问题。

三、迁移教学法

不同知识间有迁移,正向的将起积极促进作用,形成信息网络,情感有感染,道德有熏陶,人情有至爱,同类至亲有心灵感应。所有这一切都是人类生存宇宙间的实然与造化,延绵生命,推及教学实践,作为一种方法或精神作用于整个过程,参与教学的师生。"差异是生命的必然。但一切的不同,又都是生命的体现。无论是'生'的本性、'生'的追求与向往,还是'生'的机制,生命个体之间又是相通的"。③ 虽然学生的个性各式各样、多姿多彩,但却蕴含着相同的生命通性和情感,"正是这种相通性,使得广袤的生命世界与个体的生命有着神奇的共振共鸣的可能。正是这种相通性,人与人之间的相互理解和体验才成为可能。我们能体验到他人的痛苦与欢乐,能理解他人的选择与决定,能欣赏他人的才华和智慧,能向往

---

① 瞿保奎.教育学文集·教学(下册)[C].北京:人民教育出版社,1890.297.
② 程鸿勋.生命发展阶梯:阶梯式学习法[M].北京:新世界出版社,2002.43.
③ 李家成.关怀生命:当代中国学校教育价值取向探[M].北京:教育科学出版社,2006.194.

他人的理想与追求。……正是这种相通性,人与人之间生命力量的传递、生命间的启迪与鼓励、相互的倾听与诉说才成为可能。"[①]

教学中,教师要充分认识到学生生命的这种相通性,运用适当的方式将生命的相通性变为教学的宝贵资源,使生命与生命之间共生共荣、相亲相近,把课文中主人翁的情感和品质迁移到学生身上,使学生感同身受。如,要阐明尊师爱生的道理时,可以讲述"程门立雪"的故事,故事中的主人翁杨时在大雪纷飞的天气,为了不影响老师睡觉,竟然一直站在门口等候老师醒来,自己被冻成一个雪人。再如,政治课上要教育学生尊敬老人,教师可以选用这样的故事。西安古城有两个老人无儿无女,王曾吾爷爷75岁,腰有伤,行动不便,老伴何淑珍老奶奶,年迈70,患了脑溢血病,半身不遂。二老生活不能自理。后写信给《西安晚报》反映了他们的困难,信发表后,当天晚上就有人上门,次日收到23封信,接着从祖国四面八方,有的自愿当"女儿"、"儿子",有的要把老人接到他们家侍奉。[②] 这两则案例中,教师都是认识到学生生命之间的相通性和情感的可迁移性进行教学的,可以使学生从个体之外的生命体验中牵动自身生命的那根相通的"筋",产生欣赏、羡慕、同情等情感,从而树立正确的思想、体会正确的行为。

四、激"疑"教学法

"疑"是学习的动力和表现,是探究知识的起点和目标,"有疑"才能"解疑","解疑"方能进步,学贵有"疑"。宋代朱熹说:"读书无疑者须教有疑,有疑者却教无疑,到这里方见长进。"[③]明人陈献章在《白沙子全集·与张廷实主事》中说:"前辈谓学贵知疑,小疑则小进,大疑则大进。疑者,觉悟之机也。一番觉悟,一番长进。"爱因斯坦也曾说:"提出一个问题,往往比解决一个问题更重要","因为解决一个问题也许仅仅是一个数学上或实验上的技能而已,而提出新的问题,新的可能性,从新的角度去看旧的问题,却需要创造性的想象力,而且标志着科学的真正进步。因此,在课堂教学中教学生学会质疑的一般方法,设置一定的情境,促使他们自己提出疑问,激发学生产生强烈的探索动机,这对教学的成败和创造性人才的培养会起更重要的作用。"[④]激"疑"教学法就是要激发学生的疑问,让学生学会质疑,培养问题意识,自己提出问题、解决问题,从而更深刻、清晰地理解和运用知识,不仅知其然,而且知其所以然。使学生的思维处于积极运转的状态,不停地获取知识、探寻知识的根源。

在教学中教师应教会学生下列质疑的方法:

(一)因果法

教师要教导学生当见到一种现象时,要问一问其产生的原因和会导致的结果是什么。如,剩下的饭菜在炎热的夏天隔天会变质,这是学生司空见惯的事实,教师要激发学生发出疑问:为什么会变质?是什么使其变质?其间发生的化学反应是什么?久而久之,学生就会养成"打破沙锅问到底"的习惯,大大提高思维能力和逻辑分析能力。

(二)悬念法

教学中教师要铺设悬念,巧设与常规思维不同的问题,激发学生的求知欲,使学生急于探寻问题的答案,调动其学习的积极性和主动性。下面即是一则用悬念法激疑的案例,小学自然《凸透镜》教学片段:

---

① 李家成.关怀生命:当代中国学校教育价值取向探[M].北京:教育科学出版社,2006.195.

② 默耕.经典教学方法荟萃[M].福州:福建教育出版社,1993.154.

③ 黎靖德编.《朱子语类》卷十一[M].中华书局,1986.

④ 瞿保奎.教育学文集·教学(下册)北京:人民教育出版社,1990.492.

师:在日常生活中,我们是用什么方法取火的?

生:用火柴,打火机……

师:如果我只给你一块"玻璃"你能否取火?

生:……①

按常规,我们通常用火柴和打火机等来取火,而玻璃只能安在门窗、眼镜或汽车上,它是没有"取火"这一功能的,且冷冰冰与火相去甚远,教师正是抓住了这一有别于常规的关键,提出了诸如"如果我只给你一块'玻璃'你能否取火"之类的问题,让学生对新要学习的知识产生悬念,激发了其寻求问题答案的迫切性,注意力高度集中,加速了大脑运转,调动了学生学习的主动性和积极性。

(三)极端法

任何事物产生和发展都有一个"度",如果超出这个"度"就会使事物变质。在教学中,教师不妨让学生思考一下如若真的跨出事物的"度",走向一个极端,会是一个什么样的情况,从而开阔学生的眼界,培养学生的问题意识。如下即是一则用极端法激发学生疑问的案例。小学语文《十六年前的回忆》教学片段:

生:李大钊为什么不用自己手中的枪向敌人射击,而"乖乖"地让敌人夺下自己的手枪呢?

师:假如李大钊向敌人开枪,当时会怎么样?

生:他可能不会被敌人俘虏。

生:敌人那么多,李大钊不可能把敌人全打死,我认为他还会被敌人俘虏。

生:就是仍被敌人俘虏,打死几个敌人也是好的。

生:不行,当时街上的群众混乱、恐慌,他身边还有自己的女儿,如果开枪,街上的群众和他的女儿都很危险。

生:李大钊是一个沉着、冷静的革命者,在当时的情况下,为了不让群众受害,不让自己的女儿遇到危险,他不能也不会向敌人开枪,宁可自己被俘。②

这位教师就是运用了极端激"疑"法,使学生更深刻地理解了李大钊当时的所作所为,体会到他作为一个革命者的沉着、冷静。同时也培养了学生阅读时停下来想一想或问一问主人翁的言行是否正确或是最佳选择,如若换成另一种做法,会导致什么样的后果等。

(四)反问法

教师上课时要多引导学生思考,是否正着说道理,反过来也成立。如,正方形的四条边都相等,是不是四条边都相等的就一定是正方形呢?这样从事物的另一个角度反问可以有效地提高学生学习的效果。

激"疑"教学法不仅可以培养学生的问题意识,而且可以使学生的大脑始终处于积极思考的状态,提高学习的效率和思维运转的速度。

五、表演教学法

"人是能表现的生物。"③"表演的本能、需要、欲望、兴趣与冲动,是人类的本性之一,也是儿童生活的普遍要素。表演的欲望即是'被看'的需要、欲望。所谓被人'关注',就是承受着别人的'看',当教师拒绝给予学生表演机会、拒绝向学生投入关注的目光之时,在最根本的

① 默耕.经典教学方法荟萃[M].福州:福建教育出版社,1993.167-168.

② 默耕.经典教学方法荟萃[M].福州:福建教育出版社,1993.169.

③ [奥]茨达齐尔(李其龙译).教育人类学原理[M].上海:上海教育出版社,2001.51.

意义上,就是拒绝学生作为一个有生命力的个体,是无视其生命存在特征的表现。"① 表演教学法就是根据生命的这一本质特性而特意设计的。它是让学生在自我表演和观看他人表演中了解、体会主人翁的心态、性格、价值观等,理解各种角色的责任和任务,在承担和履行这些责任和任务的过程中学习知识、培养品质、提高修养,造就人格。

"人的欲望都急于求得满足。如果别人的要求和愿望,禁止这些欲望直接表现,它们就容易被压抑,堕入隐蔽和深层的渠道。"② 表演教学法能满足人的表演欲望,让表演需要得到满足,因而能调动学生的积极性。使学生"主动地向他人展现自身、主动地进行角色表演,包括参与到教学内容中,主动地虚构角色人物的动作、姿势、性格、气质,主动地与其他角色进行角色互动,主动地选择自己的角色及其表演方式、手段,主动地对自己的表演进行策划、反思"。③ 同时,表演教学法的提出有其生理学依据:人的大脑分为左半脑和右半脑,左半脑管理的是人的思维逻辑能力,右半脑掌管的是人的形象感受能力,表演教学法可以充分发挥学生右半脑形象感受能力,使两个半脑交替歇息,不至于疲劳,使学生在轻松愉快中学习和掌握知识,提高教学效率。如,在《一篮稻穗》的教学过程中,五个"调皮"的小同学扮成五只大白鹅,伸着长长的脖子,拍着翅膀,嘎嘎地叫着,并围着弟弟直打转,那个扮演弟弟的同学两手高举着篮子,左躲右闪,急得满头大汗。生动、逼真的表演,使人情趣盎然,回味无穷。④ 如此教学则可以调动左右两个半脑,收到事半功倍的效果。

第三节　赏识教学:顺应生命的趋利避害性

趋利避害是生命的本性,学生作为生机勃勃的生命体更是如此。教师在教学过程中要充分认识到生命的这一特性,用"利"激发学生的积极性和主动性,让学生趋向学习,多赞赏、鼓励学生。赏识教学正是顺应了学生生命的这一客观特性,用"赏识"激发了学生的潜能。

一、赏识教学的内涵

赏识教学顺应生命的趋利避害性,认为肯定事物的优点比否定事物的缺点更利于生命的成长,生命成长本身就是自身优势不断扩展和强化的过程,优势扩展的过程就是生命不断完善的过程。赏识学生、肯定学生,不仅符合实施素质教育的根本要求,而且是"以人为本"的时代需要和体现。正如美国心理学家威廉·詹姆斯说:"人类本质中最殷切的需要是渴望被赏识。"每个学生都渴望被教师赏识、被同伴肯定,把自己的优点呈现出来。赏识是生命发展的内在动力和源泉,可以激发学生学习的积极性和主动性,把教师的外在性要求内化为自身的内部需求,一个得到赏识的学生是有自信心、责任心和自尊心的人,是敢于正视自己的缺点、勇于改正缺点的人,是不断进取、努力完善的人。因此,教师一定要有敏锐的眼光,仔细观察每一位学生,及时发现学生的闪光点,给予恰当地鼓励和表扬,从而激发学生学习的自觉性,使其以主人翁的心态对待学习。詹姆斯发现,"一个没有受过激励的人仅能发挥其能力的 $20\%\sim30\%$,而当他受到激励后,其能力是激励前的 $3\sim4$ 倍。因而在学习过程中,激励对学生至关重要。"⑤ 课堂教学中,教师切不可一直恨铁不成钢,一味地埋怨、斥责,甚至

① 李政涛著.表演:解读教育活动的新视角[M].北京:教育科学出版社,2006.134.
② [美]杜威(王承绪译).民主主义与教育[M].北京:人民教育出版社,1990.188.
③ 李政涛.表演:解读教育活动的新视角[M].北京:教育科学出版社,2006.137.
④ 默耕.经典教学方法荟萃[M].福州:福建教育出版社,1993.30.
⑤ 周青云.赏识教育理念与后进生转化[J].教育探索.2008.(08).

挖苦学生,使学生产生负罪感和自卑心理和情绪,进而失去对学习的信心和决心,最终厌学、逃学甚至弃学。人无完人、金无足赤,任何人都不可能完美,但任何人也都有自身的优点,教师一定要尊重学生,帮助学生发现和肯定自身闪光点,使学生克服自卑、自弃的情绪,树立自信,最终走向成功。

赏识教学是一种教学方式,但更是指导教学的一种思想。赏识教学的基础是"人格"与"威信",过程是"激励",地位是"平等",目标是"进步",本质是"爱"。

教师伟大的人格与在学生心目中的崇高威信是实施赏识教学的前提和基础,只有令学生钦佩、崇拜的教师所说的话才有分量,才会对学生产生影响。战国时期儒学思孟学派的著作《礼记·学记》对教师能力、素质及形象作用作了生动的描述,富有人文艺术与教学辩证法的深刻哲理:"君子既知教之所由兴,又知教之所由废,然后可以为人师也。故君子之教喻也:道而弗牵;强而弗抑;开而弗达。道而弗牵则和;强而弗抑则易;开而弗达则思。""君子知至学之难易而知其美恶,然后能博喻,能博喻然后能为师,能为师然后能为长,能为长然后能为君。"[①]反之,如若得到令学生嗤之以鼻的教师的赞赏,学生是不会产生自豪感和自信心的。所以,教师一定要努力提高自身专业文化素质,注意师德修养,为学生之表率。孔子一生从事教育的最大成功而值得我们钦佩和重视的,是在"以身作则"的教育方法。《论语·子路》称:"其身正,不令则行;其身不正,虽令不从。"[②]他对弟子进行教育时,不仅以"言教",而注重"身教",处处都以自己的实际行动作为榜样以感化学生。

赏识教学的整个过程是激励,师生的地位是平等的,师生同为生命,教师不是高出学生一等的命令者,学生不是不用思考的执行者,两者站在同一平台上进行交流与对话,是生命与生命的碰撞。在这种宽松和谐的气氛中,教学相长,师生共同进步;赏识教学的目标是使每一个学生都能不断进步和完善,最终树立自信、获得成功。教师要"重视优化课堂教学要素和要素的结构关系,以成功心理学、潜能发展观、多元智力观和人本主义理论为依据,选择最优教学方案,使各要素的排列组合相得益彰,尽可能为学生创造成功的机会和条件。同时能根据学生实际,适时调整要求和进度;立足于学生的原有基础,发现和肯定学生的每一点进步和成功,使学生产生成功的情绪体验,看到自己的能力,满怀信心争取更大的进步"[③]。

赏识教学的本质是"爱",只有爱学生的教师才能教会学生如何去爱,师爱是一种伟大的教育力量,它能化解学生的心中的冷漠,温暖学生的心灵,培育学生心中的爱意,让学生心中充满爱,学会帮助别人,有益于社会,并且与他人和谐相处。教师的赏识能教会学生赏识别人,容忍差异,接受不同的观点和理念,用赏识的目光看世界,对未来充满信心,对生活充满希望。师爱是一种充满艺术性的巨大教育力量,也是一种崇高的职业品质。教师站在学生立场,设身处地为其成长、发展及提高着想,忧其所忧,乐其所乐,渗透情感,产生心灵的共鸣,就会减少教学过程中的抵触或阻力,放大教学意义的倍率,使学生自觉自愿地接受教育,实现教学目标的要求。

教师对优秀学生或自己所偏爱的学生从内心深处会产生一种期待和希望。当他们问题回答得好,则满心喜欢;当回答有困难往往很着急。教师对这些学生的态度,往往会在教学整个过程中以不同的方式表现出来,学生也会感觉到。这种倾向或勉励,胜过管理与督促,会推动他们更努力地学习,提高成绩,发展能力;而教师反过来又会更加偏爱,甚至是呵护、

① 孟宪承,孙培青.中国古代教育文选[M].北京:人民教育出版社,2003.96.
② 杨荣春.先秦教育论著选[M].北京:人民教育出版社,1997.116.
③ 周菊芳,周亮.浅论赏识教育进课堂之十大策略[J].基础教育参考.2005.(09).

无限的关怀,这就是爱的教育力量,期待所产生的良性循环。与这幅图景二律背反的一幕是:教师对不守纪律、成绩差、能力低的学生往往有一种厌恶感,疏远、冷漠,甚至挖苦打击,设置种种不利于他进步、转化的人为障碍,于是,学生顶撞老师,师生关系往消极方向发展。由此可见,通常情况下,教师要做到爱好学生并不难,难的就是爱"坏"学生,很多学生仅仅因为学业成绩差就遭到教师的全盘否定,打击了其学习的自信心,而且其自尊心受到严重伤害。其实,他们更需要教师和同伴的帮助和肯定,因此,教师更要学会如何赏识他们,相信他们的能力,发现他们的闪光点,及时鼓励和表扬,使他们尽早告别自卑,步入健康成长的轨道。

赏识教学并不是不要批评。"赏识"有两种含义,一种是"表扬",另一种就是"批评"。二者是赏识教学的正反面,缺一不可。表扬学生应该实事求是,真实而不虚假,公正而不夸大。如果凡事不论对错,滥用表扬,不仅会使学生感觉教师的虚伪,而且会造成学生心理脆弱,经不起一点儿打击。对于学生的错误或缺点也绝不能姑息,该批评的问题绝不含糊,只是在批评中要讲求艺术,找准角度,避免伤害学生的自尊心。例如批评应在课后个别谈话中进行,并且态度和蔼、神色自然、言词平和,引导学生认识问题所在,学会正确归因分析。同时,还应更多地展现学生闪光的亮点,以免学生丧失自信及进取心。在课堂常规教学中,发现学生问题则宜用幽默、非言语教学及问题教学加以转化,避免师生冲突,并涣散教学秩序。

二、赏识教学的功能

教师用欣赏的眼光看待学生,抓住学生的闪光点,对学生的优点和进步进行及时地表扬和鼓励,使学生从教师的肯定中树立起自信心,重新定位自我和目标,获得挑战困难的决心和勇气,积极乐观地面对生活。赏识教学的主要功能有:

(一)帮助学生树立自信心

人是社会的人,不能单独一个人生存和生活,环境和他人对个体生命影响很大。"来自外部的期待、积极的暗示和赞许,能激起积极的自我暗示,增强自信心,从而进行新的自我定位。暗示在心理上的强化作用比直接表扬更能深入人的内心世界。人总是从别人对自己的态度和评价中了解自己,同时在自我体验、自我总结中认识自己的。自信是学生相信自己的能力和精力的一种自我意识倾向,表现为一种积极的行为态度。自信心的树立会使人对行为目标采取积极的态度,同时振奋精神,积极开发潜能,敢于面对和迎接各种挑战"。[①]

(二)有益于学生的身体健康

俗话说:"笑一笑十年少",这句话不无道理,研究发现,一个人高兴的时候,新陈代谢加速,毒素和衰老的细胞被迅速排出,有利于人的身体健康发展;而当人处于郁闷、焦虑、紧张的状态时,身体产生的毒素是平时的好几倍,危害人的身体正常运转。赏识教学的课堂上,学生不必担心被老师当众羞辱的尴尬,心情放松,气氛融洽,身心愉悦,对学生的身体健康自然极其有利。由此可见,赏识教学不仅仅可以从心理上帮助学生树立自信,还可以使学生身体健康快乐成长。

(三)有益于学生的心理健康

在传统的课堂教学中,教师是判断学生对错的主宰,判断的标准是"是否听老师的话",不听话的学生就被定为"坏学生",学生的想法和观点稍微偏离"权威的教材"就会受到老师的严厉斥责,在这种"总出错"的情况下,学生变得自卑、孤僻,唯唯诺诺,不敢有自己的思想,

45

① 兰利.赏识教育的功能及实施方法[J].西华大学学报(哲社版).2006.(01).

很容易产生心理问题。而赏识教学,鼓励学生畅所欲言,想自己所想,说自己想说,心中的疑惑可以及时得到解决,有益于心理的正常发展。

(四)促进学生非智力的发展

"非智力因素亦称'非认知因素'。除智力与能力之外但同智力活动效益发生交互作用的一切心理因素。……其结构包括:与智能活动相关的情感、意志、人格倾向性、气质、性格等因素。"[1]由此可见,非智力发展和情绪紧密相关,积极的情绪促进非智力发展,消极的情绪阻碍非智力发展。赏识教学使学生乐观积极、心情愉悦,是学生非智力发展的催化剂。

(五)激发学生学习的动力

动力促使人的想法转化行动,动力分为外部动力和内部动力。内部动力是推动事物发展的根本动力,外部动力可以促进或延缓事物的发展,且在一定条件下,外部动力可以内转化为内部动力。赏识教学使教师——这一影响学生发展的最重要因素——不仅充分发挥了外在动力的作用,而且促使学生的内部动力增强。如此,外部动力和内部动力相结合,才能产生最大的动力,促使学生不断学习和进步。

(六)提高学生的抱负水平

抱负水平与成就动机密切联系,但又有差别,抱负水平是个体从事某种实际工作之前,估计自己能达到的成就目标,因这种估计带有主观色彩,所以有自信心的人比没有自信心的人抱负水平要高。反应在行动中,抱负水平高的人更能调动内在的自我完善的积极性,从而在社会实践中不断推动人的进步。赏识能给个体较大的自我肯定的想象空间,因此会具有更大的自我激励作用,有利于个体提高抱负水平,确立更高的人生目标。人总是要对人们的期望,特别是自己敬重的人或赏识自己的人的期望给予回应的。[2] 赏识的肯定效果最终可以提高学生的指向目标,为其终生的发展树立正确的方向。

三、赏识教学的具体实施技能与艺术

赏识教学在实施的过程中一定要讲求合适的技能与艺术,以使教学获得更好的效果、学生潜能得到更大程度地开发。具体实施技能与艺术如下:

(一)要善于发现学生的闪光点

任何人都有自身的闪光点,教师要做每一位学生的伯乐,从各个方面认识学生、发现人才,鼓励学生不断进步。学习不好的就从生活中找,不遵守纪律的就从课外活动中找,体育不行的就从品德上找,总之,不要局限于某个特定的范围,而要全面找寻学生身上的闪光点,为学生找到自信的基础和前进的勇气。实践证明,当学生树立起自信之后能把闪光点扩大,带动其他各个方面的发展。

(二)要给学生的表现创造机会

人总是在表现自我中进步和成长,教师不仅要发现学生的闪光点,更要创造机会使学生的闪光点得以表现,只有让同伴和集体接纳和认可时,个体才会树立起自信,产生积极向上的动力。尤其是后进生,由于长期在学业上的失败,使他们对学习彻底丧失了信心,甚至于对生活也失去了信心,因此,教师要努力找寻他们的闪光点,成绩不好的看写字是否端庄,写字潦草的看朗诵是否流畅,朗诵不行的看画画是否逼真等等。例如,某学生学习不好,但画画不错,在讲"枯藤老树昏鸦,小桥流水人家……"时,老师让他随着同学的朗读在黑板上画出课文所描述的场景,他画得惟妙惟肖,凄凉的景色顿时跃然"黑板"上,让学生有如临其境

① 黄希庭,杨治良,林崇德.心理学大辞典(上)[M].上海:上海教育出版社,2003.344.
② 兰利.赏识教育的功能及实施方法[J].西华大学学报(哲社版),2006.(01).

的感觉。在同学的惊叹声中，他信心满满地回到座位，认真地、大声地和同学一起朗诵起课文。这节课让同学们重新认识了他，他也重新定位了自己。从某种意义上讲，一个生命就这样在赏识教学中得以重生。

（三）实事求是

赏识学生一定要实事求是。"既不滥用赏识，又不吝啬赏识，更不能错误地把学生的特点当缺点；夸奖要适度，对学生的良好表现，要根据不同情况，给予恰如其分的鼓励，而绝不能事不分大小，都做过度的夸奖。因为不切实际的过度夸奖，容易造成学生的虚荣心，效果适得其反。教师和家长要正确而客观地认识孩子，了解孩子的身心需要，适当把握赏识力度，不同的孩子赏识的程度应有所不同"。[①] 赏识本身要有内涵，切不可大而空洞、言之无物。要根据学生实际的表现和具体的进步做出相应的赞扬，像"你很棒！"这类泛泛用语，学生不能分辨自己到底哪方面好、哪方面不好，最好少用。应该多用"你朗诵得不错"或"你的回答很全面"等方式赞扬，可以使学生清晰自己的优点所在，以便进一步巩固和加强。

（四）引导学生自我赏识

教师的赏识是学生发展的外部力量，只有内化为学生的内在动力——学生自我赏识时，赏识教学才能化外铄式的强制教育为内调式的自我教育，才能为学生的发展源源不断地输送能量。"赏识自己不是骄傲，赏识自己是科学地了解自己、分析自己。是使自己更好地把握优势、潜能去学习，更谦虚、更有成效地去学习，并形成信心。赏识自己不会妨碍认识和改正自己的缺点和问题。只有明确和肯定优势，才能更明显地抓准缺点。人都有一种自我包含的意识，认为自己的缺点和错误有损于自己的形象，因此，承认起来很不舒服，故视而不见，或模糊置之。而明确自己成长过程中，发挥优势积极向上是主流，再大的缺点也敢面对，再大的错也愿意去改正。自己赏识自己不是自我陶醉，而是积极发展。"[②]赏识自己的人能使自己充满战胜困难和挫折的信心，敢于面对生活中的一切磨难。当今青少年的心理是何等的不堪一击，生活中稍微不顺利不合意就要轻生，新闻和报纸报道学生因失恋或别的原因自杀的并不在少数，导致这种后果的一个原因是缺少生命教育，另一个重要的根源却是很多学生不懂得赏识自己、珍惜自己。"人的生活本身不可能是一帆风顺的，出现困难、挫折，甚至出现磨难、灾难都是必然的。只有平时赏识自己的人，只有坚定自己优势和能力的人，才敢于面对，才有信心面对，才会勇于经受风雨的洗礼，才能在磨炼中成长、发展。学会赏识自己吧，它会全面、科学地认识自己，它会树立自己克服物质和精神双重困难的信心，它会形成强大积极向上的精神支柱，它会使生命迸发出耀眼的光辉"。[③]

（五）赏识要因人而异

课堂虽小，但其中的心理状态和生命特征却是十分复杂的。一个学生就是一个生命体，每一个生命体都有各自不同的需要和追求；一个学生就是一个社会的小细胞，由他连接的家庭图式各不相同。教师要赏识学生，就该摸清学生的性格、兴趣、爱好和需要等，"对症下药"才能起到好效果。"对不同性格、不同学习动机和不同层次的学生，赏识的方式、手段和角度要体现差异。对内向的学生，赏识的语言要激昂热烈，着眼点在于帮助学生树立起自信；对外向的学生，赏识语言要含蓄委婉，着眼点在于使学生学会谦虚谨慎。对学习成绩较差、能力较弱的学生，班主任的赏识要适当多些，多些直接的、外在的赏识，但要避免为了赏识而赏

---

① 赵霞.论赏识教育的育人魅力[J].教育实践与研究.2009.(10).
② 程鸿勋.生命发展阶梯：阶梯式学习法[M].北京：新世界出版社,2002.61.
③ 程鸿勋.生命发展阶梯：阶梯式学习法[M].北京：新世界出版社,2002.61.

识;对学习成绩好、能力强的学生,班主任要慎用赏识,多些间接的、内在的赏识,防止过多的赏识滋生学生骄傲自满的情绪"。[1] 赏识教学就是要正视和欣赏学生之间的差异,满足各个学生不同的身心需要,让学生在差异中感受自己,成为优质的自己。赏识教学就要允许失败,鼓励在失败中积累经验和教训,赏识的课堂教学中不存在差生,存在的只是一个个奔跑在人生道路上的拼搏者,他们个个充满自信,不断向人生的目标前进。

赏识教学顺应生命的趋利避害性,使学生的闪光点和优点得以扩大和延伸,使学生的特长和潜能得以挖掘和发挥,激发出生命成长的内驱力,使学生树立起自信心,从而肯定自我、赏识自我,变被动接受式教学为自己主动地学习。当代著名教育家、华东师范大学终身教授叶澜在《把个体精神生命发展的主动权还给学生》一文中认为,主动的学习方式"与人所特有的发展、创造的需要联系在一起,与生命活动的激发和潜在可能的实现联系在一起。以这种态度去对待周围世界、对待自己的人生,人的生命过程就会积极,呈现出自主的色彩,个体会具有独特性,会出现创造,不仅创造出新的事物、新的方法、新的技术、新的思路、新的作品、新的外部世界,而且会不断丰富自己的内在精神世界,创造新的生命历程"。[2] 因此,教师不仅要用各种方式把赏识传递给学生,而且要根据学生的不同需要和性格特征,因材施教,培养他们的自赏能力。自赏能力的提高会使学生更加珍惜自己的生命,对其长期持续性的学习和发展有很大的保障性作用。

第四节　情境教学:尊重生命的体验性

体验是人的生命发展的一个重要环节,人就是通过体验与外界进行交流和相互作用,把自身的观念付诸于实践,从与外界吸收和释放能量中不断发展,体验连接生命体和环境之间的一座桥梁,失去体验性,生命体与外界的关系就会中断,一切都归于"停止",二者都不再是"活"的。体验性对于中小学生的作用和意义更为显著,因为青少年的认识规律更倾向于先行后知,他们对知识的掌握和理解,更多的是通过自己的行动去体会。"先做后学反映了儿童的合理的脑神经活动过程。一般来说,在儿童没有运用机体和全部感知器官去接触学习对象的时候,他们的头脑是空洞的;而空洞的头脑不能思维,对所学缺乏感知和表象就不可能形成属于主体自己的知识,不能理解对事物抽象,即使他们可以形式地记住一些东西,也只是假性的、短暂的"。[3] 情境教学正是根据生命的体验性而提出的,它不是先给学生制定什么规范,而是努力为儿童的"体验"创造一个自由的环境,让学生先体验后学习,或边体验边学习,让学生在有经验基础的情况下去理解知识,从而保证了他们充沛的学习热情和知识转化为实践的速度和效率。

一、情境教学的含义

"情境教学是在教学环境中,通过教师创设一系列的情景,作用于学生,培养学生的情感、认知、思维和智力的教学模式与方法。情境教学是教学情境得以实现的有效方法和途径,强调利用情境开展教学。"[4]情境教学不等同于教学情境,二者既有联系又有区别,情境教

① 唐亚平.赏识不是教育中的"点缀"——结合几位班主任教育事例谈赏识教育的运用策略[J].中小学教师培训.2009(04).23.
② 郝克明.面向21世纪我的教育观(综合卷)[C].广州:广东教育出版社,1999.334.
③ 郭思乐.教育走向生本[M].北京:人民教育出版社,2001.132.
④ 吴洪成.现代教学艺术的理论与实践[M].石家庄:河北人民出版社,2009.177.

学以"情境"为依托,但"情境"却不是情境教学的唯一专利,其他任何教学形式或方法也可以通过创设教学情境来完成教学任务。很多教师就是因为在思想上模糊不清,误认为情境教学和教学情境是一个概念,在具体实践中混淆了二者,才导致教学工作出现失误。"教学情境是教学中包含了人的情感在内的外部环境与内部环境的统一,是一种教育资源。情境教学是通过创设情境、改善外部环境来优化人的内部环境,从而提高教学效率的一种教学模式与方法。情境教学以创设教学情境为主要教学手段,必然包含教学情境;但教学情境并不是单纯出现在情境教学这一种教学模式中,它是所有教学模式中都必然出现的'情'与'境'融合的一种状态。"①

"形"和"意"、"情"和"物"是辩证统一的,情境教学就是要创设一种可以把"意"化为"形",把"情"寓于"物"的场境,让学生感知和体会"意"和"情"这种看不到、摸不着的东西,从而加深对知识的理解,提高实际运用水平和思维能力。情境教学,顾名思义,把"情"溶于"境",让"情"在一种特别的场境中得以体现,"根据教学内容的要求,配合说理而创设适宜的环境气氛和特定的教学情境,使学生如临其境,如见其人,如闻其声,受到情绪的感染,引起感情上的共鸣,以情入理,情理交融,从而加深对观念理解的一种教学方法。这一方法是根据人的感情可以相互感染、相互影响的特点提出来的。由于少年儿童情感的情境性、感染性更为明显,因此,运用情境感染法在培养、激发中小学生的道德情感中具有极为显著的功效。"②情境为学生的发展提供了一个大平台,蕴含着生命成长的各种可能,并激励学生努力把各种可能转化为现实,教师一定要设计各种富有生命气息的情境,让学生在这样的情境中健康成长。

二、情境教学的作用

教师为了让学生在跨度知识的海洋时省时、省力,整日不辞劳苦地为学生"搭桥造船",想方设法让学生安逸地踩着桥、乘着船,不湿一角衣衫地就到达岸边,却不曾想一想,这样做学生到底能不能学到知识,没碰过水、没下过河的人是不可能学会游泳的。"这种名为教师主导,实为教师主宰的教学活动,学生是会产生厌倦情绪的。况且,知识的真正奥秘恐怕也不是'走'在架于知识之河的'桥上','坐'在隔着知识之水的'船里'所能获得的。"③"教师教法的改革不能再在怎样'搭桥找船'的方法上兜圈子,应当如何引导学生'下河',进而教会他们'游泳'上下功夫。学生在知识之河搏击,知难而进,趣味盎然;让他们用气力自己'游泳'到达知识彼岸"。④ 情境教学就是让学生自己"游泳"、自己体验的教学方式,事实证明,它对学生的发展确实更为有利。情境教学的作用如下:

(一)为学生的发展提供了一个自由的环境

自由是生命的内在要求,人的潜能只有在自由的环境中才能充分发挥出来,情境教学体现了学生主体的自由,为学生的发展提供了这样一个自由的场境。

(二)尊重生命的内部自然

在教师滔滔不绝地讲授和灌输中固然贯注了社会对学生的期望,但却破坏了学生个体生命生长的规律,使学生产生逆反心理。"花朵能盛开,星星能美丽,是因为它处在合适的周围环境之中,它根本不必关顾自己,它的能量没有被任何别的目标所挥霍和涣散。其实,课

49

---

① 吴洪成. 现代教学艺术的理论与实践[M]. 石家庄:河北人民出版社,2009.177.
② 默耕. 经典教学方法荟萃[M]. 福州:福建教育出版社,1993.246
③ 瞿保奎. 教育学文集·教学(上册)[C]. 北京:人民教育出版社,1988.104.
④ 瞿保奎. 教育学文集·教学(上册)[C]. 北京:人民教育出版社,1988.105.

堂上我们的学生得到充溢生命状态的自然、活力和喜乐,这就足够了"。①

(三)唤起学生相应的情感

"情"、"境"不分家,一定的场境能够激起人相应的情感,而情感与人的思维紧密相连,与学生的学习动力正相关,积极的情感犹如发动机一样,为学生的学习提供强大的力量,而消极情感则会让人思维迟钝,注意力涣散。教师通过创设活跃、欢快、和谐的教学情境,为学生成长提供肥沃的土壤和水分,激发出学生生命成长的多种积极可能性,使学生向着正确的方向快速地成长。

(四)由"经验"转为对环境的"体验",使知识和生活统一起来

"体验作为认识人文世界的方式,与经验的实证方式不同。在经验的方式中,人外在于事物,主体将对象作为一个静止的、与'我'无关的'客体'对待,认识过程中主体与客体是一种二元对立的关系。体验是主体全身心地投入所认识的事物,体验者把被认识的事物当作一个'你',认识的过程成为'你'和'我'的对话、交流的过程。体验者与其对象不可分割地融合在一起,达到了主客统一的境界,此时,无客体也无所谓主体。在体验关系中,认识者把认识的对象赋予了生命的内涵,从而使体验的关系成为生活的关系。"②传统的教学是教师把自己的经验灌输给学生,而情境教学创设一种生活的场境让学生自己去亲身体验,在体验中学习和理解知识的含义,体会生活的意蕴,使知识贴近、融入学生的生活。

(五)激发学生学习的积极性和主动性

情境教学运用新颖的形式、实际的内容和有意义的场境把学生的注意力紧紧吸引,激发了他们学习的浓厚兴趣,调动了学生的主观能动性。

情境的作用远远超出了获取特定的知识,学生全身心地投入使得他们的"知""情""意""行"获得协调统一的发展,为以后理解抽象和从事"抽象"活动打好了坚实的基础和根据。

三、情境教学的具体实施技能和艺术

情境教学用"情境"能激起学生的情感,使学生更深刻地体会知识的内涵,但这里的"情境"却不是随心所欲的,它的选择和创设必须符合学生身心发展的规律和认知水平,能清晰地再现课本所容纳的内容,遵循知识的逻辑,有一定计划性,使学生消除畏难、紧张和厌烦情绪,高高兴兴地投入到情境当中,轻轻松松地学习。创设情境的方式有很多,如抓住现实生活的情境、通过"标志物"演示情境、图片再现情境、角色扮演体会情境等。

(一)选择合适的生活情境

人总是生活在一定的情境之中,就好比是"你在看风景,而别人在远处看你"一样,处处是风景,课堂教学也不例外。学生无时无刻不处于一定的情境之中,即使学生坐在鸦雀无声的教室中,这本身也是一种情境。所处都可以构成一种情境,例如,天气冷暖、树叶飘落、明亮的玻璃窗、同学吵架、借用文具等等,教师所要做的就是选择一种合适的、与教学内容紧密相关的情境来帮助学生更快地进入新知识的学习和增强对知识理解的深度。在情与景的交融互动中,放飞想象翅膀,实现知能统一,优化德育功效。教师要做一个有心人,用身边的情境激发学生的兴趣,"打开话匣,结合要教的内容发言或提问,以逐步引入正课。例如,有一次要教感叹句,刚巧天气很热,下午第一节课是外语课。教师就可以利用天热这情景,针对要教的语法内容,进行引导。就可以说 How hot it is today! What a hot day it is today!

① 郭思乐.教育走向生本[M].北京:人民教育出版社,2001.19
② 冯建军.教育与生命[M].教育科学出版社,2004.93.

How sleepy some of the students are!"①又如，语文课上，教师要指导学生写描述景色的作文，窗外鹅毛大雪正在飞舞，此刻教师所应该做的就是引领学生走出教室，让学生尽览户外雪景，尽情地堆雪人、打雪仗，与雪进行一次紧密接触，这样描写出来的雪景才是最逼真、最真实的、最触动人心的。再如，"孩子们学习波意耳—马略特定律，只要坐在打足了气的篮球上，立刻就初步感受了这一定律的基本点：气体温度不变时体积与压强的关系，然后他们通过更多的实验去发现它、验证它，使之理论化，进入学的境界"。②

(二)通过"标志物"演示情境

所谓"标志物"就是人们心中默认的用某种标志代替某个实物的物体或符号，如，绿色代表环保，⬆代表上升，地球仪可以看作地球等。由于"情境"并不是总摆在那里供人们来观赏和选择的，再说有很多现象在通常的空间内是不可能看到的，如地球的公转和自转、物质反应、细胞的分裂、花朵的绽放等，对于这些知识学生总是很难理解，也很容易混淆。在这种情况下，教师只能借助"标志物"来创设一种"实际"的情境，以助于学生的理解和加深对知识的印象。例如，苏霍姆林斯基为了让学生了解祖国和全世界，曾带领学生做了这样的环球旅行：孩子们坐在校园里用植物藤蔓围成的"绿色教室"里。他们的前面放置着一个很大的地球仪，它被人工制作的"太阳"照射着。"地球"绕着"太阳"转，"月亮"又绕着地球转。苏霍姆林斯基对他们说："孩子们，你们看，这儿是我们祖国的广大国土。我们居住在离祖国西部边界不远的地方，现在让我们往东，作一次长途旅行，我们将在一些城市和村镇停留，看看人们是怎样生活的"。然后讲到在他们的旅途上遇到的田野、河流、居民点的情况。一边讲，一边演示图片和幻灯片。新颖的情境激起学生的兴趣，他们兴致勃勃地跟着苏霍姆林斯基作"环球旅行"。③

(三)图片再现情境

用图片可以同时再现几种完全不同的情境，让学生在比较中体会和学习，并且图片简单易带、可在课前准备，亦可以节约教学的时间。因此，用图片再现情境不失为一种效度很高、可行性极大的方法。"在情景中教新材料的发音和意义。在最初阶段，有不少表达具体事物及动作的语言材料，如：利用实物、图片、表情、手势和简笔画教 book，pen，read，write 等。在不同的情景对比中，教抽象的词和词组'sorry'和'Excuse me'的不同意义。先让学生看图片：'撞了别人'，'碰掉了别人的书'，'打破别人的杯子'等，听对话。理解图中都因做错了事讲'sorry'。接着提供类似的情景进行大量的口头操练，加以巩固。第二步，不同的情景：'打断别人的讲话'，'要想问路'等，感受出'excuse me'是在'打扰别人时用'，以区别于 sorry 的用法避免混淆"。④ 这种用一连串不同的图片再现不同的情境的做法，可以使学生清晰地分辨出意义相近的词语。但"教学中的图片不同于大众图片，它的设计必须要注意以下几点：(1)清晰鲜明，主要角色突出，画面大小适宜；(2)生动有趣。图片的吸引力在很大程度上依赖于它的趣味性，所以教学图片中一定要有'童心'，要适应儿童的年龄特征。(3)构图简单，教学图片应力求简单，尤其是当堂作画，越简单越省时间。要使构图简单，就要先将事物形象简化，把复杂的事物尽量变成表现事物特征的示意图"。⑤

---

① 瞿保奎.教育学文集·教学(下册)[C].北京：人民教育出版社，1890.294.
② 郭思乐.教育走向生本[M].北京：人民教育出版社，2001.132.
③ 默耕.经典教学方法荟萃[M].福州：福建教育出版社，1993.247－248.
④ 瞿保奎.教育学文集·教学(下册)[M].北京：人民教育出版社，1890.336－337.
⑤ 瞿保奎.教育学文集·教学(下册)[C].北京：人民教育出版社，1890.356－357.

51

（四）角色扮演体会情境

让学生扮演主人翁，调动自己的体验，直入角色，深切地感受主人翁的悲欢苦乐，"从而与他人的体验共鸣共振，与作品同悲同喜、同愁同乐。通过这种体验，学生得以品尝生活的不同自我，得以形成敏感的心灵，丰富自己的精神世界，思考、发现自己生活的价值"。[①] 例如，在讲授《伏尔加河上的纤夫》这一课时，为了让学生深刻体会纤夫当时的心情和生活的艰难，教师最好让学生扮演纤夫，在刚下过大雨，地面泥泞时，让学生拉一个费很大力气才能拉动的重物，不停地拉，没有指定地点和时间，用不了多久，学生就会发出和纤夫一样的心声："什么时候是个头儿啊？""路还长着哩"，状态也和纤夫一样是"肩膀拉着纤绳，身子前倾，脚步显得很沉重，胳膊和腿好像跟着身子随便摆动一样"；在自己亲身经历过后，学生自然对纤夫的心情和感受有了切身体会。

情境教学不仅要用新场境介绍新知识、新内容，而且要用旧场境"温故而知新"，避免前学后忘。"有时候情景教学进行得不很顺利，很重要的一个原因就是学生对学过的知识没有巩固，有的甚至忘得一干二净，到时候要采用情景法教授新的内容，就缺乏坚实的基础。在这情况下，即使学生当堂勉强跟得上教师，课后印象也不会很深，不久就又会忘了。这种现象应尽量避免"；[②]要重视学生的作业，因为在情境教学中要用手写下来的东西较少，学生的书写容易生疏等，情境教学要注意的方面还很多，在这就不一一赘述。总之，情境教学的具体实施一定要讲求合适的方法和技能，切不可为了情境而情境，在不需要情境协助学生就能很好学习和掌握知识时，就完全没必要徒费精力和时间创设情境进行教学。情境一定要新颖、有趣，可长可短，可放可收。教师上课前既要反复酝酿，自己先"过电影"，上课时又要把握当堂实际情况，当机立断，必要时对自己的原来打算临时作些必要的变动。[③]

第五节 系统教学：尊重生命发展的全面和谐性

生命的成长不是某一方面、某一部分的成长，而是整个生命系统全面、协调的发展。人们认识事物，总是从整体上感知，如果仅仅看到事物的一部分是不能把握事物全貌的，也就不能说真正认识了这一事物。"盲人摸象"和"不识庐山真面目，只缘身在此山中"说的就是这个道理。就像要知道房屋的样子，必须从外面整体观赏，而不是让学生仅仅对着一堆堆砖瓦。知识也一样，"人固然可以一点一滴地学知识，但一点一滴的知识是缺少整体生命的。有如打成碎片的维纳斯不美，而整体的维纳斯才美一样，知识只有成为整体状态的时候，特别是对儿童的个体有整体意义的时候，它才呈现出其'生命'。整体知识可以是一部生动的历史、激动人心的活动、美丽的画图或者隽永的故事，它们或是沿着伟大追寻的足迹，或是依据自然形成的逻辑框架，或是观照生活需求的现实模型，生机勃勃地展开，从而对儿童产生永不枯竭的强大感染力和吸引力"。[④] 传统的"师本教学"对生命的整体发展和知识的整体生命缺乏认识，硬生生地把整体的知识肢解为碎片，使得学生"盲人摸象"，不能正确把握和理解知识的内涵和意义，只能完成对部分知识的"装"和"卸"任务，而不能把知识运用于实践。师生被局限在知识的各个碎片中，不能有效地自主思考。从整体入手，是学生思维发展和教

① 李家成.关怀生命：当代中国学校教育价值取向探[M].北京：教育科学出版社，2006.198.
② 瞿葆奎.教育学文集·教学（下册）[C].北京：人民教育出版社，1890.294.
③ 瞿葆奎.教育学文集·教学（下册）[C].北京：人民教育出版社，1890.294-295.
④ 郭思乐.教育走向生本[M].北京：人民教育出版社，2001.115.

学系统的客观规律和要求,教师应充分尊重和运用这一规律,开展系统性教学。

一、系统性教学的内涵

"系统"同"综合"、"整体"相近,系统教学又称为"整体教学"或"综合教学",就是把知识整体、系统地呈现给学生,让学生调动所有感官,整体感知和学习知识,达到"知""情""意""行"统一发展。现实中存在的知识是整体的,纵向是链条式的,是其产生、发展和成形的过程,前后的衔接关系或纵深提高的进程、逻辑递进的程序;横向是其他知识融合在一起,相互渗透,整体构建的单元、集合或图式,不存在独自一体、不与任何事物相关的知识。

学生生命的发展总是诸方面同时变化的,不可能只单单一方面发展,除此之外的细胞处于静止状态。因此,"无论是从教学理论还是从教学实践方面看,教育教学都向设计者、组织者、教师和学生提出了综合的要求。从知识角度看,是多学科综合构建,如数学是算数、几何、代数的综合;从生理角度看是多器官综合构建;从教学过程看是多手段综合使用,包括实物教具、学具、符号格局、图像的综合;从心理素质方面看,是多因素的综合构建,有智能、意志、情感三类结构。"[①]

系统教学中要考虑三个系统,这三个系统由小到大依次为:师生各自的身心发展系统、师生之间组成的"人—人"系统和师生与教学内容、教学环境组成的大系统。这三个系统不仅自身内部在不停地运转,而且系统之间也在相互影响。教师、学生、教学内容和教学场境等都是系统组成的基本要素,这些"基本要素都是保证教学系统优化有效发展的内部条件。尽管诸因素在交互作用中,两两之间联系的性质和强度不同,每一因素的作用也因具体教学过程中的不同情况而不同,但其中的每一要素的各个方面都有着直接而不可缺少的影响着教学效率的特殊力能。要素系统具有的这种整体性联系是随着活动的'引起'而产生的"。[②]活动是学生和教师使用教学材料学习知识的过程,有待于教师的发起和引导,其效果好坏取决于学生主体的生长和发展程度。整体优化是系统教学的理论依据。它要求教师在一定的教学目标下,把系统内的互不相关、甚至对立的要素整合起来,使其"团结一心",成为不可分割的有机整体,发挥整体优化的功能,尤其是具有主观能动性的人。由师生组成的"人—人"系统内部的能量和变数最大,他们直接决定着教学系统发展的方向和速度,建立良好的师生关系,使"人—人"系统正常运转是系统教学取得良好效果的基础和前提。

二、系统性教学的功能

"不同的系统有不同的功能。系统特定的功能是系统或过程保持其自身稳定,并使之与外界实行交换活动顺利进行的必要条件。我们把系统科学引入教学过程研究,就是要确定其功能特征,以能在实践中为实现教学系统的社会效能最优化,提供正确的认识基础或基本条件"。[③] 系统性教学顺应生命发展的全面和谐性,根据对事物的整体感知现象,系统呈现知识,赋予知识以生命,推动学生的全面发展。系统性教学的功能有:

(一)利于学生知识的系统化

系统性教学要求展现知识的全貌,使学生了解知识的来龙去脉,不仅知其然,而且知其所以然,使得知识处于一种网状的关系中,成为一个个链条储存于学生的脑子中,利于学生对知识的系统化掌握。

① 默耕.经典教学方法荟萃[M].福州:福建教育出版社,1993.432-433.
② 颜泽贤,张铁明.教育系统论[M].郑州:河南教育出版社,1991.332.
③ 颜泽贤,张铁明.教育系统论[M].郑州:河南教育出版社,1991.346.

(二)促进学生思维能力的发展

人在思考问题的时候,往往要提取脑子中已有的东西进行"查询",网状的知识结构利于激发出解决问题的各种可能性,并使学生具备自主思考的能力。"师本教育体系的致命问题是过度分析,如英语的语法化,语文的研究化(不是学习语言文字,而是研究语言文字),各门学科的过度条文化。知识的赖以产生、存在及发展的整体事物被拆解了;学生的思维变成了若干部分的拼装,而不是胚胎式的生命发展;学生和教师都被局限在小方格里,不能进行有效的自主的思维"。①

(三)能更好地把握教学过程的规律

系统教学把教学作为一个整体清晰地呈现出来,这样更有利于看到教学过程发生、发展的规律,合理安排各个阶段的时间,"使教学过程成为孕伏、掌握运用、考察、评价学法的过程。把教学过程中目标、执行(师、生)、反馈系统有机结合。激发师生在不断的反馈评价中创造性地教、学、用、评,使之协调发展,发挥整体效应,取得最佳效果。(不同教学内容都可适用上述过程或突出某一过程)促进教学目标综合化、内容结构化、过程工艺化、学法系列化、手段现代化、理论优化,博采众长,有所创新"。②

(四)使教学相长

系统之间总是相互影响、相互作用的,在系统教学中,教师和学生各自是一个独立的系统,这两个系统共同推动着教学的前进。一方面,教师是教育者,其承担着组织、引导和开发学生的任务,但他并不能支配学生,因为学生也是一个系统,有自己运转的规律,并且每个学生又都是一个独立的小系统,有各自不同的思想观念和价值观念,他们都通过各种不同的方式展现着自己,影响着别人。学生在受教育的同时也在"教育"着老师。这两个系统的相互作用,相互影响,才能真正地收到教学相长的效果。

(五)使学生"知情意行"协调发展

系统教学针对的不是学生某一方面的发展,而是全面的整体的发展,这不仅表现在教材内容上,而且体现在教师的教法、学生的活动上。

三、系统性教学的具体实施技能和艺术

系统性教学在实施中要运用各种教学技能和艺术,使其符合学生身心发展全面和谐这一客观事实和规律,具体如下:

(一)制定清晰的教学目标

教学目标指引着教学实践活动的方向,是教学过程围绕的中心,如果教学目标是不清晰的,那么学生的思考方向肯定也是含糊的,为了激励学生更快、更好地获得知识,一定要制定清晰的教学目标,用目标把学生引入知识之门。例如,教学"加法的运算定律",教师结合教学过程使学生明确学习目标。一为识记:熟记加法交换律和结合律;二为理解:能结合实例说明加法运算定律;三为简单运用:能运用加法运算定律进行式题的简便运算;四为复杂运用:能运用加法运算定律解答有关文字题和应用题;五为创见:能根据运算定律运用多种方法灵活解题。③ 有了这样清晰的教学目标,学生就会迅速明确自己要努力的方向。

(二)教学计划要有连续性

生命的发展循序渐进,学生的进步点滴积累,不可能一蹴而就,只有连续性的教学计划

① 郭思乐.教育走向生本[M].北京:人民教育出版社,2001.117.
② 默耕.经典教学方法荟萃[M].福州:福建教育出版社,1993.403.
③ 默耕.经典教学方法荟萃[M].福州:福建教育出版社,1993.231.

才符合学生身心发展的规律。仅有系统的目标是不够的,只有具体化为一个个不间断的教学计划才能真正付诸实施。

(三)保证教学任务的完整性

"人具有整体生命,必须把人作为一个整体来进行教育。人的整体性,突出地表现在人不仅有智慧,还有情感。知识的教学不能离开对人的整体性的认识。人的思维活动同样表现了人的整体性。人在学习知识时的整体领会是人获得自主的关键,倘若忽视了人在学习中的整体领会,就失去了调动最重要的教育力量——自我教育力量的契机。实验表明,教学应当'淡化形式,注重实质',使个体获得整体领悟。由于人的认识活动是整体的,是由知、情、意组成的系统,人对事物的认识,也就必须是整体输入的,才能唤醒机体的整体性"。[①] 完整性的教学任务才符合生命的发展规律,利于学生获得和掌握知识。比如,作文课的教学任务就是让学生整体输出,说自己想说的话,写一篇描绘自己最喜欢的动物或最难忘的事情等文章,而不应该把这一任务分解为先教授名词、动词、形容词……接着让学生掌握陈述句、疑问句、感叹句……最终把作文弄得四分五裂,学生反倒不知道"作文"到底应该怎么写了。

(四)教学方法要有控制性

"在某种意义上说,组织就是控制。控制是有一定的方式方法的,有了系统的教学目标和连续的教学计划,还要有实用有效的方法去联结教学活动并实现其目的。任何教学方法都应具有调控组织的作用,否则这种方式方法就会流于形式而降低了教学过程的组织效能了"。[②] 人的生命是一个不停运转的系统,无论你是否关注它,它都在变化发展着,只不过发展的方向可能不正确而已。学生正处于生命旺盛时期,其新陈代谢速度将更快,但由于自我控制的薄弱性,很难把握自己的行为,如果不重视教学方法的控制性,学生很容易思想意识偏激,心志不专,注意力涣散,逃避学习上的困难,久而久之,就会厌学、逃学甚至弃学。如,小学三年级"三角形的高"的教学过程:教师首先用小黑板呈现三个三角形及有关的符号,要求学生用三角形高的定义和三种判断方法来判断三个图形中哪些是三角形的高,哪些不是;然后,教师呈现五个图例,让学生一边比划操作,一边大声言语;接着,让学生集体背诵三角形高的定义与三种判断方法;最后,呈现三个图例,让学生进行不出声的判断练习。[③] 在这整个课堂过程中,教师不仅利用了智力技能发展的阶段和规律,而且一直控制着整个课堂的局势,引导学生朝着正确的方向发展。

(五)把握教学节奏

每一个系统的运转都有快慢节奏,这是大千世界存在现象、事物变化动态与人的身心变化节律相应、相和并相伴的反映,体现出协调的韵律,人与万物、自然生态的和谐美感。教学过程这个大系统的运转更需要根据师生心理发展系统的规律合理安排教学节奏,以顺应学生成长规律,使其沉睡的潜力苏醒过来。"事实上,由于学习本身就是个体理想和社会理想相统一的受约过程,学习者在实践中必然存在着学习与娱乐之间、学科学习之间、个人活动与集体活动之间等诸方面在时间上的矛盾,而这些矛盾又往往由于'学生'心理发展的极大可塑性,而难以由自己自觉地处理好。这就要求教师要切实安排好教学计划、教学时间和课程交叉,固定每堂课中每部分教学内容的教学时限,依据左右大脑的功能差异和不同年龄学生的生理活动特点,调节好学生身心活动的节奏,使学习过程紧张有序,主动活泼,以减轻学

① 郭思乐.教育走向生本[M].北京:人民教育出版社,2001.204.
② 颜泽贤,张铁明.教育系统论[M].河南教育出版社,1991.358.
③ 默耕.经典教学方法荟萃[M].福州:福建教育出版社,1993.196—197.

生的负担,有利于学习者的身心发展。"①

　　生命是"人"的内涵,是教学的前提和起点,学生是一个个活生生的生命,教师切不可忽视这一点。然而当代教学中忽视生命存在的现象非常普遍,"人们更加看重的是知识、标准,缺乏对真实的人的关注,缺少对人的生活的兼融,更是疏离了对人的生命存在的体悟和关怀。无论是教师还是学生,在学校教育中,往往居于一种压抑、被动的生存状态,他们过多地被知识、制度、计划、程序所限制与控制,个体生命的活力被忽视、被压抑,个体生命的向往被轻视、被忽略,个体生命的时间和空间被浪费、被剥夺。当代的学校教育,太少关注作为生命体的人的向往、活力与尊严,太少关注学校教育中个体的生存方式,太少关注师生个体生命的整体存在状态,太少关注人的生命质量"。② 为此,广大教师应把学生的生命作为教学的根基,根据学生生命的不同性质和特征采用相应的教学方式和方法,顺应生命发展的客观规律,促进生命的健康成长。例如,由于生命具有连续性,因此要有循序渐进的思想;由于生命的具体性,采用的教学方法又要各式各样;由于生命的趋利避害性,所以教师要赏识学生;为了满足生命的体验性,要用情境教学;为了促进生命发展的全面和谐性,又要用系统性教学。实践证明,以生命为基础的课堂教学是最富有生机和活力的。

① 颜泽贤,张铁明.教育系统论[M].郑州:河南教育出版社,1991.344—345.
② 李家成.关怀生命:当代中国学校教育价值取向探[M].北京:教育科学出版社,2006.116.

第三章 培养"学生社会性"的有效教学技能与艺术

近代德国哲学家、教育家康德在《论教育》中曾经说过这样两句话:1."人只有通过教育才能成为人。"2."人只有通过人,通过同样是受过教育的人,才能被教育。"假若单从字面去理解,我们大体上可以读出这样的意思:1.教育乃是人之所以成为人,并区别于其他的根本要素:教育即是人性,是人的自然(human nature);或者按照康德在同一段话中的说法,"除了教育从人身上所造就出的一切外,人什么也不是"。所以,教育从根本上说是人的规定性。2.任何教育都是人的教育,都由人来执行,教育是依靠"人"来塑造"人"的过程;因此,教育的秘密,在于"已完成的人"与"将完成的人"之间所发生的联系,这意味着,教育不仅是在"教"与"学"之间所结成的一种人际纽带(interpersonal ties),而且,教育必是当前发生的(the present),属于实践的范畴。总之,康德的这个说法,提出了关于教育的两个基本问题:人的自然(nature)和人的社会构成(social construction)。当然,这里的社会构成指的是由人来主导而完成的教育过程。① 基于本书第一章对人的本性与教育目的的价值的思考,并结合上述康德的思想认识,在重视学生的自然性、个性自由及主体精神以实施教学的同时,还不能忘却另一半,社会化、道德、群体生存需要、法律秩序等在教学中的投射,学生确实正在由自然人向社会人的转变。有效教学也同样如此。

第一节 教学的思想性

教学的思想性存在于教学活动的组成部分以及各个环节之中,教学中的理念、价值以及方向是首要的,而教学内容的科学性与道德性、教学组织、管理及方法中的思想引导及有意设计,乃至于教师的教学经验总结、教学研究等都有意识及观点的统率或引领。上述种种,都是教学的思想性相关的问题。与教学的思想性相联结的一个词是教学思想,而教学思想又是教育思想的基本部分,而并非全部。教育思想就是培养人才的理论和观念的总和。它是人们在一定社会和教育实践活动中,直接和间接形成的对教育现象、教育规律、教育问题的认识和看法。它总是反映一个时代的教育观念、教育理论、教育政策、教育制度,反映人们对教育内容、教育方法的选择以及对教育者和受教育者的要求,它是一个具有不同层次的复杂系统,也是一个不断变化和发展的系统。教育思想的核心内涵表现在培养人的问题上,一是为什么培养人(出发点和方向);二是培养什么人(目标、规格和标准);三是如何培养人(**教育制度、内容、制度、形式和方法**)等。② 教学思想是教学活动富有思想性的保障和依据之一,但主要属于教育学专业视阈的要求及规范,不能代替社会其他方面对教学及人才培养的要求及理论影响。教学的思想性固然是教学中无所不在的、带有极强渗透性的因素,然而本节主要对于教学社会性及有效教学的层面加以考察。

一、教学渗透思想的意义

教学是学校教育的基本任务、中心工作,学校教育存在的依据及合法性是为社会培养合格人才,并同时促进学生个体发展,无论从历史抑或是现实来看,教学贯穿着思想性都是必

---

① 渠敬东.卢梭对现代教育传统的奠基[J].北京大学教育评论.2009.11.
② 李建刚.现代教育理论与实践[M].济南:山东教育出版社.1993.168.

然的。随着我国教育课程改革的不断推进,教学目标正在逐步转变,教学的思想性也在逐步转变,越来越倾向于学生的综合素质的提高,注重对学生主体性的培养。以学生为本,关注每一位学生的发展;为了每一个学生都得到发展。新课程改革要求在教师的指导下把学生自主学习、自主发展放在教学的第一位。

学生是教学过程的起点和终点,是教育的本体,一切为了每一位学生的发展是教育观念的更新,它决定了教学的目的、方式、手段以及管理和评价的导向,使旧有的思想观念得到更新,真正实现教育教学的现代价值。新课程倡导新的学生观:学生是可塑的、有独立个性的人,学生是学习和发展的主体,教师的一切教学活动都要贯彻学生自主建构、逐渐完善的核心理念。学生的全面和谐、个性充分发展和终身学习终身教育是公民素质的基础,是促进经济可持续和综合国力提升的保障。从新课程改革的需要出发,要求教学中渗透新课改的思想,即在教学中融入新的教学观念、新的教学理论,通过这种新观念、新思想,指导教师实施教学。在新课程改革视野下,教学范式正在由"知识传授型"向"知识建构型"转变,要求在教师指导下创建学习共同体,使学生学会学习,提高学习效率,全面实现课程目标。

教学不仅仅理解为基于学生主体性、促进学生差异性及个性化发展的实践活动,在这里,学生个体化及主动性的激发与关注,不是抹杀社会性,而是要更好地达到社会性的目标要求,达到自然性与社会化的融合、统一。注重学生的社会性发展是倍受教育理论家关注的问题,也反映了教学的客观规律。在世界现代教育史上,即使以重视经验论、学生本能说著称的现代教育家杜威也同样非常强调人的社会性,"受教育的个人是社会的个人,社会是不同个人的有机联合"。在个人主义思想盛行美国的时代,杜威恰恰通过强调个人的社会性来纠正个人主义的流弊。在中国讲学的两年多时间里,杜威只要谈教育都会特别强调教育的社会功能,强调教育一定要牢牢树立为社会服务的理念。脱离了社会生活的教育不仅会失去生命力,而且扭曲了个人与社会的关系。[①]

学生作为现实社会中存在的个体,他的发展,来自于生长和学习,生长是自然成熟,学习是后天的行为,包括知识、技能的学习和个性品质的形成。随着社会的发展,对人才的素质能力有了新的要求,构成对教育实践的挑战,教师已不是支配课堂教学的绝对权威,学生作为教育对象,作为社会中的个体,是学习活动的主体和主人。教学思想性的内涵是有时代性的,处在稳定与可变的辩证统一之中,例如当今的知识经济社会及信息化技术制约下的教育改革潮流,要求学校应注重培养与发展学生的知识与智能、形成学生的思想品德、适应并促进学生的身心健康、发展其欣赏艺术及自然之美的能力。为此,教学方法需要创新,教师应不断地进行实验和探索现代教学方法,并在证明有效时加以推广和运用。这就能实现由社会经验、环境因素及文化科技的有效利用,转化为学生个体的健全发展,又通过个体的成长与社会化实践服务,达成社会的和谐、科学与现代化目标。有的学者在对教学本质的认识理解中,清晰地阐述了教学中学生自主性及主体地位的发挥与教学中学生由自然、个性向社会化目标走向的辩证统一关系。"通过教学,教师把人类长期实践积累起来的科学文化知识有目的、有计划、有系统地传授给学生,培养他们认识客观世界和改造客观世界的能力,使他们成为对社会有用的人才。教育只有以促进人的个性发展为目的,提高人的内在价值,肯定人的主体地位,增进人在改造自然、改造社会中的自由度,它自身才能成为推动社会发展与变革的积极力量。"[②]面对我国教学改革面临的挑战及现实的要求,教学渗透思想性显然格外突

① 汪堂家.杜威教育哲学的当代意义——纪念杜威诞生150周年及来华90周年[J].教育学报.2009(06).
② 李森.教学交往观的确立于基础教育课程改革[J].教育研究.2002(09).

出与迫切,它不仅为教师教学提供理论上的支撑,更是提高了教师教学实践中贯穿始终的思想素养。而且,教学渗透思想性也为培养学生的社会性提供了规范与导向。大体而言,可以总结为如下三个方面:

(一)教学渗透思想有助于新时期教学理论变革,为科学的教学研究奠定基础

多元文化和知识经济是我们所处的这个时代的显著特征。当前的教育改革要改变僵化的、保守的传统的教学,注重人的发展,教学渗透思想性要求我们不断更新教学观念,把新的教学观念融入到课堂教学中去,为学生更好地适应社会发展打下良好的基础。

新课改使课堂真正具有发展人的功能,学生成为课堂的主人和学习的主体,由此必将引领教师进行课堂教学方法的更新,如采用探究性学习方法,发挥实验、实习及综合社会实践的价值,以充分挖掘学生的主动性、创造性,培养学生的创新精神和应用能力;同时,建立以评促改、以评促教的理念,构建新型的、发展性教学评价机制。新的教学评价应该是以诊断性的、形成性的评价为主体,帮助教师改进教学过程,提高教学能力;通过灵活、适当地采用挫折教育、成功教育的手段及方法,使学生在评价中不同程度地感受到成功的喜悦和自豪感。

教学与治学结合,与研究促进,是近代以来在教育实践中所形成的共识。为了能使教师摆脱教书匠的传统僵局,成为有创新意识及能力的新型教师,并且有助于将教育政策、理论与教育实践沟通,互相促进,以有效地实现教学与探究策略的指导,更需要教师有从事教育科学,尤其是课程资源开发、学科教学研究的素质及能力,也就是常说的研究型的教师。教学研究不仅依靠丰富的教育学、心理学及专业学科知识,而且还需要具有运用教学渗透的思想方法解决实际问题和创造学科理论的本领。教学上每一个重大成果的取得无不与教学思想的突破及教学方法的创新有关。教学课程改革的每一次实施过程都需要教师通过把教学改革的理论指导变成实际的教学思想与应用操作能力,才能真正实现教师在教学与研究中所结合或渗透的,思想性是理论变为实践的桥梁,是他们实现教育与研究比翼双飞的精神源泉。

(二)教学渗透思想性有助于推进教师的教学实践

教师寓有或承载着符合时代需要及意义的思想意识、理论方法及价值观念,在教学活动中就能够依据教学目的、使用教学原则、改进教学方法,实现新的教学组织形式的教学,为培养学生社会性提供有效的方法。教学的目标指向客观世界中存在的人,社会关系、行为规范及文化风俗包围在周边,教育者应该在充分适应、利用学生自然性的基础上培养学生的社会性。在传统的教学中,教师主要使用讲授法、问答法、演示法等就可以应付教学。在新的历史条件下,由于教学目标及人才质量规格的变化,对教师综合运用各种教学方法的能力提出了更高的要求,根据教学目标、教学内容、教学对象的特点而有针对性地选用适合的教学方法,教师也可以根据需要进行即兴的组合与创造。

在课堂教学中,教师讲授的内容和教材实际上只是学生学习的一个剧本,是一个个生动的案例,对于这些内容,由于教师以及每个学生的经历、体验和解读方式不同,从而得出的结论和观点也就有可能不同。因此,课堂教学不应停留在对教材本身所传达的文字信息上,而要关注"案例之后"的更为本质的东西,鼓励学生不要满足于已有的观点和结论,积极鼓励学生的奇思妙想,允许学生对内容进行不同的解读。对教师而言,必须从心底里乐于接受学生提出的不同观点和意见。教师只有在课堂上与学生真正地进行了思想和情感的交流,才能给予学生广博的文化浸染,课堂教学才能真正切入学生的经验系统,真正成为教学相长的过程。当代教学需要的是完整的人的教育,不仅仅是让学生获得一种知识,而且还要让学生拥有一种精神，一种立场，一种态度，一种不懈的追求。①

在教学目的方面，中国古代学校教育的教学目的主要是培养"士"、"君子"，而今天，我们主要培养有理想、有道德、有文化、有纪律的新人，主张学生德、智、体、美、劳全面和谐的发展。正是这种教学目的的转变体现了教学思想的变化。因材施教、启发诱导、循序渐进、学思行结合、温故知新等教学原则就是把思想性融入教学中的产生的。以审慎态度对待传统的教学方法，继承和发扬传统中优秀的思想成分，并结合教学思想的发展，又能够逐渐创造和发展新的教学方法。正如列宁指出的那样："从生动的直观到抽象的思维，并从抽象的思维到实践，这就是认识真理、认识客观实际的辩证的途径"。这正是思想性在教学中发挥作用的精辟概括。在教学组织形式上，班级授课制和个别教学，以及现代的网络教学，在反映教学思想性上各有千秋，在现代信息技术趋势下，应扬长避短，保持教学组织的丰富多样化。教学思想性的变动要求课堂管理由刚性管理转变为弹性管理。这是因为传统教学的课堂管理压制了师生丰富的情感，打击了学生创造性的见解，不利于培养学生适应社会的能力，学生的思想、思维受到了限制。

（三）教学渗透思想性有利于学生发展主体性，培养学生的社会性

由于传统教学带有实用主义的倾向，教师往往不顾学生的接受能力，越俎代庖。从而教学逐渐转向重视教学的知识技能及学业成绩的考试分数，忽视学生的发展。与此相关，今天一些学者对教学"有效性"研究大都只关注了"认知性"层面，而忽视了教学的社会性、伦理性层面。教学改革的趋势是把学生作为学习主体的角色，重点培养学生的各种能力，不单单是提高学生的学习结果。因此把培养学生具有社会性这一任务逐步显露出来。有学者认为："无论社会处于何种方向的发展状态，个体的积极自主与创造性的发展，即我们假设的正向发展都具有推动社会发展的意义。"②还有学者认为："人的主体性是人类在长期劳动、认识世界与改造世界和认识自我、改造自我过程中发展起来的最有价值、最能体现人类本质力量的特性，它是人区别于超越其他动物的标志，也是人类继续向前发展，不断超越自身所获得的社会成就，满怀憧憬奔向未来的条件和力量，是人为万物之灵之所在。"③

社会与教学紧密相关。社会为教学提供了教学环境、教学内容和人生的理想；教学则是为了适应人类社会生产和生活的需要，以社会文化为学习内容，指导学生适应所生存的社会，接受和传递社会文化，使社会文化得到保存和传递，使学生社会化，成为社会化的人，培养学生的社会性，从而促进社会的进步。

学生并非仅仅是学生，更是作为社会中的个体而存在，学生是一种独特的社会存在。因此，教师应顺应时代的要求，更多地把注意力放在如何培养学生的社会性观念和指导学生如何在社会实践中进一步调适及发展身心。教学以适应社会的需求及趋势为方向。同时，要指导学生发展个人才能，处理好社会中的人际关系，从适应社会到改造社会，传播文化，更新文化，实现社会的科学、优化综合及可持续性发展。

二、教学渗透思想的实施策略

教学渗透思想性源于古老教学的思想资源与办学实践。孔子办私学在教学设计及活动中就体现了他的政治、哲学、教育及人才的观念，既有西周礼乐教化的根基，也有封建性新生产关系下对贤才、德政的诉求，"六艺"教学通过调整，加强了道德修养及书本文化知识的教

---

① 陈莉.怎样在数学课中渗透新的教学理念[J].科技信息(科学教研).2008(19).
② 叶澜著.教育概论[M].北京：人民教育出版社,1991.318.
③ 王道俊,郭文安.关于主题教育的思考[J].教育研究.1992.(11).

学,如在《论语》中就记载:"子以四教,文行忠信","诗三百,一言以蔽之,曰诗无邪。"同样,古希腊三贤之首的苏格拉底提出"美德即知识"的命题,延续至今,成为伦理学、教育哲学的重大命题。中外教育历史的演变,同样贯穿着对教学中思想性的丰富而多样化的论述。当然,其中蕴含着普适性内容外,也有封建性、功利性乃至殖民性。基于现实社会基础教学课程改革的新观念,是不断发展着的科学技术成就及趋势在教育问题中的反映,它来源于知识经济社会对教育质量及人才规格的要求,也是我国改革开放三十多年来市场经济体制下多元经济成分共存互补经济环境下教育调整、变革的必然走向,更是教育实践的问题矛盾与困惑的探索,其中的思想方法、教学观念及组织设计又随着实践的发展而发展。所有这些汇聚到核心的一点:教师在教学中必须紧跟课程改革的步伐并不断探索新的教学方法,把新课改的思想有的放矢地融入教学。

(一)以课程改革为指导,转变教师的教学理念

教学的思想性,在教师和学生协作的课堂教学中交织渗透,需要教师积极亲身体验新课改所带来的成效,在行动中体会教学的思想性。在我国教育领域,应试教育存在的时间比较久,作为新观念的素质教育在教师教学中渗透比较少,一些教师仍然习惯"一枝粉笔、一块黑板"的传统教法,注重知识的传授,总是不太注重学生情感态度价值观的培养,说到底还是观念问题。因此,教师要充分认识这一问题的严肃性,把教育思想和教育观念的转变付诸于实际教育工作中,身体力行地引导学生掌握知识发展能力,通过潜移默化带动教学思想观念的转变。

新课改下的课堂教学要注重形式与内容相统一、赏识与批评相统一、参与与探究相统一、知识与能力相统一、创新与科学相统一。课堂教学应该培养学生良好的性格、积极向上的情趣和完整的人生态度。教师的任务,不在于教给学生多少东西,而在于教给学生学习的技能和方法,培养学生乐学善思的习惯,使学生终身受益。[①]如在语文教学中渗透思想主要表现在,把语文教育与伦理道德教育、经典哲学教育、政治历史教育等相融汇。思想性作为教学的一种手段及方法,它在给学生进行基础知识与基本技能的传授过程中,通过教材内容与教师对课堂内外的组织、设计与管理进行潜移默化地渗透。

(二)挖掘教材中的教学思想,合理组织设计教学

在教学中有效地渗透思想性,就要认真深入地钻研教材,同时在充分了解学习学科史,即学科发展过程,可以更深刻地体会教学思想性在教学中的作用。新课程要求转变以往的教育功能观,将素质教育的理念落实到课程标准之中,全面体现"知识与技能、过程与方法以及情感态度价值观"三位一体的课程目标。其中情感态度、价值观的渗透需要突破教材逻辑体系的限制,要完整地表达学科知识中的教学思想,需要教师认真分析教材,挖掘教材内在的思想性及其教学思想方法。因为教材是蕴涵深层次的思想性,教学是基于知识又高于知识的一种的重构活动,要在循环往复的体验中才能使学生逐渐认识、理解,在具体应用中,学生对形成的思想进行验证和发展,进一步加深对教学思想性的认识。只有把教材的深刻思想通过教学内容体现出来,才能实现学生的思想性的发展。在教学中,教师把教学内容所**体现的教学思想潜移默化地融入到学生的思想中**,从而影响着学生的价值观,培养学生正确的世界观。如在语文《项链》一课教学时,在分析路瓦栽夫人的形象时,让学生讨论"应该怎样评价路瓦栽夫人?"通过大家讨论,大家统一了认识,认为路瓦栽夫人有资产阶级的虚荣心,为"借项链出风头",一时的欢乐换来了"失项链赔项链"的十年的辛酸,其悲剧产生的根

61

---

① 田景玲. 关于新课改下的课堂教学[J].基础教育参考.2009.(10). .

源是资本主义社会,她既是资产阶级思想的体现者,也是受害者。她有错误,我们既要批评她爱虚荣的庸俗作风,也要同情她的不幸遭遇,让学生懂得资产阶级的虚荣心与真正的爱美之心的区别,从而受到教育。[①]

(三)通过师生之间、学生之间交往互动,共同发展教学思想

每位教师都是课堂教学的实践者,同时每位教师和学生是共同的教学探究者。联合国教科文组织在一份报告中所说,"我们应该从根本上重新评价师生关系这个传统教育大厦的基石,特别当师生关系成了一种统治者和被统治者的关系的时候。这种统治和被统治的关系,由于一方在年龄、知识和无上权威等方面的有力条件和另一方的低下与顺从的地位而变得根深蒂固了。在我们当代的教育界中,这种陈腐的人类关系,已经遭到了抵抗。"[②]

无论是教学目标、教学原则、教学方式、教学评价等方面的思想观念及实践活动,教师都要深入学习当前教学改革的理论方法,从中领悟出教学思想的真正内涵,通过制定合理的教学计划和课程计划,把教学改革的思想通过实践传达给学生。这种教学思想是潜移默化地渗入到教学的整个过程中的。如根据教学的思想性,改变教材知识的呈现方式,突出知识的多样性和认识论的多样性,增加讨论、质疑、辩论、自学等环节,是教学变成一种平等讨论和自由交流的场所,而不是教师的"一言堂"和"独角戏",在教学中培养学生的批判性思维,使他们成为自主的学习者或认识主体,培养他们的社会认知能力。

教学是师生交往、积极互动、共同发展的过程,交往互动是教学过程的本质,因此,现代教学观把课堂教学作为有利于学生主动探索的学习环境,教学便成为师生之间、学生之间交往互动,共同发展的过程;把学生在获得知识和技能的同时,在情感、态度价值观等方面都获得充分发展作为教学改革的基本指导思想,努力处理好教学的内容与现实生活的联系,尽量让学生联系现实生活的及个体经验参与教学中来。创造有效的教学环境,让学生通过独立的思考后进行交流,并在培养学生应用学科内容的意识和能力的基础,提升学生的探究意识和创新能力等。这些都是通过师生之间的教与学来不断渗透教学思想并在实践及反思、总结中丰富、印证和发展教学思想的。

教学渗透思想性把新课程的理念带进课堂,促使教学理念的更新,使我们的课堂教学不断注入新鲜的血液,适应了时代发展所赋予教师的职责,激活了学生社会性的学习思维,为有效教学不断更新发展提供持续不断地规范指导。

第二节　目标性教学

目标性教学的提法不多见,在教学论的论述及辞典工具书中一般都表述为教学目标,是作为教育目的的方向及人才质量规格要求的领域加以探讨的,核心地体现了教育机构及专门教育者对教育活动的设计与调整,在干预及规范下实现教育的有序、价值及社会需求。教学是教育的中心工作,教学目标的实质与上述思想并无差异,保留着内在质性的统一。目标教学的术语,词序换位,词语文字未变,用意显然在于重心转移,即由"目标",转向教学,但教学又围绕目标,接受目标的监督与检测,带有行动、实践的意味。而目标性教学,则将教学活动的灵魂主干及标尺加以适当地推延至教学的过程、组织及方法中的理念及操作问题。

---

① 田长青.高中语文教学德育渗透艺术漫谈[J].教育艺术.2009(09).
② 联合国教科文组织国际教育发展委员会(华东师范大学比较教育研究所译).学会生存[M].北京:教育科学出版社,1996.107.

一、目标性教学的诠释

基于对核心概念的理解,需要进一步梳理教学目标在教学范畴类目中的地位、教学目标的理论,在此前提下重点加强本章核心论题的阐述。

(一)教育目的、教育目标与教学目标

我国传统教育的价值取向主要是政治统治与道德伦理的社会需要,科举考试确立以后,国家的意识、社会的标准通过考试得以有效地贯彻,并由此规定了封建时代乃至于清末1906年废科举以前的各级各类学校教育机构的课程设计、培养方案及组织方法。在这种场景下,教育目的基本上包括了教育目标及教学目标。民国成立,特别是新中国诞生以后,社会性质发生变化,教育价值及规范要求也必然不同,但在20世纪80年代以前,教育价值导向的社会化、道德性依然故我,以教育目的论取代教育目标层次的格调未曾改变。正如有的学者所称:"中国共产党十一届三中全会以来,当代中国教育价值取向随着工作中心的战略转移,'教育为经济建设服务'的目的论也随之提出,从一味追求教育的政治功能到强调教育的经济功能,是教育价值取向的一大进步。然而,新中国几十年来的教育价值观仍以社会本位为中心(没有超出传统的窠臼),忽视教育在培养个性、使个人的潜能得到尽可能的发展方面的价值。近些年来,对当代中国社会发展和教育价值观变革的探讨为起点,提出新基础教育课堂教学价值观,这一价值观的核心理念是:当前我国基础教育中课堂教学价值观需要从单一反而传递教科书上呈现的现成知识,转为培养能在当代社会中主动、健康发展的一代新人。"①也就是说,自20世纪90年代中期以后,教学理论及实践中的教学目标层次问题逐渐受到关注。

1. 三个概念的界定

教育目的是对各级各类学校教育的总的规定和要求,具有高度的概括性和抽象性。它是从人类任何社会实践活动都具有目的性、教育也不例外这个意义上提出来的,它存在于一切教育活动当中。从国家或整个社会的角度看,这种教育目的只能是原则性、抽象性、概括性的,因为在一个国家或一定社会里,各层次学校、各类型学校、各地区学校的特点不一样,只有抽象、概括的"教育目的"对各级各类学校教育才具有广泛的适应性。② 教育目标是各级各类学校根据教育目的制定的、符合一定社会需要的具体要求,它是具体化了的教育目的。它与教育目的的关系是具体与抽象的关系。换句话说,教育目标要根据教育目的来制定,而教育目的又要通过各级各类学校的教育目标的实现才能实现,没有教育目标,教育目的就要落空。教学目标是指教学中师生预期达到的学习结果和标准。教学目标按照不同的标准有着多种分类和理解。在西方,根据目标的指向将教学目标区分为最终目标和直接目标两种,前者为准备受教育者将来从事各种社会性活动所要实现的目标,后者为使学生掌握从事上述各项活动时所需的活动工具、行为方法方面所要实现的目标。按照教学活动的需要,教学目标从总体目标起可以依次划分为课程目标、单元目标、课时目标等不同系列。这里的课程目标是指某门课程在教学上总体所要达到的结果;单元目标是对一门课程结构中各个组成部分的具体要求;课时目标是指每课时所提出的具体要求。各种教学目标之间相互关联,又有明确的区分,因此,可根据不同的教学需要,有针对性地寻找目标进行学习。③

63

---

① 杨小微.现代教学论[M].太原:山西教育出版社,2004.195.
② 黄埔全、王本陆.现代教学论学程[M].北京:教育科学出版社,1998.141-142.
③ 教育大辞典编纂委员会.教育大辞典(第1卷)[M].上海:上海教育出版社,1900.183-184.

2. 教育价值观视野下的教学目标思考

一定时代和社会的教育，在实现人的价值的同时，还要实现其承担的社会价值。教育的社会价值具体表现为教育的政治价值（教育对维护和巩固政治统治，促进政治民主等方面的作用）、经济价值（教育促进经济发展的作用）、文化价值（教育对弘扬民族文化、发展人类精神文明所起的作用）。[①] 教育的人的发展价值与社会发展价值密切联系，过分强调某一方面而忽视另一方面，都会妨碍教育价值的实现。人的发展有其自身的规律，而且社会的需求又需要通过人的自身发展的特点，才能实现。所以，教育价值取向中两难处境的关键就在于：如何将符合历史进步要求的社会价值内化为个体自身的价值，又把个体发展自身的要求外化为社会价值。教育活动是一个蕴含着种种矛盾的冲突的张力结构，由此，教育活动主体也面对着一系列教育价值选择。社会发展规律和个人发展规律之间诸种矛盾和不一致的存在，形成了教育中一系列"二律背反"现象，如"社会本位与个人本位""工具价值论与理想价值论""外塑论与内展论""准备生活论和适应生活轮"，矛盾双方有不可取代的价值与存在的合理性。杜威认为，矛盾的根源就是"身心二元论"，正是身与心二元分离的理论，使"'不断前进的经验的统一性'中功能的区分转变为存在的划分。因此，心灵与身体分离，身体活动被看作对心灵怎样学习施加的异己影响"，由于导致了自我与自然界和社会环境的分离，经验对象和体验对象的分离，最终导致学习方法与学习材料的分离。但从根本上说，身心二元分离又是传统专制社会阶级划分造成的恶果。杜威认为在民主主义社会里，可以从根本上消灭阶级对立，从而消除教育中一系列二元对立和矛盾。对当前的教育来说，就必须在实践中不断克服这些矛盾，不断推进社会进步，促进民主主义社会的完全实现。[②]

教育价值取向直接显性地或间接潜在地决定着教学目标。教育价值取向中的两难问题和"钟摆"现象导致了教学目标确立时的摇摆。我国比较系统的对教育目标进行探讨是在布卢姆等的《教育目标分类学》的影响下展开的。布卢姆的教育目标分类学实质上是教学目标分类学。[③]

（二）教学目标的基本理论

我国的教育目标、教学目标研究是在 20 世纪 80 年代以后逐渐开展的，以前受前苏联教育家的教学理论影响，在"双基论"（基本知识与基本技能）范围内讨论具体目标的水平问题。这种新的转变同时还伴随着一批中小学的目标教学实验，应该都是受美国教育学、心理学家布卢姆的影响。

20 世纪 60 年代，美国教育学家、心理学家布卢姆的《教育目标分类学》的诞生为行为目标的分类提供了一个典型的范例。根据布卢姆目标分类体系的划分，经教育活动而希望引起和实现的学生学习结果的行为类别可以分为认知、情意、动作技能三大目标领域。以布卢姆为首的委员会经过反复探讨，于 1956 年和 1964 年分别公布了认知领域的目标分类，最后又公布了精神运动（技能活动）领域的目标分类。

1. 认知领域的目标分类[④]

布卢姆将认知领域的教育目标分为六级。

（1）知识：指对先前学习过的知识材料的回忆，包括具体事实、方法、过程、理论等的回

---

① 王汉澜. 谈谈教育的价值[J]. 华东师范大学学报(教科版). 1991(01).
② 杨小微. 现代教学论[M]. 太原:山西教育出版社,2004. 193.
③ 杨小微. 现代教学论[M]. 太原:山西教育出版社,2004. 196.
④ 刘克兰. 现代教学论[M]. 重庆:西南师范大学出版社,1993. 151—155.

忆。知识是这个领域中最低水平的认知学习结果,它所要求的心理过程主要是记忆。

(2)理解:指把握知识材料意义的能力。可以借助转换、解释、推断三种形式来表明对知识材料的领会。领会超越了单纯的记忆,代表最低水平的理解。

(3)应用:指把学到的知识应用于新的情境。它包括概念、原理、方法和理论的应用。运用的能力以知道和领会为基础,是较高水平的理解。

(4)分析:指把复杂的知识整体材料分解为组成部分并理解各部分之间的联系的能力。它包括部分的鉴别,分析部分之间的关系和认识其中的组织原理。分析代表了比运用更高的智力水平。

(5)综合:指将所学知识的各部分重新组合,形成一个新的知识整体。它包括发表一篇内容独特的演说或文章,拟定一项操作计划或概括出一套抽象关系。它所强调的是创造能力,形成新的模式或结构的能力。

(6)评价:指对材料(如论文、小说、诗歌、研究报告等)作价值判断能力。它包括按材料内在标准(如组织)或外在标准(如与目的的联系)进行价值判断。这是最高水平的认知学习结果。

2. 情意领域的目标分类[①]

克拉斯伍等制定的情意领域的教育目标分类于1964年发表,其分类依据是价值内化的程度。该领域的目标分五级。

(1)接受或注意:指学习者愿意注意某特定的现象或刺激。例如静听讲解、参与班级活动、意识到某问题的重要性等。学习结果包括从意识某事物存在的简单注意到选择性注意,是低级的价值内化水平。

(2)反应:指学习者主动参与,积极反应,表示较高的兴趣。例如,完成教室布置的作业,提出意见和建议,参与小组讨论,遵守校纪校规等。学习的结果包括默认、愿意反应和满意的反应。这类目标与教师通常所说的"兴趣"类似,强调对特定活动的选择与满足。

(3)评价:指学习者用一定的价值标准对特定的现象、行为或事物进行判断。它包括接受或偏爱某种价值标准,和为某种价值标准作出奉献。这一阶段的学习结果所涉及的行为表现出一致性和稳定性,与通常所说的"态度"和"欣赏"类似。

(4)组织:指学习者在遇到多种价值观念呈现的复杂情境时,将价值观组织成一个体系,对各种价值观加以比较,确定它们的相互关系及它们的相对重要性,接受自己认为重要价值观,形成个人的价值观体系。

(5)价值与价值体系的性格化:指学习者通过对价值观体系的组织,逐渐形成个人的品性。这一阶段的行为是一致的和可以预测的。例如保持良好的健康习惯,在团体中表现合作精神等。

3. 动作技能领域的目标分类

动作技能领域的目标分类目前认为较好的一种是辛普森等人于1972年公布的成果。他们将动作技能的教育目标分成七级。

(1)知觉:指运用感官获得信息以指导动作,主要了解某动作技能的有关知识、性质、功用等。

(2)准备:指对固定的动作的准备,包括心理定向、生理定向和情绪准备(愿意活动)。知觉是其先决条件,我国有人把知觉和准备阶段统称为动作技能学习的认知阶段。

---

① 刘克兰.现代教学论[M].西南师范大学出版社,1993.151-155.

（3）有指导的反应：指复杂动作技能学习的早期阶段，包括模仿和尝试。通过教师或一套适当的标准可判断操作的适当性。

（4）机械动作：指学习者的反应已成习惯，能以某种熟练和自信水平完成动作。这一阶段的学习结果涉及各种形式的操作技能，但动作模式并不复杂。

（5）复杂的外显反应：指包含复杂动作模式的熟练动作操作。操作的熟练性以精确、迅速、连贯协调和轻松稳定为指标。

（6）适应：指技能的高度发展水平，学习者能修正自己的动作模式以适应特殊的装置或满足具体情境的需要。

（7）创新：指创造新的动作模式以适合具体情境，强调以高度发展的技能为基础进行创造。

这一体系具有几个显著特点。其一，以外显行为作为教学目标分类的出发点。对教学目标进行分类，必须在一个统一的层面上进行，如教学内容、教学对象都可以作为教学目标分类的标准。布卢姆等则以外显行为作为其分类的基点。在他看来，虽然内隐心理活动与外显行为是有区别的，但内隐心理活动可以通过外显的行为表现出来。从认知领域的教学结果来看，知识的获得可以通过再认、再现等行为加以测评，各种智慧能力与技能的获得都可以通过相应的行为进行印证。布卢姆认为，外显行为是可以观察测量的，以外显行为为基点建立的分类理论有助于确定和描述可观测的教学目标，有利于教学评价。其二，以行为的复杂程度作为划分教学目标类别的依据。布卢姆等将教育行为从简单到复杂的方式加以排列，根据行为的不同复杂程度努力找到可以把各种行为置于其中的门类或组别，这样便得出了教学目标的分类。其三，具有相依性和层次性。布卢姆等人的教学目标分类体系中，任何两类相毗邻的亚目标都是相互依存的，如："知识"与"领会"、"领会"与"应用"是相依的，甚至"分析"中的"因素分析"与"关系分析"也是相依的。总之，认知领域中从"知识"到"评价"等各亚目标都不是孤立存在的。[①]

（三）目标性教学的内涵

在阐释或描述了教学目标的理念及认识因素之后，我们便可以较为顺畅地解读目标性教学的相关内容了。

1. 目标性教学的概念

目标性教学是在教学过程中，通过设置各种目标或标志，使学生为达到或实现这一目标而积极主动地进行练习的教学方法。目标性教学实质上是一种以布卢姆的掌握学习理论为指导，以班级授课为基础，以教学目标为中心，反馈调节为关键，使教学目标、教学过程、教学评价这三个因素结成有机整体的综合性教学模式。[②] 可见，目标性教学的精神在于以教学目标为主导具有调控作用的教学模式或教学组织方式。在教学过程中，教师围绕目标教，学生围绕目标学，通过教使学生掌握教学目标规定的项目质量标准及富有弹性或个性化的教学内容。它是基于掌握学习模式发展而来的，掌握学习模式是布卢姆基于"任何教师实际上都能帮助他的所有学生获得优异成绩"这一信念而提出来的。他主张大多数学生（95％以上）能够掌握我们必须教授的内容，强调教学的任务就在于找到使学生掌握所学学科的手段，而基本任务则是确认怎样才算"掌握了这门学科"，并探求能使大部分学生达到这种掌握的方法。其基本程序是：定向（教学目标）—单元掌握—形成性测验—终结性测验。这种教学模

① 李森. 现代教学论纲要[M]. 北京：人民教育出版社，2005. 126.
② 王丹华. 目标教学法指导教育实习的尝试[J]. 吉安师专学报（自然科学）. 1999.（06）.

式的中心任务不是控制学生而是控制学习,关键是让学生明确学习目标。布卢姆要求把教学与评价结合起来,形成新型的反馈教学,即使查漏补缺,使大多数学生掌握每一项学习任务。布卢姆的教育目标分类理论对我国教学目标的研究极具影响。目标性教学确立了教学目标在课堂中的核心地位,把目标作为教与学的中心和归宿,把目标作为评价和矫正的出发点和依据。[①]

2. 教学目标的设计

教学目标既有有形的、具体的标志,如橡皮球、标志杆、各种画线等;也有无形的,如时间、数量、重量等;有具体的,如达到某一高度、远度、数量等;也有整体的,如某种水平、程度等。因此要根据教学实际合理的设置教学目标。

(1)教学目标应体现最近发展区的思想

"最近发展区"是前苏联心理学家维果茨基(1986－1934)提出的概念。他把儿童在教学中的发展分为两个水平:第一,现有发展水平。由已经完成的发展程序的结果所形成,表现为儿童能够独立解决智力任务。第二,最近发展区。这是介于学生现有发展水平和潜在发展水平之间的正处于形成状态的心理机能。即指儿童在"有指导的情况下,借成人的帮助所达到的解决问题的水平与在独立活动中所达到的解决问题的水平之间的差异"。例如,两个儿童通过智力测验,确定的智龄都是 8 岁。然后,在成人的启发、演示、暗示等方式的帮助下,其中一个儿童解决智力任务的水平能达到 12 岁的智龄,而另一个儿童只达到 9 岁智龄。那么,前者的最近发展区为 4,而后为 1。说明前者智力水平的发展状态有较大的潜力。现有发展水平有助于了解儿童发展的昨天和今天,最近发展区有助于预测儿童的明天,"判明儿童智力发展的动力状态"(维果茨基语)。儿童发展的这两种水平是相互转化的。处于最近发展区的儿童,还不能独立地完成任务,但是在教师的启法、帮助下,在集体的协作中,或者通过模仿,经过一番努力,就能完成任务。儿童今天在上述的合作中所能完成的任务,到了明天就能在没有外来帮助的情况下独立地完成它。于是,第二发展水平("最近发展区")就转变为第一发展水平("现有发展水平")。儿童就在智力上提高一步。维果茨基认为"最近发展区"的概念,给处理教学与发展的关系带来了新的意义:教学不应停留在第一发展水平,以儿童发展的昨天为依据,尾随着发展;不应消极"适应",而是要依靠那些正在或将要成熟的心理状态,创立最近发展区,即教学必须引起、激发和启动一系列的内部发展过程,让儿童通过自己的努力思考,在智力阶梯上提高一级。这样,维果茨基提出了与一些陈旧观点相对立的公式:只有走在发展前面的教学,才是良好的教学。[②]

具体表现在教学目标的设计上,过度超前的教学目标只会成为人们的主观愿望,而不会成为教学现实。预期的教学目标既不能过高,又不能过低,是学生通过努力就能达到的教学目标,具有可达到性。因此,如果教学目标定得过高,没有找准新知识的"生长点",超越了学生学习的知识基础,这不仅浪费了教学时间,不利于激发学生的学习兴趣,而且不能促进知识的迁移与知识的增长,也不能发展学生的能力。难度太低或远远超过师生双方能力范围的教学目标,不但不会激发师生的教学激情,反而会挫伤他们的教学积极性。

(2)教学目标应符合学生的实际状况

在教学中并非只要设置了合理的目标便能取得良好的教学效果,它必须通过学生的主观能动性才能起作用。如果合理的、科学的教学目标的设置能结合学生的实际情况,学生就

---

① 王丹华.目标教学法指导教育实习的尝试[J].吉安师专学报(自然科学).1999.(06).

② 朱作仁.教育辞典[M].南昌:江西教育出版社,1987.744－745.

能接受,只有在接受的前提下,才能充分发挥课堂教学氛围,调动他们学习的积极性,才能使他们的身心得到有效的锻炼,学生的身心素质才能得到较大的提高,在此基础上重新设置新的目标,如此反复,便可取得理想的教学效果;相反,如果目标设置不适合学生特点及实际情况,学生便不可能去接受,势必出现学习不积极或不按目标进行练习的局面,这时也必须重新设置目标,力争更加合理、科学。我们设置的目标能不能让学生接受也是一个极为重要的因素,在此基础上如能充分调动学生练习的积极性,便会取得良好的教学效果。所以,在进行目标教学法时,我们必须从学生的实际情况出发,因人而异,因材施教,区别对待,科学合理地给不同的学生制定不同的目标,充分调动学生学习的积极性、主动性,变被动为主动,发挥每个人的潜在能力,进行个性教育,使他们在轻松愉快的环境中得到更好的锻炼。总之,只要提出要求,便会设定目标,只要学生接受了要求,心中便产生了目标,目标教学便开始实施了。

(3)教学目标的细化

讨论教学目标的构造部分或层次结构,又得联系教育学中的目的论内容。"教育目的、教学目的、教学目标三者是怎样的关系? 教育目的决定教育目标的状态、内容和方向,而教育目的又是基于某种教育价值而选择的,它必然体现了一定的教育哲学观。因此,以何种教育哲学为依据,制定何种教育目的,决定了教育目标以及教学目标的内容、性质与方向。然而,无论以什么教育哲学为依据,在许多场合,教育目的的提出都不过是一般的、观念性的。这种一般性的教育目的本身对课程内容的选择、教学过程的展开、课程与教学的评价都难以提供具体的指针。"[1]现实的教学活动是以学科教学为基础或主体的,虽然,近些年来教学理论探讨及中小学教育实践中不乏活动课程、综合实践课程以及实习、调查、考察等活动,其重要性及价值意义越来越被充分肯定,甚至过分理想化地推崇。但是,究其比例及教学实践的时空来看,仍以班级授课制下课堂教学背景下的学科教学为表征。因此,有效教学的目标重心也在于此。

每一门学科都有教学目标,而真正在实际操作中要以总的教学目标为纲领,根据课程的设置,需要把教学目标更详细的划分,确定教学目标。课时教学目标是目标教学法的基本单元。每课时,教师根据课程标准和教材内容,结合教学实际的教具,教学设备,制定出切实的课时目标,通过在教学中实施用多种方式告诉学生。在教学活动中以目标为依据,开展双边活动,实现教学目的的要求。在学生的学习中可以清楚地知道,什么知识需要了解,什么知识需要掌握,什么知识需要学会应用,从而使学生有的放矢地进行学习,充分调动非智力因素,提高学习效率。师生共同完成目标教学之后,及时用目标测试检查,组织学生互评或自评等方式改评,得出本课时的达标状态,及时反馈,确定出本课时的教学效果,矫正教学过程中的缺陷,补充完善。通过目标的确定、目标的实施、目标的检验等几个步骤完成课堂教学任务。

课堂学科教学的目标普遍性或直接地表现在与教师课堂行为的目标设计及实施行为,但是从宽阔的视野及策略的布局而言,还有不同阶段的衔接、某一时期的横向构建以及全面发展教育、学生综合素质能力培养的目标构成部分协调等内容。对此,有学者作了很好地探究,介绍如下:

学科目标之间具有连续性和递阶性。所谓连续性是指前后目标之间的联系,前一个目标是实现后一个目标的基础,后一个目标是前一个目标的继续。所谓递阶性是指各项目标的实现,都要遵循从易到难,从简到繁,一级一级向上发展,形成纵向发展结构。以语文课来

---

① 张华.课程与教学论[M].上海:上海教育出版社,2000.150—151.

说,小学语文课的目标是使学生学会汉语拼音,掌握三千左右常用汉字,为听、说、读、写打好基础;而初中语文课的目标是要在前一阶段的基础上,掌握比较丰富的语汇,加强语文基本训练,发展学生的思维能力,进一步提高理解、运用祖国语言文字的能力。可见,如果不完成前一个目标,后一个目标便无从谈起;但是,如果只是停留在前一个目标,而不继续完成后一个目标,那么,初中语文教学的总目标也无法实现。

在学科目标内部,各个分项目标组成一个相互联系、相互促进的系统。每门学科的教学目标,一般来说,包括实质性目标、教育性目标和发展性目标。所谓实质性目标是指通过这门学科的教学使学生掌握一定的知识和技能技巧。所谓教育性目标是指每门学科的教学都要对学生进行政治思想教育,使学生形成正确的世界观。所谓发展性目标是指通过这门学科的教学要让学生的身心得到健康的发展,这三项目标,是在统一的教学过程中完成的。比如,我国全日制小学《自然》课教学目标规定为:指导儿童初步认识自然界、初步了解人类对自然界的探索、利用、改造和保护,从而使他们获得基本的自然科学常识,发展爱科学、学科学、用科学的兴趣,受到科学自然观、科学态度、爱家乡、爱社会主义祖国等的思想熏陶,促进他们的身心健康发展。在这里,既规定了实质性目标,又规定了教育性和发展性目标,三者之间紧密联系,相互促进,从而构成了小学自然教学的总目标。在教学实际工作中,如果我们只重视其中一个目标而忽视另一个目标,势必陷入片面性,不可能全面实现教学的总目标。

各个教学目标之间不仅有纵向联系,而且有横向联系。例如,1986年国家教委颁布的《义务教育全日制小学、初级中学"六·三"制小学教学计划》(初稿)中,规定开设思想品德、语文、数学、社会、自然、体育、音乐、美术、劳动九门课程。这九门课程分别属于德育学科、智育学科、体育学科、美育学科、劳动技术教育学科。这个教学计划是实现教学目的、培养人才的总体规划。教学计划中规定的九门学科相互联系,相互促进。通过这九门学科的教学,使人得到全面、和谐的发展。如果我们只重视智育学科,放松或轻视其他学科,教学的总目标就不可能实现。[①]

二、目标性教学的作用

布卢姆将教学目标分为认知、情感、动作技能三大领域,每一个领域又可以分为不同的亚领域,每一亚领域又由各层次的具体目标构成。通过这种分类,可以使教师兼顾教学的各个层面,明确教学的一般程序和具体步骤。我国对教学目标的分类研究很多,许多的教学改革实验,都涉及了教学目标的分类。然而,对教学目标的研究不能仅仅停留在分类上,所有的教学目标都应该转化为教师的教学目标和学生的学习目标,都应该为师生所理解和按照目标去行为。因此,教学目标应是教师所期望于学生的、以知情行思相统一的,以激疑启思所诱发的,从心理到行为的有序变化。教学目标作为目标性教学中一条主线贯穿始终,在目标教学活动中有着导向、激励、反馈和评价的功能。

(一)目标性教学的导向功能

目标性教学的理论基础是布卢姆的教育目标分类学,其目的是让绝大多数学生掌握老师所教授的知识,目标设置要结合教学任务,有目的、有计划地设置,不能偏离课堂教学内容。在每学期的教学开始和每次课开始时,使每个学生都清楚:这学期要学什么、每节课我们要学什么、要练什么、我应怎样练等。教学目标就像是教学的指挥棒,指导着教师教学的

---

① 李秉德.教学论[M].北京:人民教育出版社,2001.60—62.

方向。

目标性教学可以使每个学生能在学习序列中根据自己的进度进行每个单元的学习。因此,在教学中,教师主导着教学活动的方向和性质,准确地把握课时教学目标和要求,深刻地理解教材的体系和知识结构。通过把具体知识内容放进相应的层次水平中,找到学生学习某一知识行为变化的对应点,强调教师在教学中的主导作用,教师主导作用的发挥要求教师掌握总目标、分目标以及单元教学目标、课时教学目标,学生在每堂课明确努力方向,便于调整精神状态,使学生掌握目标规定的内容,使每个学生形成可以陈述的掌握程度。同时,当堂课的知识应当堂消化,师生当堂知道教学效果,从而使教师清楚目标的效果。

总之,教学活动以教学目标的达成为"度",从而避免教师的教学时间、学生的学习负担、教学设备、教学经验等的浪费,以提高教学效能。

(二)目标性教学的激励功能

合理的教学目标通过影响教学主体而实现,主体在交往活动中会把自己的注意力集中在与目标有关的事情上。教学目标不仅具有导向功能,而且还具有激励功能。期望价值理论是由美国管理学家佛隆提出来的。他认为,人的积极性的发挥与他的期望及其所达到的效价密切相关。用下列公式表示:积极性＝效价×期望概率。效价是指工作要达到的目标对于满足个人需要的价值。期望概率是指根据个人的经验,判断一定行为能够导致某种结果和满足需要的概率。学生对目标的效价看得愈大,估计能实现的概率愈高,激发力量愈大。目标性教学要产生最大的激励效果,就要使制定出来的目标符合学生的需要,使学生认识到通过努力达到目标是有价值的。

根据期望价值理论的精神,可以得出这一结论:并非所有的教学目标都能发挥激励作用。对于一些不喜欢书法的学生,教师即使提出了学习书法的明确目标,也不一定能激起他学习的积极性,即使勉强学习,学习热情也不会持久。

当代著名教学理论家、浙江大学教育学院教授董远骞教授认为:从理论上说,除极少数先天有严重生理缺陷的学生外,教师有一定水平,学生能认真学习,循序渐进的教学是能使学生掌握各门学科的基础知识和基本技能的。学生有无学习新教材的能力,关键在于他们是否已经懂得、掌握了前面所学习过的教材。学生如果对旧教材有空白点,就是准备不充分,就跟不上,也就越没有信心,长期积累,就成差生。要是每个学生都学好,一定要使每个学生都能在前面已学的知识技能的基础上前进。可是,实际教育工作往往做不到这一点。譬如说,集体教学总是在预定的时间内,教给学生一定深度和广度的知识技能。然而,学生的程度有差异,教师水平也不同,教材未必完全切合全体学生的实际,再加上其他因素的影响,往往并不是所有的学生都能学会规定的教材。在教学过程中常常会产生一些差生,在开始时,可能对某些内容不懂或不熟练,在他们知识上的缺陷或空白点还没有得到补足时,教师已经按教学的进度教新教材了。于是,他们知识上的缺口越来越大,空白点越来越多,循序渐进也失去了前进的阶梯。为了使差生学得更好一些,扎实一些,对他们降低程度(适当减少学习的分量和特别难的部分)或减慢学习速度(延缓学习的时间)也是循序渐进。[①] 根据这一教学思想,要求我们在组织目标性教学中,目标设置要因人而异,区别对待。对于不同的学生,设置有适当差异性的目标,避免有些同学"吃不了",而有些同学则"吃不饱"现象的发生。[②] 这说明,合理的教学目标才能起到激励的作用。一般说来,合理的教学目标顾及了

① 董远骞.教学原理与方法[M].北京:人民教育出版社.1993.62—63.
② 刘晶.素质教育下的目标教学法新探[J].中国高教研究.2001.(06).

学生的认知需求,能够激发学生强烈的学习动机,引起学习兴趣。目标性教学还可以使学生发展自学能力和自主学习的积极性,通过自主学习培养解决问题的能力,起到激励学生学习的作用,使教学达到事半功倍的效果。我国战国时期的教育文献《礼记·学记》中称:"善歌者使人继其声;善教者使人继其志。其言也,约而达,微而臧,罕譬而喻,可谓继志矣。""善学者师逸而功倍,又从而庸之。不善学者师勤而功半,又从而怨之。"①可以说,目标性教学便是要达成"善教者"的教师与"善学者"的学生,从而优化教学效果。

(三)目标性教学的反馈和评价功能

教学反馈,亦称"教学信息反馈",是指将教学系统的结果(输出)作为新的信息重新输入系统,对教学活动具有检测和调控等作用。学生的作业、试卷、行为、表情、语言乃至课堂气氛等都可反馈给教师作为检测、调控教学过程的依据。反之,教师对学习活动的评定和要求反馈给学生,学生也可据以检测和调控自己的学习行为。②

有的教学理论家提出,教学反馈是师生协同活动的必然条件,并对此作了在一定教学目标控制或支撑背景条件下的具体描述或例证,颇为生动,发人深省:

在上课的过程中,学生有种种表现,这些表现就是反向输送的信息,使教师对学习情况有所了解。在讲授时,教师可从学生的口头回答、朗读以及表情(如充满自信的神态、全神贯注,凝神思考、困惑不解、疲劳厌倦……等等),看到学生反向输送的信息。如斯霞老师在教《列宁和卫兵》时,问学生:"这篇课文的题目是《列宁和卫兵》,为什么开头却要写天气?写天气好和这篇文章有什么关系?"学生一下子给问住了,从他们困惑不解的眼神和期待的目光中,教师看出他们解决这个问题有困难,于是又补充问道:"天气好,你们的心情怎么样?"这一问,好多学生都举手了。在这个教例中,学生困惑的眼神和期待的目光就是反馈。

在学生处于半独立活动或独立活动的状态时,信息的反向输送就更多了。如采用谈话法教学时,师生间频繁地进行着提问与答问,讨论交流。教师可以观察到,学生有没有对问题积极地思考;可以了解到,学生是否理解新的教学内容和是否会正确表述;思维的速度和特点如何;是否实现了或在何种程度上完成了教学任务。③

目标性教学根据不同的课时分成课时教学目标,使每一节课都有固定的教学目标。教师在实施教学时,对目标能很好地把握,由于课时之间的时间跨度不是很长,因此有利于及时反馈教学信息,使学生出现错误时,通过与教学目标的对照,及时矫正学生的错误行为。目标性教学通过反馈的教学效果来了解学生达到教学目标的程度,鼓励学生对学习进行自我评价,激发学习动机。在练习过程中,可以提高练习的质量,增强学生练习的自觉性、主动性。如果学生不能完成教学设定的目标,就要根据学生的具体情况采取不同的处理方法,从而实现美国当代教学理论家、结构课程论创建者布鲁纳掌握学习的设计策略。通过教学反馈,若有的学生不去练习或练习时不积极、不认真,就需要教师鼓励、督促完成;若有的学生,虽然经过努力,但仍达不到目标,就要考虑目标是否定得过高。

总之,目标性教学由于有明确的教学目标和评价手段,能获得信息反馈。根据目标性教学具有稳定性、意向性和高效性的特点,符合现代教育的需要,比较容易操作,推广性强,教师根据教学目标很容易达到教学任务的要求。④ 因而可以有效地控制教学,使学生在一定时

① 孟宪承,孙培青.中国古代教育论著选[M].人民教育出版社,2003.96.
② 教育大辞典编撰委员会编.教育大辞典(第一卷)[M].上海:上海教育出版社,1990.180.
③ 董远骞.教学原理与方法[M].北京:人民教育出版社,1993.138－139.
① 吕定刚.目标教学法的初步尝试[J].黔东南民族师范高等专科学校学报.1997.(S1).

间内掌握课时要求的知识,大面积地提高教学质量,提高教师的教学信心和学生的学习兴趣。

诚然,目标性教学的功能也存在一些局限性,这主要表现在:这种模式对学生个性的发展注意不够,不利于因材施教,易增加师生的负荷,不利于优等生等特殊学生的发展,在一定程度上低估了教学行为的复杂性。在今后的教学中,力求在它的实践性、可行性和可操作性上不断总结创新,在此基础上不断完善。在教学中要根据不同的教学内容选择合适的教学目标、教学方法。

三、目标性教学的具体实施技能

不管你采用的是哪种教学模式,目标性教学关键一点就是要在整个教学过程中,围绕教学目标,去创设一种问题情境。使学生始终处于注意力最集中,思维最积极的状态之中,传统教学与目标性教学的根本区别就在于能否在教学过程中,始终把大部分学生作为学习主体,师生共同努力完成探究、尝试、归纳整个教与学的全过程。因此,根据教学的时间顺序,目标性教学的实施有三个基本环节:在教学前,制定教学目标;在教学活动中,围绕目标组织教学;在教学后,对教学目标的评价。[①]

(一)教学前的制定教学目标

众所周知,教学目标是完成和实现教学任务的根本保障。每年、每学期、每月、甚至每课时的教学都需要制定切实可行的教学目标,它是教学的依据,是教学的具体化。在实际的教学中,一般在总体目标的指导下,根据课时编制具体的教学目标。既要使绝大多数学生达到目标,又要使大部分学生必须努力才能达到,高度和难度适中,才能激发学生的学习积极性。因此,教学目标的合理性、可行性至关重要。由于目标教学是以学生成果为判断依据。而整个课程的教学目标又是由一系列的小单元目标来实现,每一个单元目标的实现又依赖于具体的课时教学目标的实施。因此,首先要准确地界定课时教学目标及其含义,即"掌握什么,达到什么程度,怎样掌握"等必须具体的明确的行为动词表达出来。

制定教学目标需要教师认真备课。认真备课是确定目标的基础。备课包括:要解读教材内容、了解学生、了解现有的教学资源等。要在认真学习课程标准的基础上,仔细研读教材,了解教学内容,准确地把握知识点的深广度,找到学生对这些知识产生的行为变化的对应点,避免备课组织教材中随意拔高或降低教材的难度,特别应结合现实社会时代发展进步时学生所关注的问题收集教学材料,贴近学生的社会生活,教师要善于找到一些现实生活使用的例子,使教学目标更具有针对性。这样的教学目标使理论与实际相结合,使教学内容做到与时俱进,学生有新鲜感和认同感,教学目标贴近学生实际,学生容易接受,从而激发其学习兴趣与学习动力。同时根据教学内容的难易程度、复杂程度以及不同的教学目标,为选择适合不同学生的教学方法提供参考。

目标要求以提出问题的形式展现给学生,即那些通过教学教师要解决的一些问题。然后,教师设计教法或实验方法以及怎样得出教学结果、总结规律,最后通过设计一些跟踪练习,把握教学目标。

熟练地把握本学科的教学目标,要依据这一层面的教学目标编制出各章各节各课时的教学目标,熟悉教材,解读教材内容,确定出要求学生理解与应用的知识内容及其所要达到的程度。要了解学生的特点和知识背景,为学生学习新内容的知识和技能提供准备,通过制

① 李崇元.郝建明.目标教学法初探[J].齐鲁珠坛.1999.(04).

定教学目标,提出新的问题,把学生的现有知识和教学内容联系起来,为新旧知识搭桥,引出相关知识,使学生快速地进入教学情境,这样的教学目标更有目的性。有的学者对以教学目标为依据,优化教材组织安排,作了如下的描述:"如何合理地组织教材,关键在于制定出'细'且'准'的课时教学目标,即首先要准确地界定教学目标的含义,学生应该掌握什么,掌握到什么程度,怎样才能掌握,必须用具体明确的行为动词表述出来。教学目标,既不能遗漏教材字里行间包含的知识点,也要注意揭示蕴含的教学思想方法,对知识点的学习水平使用行为动词界定,使得教学目标具体化,学习水平层次化,能力要求外显化。由于备课前能根据具体的教材制定出准确的细致的可操作的教学目标和要求,避免了组织教材的盲目性和随意性。"[①]

　　布卢姆指认为,如果学生开始就知道教师期望他们做什么,那么他们便能更好地学习。由于教学目标在教学整个过程中始终起着向导作用,要有明确的教学目标并让学生清楚明白,又要有具体的行为。有这样的一节小学五年级数学课:"上课伊始,教师在黑板上出两大数学题:1.求10和14的最大公约数和最小公倍数;2.求12、14、16三个数的最大公约数和最小公倍数。然后发问,同学们看看这两道题有什么特点?再想想我们今天要学习求最大公约数和最小公倍数的联系和区别。"[②]这样教师将本课时的教学目标用幻灯、小黑板、板书或印刷材料等形式展示给学生,使学生明确学习目的。实际上就是让学生知道本节课要学些什么、学懂什么、学到什么程度。这种具体的目标要求,能调动学生围绕目标带着疑难学习,在学习过程中形成主动探索问题的意向,对于控制学生注意力,提高学习效率有着积极的作用。[③]

(二)围绕目标组织教学活动

　　教学活动的有效组织,是在制定教学目标之后进行的,是实现目标的有效途径。教学目标是指教学者在具体教学活动中要达到的预期结果和标准。我们知道,教学目标的制定犹如航行确定了航标,在实际教学中怎样操作,还需要严格组织课堂教学的各个环节,围绕目标而教。为克服教学中的盲目性和随意性,使教与学的全部活动置于目标的控制之下。目标性教学要求在课程设计上,要突出目标在课堂教学中的指导地位,使师生始终围绕目标展开教学,力争当堂或在规定的时间内达到教学目标的要求。

　　可以根据不同的内容,合理分配各部分教学时间:如围绕目标讲授新课25分钟左右;围绕新知识训练10分钟左右,检验新知识的掌握程度5分钟左右,对知识的矫正5分钟左右。根据教学目标灵活运用,适时地满足不同类型、不同层次、不同水平的学生的需要。

　　讲课一开始,教师就要把学习的目标任务交给学生,然后引导学生逐步落实目标。通过提出问题引导学生学习,充分调动他们动口、动脑、动手、动笔去实现目标。同时根据事实教学内容,在设计教学时,还要注重指导学生掌握一些学习方法。如语文教学中的采用的阅读归纳法,数学教学中使用的分析推理法、比较法、归纳法、实验法等。目标教学是把教学过程变为学生掌握知识、提高能力的过程,要把教师的主导作用转变为学生的主体作用,考虑到全班学生的共同目标、教学内容、教学进度,以便于大面积的提高教学效率。

　　围绕目标教学,使目标成为教师教学的中心,能开辟一条发挥师生作用,特别是激发学生学习动机,调动学生学习主动性,调节行为标准和强化学习意志的新途径,也是获取知识

① 王丹华.目标教学法指导教育实习的尝试[J].吉安师专学报(自然科学).1999(06).
② 华国栋.差异教学论[M].北京:教育科学出版社,2001.123.
③ 吕定刚.目标教学法的初步尝试[J].黔东南民族师范高等专科学校学报.1997.(S1).

与技能的核心。整个目标教学过程,使学生明确教学目标,逐步实现教学目标,知道本节课要学什么;在教学过程中注重引导学生积极参与,组织学生主体性的学习,最终使学生知道怎么学;注重培养学生观察现象、分析问题的能力,引导学生总结知识点;帮助学生总结规律,得出结论。对课堂学生达成的目标进行小结、分类、归纳,重新回顾教学目标,逐一落实,重在找出知识的内在联系,突出重点难点。通过有组织、有计划的教学引导学生得到教学结果,培养学生综合能力,试以下面的案例加以说明:

在语文教学《小壁虎借尾巴》一课时,先提出教学目标,让学生围绕目标听课学习:重点目标之一是"小壁虎向谁借尾巴? 它借到没有?"让学生读课文的第三四五自然段,逐段理解小壁虎借尾巴的经过。如学生学习第三自然段,可按以下步骤学习:第一步,先弄清这一段有几句话,每句话讲什么。第二步,用笔画出讲小鱼尾巴怎样动,有什么作用的词语。第三步,抓重点词语,结合看图想一想小鱼为什么不把尾巴借给小壁虎。从而认识小鱼尾巴的用途。按同样的方法让学生学习第四五自然段,老师检查学生画出的重点词语是否正确,从而引导学生弄清老黄牛不借尾巴是"要用尾巴赶蝇子",燕子不借尾巴是飞行时"要用尾巴掌握方向"。如果学生知道了小壁虎为什么借不到尾巴后,再提出重点目标之二,小壁虎借不到尾巴开始很难过,后来为什么又高兴起来了? 学生能很快找到答案,懂得小壁虎尾巴断了还能再生的特点,这样也就达到了预期的目的。[①]

通过教师正确地引导学生,使教学不断接近预期的目标,学生在收获知识的同时,也理解了教学的目标。

(三)依照教学目标实施评价

对教学实施评价是检验教学目标达成与否的标志。教学评价是对学生学习成果的检测,也是对教师有效教学的检验;同时教学评价也是学生学习进步的加油站,教师教学的微调器。评价是对教学目标的强化,是对信息的反馈,为改进教学提供依据。没有教学目标评价体系,教学就显得空洞,缺乏说服力,没有激发学生学习的动力和教师教学的探究力。通过这种反馈调节,教学才能发挥出作用,因此教学评价在检验目标达成效果方面是重要的环节。教学目标评价一般采用以下形式:单元评价,期末评价,年度评价。单元评价用于本节内容结束后教学目标是否达到的检测,这样能及时获得反馈信息,随机调整教学进程。期末评价主要用于个别学生是否达到了所定学习目标的检测,并验证课堂教学的有效性。年度评价主要用于检测定级目标是否实现,并为制定下一年度目标提供可靠依据。可以根据教学目标编制一些题目,在测试中完成对教学目标的评价。根据评价的分类形式,可以分为形成性评价、总结性评价。评价不是目的,而是要通过评价这种手段矫正教学,因此在评价后进行反馈,一般对学生实施达标测试,紧扣目标制定测试内容,测试后教师马上给出标准答案,组织学生互评或自评对达标测试进行评改,通过学生的达标情况,对照教学目标小结。教师根据反馈的信息,了解学生的达标状况,确定辅导的内容,及时进行矫正教学,能较准确及时诊断教学中存在的问题。

第三节　分组教学

分组教学属于课堂组织形式的一种类型,是对班级授课制的一种改良,而非革命。19世纪末 20 世纪初,有些人认为班级教学不能适应学生的个别差异,并且在事实上不利于因

---

① 蓝瑜.浅谈"目标教学法"[J].黔东南民族师范高等专科学校学报.2002,第 20 卷,增刊.

材施教教学原理的发挥,或为因材施教教学实践推行增加了障碍,因而提出了教学组织形式的多样化改革,出现了分组教学。但由于这种形式往往导致了对差生的歧视,被认为不民主,在 20 世纪 40 年代开始受到尖锐批评。50 年代后期,由于国际间科技竞争加剧和培养尖端人才的需要,分组教学在美、英、法等发达国家再度受到重视。1958 年,美国实施《国防教育法》提出:为了国家安全,必须选拔我国大量的天才儿童,并努力进行天才教育。美国教育行政方面的负责人认为对天才教育重视不够,势必浪费最有价值的国家资源,造成永久性的损失。1973 年,国会通过《天才教育法》,进一步为天才教育提供人力、物力、财力和法律上的保证。在美国教育行政部门专设了"天才教育办公室",全国有 12 所高等学校专门培训从事天才教育的研究生,在 5000 多万中小学生中,有 3～5％的高才生约 200 人接受特殊训练。美国举办青少年科学人才选拔比赛已进行了数十年,科学家认为选拔比赛的优胜者可以代表未来的富有创造精神、想象力合创造性的科学家。苏联曾批判过天才教育,但从 50 年代起也十分重视天才教育。认为天才是民族的财富,强调要发掘和关心培养少年天才。苏联为数学、物理学、化学、生物学、艺术等有特殊爱好和才能的青年开设专门学校,除在全国各大城市办专门的中学外,还在莫斯科大学、列宁格勒大学等名牌大学设附中。这些学校的学生,都是拔尖的。课程教材与一般学校不同。师资设备条件都是头等的。如新西伯利亚大学附设的物理-数学学校,是一所两年制的寄宿学校,选拔尖子学生入学,有专家教授讲课,学生每周有 7 小时进行问题讨论和实验室作业,最后一学期每一学生选一专科,每周用 15 小时专攻这门专科。苏联还通过各种学科竞赛来选拔青少年中的人才。[1] 当然,在肯定分组教学在社会化协调合作以适应并弥补学生差异等长处的积极评价基础上,对其存在的优缺点仍有不同的争议。

一、分组教学的作用

由于分组教学的内容属性归于教学组织形式,无论从逻辑上讨论,还是发生学意义上而言,都得追溯并适当讨论教学组织的相关问题,然后进一步思考分组教学的功用及受到的质疑。

(一)教学组织形式述略

教学组织形式是教学活动中师生发生相互作用的一定结构方式,例如围绕着教学任务和教学目标的内容或要求,教师和学生如何加以组织,教学时间怎样安排,教学场地怎样合理地利用,上课的具体形式是什么?上述种种大致包括师生人员、程序、时空关系上的组合形式。

教学组织形式受教育普及的程度、学科性质、教学任务制约,其发展变化反映社会生产方式的要求。按照组织结构分,有全班的、小组的和个别的三种形式。按照师生交往分,有师生直接交往和师生间接交往两种形式。古代各国普遍采用个别教学的形式,间有初级的集体教学。资本主义商业的发展和科学技术的进步,要求扩大教学对象,增设课程门类。16 世纪在西欧的古典中学如德国的斯特拉斯堡文科中 17 世纪初白俄罗斯和乌克兰的兄弟会学校都进行了班级教学的尝试。17 世纪捷克夸美纽斯对此最早作了理论论述。19 世纪中叶班级授课制为西方学校普遍采用。中国的班级授课制始于清同治元年(1862)北京京师同文馆。18 世纪末到 19 世纪初,为适应工业生产对大批有初级文化的工人的需要,英国牧师贝尔和教师兰开斯特(Joseph Lancaster,1778－1833)在英国小学中进行学生相互教学制度

① 董远骞.教学原理与方法[M].北京:人民教育出版社,1993.175－176.

的实验,倡立"导生制",又称"贝尔—兰开斯特制",先由教师对导生讲授教材,再由导生转教其他学生。19世纪末出现选择法教学的形式,在美国有巴达维教学法(Batavia plan),在一个班级内聘任两名教师,并将教学时间分成两部分,前一部分有学级教师为全班学生集体上课,后一部分由个别教师为个别学生与需要帮助的学生进行课业;在欧洲有曼格依木教学法,按学生的学习能力和成绩编成强、中、弱三个班进行教学。19世纪末20世纪初美国学校在实用主义教学理论指导下,出现了以课题为中心的"设计教学法"和实验室作业的"道尔顿制",取消班级授课,主张个别教学,由学生按照各自的兴趣,自由支配时间,在各科作业室自学。1928年中国陶行知按"教学作合一"思想所实施的教学形式,是对设计教学法的修正和补充。20世纪30年代英国出现开放教学。50年代初在英、美等国提出协作教学。其间流行美国的尚有"特拉姆普制",以40%的时间用于大组教学(100～150人),20%的时间用于小组教学(10～15人),40%的时间用于学生自学。70年代以来,为适应儿童个性差异,培养能力,在欧美一些国家流行分组教学与"开放课堂"等形式。在教学中师生之间不仅有多种直接交往的形式,还有教师通过多种类型的传播媒介提供教学信息和学生进行间接交往的教学形式,如学生的各种学习小组活动、伙伴式学习活动、电子计算机辅助教学以及电视、广播、函授等以远距离教学为特征的学生的个别学习活动等。为适应科学技术的发展与社会对人才培养的需求,已出现了多种教学形式相互配合运用的发展趋势;在大多数国家班级授课制仍为教学基本组织形式。[①]

夸美纽斯在《大教学论》中提出班级授课制的思想基本上沿续至今,其主张主要有如下几点:1. 建立学年制,一学年分为两个学期,一切公立学校同时上课,同时放假,使所有学生在同一标准的基础上,通过考试升级。2. 全体学生根据学历程度及年龄分为年级,班级(平行班),在一个固定的教学场所,由教师面向全班学生授课。3. 为每一年制定统一的教学计划、课程表,编写教科书,使教学按学年、学期每月每周每日每时,有序地进行。4. 建立课堂纪律、教学常规,选拔优秀学生协助教师加以监督、调控与管理。以后,班级授课制继续发展,逐步完善。赫尔巴特、裴斯泰洛齐、第斯多惠、乌申斯基、凯洛夫等对班级授课制都作了贡献。

赫尔巴特是德国近代教育家、心理学家,是历史上第一位试图将教育学建立为一门科学的重量级人物。他进一步讨论了上课的具体形式,并以他的统觉心理学作为思想基础,认为学生学习心理活动的基础是观念,包括表象、概念等认识感受的结果,已有的旧观念吸收、融合新观念,从而掌握知识技能就是观念团的形成联系过程,也就是统觉心理作用下的教学过程,其相互沟通衔接的教学组织形式分为:明了、联合、系统、方法四个阶段,后来他的学生莱茵和席勒对此加以发展,"明了"又分化为预备、提示两个阶段,这就是课堂教学的形式阶段说——"五段教授法",对欧美各国,尤其是清末民国时代的中国影响有着深远。

凯洛夫是前苏联教育科学院院士,1936年、1948年两次版本《教育学》的主编者,其20世纪50年代的翻译中文版,在当时的中国教育界形成凯洛夫教育学热潮。凯洛夫提出课堂的五环教学法,即组织教学、复习检查、讲授新教材、巩固新教材、布置作业。

当前教学组织形式的发展有两大趋势:第一,教学组织形式的多样化,不采用单一的形式;第二,肯定了班级授课制有其优越性,应成为学校教学的基本组织形式,但针对其自身存在的问题,应该加以改进和发展。

分组教学的实验于上世纪末和本世纪初在西方就出现和流行。分组教学的标准不是学

① 教育大辞典编纂委员会.教育大辞典(第1卷)[M].上海:上海教育出版社,1990.206－207.

生的年龄,而是学生的智力或学习成绩,它实质上是按能力分组。分组教学有两种基本形式:一是全校性的分组教学,又称"外部分组",这种形式是根据学生的能力或学习成绩,打破传统的年龄编成的班级,在班级与班级之间重新分组。二是在传统的年龄编成的班级内进行第二次分组,又称"内部分组",包括不同学习内容和不同学习目标的分组、相同学习目标和相同学习内容而采取不同方法和媒体的分组。[①]

有的学者对这两类分组情况作了具体地勾画与界定,使其带有实证性及操作价值。

1. 外部分组。外部分组打破了传统教学中按年龄统一分班的做法,依照学生的学习能力、学习成绩和学习兴趣来编班。外部分组又分为跨学科能力分组、学科能力分组和兴趣分组三类。

(1)跨学科能力分组是按照智力高低、学习成绩把某一年级的学生分成 A、B、C、D 若干组。教师以不同的教学内容和进度来进行教学,对高能力组授以水平高的教学内容,中等组施以普通课,低水平组授以基础课。

(2)学科能力分组是依据学生在某门或某些学科上的学习能力或学习成绩来编班授课。其最大特点是照顾了学生在不同学科上的不同能力和发展水平。

(3)兴趣分组,也称为选修分组,是按照学生的兴趣爱好选修学科的不同进行分组。这种分组可在全校内进行,是跨班级的,甚至是跨年级的,如课外活动小组、兴趣活动小组。

2. 内部分组。内部分组在保持传统的按年龄编班的基础上,根据学生的学习能力和学习兴趣将他们编入暂时性小组中进行学习,也称为班内分组。具体做法有两种:

(1)一个班学生经过一段时间教学以后,便进行诊断性测验,根据测验结果把学生分成 A、B、C 等组。分组后学生根据自身的不同情况学习不同的教学内容。如 A 组学生自学补充教材,B 组学生上附加课,C 组学生上补习课。经过一段时间再对学生进行测试,达到教学目的后,再合并各小组,进行班级教学。

(2)根据学生的学习能力或兴趣爱好进行分组,每一组学生分别采用不同的方法和媒介手段。一部分学生借助电化教具或教学机器进行自学;一部分采取优生差生混合编组,通过学生之间的互帮互学进行教学;一部分特别差的学生由教师直接辅导。这样分组的好处是可以保证一部分学生能够掌握基础知识,达到基本教学要求,一部分学生在掌握基本教学内容基础上,扩大知识面,充分发展能力。[②]

(二)分组教学的作用

笔者认为,相对班级授课制而言,分组教学有如下几方面的作用。

1. 分组教学能有效地实施因材施教的教学策略。由于分组教学中分组依据的是学生的能力,把同一水平段的学生分为一组,可以照顾学生的个别差异,实施因材施教。《基础教育课程改革纲要(试行)》明确指出,在教学过程"教师应尊重学生的人格,关注个体差异,满足不同学生的学习需要,创设能引导学生主动参与的教育环境,激发学生的学习积极性,培养学生掌握和运用知识的态度和能力,使每个学生都能得到充分的发展"。新课程改革把促进学生发展放到了中心位置,而每一个学生都是一个特殊的个体,在他们身上既体现着发展的共同性特征,又表现出巨大的个体差异。所以,在遵循共同规律对学生进行教育教学的同时,教师必须打破以往按统一模式塑造学生的传统做法,关注每一个学生或每一类学生的特殊性,充分尊重学生的个性,异质异教,对不同的学习组和不同个性采用不同的教学方法,提

① 李森. 现代教学论纲要[M]. 北京:人民教育出版社,2005. 212-213.
② 杨小微. 现代教学论[M]. 太原:山西教育出版社,2004. 231-232.

出不同的教学要求,并在此基础上实施有区别的指导和个别教学。

2. 分组教学有利于发挥学生的凝聚力和集体优势,提高了学生的合作参与意识和能力。由于分组后,小组成员在一起上课学习,并组织讨论,同学之间相互启发、相互帮助、相互协作,小组的学习任务需要小组成员共同努力完成,是小组集体智慧的结果。教师可以通过学生集体的智慧,创造教师所希望的课堂学习气氛。分组教学使用新教材为学生提供了大量的观察、自主探索与合作交流的机会,让学生初步形成参与意识,团体合作的精神。分组教学不仅仅是为了完成学习任务,更重要的是要通过小组合作学习,培养学生的合作参与意识,教会学生与人合作的方法,与人友好相处,共同完成任务。比如,分组后教师按组提问,避免提问个别学生,加强小组集体意识。也可以通过表扬一个小组的形式,达到鼓励更多组参与的积极性,培养小组的集体荣誉感,增进了协作意识和互助精神。特别是分小组进行思考回答问题的练习时,把每小组中的每一个成员的思想凝聚在一起,鼓励了学生之间的合作意识、交往能力,集思广益,减少个别学生不爱动脑筋、搞小动作的现象。分组加强了学生之间的交流,每个学生都能畅所欲言。通过小组讨论,各抒己见,综合小组每个人的意见,将会得到最完整的答案。让学生感到,要想成功地完成教学目标必须依靠每个个体的积极参与和相互间的合作才能实现。

3. 分组教学有利于提高学生学习的自主性。分组教学克服了传统班级教学中教师主体地位的弊端,使每一个学生在课堂上都能有发表见解的机会,都有自我表现的机会和条件,从中可以寻找自我价值,发现自我,认识自我。教师要全面地了解学生,发现每个学生的独特性,并通过教学与评价促进学生在原有基础上的进步,根据不同学生的能力分组,进行有针对性的训练,并将学生看成是有个性的学习者。分组教学要注重小组的分层,由于按能力分组,要承认学生的差异,并尊重差异,正确对待不同组的差异,使差异变为教学的动力,使每一位学生都能得到充分的发展。分组后,教师在备课中,对于教学内容进行深入的分析,凡是能通过小组合作完成的内容,就要设计安排小组。因为分组教学有利于学生能动地、自觉地、创造性的掌握知识和技能。教师在分组教学中对每个学习组进行不同的任务分组,不同组学习的侧重点不同,充分调动了学生的主动性,使每个学生都有充分表达自己的意见的时间和空间,使学生有更多的机会处于活动的中心地位。特别是在分组讨论时,鼓励学生充分发言,互相讨论,自由表达自己的见解和创新精神,使潜能得到充分发挥。分组把一个教学班的学生分成为若干个学习小组,在课堂教学时有计划地向这些小组提出一定的学习任务,小组成员用各种方式合作学习。教师在教学过程中通过来回巡视,解决遇到困难的学生的障碍,并给予及时的点拨与指导,使学生克服困难,完成学习任务。小组合作学习与教师个别指导相结合,有利于更好发挥学生的主体性。

4. 分组教学有利于增进学生之间合群性,建立同学之间的良好关系。小组使课堂教学中组成的一个特殊群体,是学习的基本单位,小组的成长关系到小组成员的智能、学识、品德的发展。分组必然要交换思想,切磋意见,在争论中增长了学生的见识,促进了学生的交流学习。学生之间是一种平等的对话关系,打破传统教学中教师主宰课堂活动,学生几乎没有机会发言的弊端,使学生善于聆听别人的意见、善于提出不同的观点,发展了学生的思维。同时,克服了一些学生惧怕别人提意见、不善于与人交往、害怕回答的问题是错误的心理。在整个学习过程中,全班的每一个学生都成为学习的主人,融入于自己的小组之中,为小组的成功而喝彩,为自己是小组的一员而自豪。不仅如此,同学间的学习互助还具有心理接近、语言融合、易于交换意见的特点,无论是提出疑问,还是争论疑问,都可以在无任何心理负担的情况下进行。在这一过程中,学生不但有自主学习的体验,还可获得互助合作、探求真知的群体主体性的经验。

当然,分组教学并不能取代班级授课制,并不能忽视教师的主导作用的发挥等,对其局限性还需注意克服。事实上,并不是所有的教学内容都适合分组教学,因此,要有选择地来使用分组教学,使其扬长避短,真正能切实发挥分组教学的作用。

对分组教学的实践及各地试验状况分析研究的材料并不多见,有限的实际调查及公众评议或学生反映信息内容也褒贬不一,但总的态势是不得已而为之,实施效果确实利大于弊。

令人忧患或疑虑的意见主要有:这种教学组织形式,也会对各类学生的发展产生不良影响,高组的学生容易骄傲,低组的学生会产生自卑感。还有资料表明,在同质小组内,失去了不同水平学生相互交流、学习的机会,学习差或能力低的学生将会更差。[①] 而分组教学中的班内分组由于学生学习表现及能力水平的变化,会经常分合,导致师生负担过大,增加教学组织管理上因秩序混乱而带来的困难及压力。

二、分组教学的实施技能

新课程标准强调教学中让每个学生的个性都能得到充分发展,分组教学能照顾学生学习水平和能力的差异,适应他们不同的情况和要求,有利于人才的培养。因此在实施中要合理进行分组教学,通过学生之间的差异,使不同能力的个体都能得到发展。

(一)了解学生的能力,进行合理分组

由于本章中分组教学就是对学生的能力分组,也就是采取同质分组,把学习程度或接受能力处于同一层次的学生分为一组,使小组内成员之间能互助学习。这样使学生的起点在同一起跑线上,使组内学生之间的能力尽量平衡。因此,分组前应深入了解学生的能力,有针对性地设计各种测试题。测试题的设计应能真实地测出学生的学习能力,对学生分阶段、分内容进行分组前的测验,使学生的能力充分表现出来,并把同一水平的学生分为一组。合理的分组为教学中教师根据不同组的能力水平进行有区别的教学奠定基础。

(二)制定合理的分组教学计划,了解分组教学的内容

为了保证某学科中的"分组教学"有计划地进行,事先要对每个学生确定一个较为具体的教学计划,以使在教学中、按照各组要求的共同点进行集体教学和各组要求的不同点安排分组学习。在制定教学计划时,可设置弹性要求,但必须保证基本要求的完成。每个小组的学生都要有可行的、明确的基本要求,这些要求可结合课程标准和教材设置。如,备课要面向各类学生,各组活动都是要有与之相适应的思路,因此,在教学内容、教学要求、时间分配、教学方法和练习形式上也都要有区别、有讲究。

教师备课时要深入研究教材,了解到哪些内容适合分组学习,布置的内容必须是组内的每一个学生都能从事,而且能最大限度地发挥其自主性的工作,同时,教学内容要涉及组内的合作学习,共同开展活动。由于分组教学重在适应学生的个体差异,所以并不是所有的教学内容都适合分组教学,如一些基础性的知识需要全体学生掌握,而探究性的知识需要有选择的掌握。教师要引导学生自己联系教学内容,进行独自思考,发现疑难,提出问题。教学设计要具有针对性和启发性的疑难问题,尤其对教学中疑点和难点,以及比较含蓄或潜在的内容,启发学生思考、探讨,逐步解疑,在探索中有所发现和创新,提出疑问,在教学实践中目的明确,科学合理,新而有趣,难易适度,启发教学。如教学中,有的学生在学习体操、田径技

---

① 李秉德.教学论[M].北京:人民教育出版社,1991.234.

术方面能力强,有的学生则在学习球类技术方面能力强;即使是在同一能力类项里,能力的大小和其发展速度也不尽相同。学生能力不同,教学内容不同。根据教学内容设计好一堂课的每个环节所用的时间,分组学习中将可能遇到的一些问题,教师要有预见性。对于低年级小学生而言,他们合作学习的知识、能力、意识等都是有限的,开展有成效的小组合作学习有一定的难度,但并不能因此而放弃分组学习在低年级教学中的运用,这需要教师对学生进行逐步培养,灵活运用教材内容。

(三)针对不同的小组开展教学

设置小组的预习内容,对小组进行任务分配。在小组合作学习之前,教师要向学生说明:各组的任务,学习的内容和目标,怎样预习,评价的标准等。与此同时,教师还要通过创设情境或提出有趣的富有挑战性的问题,激发学生学习的积极性;启发学生善于运用已有的知识和经验解决问题,促进学习的迁移。实施时要特别注意培养学生的社交技能,它是分组教学顺利进行的最主要因素,缺乏合作的方法技能就不能合作。这些技能包括:1. 组成小组的技能,包括"向他人打招呼问候"、"自我介绍和介绍他人"等;2. 小组活动的基本技能,包括"注意听他人讲话"、"鼓励他人参与一对鼓励参与的应答"、"用幽默的方式帮助小组继续活动"等;3. 交流思想的技能,包括"提建议一对建议的应答"、"询问原因—提供原因"、"有礼貌地表示不赞成——对不赞同的应答"、"说服他人"。教学要明确所要体现因材施教的思想,教学内容要有一定难度,要有一定的探究和讨论价值,提出的问题要有一定的开放性。问题是以一定的认知为前提,基于学生的已有知识,而指向未知领域命题的。要使小组学习有效率,引起讨论的问题既要切合教学实际,又能引起学生主动参与的兴趣,还应是体现学生最近发展区的问题。学生要围绕问题,从多侧面、多方位进行思考,以探求问题的多种答案,培养学生多向思维的能力。教师要充分利用课堂,结合教学内容设计小组学习活动,使学生在小组活动中学习学科内容的同时,各种技能也能得到发展、提高。

每个小组明确了学习任务之后,各组根据任务合作探究,每个学生根据自己的理解互相交流,形成小组学习的成果。期间教师要在各组之间巡视,针对学习过程中出现的各种问题及时引导,帮助学生提高合作技巧,并注意观察学生学习和人际关系等各方面的表现,做到心中有数。要让学习有一定困难的学生多思考、多发言,保证他们达到基本要求;同时,也要让学有余力的学生有机会发挥自己的潜能。

(四)对分组教学进行恰当的评价

通过小组的形式最大限度地发挥学生的自主性,合作展开活动,并小组知识结论的产生就是分组教学的目标。小组任务完成后,每个成员的成果就汇成了小组的共同的成果。这时小组进行全班交流,将本小组的学习体会和学习成果展现出来,进行小组评价。教师对学习成果进行调查反馈,收集信息,了解每个小组的学习情况,反思教学,发现小组学习中的不足与优势,进而针对每个小组的表现再做具体的指导,促使每个小组都进行反思,这对改进教学是很有帮助的。通过小组评价,小组内的同学能够互相学习,取长补短,有益于增强他们学习的积极性,教师根据教学体验对教学提出改进,真正体现教学相长。[①]

第四节　竞赛式教学

尽管班级授课制这种课堂教学组织形式的产生背景及重要缘由是为了克服家庭教学或

---

① 史爱荣,孙宏碧. 教育个性化和教学策略[M]. 山东教育出版社,2001. 134—136.

社会民间非制度化教学中存在的孤立、低效及缺乏计划标准的统一依据等各种局限。但是，人类有分工合作，也就必然存在竞争、竞赛，课堂教学、学校教育总是存在着竞争，这既是社会对人才培养的诉求，同时也有教育生理学、社会学及教育心理学的学理支撑，在教学中作为教学模式或手段，甚至是管理措施而取得其存在的合法性。当然，今天一些学校教学活动的竞争过分激化，而从学科领域加以分析比较，又可以看到学校教学工作与商品生产、市场经济规律又有所不同。因此，竞赛式教学合理的张力或向度是有必要考虑的。

一、竞赛式教学的定义

在诸多教学改革中，课堂教学模式的改革即课堂教学结构的优化是提高学生学习效果，发展学生社会性能力，全面提高学生素质的不可忽视的一种重要途径，探讨一种科学的课堂教学模式是我们每个教学工作者义不容辞的责任。英国教育家斯宾塞认为：求智如果能给学生带来精神上的满足和快乐，即使无人督促也能自学不辍。他的理论完全符合人的心理活动规律和发展过程。竞赛式教学法，就是受其理论的影响和当代社会"竞争"的意识环境而产生的一种教学法。[①] 竞赛式教学是学生在教师的指导下采用竞赛的形式掌握知识，训练技能，发展能力，培养良好的思想品德素质的教学过程。在课堂竞赛的教学中创造一种符合学生年龄特征和心理特点的快乐而富有竞争的课堂学习气氛与环境，让学生通过自己的实践去发现与感悟知识，通过竞赛、交流与反思去掌握学科知识与技能。竞赛的结果表现为获胜者得到精神或物质方面的奖励。在竞赛式教学中学生的外在动机性很强，通过竞赛的方式把学生的外在学习动机转变为学生的内在动机，把学生的表现欲望全部转移到主动学习上来，成为主动学习的强大动力。教学使学习变得轻松愉快，从而产生出积极的情感体验，有效地激发学习兴趣，从"要我学"转变成"我要学"，逐步转变学生的学习观念。

为什么教学中实施竞赛的方式方法能取得如此显著的教学效果呢？有的学者从大脑半球的分工及其机能定位作了分析：人脑的左半部是管逻辑思维的，右半部是管非逻辑思维的，同时使用头脑的两个部分去学习，可以大大减少学习时间。学生在课堂上，当他们头脑的左半部有意识地设法吸收教师讲课内容的时候，他们也在用头脑的右半部下意识地吸收同他们目前的学习任务无关的信号。如果教师能够把这些下意识的信号设法组织起来，就能使学生的大脑有更大一部分集中在学习上。竞赛式教学法，正是基于这一原理而产生的，它能够组织这些下意识的信号，使学生在类似游戏的教学过程中，头脑的左右两半部分同时被调动起来，并都发挥了作用。[②] 这些年来，对于脑科学的不断研究以及智能开发问题的不断探索，科学家不断提出人的大脑潜能的巨大，有的认为人脑被开发利用的比例不足1%，有的说仅占5%，说法虽有差别，但人脑开发提升生理效能的空间值很大，为教育及训练预设了前提及可能。人的潜力的发挥，在合适的竞争与竞赛背景或条件下更能获得成效。因为，人类在应急状态下，出于本能及自我实现愿望，会尽量释放或调动生命体积蓄的力量，从而得到尽可能的超越。

在教学过程中，竞赛起到了很重要的作用。竞赛的方法有积极与消极之分。积极的竞赛方法是通过扬长避短或改革创新等手段来使自己获得实际的提高，从而使自己处于优势；消极的方法是通过破坏对方或贬低对方等手段来使自己得到相对提高，从而使对方处于劣势。我们应该提倡前者，反对并制止后者，只要将竞赛建立在合理的规则之上，并掌握其中度的分寸，竞赛就能发挥积极的影响。竞赛可以使人精神振奋，努力进取。每个学生都有较

81

---

① 吴良根.化学教学中实施竞赛式教学的实践与思考[J].化学教学.2007(01).
② 王焱."竞赛式"教学法的研究与应用[J].西北第二民族学院学报(哲学社会科学版).1993(03).

强的进取心和好胜心,渴望自己的闪光点能在同学、老师面前表露出来并得到肯定。根据这种心理,把课堂当赛场,适当引进竞赛机制是有必要的,方式是多样的,如对学生阅读、解答、练习等情况进行打分评比,对优胜者或优胜组予以语言表扬、实物(纪念品)奖励等,在小学里,一些色彩鲜艳的星星点级图、荣誉表、成绩栏等,很引人注意。在竞赛过程中,学习的成就动机更强烈,学习兴趣和克服困难的毅力增强。

对于不同的群体而言,群体之间的竞赛能在各自群体内部产生一定的向心力,促进组内成员自觉协调,减少分歧,忠实于自己的团队并一致对外,以争取自己所属团体在竞赛中获胜。可见,群体之间的竞赛对于促进其内部的合作,改善团内成员的关系有特殊作用,这又增强团体对外的竞赛活力,导致了新的、更强的竞赛。在这种竞赛与合作关系的交替中,实现事物的变化与发展。

在积极健康的课堂气氛的创设中,适当进行教学竞赛是必要的,但如果走向极端,大搞竞赛运动则是不当的。这已为中外教育改革的历史所证实。怎样处理教学竞赛的问题,这是极为复杂的。教师有时对剧烈竞赛的强调加以维护,其理由是这种搞法能激起学生个人发奋努力,这样一来学习上会有更大的收获。然而,竞赛的结果,可能是少数人获胜,而多数人失败。获胜的自然感到兴奋,失败的则可能灰心丧气。如果频繁的竞赛或测验,不仅会失去激励作用,反而会加重学生的负担,在一个竞争颇为激烈的班级,中等或中等以下的学生似乎感到受到贬抑而不是受到表扬,在竞争激烈的压力下,甚至那些在正常情况下是忠实可信的学生也可能作弊。

应该指出的是,否定学习上的突击竞赛,并不否定在循序渐进的教学基础上,适当地进行数学、物理、作文、朗读等竞赛,这些竞赛主要是学习成果的比较,可在部分学生中发现、选拔人才的苗子,对于推动学生的学习也有一定的作用。如果频繁地进行这类竞赛,或者搞临时突击准备,也会走向反面。因为这些做法违背了循序渐进的规律。[①]

总之,如果学习竞赛有适当的控制,那么能有助于使学习成为一种有趣的、鼓舞人的经验;但是它被强调过分以致损害了其他的目标,它就对集体精神与道德有破坏,不利于良好课堂气氛的形成。对学习竞赛如何适当的加以控制呢?应注意三点:第一,适当地进行各学科的竞赛是可行的。因为数学竞赛、作文竞赛、理科实验竞赛等是在日积月累、循序渐进地学习的基础之上进行的,主要是学习成果的比较,对于推动学生的学习,改进教学有一定的推动作用,是符合教学的特点和规律的。第二,按能力分组竞赛,使每个学生都有获胜机会,同时要结合教育使学生了解竞赛是为了相互促进,避免出现嫉妒或不友好的消极情绪。第三,当学生在竞赛中受到挫折或失利时,教师要帮助学生寻找出其中的缘由、症结,即让学生能够合理进行归因分析,着眼于提高自己的主观努力程度,锻炼意志,明确学习动机,改进或调整学习方法,从而走出挫折的阴影,化被动为主动,由不利变为有利,真正将学习的过程自身作为一种有益的人生体验,宝贵的教育资源。

我们可以把竞赛的形式分两种,小组竞赛和个人比赛。在小组竞赛中注重培养学生的合作互助精神,个人比赛就是竞赛中个人的努力直接决定竞赛的成绩。在紧张、激烈的竞赛,每个学生都会努力,而每一次努力就是得分,得分越高的学生越会努力,不断受到鼓励,学习效果明显。因此,学生在鼓励中快乐地学习。在竞赛式教学中由于学生人数比较多,同时避免个人比赛时其他学生思想不集中的现象,一般把学生分成若干个小组,以小组为竞赛集体。

---

① 董远骞.教学原理与方法[M].北京:人民教育出版社.1993.64.

竞赛式教学的主要过程是把学生学习的知识内容与技能训练编排成竞赛试题或竞赛活动的形式,通过学生个体或学习小组的方式开始比赛,通过竞赛成绩进行评价,最后师生共同交流、探讨,达到教学的目的。竞赛可以一般是对已有知识的回顾、复习、再认识的过程,也可以对一些比较基础的知识的学习过程。因此,竞赛教学一般是在掌握了一定的知识与技能之后进行。如在体育篮球教学中,教师采用组织学生三步跨栏的竞赛式教学,规则既要求学生对三步跨栏的正确步伐的掌握,又要求投球的准确率,这样才能得分,因此,学生在竞赛中需要掌握一定的三步跨栏的技能。

竞赛式教学是一种快乐的教学,学生在教学中快乐地学习。竞赛式教学就是通过快乐的学习,在竞赛中让学生成长进步。竞赛式教学适合学生的心理特点,学生在竞争中逐步树立竞争观念,强化了自身主体性的学习,使学生在竞赛中获得快乐、成功的体验。"凡是儿童都喜欢比赛,教育工作要利用儿童的这种竞争心,去提高儿童的兴趣,促进学习的效率。"①

二、竞赛式教学的作用

竞赛式教学作为一种新颖的教学形式或组织方法,它把知识性与趣味性融为一体,起到了寓教于乐的作用。竞赛本身在生活中比较常见,应用起来比较方面灵活,其竞争性、紧张性符合学生的学习氛围。教学活动中充分利用竞赛方式,既鼓励学生独立思考、积极主动发言,又培养了学生协作互助精神,潜移默化地使学生形成了协作意识,培养了协作能力。既强化了学生的参与意识,又调动了学生学习的积极性,其思维活动变得十分活跃,主体作用得到发挥。让学生既获得知识,又能对知识进行深刻的理解。因此,竞赛式教学对教师、学生、教学有重要的作用,具体表现在如下几个方面:

(一)竞赛式教学有助于学生对知识、技能的学习,促进学生能力的发展

竞赛增进了师生之间的沟通和交流,使教师能够更加了解学生,从而加强教学的针对性。通过竞赛中学生积极地回答问题,教师能够准确地了解学生对知识掌握的现有水平,有利于弥补教学中的不足,通过参与竞赛学生的反馈信息,教师能了解自己的准备和实施竞赛式教学方面的优势,为有效性教学的发展提供参考。

竞赛是通过教师对教学内容的精心设计,使学生在有限的时间内,在紧张的气氛内测试所掌握的知识与技能的过程。教师分析学生竞赛的结果来检测对知识的掌握程度。竞赛教学多运用于以下三种情况:巩固单项的知识与技能;强化多项知识与技能的综合训练;单元或期中、期末复习时的专项或多项的综合性训练。② 竞赛式教学具有随意性、多面性,可以根据教师讲授课程的具体情况、进度,以及学生的特点、接受能力等诸方因素,采取口头的和书面的,问答的和实际操作的,个人的和集体的,半独立的和独立的,模仿的和创造性的,课内的和课外的等多种形式,随意发挥,并可在各种学科的教学过程中灵活采用。③

竞赛的形式使知识富有趣味性,增强学生对知识的记忆理解的印象,提了记忆的效率。不难发现,以往的教学中,教师讲解的内容很多,但是学生一时很难消化,且学生的注意力很难稳定、持久,而竞赛式教学的形式克服了学生对知识学习的过多排斥,增加了对知识的刺激程度把竞争形成的外在学习动机转化为内在学习动机,不断促使学生学习更多的知识。竞赛的这种方法,符合学生的好胜的心理特点,通过竞赛的表现,达到了检查与巩固知识的目的。把全部的学习内容以竞赛的形式提出,更便于学生的掌握和接受。竞赛式教学

83

① 董远骞,董毅青.幽默愉悦教育艺术和乐育乐学思想的发展[M].杭州:浙江教育出版社,2005.78—79.
② 吴良根.化学教学中实施竞赛式教学的实践与思考[J].化学教学.2007(01).
③ 王焱."竞赛式"教学法的研究与应用[J].西北第二民族学院学报(哲学社会科学版).1993(03).

把理论的知识量化,把大块的知识分解为多个小的问题,同时问题的答案也可以让学生思考,发挥创造性的思维,这样容易掌握知识。虽然,竞赛把教师讲解的知识变成了教学的内容,但只要运用得当,学生学到的知识的信息量不但不会减少,反而增加了。如课堂上教师和学生的双向表达信息,教师可以知道学生的知识储备量、学习表现,知识以问题的形式出现,学生也能理解教学内容,乐于和教师教学互动。在教学形式变化的同时,学生的知识、能力、情感态度价值观等都在变化。在课堂教学中进行多方向信息辐射,进行多种形式的交往。对于学习成绩好的学生来说,敢于在课堂上表现自己,以积极、主动方式参与课堂组织活动,为教师掌握学生的学习情况提供反馈,教师据此可以对其进行有针对性的有效指导,从而促进了学生的学业进步。对于学习成绩较差的学生来说,也可以主动地参与到教学之中,提出自己的疑问,向老师和学习成绩好的同学学习,在其中,通过积极地情感体验,对所学习的知识留下较深的印象。同时,通过不断地参与讨论、问答及练习,随着自己表现及观点得到大家的认可或者补充、修正,也可以获得满足自尊提高自信、积累成功的体验。

竞赛式教学改变的传统教学注重知识传授忽视学生能力培养的现状。竞赛式教学可以克服传统教学中以教师为中心的弱点,改变了传统教学中学生的被动地位,在培养学生解决探索性问题和开放性问题时,学生们积极参与竞赛,思考,踊跃发言,热烈讨论,通过这样的培养和锻炼,学生们能够对许多问题掌握多种解法,从而有助于培养其求异思维及创新能力。

竞赛培养学生思维的敏捷性,提高口头表达和应变能力。竞赛有时要求在激烈紧张环境中,有限的时间内表达自己的观点、想法,学生的思维能力不断受到挑战,沟通能力、组织能力、语言的逻辑性、口头表达能力、应变能力等都得到锻炼,学生各方面的素质将得到提高。

(二)竞赛式教学有助于调动学生学习的主动性、积极性,培养学生的社会性

教学过程是教师和学生共同活动过程,是教师引导下的学生的学习过程,既要有教师的主导作用,又要有学生的主动性。在教学过程中,学生是教育的对象,又是学习的主体。学生不是知识的消极的接受器,教师也不可能机械地把知识填塞到学生的头脑中去。教师的教,只有通过调动学生的学习主动性,把社会的需要转变为学生自身的需要,培养他们学习的兴趣,激发他们的求知欲,使学生从自己的亲身需要出发,才能取得较好的实际效果。

竞赛调动了学生的参与积极性,学生变为竞赛的主体。教学的双边性活动使竞赛式教学能真正体现学生的主体性。无论是把人类积累的认识成果转化为学生的知识财富,还是把知识转化为学生的智力才能,都要通过学生自己的积极思考和实际活动,都要有学生的学习主动性。由于竞赛的趣味性、知识性,可以组织学生生动活泼的教学,有效地集中学生的注意力。在竞赛中学生为获得较高分数自主地学习知识,可以调动学生学习的主动性,在掌握知识的同时发展了他们的思想,培养他们的学习兴趣,激发他们的求知欲望。又如抢答赛中,为获得好的成绩,学生课前积极准备学习材料,课上积极抢答,课堂气氛完全调动起来。兴趣是最好的老师,大部分学生对这种竞赛式教学模式感兴趣,教学使课堂气氛变得生动活泼,使学生体会到学习的乐趣。寓教于乐,寓学于乐,充分调动学生的潜能。如在分组竞赛中,每当一次竞赛活动结束时,胜利的一组会得到赞扬和鼓励,产生成功感,激发学生下次不断进步的动力;失败的一组也会得到鞭策。因此,在教学中穿插一些学习竞赛,使教学形式更加灵活。

竞赛的形式就存在社会中,学校是社会的子细胞。竞争或竞赛存在于人类社会群居的劳动及生活伊始,一直伴随着社会的变革及发展。到了近代工商业经济生产方式成为主导性的经济形态以后,竞赛更是作为自由竞争市场规律或商品生产的铁定原则,支配着物质生产及贸易流通的整个过程,使社会生活方式及价值观念发生重大变化。在这当中,相伴而生,叠加而来的又有达尔文的"进化论"学说以及社会达尔文主义的种族、国家较量等风涌而至,澎湃激荡。学校要傲世独立、孤芳自赏是不可能的,校园的围墙封闭不了喧嚣世界的惊涛骇浪,教育必然需引进竞争机制。学生参与竞赛有助于锻炼学生的社会性,使学校教育紧密结合社会的需要,学生的学习能与他的生活体验及人生经验联系,知识的学习、理论的训练能运用于实际的生产、生活,解决社会问题。特别是通过学校的训练培养能具备社会公民意识、竞争与协作能力以及合理的人生定位及社会角色担当等方面的准备。如下面案例能够说明教师以竞赛的形式开展教学的一般做法:

第一阶段,以基础知识的学习为主,以学生相互提问、反馈的活动为主。

第一轮,朗读。

规则:1. 各组一名代表范读;2. 各组中随意挑选一人范读。读错一处(拼音、句读等)扣5分,全对加20分。

第二轮,"答记者问"——接受检阅。

规则:1. 推荐一人为本组代表,就本组负责的内容答别组"记者"们的一切提问;2. 任意挑选一人"答记者问"。问题多样,字词的音、形、义、用法、句式特点、翻译等均可。答错一处扣5分,答对加10分。

第三轮,"点将"——检阅别人。每组就基础知识方面设计好若干问题。由代表任意指名别组两人必答。答错一处扣5分,答对加10分。

第四轮,"逐一过堂"。老师下发基础知识方面的当堂练习(同为检测课堂学习效果)。完成后,每组抽取若干份检测试卷评分,成绩计入各组总分。

第二阶段,以课文主旨、写法等方面的分析、理解、感悟为主,以老师提问为主,以学生与学生、学生与老师的活动、反馈为主。提问的题型、方式多样,如:必答题,从各组任意挑选同学答;抢答题,供全班抢答;挑战题,按难度大小、分值不同设计有梯度的问题若干,由学生自由选答,等等。在本阶段竞赛中,老师要灵活组织。如:必答题主要用来问活动较少的学生;抢答题要遵循鼓励性及思维发生原则,答错不扣分,只要言之成理即可酌情加分,鼓励思维的发散性与创造性,以求激活思维,在焦点问题上"百家争鸣"、"百花齐放"。对于挑战题,为避免各组仅是优生参与活动,可规定:若由老师随意提问,答对可得满分,否则只得60%的分数。在课堂上,每一组都会选择让老师随意提问的方式以求得好成绩,这样便实现了全员参与的目的。[1]

将语文从课堂引向广阔的空间,使课堂成为发挥天赋、自由翱翔的天地。可根据文体或课型等的不同而创造各种机会给学生以自由施展才能。教师所选的竞赛,符合学生的年龄、心理特点,这样的教学不局限于课堂,使课内与生活实际相结合,充分体现活动课程的思想理念。让学生掌握知识的同时,注重培养学生的人文素养,如竞争意识,使教学中的工具性与人文性相统一。

(三)竞赛式教学有利于培养学生的竞争意识,使学生获得良好的个性心理品质

与传统的教学相比,竞赛的课堂环境是相对活跃、兴奋的,学生的学习热情会表现出来。竞赛的成败使学生学会正确对待成败的考验,从而获得认识自我、树立信心和提高心理承受力的情感体验,竞赛磨炼了学生的心理素质。孟子在《孟子·公孙丑上》中说:"故天将降大

---

① 徐敏,竞赛式教学对发挥学生主体性的作用[J].语文教学与研究.2002.(03).

任于是人也,必先苦其心志,劳其筋骨,饿其体肤,空乏其身,行拂乱其所为,所以动心忍性,增益其所不能。人恒过,然后能改;困于心,衡于虑,而后作;徵于色,发于声,而后喻。"①其中正是阐明学习的过程不可能松松垮垮,敷衍了事,必须经过意志努力,刻苦锻炼。面对着挫折考验,不能气馁,更非轻言放弃。这也正应了古谚"梅花香自苦寒来,宝剑锋自磨砺出"。

竞赛中形成的心理体验的积累,逐渐使学生在挫折中获得教益,看到成功的希望,并充满对未来的憧憬。在成功中接受新的挑战,完善人格思想,特别是培养了后进生的自信心,竞赛的动力对后进生的学习是极大的促进。因为竞赛能展现自我,在某种程度上,学生的学业成绩是通过测评、考试的分数来标示或体现的,学生间的差异是必然的,但个体纵向也在变化之中。传统的分数决定能力的思想使学生根深蒂固,他们为了得分,得到同学和老师认可,证明自己的实力,也会特别注意听课,准备回答问题,积极思考。对于后进生而言,得分是莫大的鼓励,也是他们获得成功的体验,不断进取,增强了学生学习的自信心。因此,竞赛本身就提供了学生更多的体验学习成功的机会,有利于激发学生对学习的健康情感。

竞赛中学生主动地接受教师的知识,并积极地探究学习,实现知识与能力的建构。如小组竞赛中学生课前主动准备资料,和小组同学之间沟通、配合,也要与教师协商,需要和老师沟通,得到老师的帮助与支持。这些活动的参与过程,有助于学生主动学习态度的养成。传统接受式教学,学生学习态度表现比较消极,知识不能活学活用,而竞赛式教学强调学生在参与过程中积极的学习态度,在竞赛中主动找到学习的知识,在活动中养成良好的学习态度。

三、竞赛式教学的实施艺术

任何一种教学模式或教学方式都是为了达到目标所确立的教学效果的目的,竞赛式教学也不例外。竞赛是教师在教学过程中借用的一种形式,在具体运用中,认真设计竞赛教学的步骤,达到教学目的。在教学中不能过分强调竞赛这种形式本身,只注重形式,而忽视教学效果,就会使课堂活动看起来活跃,而实际上却缺乏教学的实质内容。在竞赛式教学中实际参与者一般是有一定知识能力的学生,而基础较差的学生往往会想参与,但是缺少竞赛的机会,因此,竞赛的结果会导致越是基础知识扎实的学生,越想参与竞赛。相反,越是基础差的学生越缺乏自信,不敢参与教学。这样竞赛式教学实际就成了基础能力好的学生的"光荣场",他们可以学习知识的同时获得老师的赞誉;基础能力差的学生只能越来越被教学忽视,他们不再注重竞赛的内容和结果,甚至认为教学与他们无关,他们学习的动机也会慢慢减退。

为避免这种现象的产生,要有效地组织实施竞赛式教学。把教学分为准备阶段、实施阶段、评价阶段三个阶段。

(一)准备阶段

准备阶段是为教学实施阶段作必要的准备。教学的准备包括对教学中竞赛内容的准备、竞赛的设计、教学方式的准备等。

1.对竞赛教学形式的准备。根据课的类型不同,我们又可以把竞赛分为三种形式:必答抢答式、接力式、辩论式。② 新授课采用必答、抢答式,由于新授课的内容比较简单、容易理解,可以让学生分段自学,学完之后开始竞赛,教师可以根据不同题目的难易程度,挑选学生抢答、必答。通过竞赛给不同的学生回答问题的机会。复习课采用接力式可以把一些知识较多的内容整理起来,教师根据复习的内容按知识块或知识网编成问题,向同学提问。习题

① 孟宪承、孙培青.中国古代教育文选[M].北京:人民教育出版社,2003.60.
② 王俊忠,尹兆霞.竞赛式教学法与素质教育[J].廊坊师范学院学报.2002(04).

课采用辩论式,由于习题讲评难度较大,适合采用辩论式或接力辩论式,在学生的辩论中找到解决问题的方法。无论是什么形式的课程,采用竞赛的目的并不仅仅是为了得分,而是通过竞赛达到教学目标。因此,对于竞赛的问题,教师要及时纠正、总结。以上各种方式要根据教材内容,学生积极性及其水平灵活选择。

2.对实施竞赛的教学内容的准备。教师要根据教学目标,合理设置竞赛题目。题目的难易、数量的多少要有针对性和阶梯性,以适应不同层次学生的需要。竞赛的试题要有一定的逻辑结构、难易适宜。一般情况下,教师的目的是通过竞赛中学生的表现和得分来判断教学效果,因此,准备竞赛的内容必须要有一定的知识基础。任何一种教学形式都有其充分发挥作用的适用范围,竞赛教学形式也不例外,并非所有教学内容都适用。一般来讲,竞赛式教学更适用于复习课,因为学生已有了充足的知识基础。竞赛时学生没有准备,能鼓励学生积极思考,能测出学生的真实水平。教师要对教学的知识进行分析研究,找出适合竞赛式教学的内容。由于竞赛要求学生必须有一定的理论知识作为基础,所以,教师在选择教学内容时,应挑选有些基础性的知识。如学生一般在学习了计算之后才进行口算竞赛,这是基于对计算的掌握之上的,竞赛加深对知识的掌握,这样的竞赛才能测验出学生的计算能力。

3.对竞赛的组织设计。竞赛式教学的设计通常包括以下要素:名称、目的、方法和规则。设计的过程包括总体设计和详细设计。总体设计包括:由教学目的迁移到竞赛目的、学生情况调查、竞赛类型的选择、竞赛过程的简要描述,竞赛的预期效果。详细设计包括:名称、具体目的、方法、规则、场地、人数、分组、实施过程、评判、奖励、总结、突发事件的处理等。[①] 根据内容、预期的教学目标和学生对已有知识的掌握情况,设置竞赛的课题和问题、以及学生的分组、竞赛的规则。[②] 应根据具体情况进行具体分析、制定而不必拘泥于某固定形式。

(二)实施阶段

实施竞赛式教学时要做到学生要有基础、讲求教学的效果,课堂活动充满情趣,这样才能使学生的心智技能得到很好的发展。在组织教学时,向学生讲明竞赛的难度、内容,要注意调动学生学习的主动性,活跃课堂气氛。

1.创造竞赛情境,激发学生的兴趣,调动学生学习的积极性。把根据教学目标、教学内容设置的竞赛告知学生,使学生对将要学习的知识内容有个初步的了解,并鼓励学生积极表现自己,激发学生的兴趣,活跃课堂教学气氛。如,教师可以用激励性的语言调动学生的积极性,"比赛结束后看谁得到的小红花最多"。

2.教师在整个教学过程中既要因势利导,及时表扬、及时纠正学生的错误答案,并对难点问题进行讲解分析。及时调整教学差距、竞赛时间、节奏,调整学生的情绪,从而控制教学过程的进行。竞赛时,教师要能调节好活动的节奏,每答完一题后都必须给予点评,肯定正确的,表扬有独创精神的。特别是对答错的题,老师更要及时点评、讲解,及时纠正同学们在答题过程中的错误,使他们及时辨明正误,强化正确的认识,澄清模糊概念。这样有利于调动学生学习积极性,培养他们的学习兴趣。尤其是竞赛式教学法对单元结束之后的复习或测试效果更佳。最后教师要当堂进行总结。一方面要总结同学们掌握和应用知识的情况,指出存在的问题;另一方面要引导学生理清单元知识结构,便于记忆和应用。

3.建立新型的师生关系。竞赛式教学逐步让学生参与到教学之中,能在教师发挥主导作用的前提下,调动学生学习的主动性,使师生关系和谐发展,教师的地位受到尊重和信赖。

---

① 吴良根.化学教学中实施竞赛式教学的实践与思考[J].化学教学.2007(01).
② 夏虹,韦慧彦,王育水.探索生物课堂教学的新形式——竞赛式教学[J].太原教育学院学报.2002(02).

在这种教学环境下,学生乐学爱学。

(三)评价阶段

评价阶段不仅仅包括对学生评价,还包括对教师的评价。竞赛本身的规则性,就是要得出分数,评出结果。教师的评价要及时准确、公正合理,既要肯定选手的成绩,又要提出不足所在,对学生们在竞赛中暴露出的问题和答题时的错误,做出分析、讲解或阐述,指明改进的方向,同时还应具有鼓励作用,既要让学生胜不骄败不馁,还要鼓起他们敢于再次竞赛的勇气,让学生不断提升自我,取得进步。

1. 竞赛教学注重对知识的评价。竞赛式教学不能把分数看得过重,因为教学的目的是让学生掌握知识,在学生答错后,教师除了宣布分数外还应指出错误所在,强化对基础知识的学习,同时,进一步加深学生对知识的理解。

2. 由于竞赛本身的开放性,使其任何过程和结果都极具不确定性,这就对教师的评价行为提出了挑战,对教师本身也是一种创造性的考验。它既需要教师在竞赛过程中不要过早地去评价学生的行为,使学生拥有自由发挥的氛围,培养了学生勇于竞争、乐于实践、勤于思考、善于创新的品质,又需要教师最后的评价结果使大多数学生满意和信服,从而具有公平性。

3. 注重形成性评价,及时表扬。评价竞赛的成败不能仅仅靠得分,尤其是平时表现差的学生在传统的教学中产生畏惧心理,竞赛后教师要特别关注这部分学生,特别注意他们在竞赛中的表现,有意识地表扬、鼓励他们,让他们也体会到学习的成果与乐趣。

竞赛式教学为学生自主学习、有效学习提供新的方式,其目标明确,满足了学生的需求,学生的主观能动性得到了充分的发挥,学习上由被动转为积极主动,激发了学习兴趣,有利于学生的社会性发展。而这种形式的教学符合教学改革,注重学生综合素质的提高,提高了课堂教学效率。任何教学方法都有一定的适用范围,在教学中使用竞赛式教学时要根据具体的教学内容灵活选择,它是教学方法中的一种,要结合其他教学方法在教学中灵活使用。以下是赵万荣老师的《〈森林爷爷〉的竞赛式教学》案例,它指导学生阅读小学六年制语文教材第四册 31 课《森林爷爷》,采用竞赛式教学,进行顺序如下:

一、揭示课题,公开比赛题,自读准备

1. 出示森林图,议论植树造林的好处,引入课文,板书课题。

2. 激励人人参加竞赛,公开竞赛题目:宣布阅读这一课的学习方法和要求,激励同学们参加竞赛的热情。同时公开竞赛题:

(1)看谁生字新词学得好。要求:根据汉语拼音读准字音,联系上下文理解词义,不懂的查字典。

(2)看谁按要求画得准确、画得全面。要求:①画出风、雨、旱三个魔王带来的危害及失败的有关词句。②画出森林爷爷怎样分别战胜这三个魔王的词句。

(3)看谁表情朗读得出色。要求:①先通过想象口述风、雨、旱灾的景象,说出朗读时应注意的重点词有哪些,语气应怎样。②再想象森林爷爷战胜三个魔王的情景,说出朗读时应注意的重点词有哪些,语气应怎样。③自己练习有表情朗读。看谁对课文的插图,依次说得有声有色。要求:运用有关词语复述课文中的三幅插图,做到上下有过渡,用词准确,说话响亮,表情合理,普通话正确。

3. 各自分头阅读,根据要求,逐个准备,等候参赛。

二、逐个抢答,逐题评论,当众表扬在学生分别阅读,充分准备的基础上,进行逐个抢答:

(1)第一题,通过阅读课文,并协查重点词语,如"灾害、大吼、呼啸、撕得粉碎、摔倒、恼怒、垂头丧气、洪水、倾盆大雨、威风凛凛、任凭、沉着应战、千万个子孙、吸上来"及多音字"着、降"

的形、音、义。在三五个学生抢答以后,进行评论,表扬优者,鼓励中下生中的进步者。

(2)第二题,要求说出以下有关词语为标准,开展评论,进行表扬。

风灾:横冲直撞、呼啸、狠命地摇、发疯似地往前冲、垂头丧气地败走了。

水灾:倾盆大雨、洪水、直冲下来、毫无办法、乖乖地溜走了。

旱灾:把热箭射下来、想把……都烤干、想把……都旱死、也失败了。

战胜风灾:密密层层、铜墙铁壁、威风凛凛、任凭、还是稳稳地站着。

战胜水灾:沉着应战、命令、尽力吸水、牢牢盘住。

战胜旱灾:一点也不着慌、发动千万个子孙、把地底下的水吸上来。

(3)第三题,要求分别以上述词语为重点,其语气应该是:

①朗读风、水、旱灾三部分:得逞时要读出凶狠、疯狂、骄横、傲慢;失败时读得狼狈无力。

②朗读森林爷爷部分:要读出威武雄壮、不畏强暴的英勇气概和沉着、坚定、顽强不屈的战斗精神。

③进行表情朗读。在三五人抢答后,进行评论和表扬。

(4)第四题,根据要求复述课文中的三幅插图后,进行评论与表彰。在完成抢答以后,齐声表情朗读全文一遍。①

第五节 实习教学法

教学方法是教师与学生相互协作,为了完成教学任务,达到教学目标而采取的方式、手段和途径的总称。教学方法受教育目的和教学内容的制约,以启发性和探究式教学思想为指导。由于教学活动悠久而丰富的历史积淀,以及教学工作的经验、思想在某种程度上,所具有的共性及普适性,教学方法的历史继承性十分明显。当然,当代知识经济社会及信息时代到来,确立了民主、和谐、以学生为主体的教学理念,注重学生创造性与创新能力的培养,教学方法必然会发生革新。教学方法的种类很多,如讲授法、讨论法、直观演示法、参观法、自学辅导法、发现法、实习法、练习法、实验法、读书指导法、调查研究法等,现在的常用语是:教学方法的丰富性与多样性。

教师选择适用的教学方法主要是依据教学目标、任务的需要、课程内容、教学对象的特点以及教学设施和条件,教学方法既讲程序与规范,但又要讲灵活和创新,唯有如此,方能使之带有智慧、艺术及审美。在当今社会背景、国际教育改革趋势下,教学方法的演进趋势受行为主义、科学主义及后现代主义思潮冲击,尤其对实习、实验及练习方法给予关注和青睐,而这恰恰表明学生个体发展融入社会,走向生活、运用实践的价值取向。本节重点讨论实习教学法。

一、实习教学法的界定

方法是渡河的船、探索的路。教与学要得法,才能事半功倍,符合经济化的教学思想。只有有了正确的方法,教师才能有序地、灵活地组织教学,学生才能有效地获得知识技能,发展认识能力,并涵养健全的人格。

实习教学法把学生置于真实的实际环境中,让学生从实际操作中体验学习的乐趣。实习教学法,也称实习作业法,是学生在教师的指导下从事一定的实践活动,使之掌握一定的

---

① 赵万荣.森林爷爷的竞赛式教学[J].小学教学研究.1988(05).

技能和有关实际知识,验证间接知识,并有效地培养学生实际操作能力的方法。

实习法是在自然状态下进行的,一般不能再现。通过实习,有利于开阔学生视野,综合应用所学知识,对激发学生独立思考,提高社会实践能力,有很大的作用。实习场地的选择、安排关乎实习法由可能性向现实性的转化,根据教学的要求、内容和条件,可以在校办工厂、农场进行,也可以到校外工厂、农村进行;可以在课内进行,也可以在课外进行。在课内进行的实习,又称教学实习,是紧密围绕课堂教学,以获得知识技能及发展能力为中心。在课外实习,又称生产实习,是组织学生参加生产实践,同时促进学生全面发展目标的实现。主要在于将所学的间接经验、学科内容与理论运用于实践,在实践中检验、丰富和发展。这一方法在自然学科教学中是大为重要的。如数学的实地测量、地理的地形测绘、物理与化学的生产技术实习、生物的植物栽培和动物饲养,都是很有价值的实习作业。进行实习作业与练习、实验一样,都是为了运用知识于实际。但实习作业的综合性、独立性、创造性都更强,能使学生学到书本上学不到的知识。

当今的学者注重以类归纳及比较分析的视野为基础,对教学方法深化认识,如将多种多样、各有千秋的教学方法分为"以语言传递信息为主的方法"、"以直接感知为主的方法"、"以实际训练为主的方法"三大类,认为针对我国传统教育偏于书本文字、训读背诵,脱离实际、死扣教条的遗风浓厚,一直影响当今教学实践的困惑,教学方法改革的取向与矛盾的主要方面在于强化第三类教学方法。这当中尤以实习教学法更具典型性意义。诚如有的教育专家所解释的那样:以实际训练为主的方法,是在教师指导下,学生通过练习、实验和实习等实际活动,巩固并完善所学知识、技能和技巧,向更高层次发展的方法。这类方法以学生的实践活动为基本特征。教育心理学的研究和教学实践表明,技能包括外部动作技能和内在的心智技能两方面。技能技巧的形成与完善,始终是与动作技能和心智技能相互联系、相互依存的。特别是动作技能的形成,始终受心智技能的支配和调节。如写字、运算、实际操作等方面的技能的形成和熟练,不能仅仅依靠语言的传授,还必须依靠实践训练。在教学活动中,以实际训练为主的方法包括练习法、实验法、实习作业法、探究法。[①] 但这里谈的实习教学法的价值域集中在学校教学,主要是课堂教学。事实上,它还不限于这一范围内讨论其功能,还应在课外,乃至于校外的实习及实践锻炼,这里其实可以运用理论联系实际的教学原则加以诠释。

理论联系实际的原则要求教学中理论和实际要统一起来。它所反映和要解决的矛盾,主要是保证所学知识与其来源、基础—社会实践不致脱节,学生掌握的知识能够运用或回到实践中去。解决这些矛盾的主要途径,应是在理论知识的主导作用下,把教学和生活、间接经验和直接经验、观点和材料结合起来;同时,创造多种多样的实践形式,由半独立到独立,有简单到复杂……引导学生把知识用于实践,并注意培养学生手脑并用的操作能力。要求防止单纯从书本到书本、从概念到概念的教条主义教学,或者把教学溶于生活,仅仅从做中学等庸俗做法。[②] 有的学者对此又作了更具体、深刻的说明:1. 增强教学的实践性,培养学生运用知识的能力。教师要注意改进和加强实习、练习等教学实践环节,注意动手操作能力的培养和训练,为学生将来从事实际工作做好充分的准备,创造有力的条件;更要组织学生参加各种形式的社会实践,如社会宣传活动、社会公益活动、生产劳动、社会调查、社会服务等。在实践中丰富学生的感性认识,并给学生提供运用知识解决实际问题的机会,培养学生

---

① 胡中锋.现代教育学[M].广州:广东高等教育出版社,2007.117.
② 王策三.教学论稿[M].北京:人民教育出版社,1985.163.

的各种实际能力。2. 培养学生理论联系实际的学风。要教育学生懂得理论知识来源于实践，又服务于实践，实践是检验真理的唯一标准和道理；教师在教学中理论联系实际，不唯书唯上，以事实和实践为根据，提出独立见解，为学生做出榜样；要求学生联系实际学习理论，学习了理论要运用于实践，在实践中广泛地锻炼自己的才能。[①] 应该认为上述思想与实习教学法的精神是高度一致的。

教学方法是为教学内容服务的。教学方法的多样化和有效地使用，对教学效率的提高很有帮助。实习教学法把学生带到了社会生活的场景中，让学生真切地感受到了学习的实际效果。学生在真实的生活中学习，能取得良好的效果。知识本身是没有目的的，教师在传授知识时，应指出这些知识的用途、价值、现实意义与学生的切身关系。学生接受了知识，了解到有关知识的意义，才能激发学生的学习兴趣。

实习教学法既是巩固、应用知识技能的有效方法，在学生学习过程中居有重要角色地位，同时也是检验学生知识应用、社会实践能力的一种教学手段。教学本身就是师生互动的过程，教师的讲授与学生的活动一起作用，才能达到教学的效果。在共同的教学情景中，教师的教与学生的学，实际上是一种相互探讨和共同学习、共同解决学习中的各个问题的探究活动。学生参与教学时可以先通过教师的讲授示范，了解知识，但要进一步地熟练掌握知识，需要学生实际练习，逐步实现教学目标。而在当今教学实践中普遍存在着学生长于书本知识记诵、考试习题演算及理论的流于空洞抽象等弊端，社会经济发展与现代化建设又特别需要加强应用知识解决问题的能力、操作、实践及技术素质的培养、训练，实习教学法便凸显了其自身的价值及时代意义。

二、实习教学法的作用

实习教学法突出了学生的主体地位，学生能力的培养，实习中学生的沟通能力、理解能力、面对实际情况的操作能力等都受到了影响。

（一）实习教学法有利于培养学生的实践能力

在实际操作中，实习教学法不仅能使学生掌握已有的知识，而且使学生在知识的运用上更能得心应手。实习的效果一是对知识的掌握程度，二是对实际的应用能力。二者相辅相成，互相影响，只有掌握了知识，才能在实施操作时得到锻炼。没有知识，实施变得空洞。而没有实际的操作，知识也不能发展。在实际操作中，特别能培养学生亲自动手的能力，分析问题、解决问题的能力、口头语言表达能力、创新能力、组织管理能力。

（二）实习教学法有利于培养学生的自主学习的能力

新一轮课程改革的核心理念突出强调以学生发展为本。学生发展是学生主体意识的觉醒和主体能力的提高。这就要求我们的教育，尤其是课堂教学，必须构建适应新课程理念的课堂结构和富有可操作性的崭新教学模式，来唤醒学生的主体意识，发展学生的主体能力，促使学生潜能的充分发挥，进而达到"人的自我完善和发展"。实习教学法能充分发挥个人的主观能动性，是一种以培养和发展学生主体性为主要目标的新型教学，强调尊重学生主体地位和主体人格，充分培养和提高学生的自主性、主动性和创造性，让学生在参与中学会学习、学会合作、学会创新，从发现中寻找快乐，从解决问题中增强信心，从不断体验中获得新知。实习教学过程中，学生自觉地学习，自主选择、自由支配教学、自我评价，能激发学习的动机，自主掌握技能，主动参与教学实习，注意力相对集中，营造较为和谐的教学氛围。在实

① 李如密. 现代教学理论研究 [M]. 长春: 吉林人民出版社, 2003. 207—208.

施过程中对提高师生关系大有帮助,实习时教师适当地点拨学生,既起到了教师的指导作用,又避免了实习的各种盲目摸索、放任自流等问题。实习展现了学生的能力,各种组织管理和实施等都给学生带来成功体验,对后续的学习与进步产生积极的影响。

(三)实习教学法有利于师生之间的教学交流

交流是一种多向性群体交流,即在师生之间、学生之间的一种平等、民主、有序的交流。实习教学的为学生的实际操作提供指导,观察学生的实习时,对学生遇到的实际问题进行及时的交流,这种交流既要求是一种知识内容的交流,更要求是师生之间的情感交流。教师应为课堂创设相互间平等交流的舞台同时以平等的身份参与到学生交流活动中,对学生活动进行组织和调控,推动课堂教学按既定环节顺利进行。

实习教学法改变了传统教学中教师单纯讲授的模式,在教学时,教师引导学生学习,鼓励学生自己探索,在探索中发现问题。学生在实际的操作中产生了学习的兴趣,既可以解决实际操作过程中遇到的问题,又能提高学生对知识的掌握程度。通过让学生参与教学过程,发展学生认知能力、学习能力,活跃课堂的学习气氛,变被动学习为主动学习,从而提高课堂效率。

三、实习教学法的具体实施

为提高学生的学习积极性和兴趣,增进教师和学生之间的交流沟通,对现行的实习教学模式进行改革,以形成一种新的实习教学。根据学生特点和学生的认知过程,采用循序渐进的方法,逐步激发学生的学习兴趣,挖掘学生潜能,培养学生解决问题的能力。实习教学法的具体实施过程包括以下几点:

(一)教学准备

1. 做好实习教学的准备

由于实习教学是针对某一教学内容的可操作性的应用,是建立在已有的知识基础之上的,因此在选择教学内容时,一般找具有可操作性的内容。教师要制定好实习教学的计划,确定好地点,准备教具,编好课程。实习教学的目标最终要提高学生对知识的应用能力,因此,教师运用实习教学法要掌握好应用的知识,认真备课,是传授好教学内容,保证教学质量的根本前提。把握学生的不同特点,了解学生的现有学习水平和接受知识的能力,以此确定教学内容的教授标准;要熟悉大部分学生的学习状况,还要照顾到个别人群的学习目的和学习态度;有针对性地展开教学,激发学生的学习;明确教学的目的、任务,熟练掌握教材的全部内容,以了解实习在整个教材中的地位和作用。钻研教材内容的,要注意本学科新知识与当前课程的要求是否一致,把新课改的思想渗透其中。

备课主要是备讲解的内容和演示的内容。应考虑好学习课题应用哪些知识,重点难点是什么,编写好学习计划(先学什么后学什么等)。考虑好要讲解哪些知识,讲解内容应条理清楚、内容具体、重点突出。在演示内容中,示范操作是生产实习经常采用的一种十分重要的方法,老师用自己的技术动作进行示范演示,学生经过模仿、学习(练习),最后达到掌握操作步骤、明确动作要领、掌握正确操作姿势和合理操作方法的目的。由此可知,示范操作质量的好坏,直接影响到学生能否获得良好的操作技能。所以,老师要认真考虑当前课题要示范操作演示什么内容,有什么工艺要求,演示步骤怎样进行,演示姿势怎样展现,演示重点是什么,有什么注意事项,是否需先做示范品(样品)等。为保证教学效果,教师应进行认真的练习准备,保证操作姿势正确,内容规范、熟练,操作步骤清晰,操作方法合理。并取得操作经验和技巧,明确演示重点。示范操作时要结合必要的讲解说明教师演示、讲授电化教学法、演示、讲解参观法。这样能充分调动学生的视觉、听觉功能,使学生更易理解掌握。备学习条件,学习条件包括电化教学条件、实习车间(或教室)、实习设备、工具、仪表、材料、模型、样品、图纸资料等。要根据所备课题内容调查学习条件能否满足,课前要联系、搜集、准备好学习用品。[①]

2.教师讲授实习要点,布置实习任务。实习的目的是为了使学生掌握学习的目标,使学生明确实习作业的目的、任务、程序、组织领导、制度、纪律和注意事项,提高自觉性。实习的操作性特点决定了教师应重视对操作要点进行简明扼要的讲解,布置实习任务,并对操作过程予以提示,要求学生正确理解和把握教师的意图,学会分析重点、难点的方法,有的放矢地进行实习练习。

(二)实施过程

良好的教学组织是保证教学实施的前提,尤其是实习教学刚开始,学生的操作会无组织无秩序、混乱,这就需要教师合理安排、组织管理教学,使教学有条不紊地进行。

1.适度把握实习的时间。实习教学中传统的学科,特别是自然学科,观察、实验等操作的时间很长,有时一个实验要做两三个小时,很容易使学生产生厌学的情绪,因此教学时间不能太长。同时,由于对知识的应用程度还不是很强,长时间地实习,容易让学生产生疲劳感、心理情绪波动,从而导致学习的兴趣下降。教学时应适度控制教学时间,在正确的引导下,教师要合理配合实习内容,控制不良因素对实习的干扰。

2.学生操作练习,发现问题并及时加以纠正。

在此阶段中,学生可以自己动手操作,按照教师布置的任务和自己的见解,发挥自己的主观能动性,开展任务操作。为了使学生巩固新知识,掌握新技能,培养实践及创新能力,就需要学生进行操作练习。学生练习操作方法是否正确、科学、合理,关乎其技能发展,因此教师在学生练习前要认真预测学生练习中可能出现的问题。教师要确保操作练习的目的明确,方法正确,教师在学生的操作中注意观察学生的错误操作、及时总结经验,发现问题,进行记录在操作中出现的问题,以便在教学结束时进行及时矫正。让学生之间相互交流,养成团结协作的良好习惯。

3.交流阶段。在教学中注视学生和学生、学生和教师之间的交流。这一阶段教师主要的任务有:引导学生解决各种问题,鼓励一部分已经掌握正确方法的学生展示技能,激励其他学生努力仿效实践;教师对内容比较熟悉,因此可进行适当地补充,归纳总结;认真巡视,掌握全面情况,发现问题和经验,及时进行交流与辅导,以保证质量。在教师的指导下,学生动手操作,训练技能。在动手过程中,学生可能会遇到各种各样的问题,提出一些意想不到的疑惑。这时,教师应捕捉时机,鼓励学生多动脑筋,发挥主观能动性,培养学生自己解决问题的能力。

4.组织学生总结、交流实习经验。学生练习结束后,应督促并组织学生对知识进一步归纳、整理、总结,将操作方法与其他同学进行交流。这样,可以使学生了解各种操作方法,促进学生巩固提高技能。教师也可以通过学生总结,进一步了解学生掌握知识的具体情况,掌握教学第一手资料,以便进一步开展实习教学。

(三)评价

教师对实习的内容、实习的效果、学生的操作、对学生的表现情况等做出评价,总结出实习的效果和优缺点。实习教学法使学生有机会参与到社会中,应用自己所学的知识进行实际操作,不仅是一种学业成绩的进步,更是一种教学的实践,从理论到实践,再从实践到理

---

① 张红玲.职业技术学校生产实习教学方法浅析[J].现代技能开发.2002(07).

论,符合辩证唯物论的思想。在这过程中,知识、能力在升华,学生在进步;从单纯的知识理解到会应用、会处理实际的问题,真正体现学生学习的社会性,教学实现了设计的目标。

第六节　游戏教学法

当代著名心理学家、北京师范大学心理学院教授朱智贤先生指出:游戏是一种有目的、有系统的社会性的活动。学生在游戏中反映周围的现实生活,通过游戏,学生体验着我国劳动人民的劳动、生活和道德面貌,同时,也就理解和体验着人们之间的相互关系。因此,游戏的主题和内容都是由社会生活条件决定的,都是跟学生的周围生活条件密切联系的,都是社会性的活动。[①] 将游戏这种学生带有社会性的特殊活动引入教学实践,作为独特的一种教学组织方式发挥出育人的作用,为达到教学目标服务,从而使游戏的价值得以延伸与放大,也在教学诸种任务中渗透社会的功能,并促进学生学习的社会性发展。

一、游戏教学法概述

游戏教学法的核心是游戏与教学的联系,这里的关键词自然是游戏与教学。由于教学的目标及要求,尤其是教学教育性的导向,使得教学中运用游戏手段、方式,不同于儿童随机、课后的游戏活动。游戏教学法作为一种有效教学活动或组织方式有历史渊源,更有现代教育流派主导下的新发展,而当代教学实践中又赋予了它新的表现及意义。

(一)游戏教学法的界定

虽然对游戏在教学中的价值,前人曾做过很多阐述,但是目前游戏教学法还没有一个专门的定义。一般论著大多是从游戏与教学两者结合起来以促进教学的有效性这一视野加以探讨的。游戏教学法是指在教学中为了实现教学目标和教学任务,教师通过游戏的形式或方式组织教学,让学生在生动活泼的气氛中,愉快地合作或激烈地竞赛中,积极主动地参与到教学中去,并在游戏的过程中不知不觉地学到教材的内容,培养学生掌握一定的知识和技能,发展认识能力,形成良好的思想品德及健全心理品质。在中小学教育教学中恰如其分地把游戏融入到教学之中,开展游戏教学,结合教材的内容,运用游戏的手段,用游戏引发学生的学习兴趣,培养他们自主学习的能力,使学生在游戏中学到知识,锻炼思维能力,为使他们具备独立的学习能力奠定基础。

由于游戏具有轻松愉快、生动有趣、形象直观、多效高效等特点,游戏的形式多样,可以满足不同儿童的兴趣需求。作为儿童喜闻乐见的活动形式,适合小学生的年龄和思维特点,常用于幼儿、小学教育教学是一种重要的教学方式。如在体育教学中,教师组织学生,在一定规则的范围内,通过身体练习和技能训练,并结合各种体育教学方法,使学生的身体练习和思维活动相结合,达到发展个性、活跃身心,锻炼健康体魄的目的。游戏教学法的目的在于寓教于乐,培养孩子的主动研究精神、观察思考能力、创造能力和独立活动能力,重视儿童的主体地位和教师的指导作用。游戏教学法使学生摆脱了严肃的课堂气氛,是一种适用价值较高、健身、娱乐性较强的教学组织活动。它将知识性、趣味性、教育性有机的融为一体,让学生在游戏中学习,培养他们学习的兴趣,充分调动学生的积极性,形成游戏的学习方法,把枯燥的教学内容转化成学生乐于接受、生动有趣的蕴涵审美意义和具有发展价值的教学内容。

---

① 朱智贤.儿童心理学[M].北京:人民教育出版社,1981.157-158.

（二）游戏教学法的历史渊源

游戏是适合幼儿年龄特点的一种有目的、有意识的，通过模仿和想象，反映周围现实生活的一种独特的社会性活动。其特点是：1. 趣味性。兴趣是引起幼儿参加游戏的直接动机，符合幼儿情感和意志发展的特点。2. 具体性。有内容、情节、角色、动作、语言、活动，有实际的的玩具和游戏材料。能引起幼儿的表象活动，符合幼儿依靠表象来进行想象、记忆、思维等认识活动的特点。3. 虚构性。在假想的条件下完成一种反映现实的活动。游戏的情节，角色的扮演、活动的方式、代替物的使用，都是表征性的。符合儿童活动、好动、好奇心强、爱模仿的特点。4. 自由自愿性。幼儿按照自己的体力、智力和能力，自愿选择游戏内容，安排游戏进程，表达思想、情感和态度。5. 社会性。游戏是社会生活的反映，周围的现实生活是幼儿游戏内容的基本源泉。

儿童游戏活动在历史上始终存在，对其价值，教育家也有一定程度的认识。古希腊思想家柏拉图在他的名著《理想国》中首次从理论上阐述游戏在学前教育机构中的作用，提出不要强迫儿童学习，最好以游戏的方式进行。中国明代启蒙思想家李贽反对理学家以社会道德伦理来控制、约束儿童，力主"童心说"。心性学派教育家王守仁在《训蒙大意示教读刘伯颂等》一文中批判当时教育对儿童的体罚及严酷管理，主张顺乎儿童性情，使其个性、精神获得解脱及一定程度的自主性。在他看来，以成人的视界要求儿童，偏于规范压抑，只会败坏儿童："若近世之训蒙稚者，日惟督以句读课仿，责其检束，而不知导之以礼，求其聪明，而不知养之善，鞭挞绳缚，若待拘囚。彼视学舍如囹狱而不肯入，视师长如寇仇而不欲见，窥避掩覆以遂其嬉游，设诈饰诡以肆其顽鄙，偷薄庸劣，日趋下流。是盖驱之于恶，而求其为善也，何可得乎？"而应该依据自然秩序、草木生态性情、在活泼的诗歌及游戏中进行教学。"大抵童子之情，乐嬉游而惮拘检，如草木之始萌芽，舒畅之则条达，摧挠之则衰痿。今教童子，必使其趋向鼓舞，中心喜悦，则其进自不能已；譬之时雨春风，沾被卉木，莫不萌动发越，自然日长月化。若冰霜剥落，则生意萧索，日就枯槁矣。故凡诱之歌诗者，非但发其志意而已，亦所以泄其跳号呼啸于咏歌，宣其幽抑结滞于音节也。导之习礼者，非但肃其威仪而已，亦所以周旋揖让而动荡其血脉，拜起屈伸而固束其筋骸也。讽之读书者，非但开其知觉而已，亦所以沈潜反复而存其心，抑扬讽诵而宣其志也。凡此皆所以顺导其志意，调理其性情，潜消其鄙吝，默化其粗顽，日使之渐于礼仪而不苦其难，入于中和而不知其故，是盖先王立教之微意也。"[①]

有关游戏的研究始于 19 世纪中叶，那时心理学家就开始研究儿童游戏的性质和目的，并发展了相关理论。研究表明，游戏有释放压力，舒缓身心，解除烦恼，表达自己的梦想等多种功能，儿童通过角色扮演，由自然性向社会性发生转移，为自然性与社会性和谐打好基础。19 世纪初德国学前教育之父福禄贝尔创办正规的学期教育机构"幼儿园"，意谓"幼儿的花园"，将教师喻为"园丁"，幼儿视如"花朵"，辛勤的园丁培植、呵护娇嫩的花卉，使之充满生机，蓬勃向上，茁壮成长。福禄贝尔在《人是教育的对象》论著中发展卢梭自然主义教育论，运用于幼儿园教学实践，最早较为系统地论述学前教育中游戏理论，并亲自按照他的思想研制系列游戏玩具，即福禄贝尔"恩物"，其名言便是"来吧，让我们为儿童生活吧"，"父亲啊，保卫儿童游戏的本能吧！""母亲啊，让儿童自由地游戏吧！"对于游戏教学法从现代教学理念下加以认识，还要追溯到活动教学。教学生活作为人们的一种生活，要通过这种教学活动来发展学生的社会性，促进学生的全面自由的发展。游戏教学法把游戏融入教学的双边活动之

---

① 孟宪承，孙培青.中国古代教育文选[M].北京：人民教育出版社，2003.286.

中,把游戏融入社会中。教师通过掌握适应教育改革发展、社会发展的教学方法,才能促进学生社会性的教学目标的达成。在教学中,教育所面对的教育对象是活生生的人,他们有思想、有感知、有理解力、有着天然的属性、强烈的好奇心和活泼好动的特性,从小他们在游戏中成长。游戏教学法激发了学生的乐趣,其本身就是在活动中教学。

活动教学是美国教育家杜威于19世纪末20世纪初创立的教学组织形式。在他看来,传统的班级教学是一种教师主动、学生被动的旧式教学,学生没有活动的情境,无从发展儿童的思维能力。因此,杜威提出"从做中学"的教学原则,要求教学组织形式采用活动教学,教学过程、课程教材、教学方法等都要以"从做中学"的要求为基础。美国心理学家和教育家布鲁纳曾经做过有关游戏功能的实验,实验证明,游戏能使学生在解决问题时更具独创性,并且在最初尝试不奏效时,有坚持下去学习的持久性,运用游戏学生能更成功地解决问题。我国著名的教育家陈鹤琴先生也说过:"小孩子生来就是好玩的,是以游戏为生命的。"因此在教学中恰当地运用游戏是有其理论根据的,它是活动教学的发展。由于游戏教学法对传统教学的突破,对学生发展有重要作用,所以我国逐渐开始重视对游戏教学法的认知。

同时,以游戏为基础的教学有很多的拥护者。约翰·杜威曾指出,因为游戏提供了积极的、肯定的学习体验,所以游戏本身就是教学。乔治·赫伯特·米德是杜威的同事,他也认为游戏对儿童健康的社会化有重要意义。他认为,通过游戏儿童学会模仿和扮演不同的社会角色,同样,皮亚杰也强调儿童认知发展过程中游戏活动的重要性。游戏使学生进入富有想象性和挑战性的情境中,这增加了实用知识、做出决策和人际交往技能的发展。当通过游戏学习时,大多数学生充满好奇地、热切地探究他们的学习。俞子夷对教学游戏化很重视,他说:"游戏是儿童生活的中心。""儿童的生活,除吃饭睡觉外,最重要的便是游戏,所以寓教育于游戏之中,利用某种游戏来达到某种目的的方法,实在是最自然、最聪明又最合儿童心理的办法。算术有算术游戏,常识有常识游戏,国语有国语游戏,而体育也有游戏。"① 陈鹤琴说:"儿童好游戏乃是天然的。近世教育利用这种活泼的本能,以发展儿童的个性与造就社会之良好分子。幼稚园教育,即根据游戏本能。即以中小学校而论亦以游戏为施教之良器。"② 陈鹤琴认为游戏能"发展身体",也是"休息之灵丹";游戏能"养成公民应有的品质,各种高尚道德,几乎多可以从游戏中来";游戏能"使脑筋锐敏,能发展智力";"创作心、冒险心皆能从游戏中渐渐养成"。③

(三)当代课堂教学场域下的游戏教学法

游戏不是单纯的娱乐,儿童通过游戏学习知识技能,发展认识能力和创造能力;在游戏中,参与者之间有合作、竞赛等关系,有利于培养他们的思想品德,至于活动性和竞赛性的体育游戏又是增强体质的手段。

所有儿童都想做游戏,并同时发生学习。从某种意义上讲,儿童把做游戏看作是一种奖励。只要我们恰当地设计游戏内容的自然性、条理性,为儿童创造游戏和学习的环境,那么,儿童会对所喜爱的游戏产生强烈的渴望感,这样游戏就能运用于学习过程。陈鹤琴先生这样概括儿童的心理:小孩子好游戏的,小孩子好模仿的,小孩子好奇;小孩子喜欢成功的,小孩子喜欢野外活动,小孩子喜欢合群的,小孩子喜欢称赞的。这种心理是小孩子了解外部世界的求知过程,是小孩子掌握知识或本领的过程。离开了游戏、模仿、好奇,离开了外部的

---

① 俞子夷,朱晸旸.新小学教材和教学法[M].儿童书局,1937.134,645-646.
② 吕静,周谷平.陈鹤琴教育论著选[M].北京:人民教育出版社,1994.13.
③ 董远骞,董毅青.幽默愉悦教育艺术和乐育乐学思想的发展[M].杭州:浙江教育出版社,2005.76.

环境和人群,是不可能获得真知的,也不可能学会生存本领的。我们的不少老师、家长,都要求孩子"两耳不闻窗外事,一心只读案中书",不许玩,不许乐,不许好奇,不许外出等等,这些是违反儿童心理发展规律的。所以低年级教师应根据儿童好动、好奇、好胜的心理特点,在课堂教学中适当利用游戏形式,进行基础知识、基本技能训练的同时,渗透、强化学习常规训练。它是儿童积极、主动接受训练的方法之一,也是儿童变"苦学"为"乐学"的一条好途径。

教学游戏可以在上课开始时进行,引起学生的学习兴趣,为下一步的教学做准备;也可在巩固和应用知识中进行,以加强学生的独立活动,把理解的知识应用于游戏之中,游戏作为一种因素,穿插在教学过程中(如识字教学中穿插猜字谜游戏)。教学游戏的特点在于它既是游戏又是教学。在欢乐的游戏中学习到知识,又培养了情感。教学游戏如果沉溺于趣味性而脱离了教学的任务,或者反过来削弱游戏性,而使之变为作业,都不成其为愉快教学的一种策略。

游戏是学前儿童的基本活动形式,对中小学生来说仍有吸引力。小学生兴致勃勃地参加体育游戏、少先队的游戏活动和教学游戏,他们的游戏内容较学前儿童仍有作用,如外语教学中采取扮演角色的活动;说话练习中采用模拟审判、记者招待会等游戏形式,有的教师在作文练习中要求学生描写同班同学的肖像,写好以后大家猜、大家评,看写得像不像。这种作文游戏,连怕写作文的学生也跃跃欲试,积极参加,变怕写而敢写了。[①]

教学实验证明,利用游戏帮助教学,把知识的学习、智力、情感和社会性的发展寓于游戏之中,能够激活教学过程,增添学习与训练的乐趣,取得比较好的教学效果。在这一点上,薛从盟在《"三部一体"教学新体系——福建省龙溪师范附小改革实验述评》一文中以福建省龙溪师范附小的改革实验作为例证。

龙师附小教学改革实验者认为,传统教学体系中单一化的课程设置,给予学生求知活动的主要形式是过多的听讲、过多的作业,其基本原则是要求学生适应教师的教,而不是教师的教学应适应学生的学。这样的学习程序显然是违背少年儿童的生理特点和心理发展规律的。因为学生的学习积极性多半来自被动的诱发,对于学习的心理状态比较多的是"要我学",而非"我要学"。该校进行的教改实验也正是克服这些弊端。他们在教学改革的环节中十分注意突出少年儿童身心发展的特点与规律,十分注意如何适应学生的学习心境,从而调动学生学习的积极性,增进学生的求知欲望。他们提出的"三部一体"教改方案付诸实践后,新创设的课程都具有趣味性、游戏性和活动性,深受学生欢迎。每节"智力、技能训练"课上课前,学生们就欢呼雀跃,气氛热烈。[②]

游戏教学法具有趣味性、教育性。采用游戏教学可以活跃气氛,调动学生练习的积极性和主动性,有利于教学任务的完成。在中小学的体育教学中经常使用,游戏创造了学生学习的情境,帮助学生有效地学习。但是游戏教学要有目的性,不能忽视了教学目标,而刻意追求游戏。在不同学科的教学中,教师要根据教学目标、课程目标,有的放矢地选择游戏,应是结合课程标准的内容和学生的心理特点设计游戏,将课本知识渗透于游戏中,并通过游戏的手段,让学生更好地理解知识,达到提高其理论与实践能力,全面地实现教学目标的教学效果。

二、游戏教学法的作用

陈鹤琴认为,游戏是人生不可缺少的活动,不管年龄性别,人们总是喜欢游戏的。我们

① 董远骞.教学原理与方法[M].北京:人民教育出版社,1993.267—268.
② 杨玉厚.中国当代中小学教育教学模式述评[M].西安:陕西人民教育出版社,1993.381.

化读书的活动为游戏,读书就变得更有趣,更快乐。读书生活兴致勃勃,学习就进步迅速。可以看出游戏在学习中的重要作用,同样在教学中运用游戏法教学也不可小看。70多年过去了,现代著名学前教育家的这番话,并没有因时间的更替,光阴的逝去而失去其固有的价值,在当今的课堂教学中仍然有其鲜活生命力。

(一)游戏教学法注重学生的主体地位

游戏教学法促进教育观念的转变,它注重转变消极被动的接受式学习为积极主动的探究式学习或参与式学习,让学生参与到教学中去;注重转变重结果的学习为重过程与方法的学习,让学生在游戏的过程中获得知识技能、发展认识能力;注重开放式的教学,打破教室及座次的空间束缚,解放儿童手足,突破围墙封闭,深入到课外、校外的自然、社会之中,实现学生的体验式学习;注重通过游戏为学生的学习创造机会和条件,以调动学生学习的主动性;注重多种学习方式的综合运用。它特别重视学生主体地位,认为学习的兴趣和动机是维持学习效果的重要方式,只有教师注重发现学生的内在需要,积极引导,才能取得良好的学习效果。游戏教学在教材的选择、教学手段的运用、教学活动的具体安排以及技术语言的运用上,走向学生的合作参与及自主构建,在场景中创造或生成活跃课堂气氛,能够激发学生探索、发现的动机,从而让学生在快乐的学习与锻炼中,体验学习的乐趣和成果。

(二)游戏教学法对培养学生学习的学习兴趣有积极作用

游戏教学的课堂气氛比较活跃,能吸引学生的注意力,让学生快乐情绪体验与审美心理融入教学之中。传统教学形式的单一、内容的单调,组织的僵硬、管理的约束、考评的机械等使学生对学习生活感觉枯燥,缺乏兴趣。采用游戏教学法让教学融入游戏,寓教于乐,就能真正调动学生学习的积极性。特别是在课程的开始设置有效的游戏,能吸引学生对整堂课的注意,激发了学生的内在愿望及需求的强大力量,有利于学生克服厌学情绪,提升动机水平。在教学中采取游戏的方式,将枯燥的课本知识转变为学生乐于接受、生动有趣的游戏,为学生创造丰富的社会交际情境,使学生在玩中学、学中玩,不仅学习了知识,更培养了兴趣。游戏内容的丰富性和方法的多样性在一定程度上可避免学习的枯燥、乏味,减少或消除学生对学习的厌烦和焦虑情绪,激发神经元细胞的活力,延续神经中枢相关脑机能的抑制,从而加强积极记忆的效果,巩固知识技能,实现教学的经济化及有效性。

根据记忆规律,游戏在中小学生无意注意中占很大优势,能在教学过程中牢牢地吸引着学生的注意力。游戏教学法能为学生提供轻松愉快的学习氛围,激发学生的学习兴趣,培养学生的创新能力。如在小学设计枯燥无味的认字造句教学中,设计兴致勃勃的游戏活动,培养兴趣,加强学习,这也是在"做中教,做中学,做中求进步",因为游戏法是以"做"为中心的。教学游戏化可运用于各种学科、各年龄阶段的学生;只是学生年龄越大,教学游戏化的困难愈多。[①]

(三)游戏教学法有助于学生的全面发展

全面发展与素质教育在精神上是一致的,都是实现综合、整体素质及能力的人才质量规格的目标指向,但全面发展偏向教育培养学生成长的德育、智育、体育、美育等方面的兼顾融合,而素质教育则是在此基础上注重能力品质及心理素质的健全与和谐。全面发展的教育目标首先是社会物质的进步、精神文化提升的需要,同时符合学生个体的自然成长及自我设计。游戏教学法反映教学教育性原理,不仅有智育的价值,还有全面发展的多方面功能。

① 董远骞,董毅青.幽默愉悦教育艺术和乐育乐学思想的发展[M]杭州:浙江教育出版社,2005.77.

1. 游戏教学法使学生牢固地掌握知识和技能,发展认识能力

游戏教学法把课堂的教学游戏化,注重学生直接经验的获得和实践能力的培养,以带有趣味性的游戏作为课堂教学的组织形式,把达成目标的教学内容贯穿其中,有目的、有针对性地进行教学,使学生有兴趣地学,主动地学,发展体力,形成正确的学习方法和良好的学习效果,有助于学生掌握知识技能。学生的生理健康成长、机体逐渐发育成熟与心理能力发展是协调统一的,而且对学习成就及能力提升是一种条件,也有参与的内容,可以看到三者的伴生互动关系。它可以从心理学家格赛尔的"双生子爬梯训练"实验所得出的"成熟理论"获得证据。在游戏中,儿童的生理器官能得到很好的发展。由于学生担任游戏中某一角色的任务,必须努力去完成,他的动作就更富有目的性和积极性。学生在游戏中,视觉敏度能比较容易地发展起来,比在平常状态下,视觉的敏度显著加大,错误显著减少。如果加上词的帮助,则敏度还可增大。由于在游戏中扮演角色的需要,学生必须自觉地、积极地、有目的地去识记和追忆。因而无论记忆的数量和质量都比一般实验室条件下的记忆要高得多。学生在游戏中,随意动作可以坚持较长的时间,其他一些心理活动,如感知、注意思维等等,也有同样情形。[1] 由于游戏形式易于吸引学生,不同成绩的学生都喜欢参与其中,教师把教学内容教学游戏结合起来后,学习本身将变成令人难忘的经历,因此,学生对教学内容印象深刻、理解透彻,从而牢固地记忆及掌握知识和技能,在德育、心理品行等方面受到熏陶及积极引导,提高实现综合素质目标的学习效率。

游戏教学法有助于发展儿童的认识能力。当今心理学家对智力、认识能力一词的定义千差万别,莫衷一是,歧义纷杂。从认知心理学派的观点考察认识能力是感知、观察、记忆、想象、思维能力方面素质及心理倾向的综合。游戏教学对上述能力都能起到一定程度的促进作用,例如教师可利用游戏性的实验,以培养儿童爱科学的兴趣和理智。下面的是俞子夷的举例:

有一位教师曾经教学生观察鱼。他们边看边谈,当谈到"鱼鳍有什么用? 怎样用?"时,学生想出了一种实验的方法,就是把各种鱼鳍一步一步地剪掉,看鱼怎样游。教师照着他们的话做了。每做一步实验,学生都看得拍手大叫起来。有好多人都在自言自语说:"不错,不错! 它不会转弯了!""对的! 对的! 它的身体侧了,摆不平了!"[2]

通过亲身的体验和细致的观察,使学生在愉快的气氛中,获得的知识印象更加深刻,认知能力得到发展。

2. 游戏教学法有助于培养学生良好的心理能力及思想素质

我国的教育正由"应试教育"向"素质教育"转变,知识经济的社会及信息化时代高科技的国际化竞争,未来的学生不仅需要其知识能力的发展,而其心理水平和思想道德素质也要提高。可以说,游戏教学法在这方面有其独特的功用。如体育教学中运用游戏的组织可以培养学生自觉遵守规则,游戏都是集体进行的,参加者必须互相配合、协作完成,养成学生团结互助的品质。由于学生在游戏中担任各种不同的角色,在完成角色所应当承担的任务的过程中,也就培养了学生的性格及意志品质;同时,适时适度、切实可行并富有成效的游戏活动不但能给学生创造愉快、轻松的学习环境,还有利于学生的智力开发、情感培养、引发求知欲、培养团队精神与树立合作意识。扮角色游戏是发展个性的重要手段,可以激发情感,让学生带着感情参与教学活动,有助于提高学生的道 德认识。游戏时根据课本中提供的内容

① 朱智贤.儿童心理学[M].北京:人民教育出版社,1981.157—158.
② 董远骞,施毓英.俞子夷教育论著选[M].北京:人民教育出社,1991.429—430.

为学生创设一定的情境,让一些学生担任角色,并出场表演,这也是通过情景设计塑造学生道德实践锻炼的有效机会。如在语文教学中,小学语文教材第四册"综合练习"中练习二是一个童话故事。故事大意是:狡猾的狐狸设圈套欺骗小松鼠、小白兔、小刺猬,想吃掉他们。小白兔、小松鼠没有警惕性,上了狐狸的当。小刺猬机警,不但没有上当受骗,而且还设法救出自己的伙伴。进行扮角色游戏时,让六位小朋友分别扮演狐狸、小刺猬、小白兔、小松鼠、兔妈妈和松鼠妈妈,戴着头饰上台表演,同时录音机里播放"大森林"的音乐。

游戏教学法有助于培养学生自信心。儿童与游戏有着天然的联系。在课堂上适当地有意识地增添各种类型的游戏,能延长孩子注意力的保持时间,有助于学生在一种轻松和谐的气氛中学习。特别是学习差的同学,他们通过游戏获得的成败直接他们学习的自信心,获得精神上的满足。游戏教学法使学生处在社会生活这种自然而然的教学环境中,在学习和教学中学生丢弃了紧张的情绪,心情完全放松下来,摆正好了心态,增强了自信心,使他们更能适应教学,不仅获得了基本知识技能,而且对他们在今后从事各种活动中增强了自信力,从而具备实验的勇气和探求的精神。

(四)游戏教学法加强了教师和学生、学生与学生之间的互动交流

教学是教师和学生的互动活动,如体育游戏都是集体进行的,学生通过游戏互相交往,能加深同学之间的了解,在交往中增进友谊,也能在相互交往中增长学生社会交往的知识与经验。并且通过游戏活动加深学生与教师以及学生与学生之间的情感交流。低年级学生特别喜欢玩"找朋友游戏",可以开展"红花找朋友"活动,培养学生分辨是非的能力。也可以把较难记忆的内容通过"找朋友游戏"增强趣味性,帮助学生记忆。在做"找朋友游戏"时,让小朋友戴小红花头饰,找做得对的小朋友做朋友,并说明为什么找她(他)。在小学语文教材第一册第四课《遵守课堂纪律》课后练习一的教学中。老师问:"小红花,你找谁做朋友?"一个头戴小红花的小朋友指图上穿红衣服的小女孩说:"我找她做朋友,因为她上课遵守课堂纪律。"老师再问另一个扮演小红花的小朋友:"小红花,你找谁做朋友?"另一朵小红花指图说:"我找穿蓝衣服的小男孩做朋友。因为他也遵守课堂纪律。"这种发自内心的交流与互动,师生感情更加融洽、和谐,教学也在其中不断发展与进步。

三、游戏教学法的具体实施

游戏教学法是众多教学组织实施中的一种,必须与其他教学组织方法结合使用,才能有效促进学生的学习。教学法是一个系统工程,它涉及学校整个教学工作。要注意游戏教学法的适用范围以及实施技能,才能保证教学活动的有效性。教师是游戏教学的实施者,教师的能力与素质决定了游戏教学的成败。广大教育工作者要更新教育观念,必须树立新型的人才观、教学观、评价观和课程资源观,鼓励教师创造性地使用游戏教学法,在不断学习、不断更新观念的基础上,不断改善游戏教学法。

(一)教学准备

游戏一旦与教学联系起来,游戏的创造者、组织者、领导者便是教师,而不是学生,这不是忽视游戏教学中学生的作用,而是要将教师的主导性与学生的主体性在游戏教学中真正结合起来。游戏教学要使学生真正成为游戏的主体,关键是使学生在游戏中的体验与教学目标的实现能巧妙地高度统一。教师不但需熟悉儿童游戏的理论,了解本班学生的身心发展水平、活动特点及兴趣爱好,掌握教材内容与教学目的,更重要的是要将教材内容真正寓于游戏活动中,要抓好游戏设计这一环节。学生理解并掌握游戏的玩法与规则是游戏进行的前提。因此,学生在游戏活动开始前,要从教师讲授或演示中明确目的要求,知道游戏的进程与规则,树立角色观念及协作意识,以饱满的热情和主动的姿态准备参加游戏。

1.游戏教学的设计。游戏的设计应是有计划、有组织、有结构的构思及安排。游戏教学是为了实现教学目的而设计的教学组织活动，而不是单纯地为了游戏而游戏，也不是游戏活动越多越好，游戏有效性应是依据教学目标而专门设计的。每个游戏均应为一定的教学目标服务，可以允许学生在规则允许范围内进行创造性的活动。如在体育教学中，经常应用游戏法达到熟练球类运动技能的目的，通过游戏的规则设置障碍，促进学生对技能的熟练掌握。这样的设置，预先告知学生教学目的，可以使学生进行有针对性的训练。在教学中，诗歌和歌曲有极强的感染力，可以陶冶学生的道德情感，活泼课堂气氛。学生有了一定的道德认识，还须有强烈的情感共鸣，才能产生巨大的内在动力。表演游戏是选择合适的诗歌或歌曲在课堂上让学生朗诵边唱边表演。如在《我上学了》一课中，通过同学们边唱边表演《上学歌》激发他们对课文内容产生情感上的共鸣，也对学生的道德认识、行为的形成起到了催化作用。

2.游戏教学内容的选择。并不是所有的教学内容都适合游戏教学法，教师要根据选择的教学内容、教学时学生的人数、学生的类别等，有针对性地设计适合不同形式的游戏内容。游戏教学要面向全体学生，因而教师要根据学生的实际情况和游戏内容的难度设计游戏。内容的选择必须与教材紧密联系，形式要多样化，难度要适宜，游戏要分等级，让学生有选择性，协调学生在游戏中所处的不同角色，以满足不同能力的学生需要，让不同层次的学生都能学有所获。另外，游戏的教学内容要有针对性。"游戏的针对性是指对某一项技术动作掌握有困难时，教师应运用一种或多种与该技术动作有联系的游戏进行辅助教学"。[①]这样教学，使学习优异的学生有发挥的余地，学习较差的学生也获得了表现的机会，促使学生发展的同时，也满足了不同学生自主选择的机会。这样做不仅能起到复习、巩固和提高的作用，而且能促使学生在游戏中更轻松地掌握动作技术技能。

3.游戏教学的基本要求。由于游戏教学不同于单纯的游戏，因此设计教学游戏要以学生的心理特点及知识能力水平为基础，要想游戏在教学中有效，游戏教学必须符合目的性、趣味性、科学性、竞争性、创新性的特点。游戏规则的制定，目的在于体现对教学内容的实施和保障游戏的顺利进行。游戏安排的合理与否直接关系到教学的成败，只有按照游戏的规则设计合理的游戏，才能保证游戏的教育性导向。如竞争性原则，即利用学生的好胜的心理进行游戏设计。"例如将学生分成几组，学生在游戏中都希望取胜，因而十分关注游戏的结果，此时注意力较集中，学习效率较高。游戏教学则利用儿童关心游戏结果的间接兴趣，达到逐步掌握知识的目的同时，游戏具有一定的情节和竞赛因素，富有思想性、生活性和直观性，形式生动活泼，是学生感兴趣的活动之一，因而是教学的重要辅助手段。它有利于学生体力、智力、品行的发展及非智力的开发，在教学中具有重要作用。"[①]游戏教学要符合趣味性，尊重学生的兴趣、爱好，有时可以与学生一起设计游戏方案，充分尊重他们的愿望、爱好及需要，既体现了学生的学习主体地位，又能确保有效教学的实施。

4.游戏教学的环境及材料。游戏大都需要游戏材料，包括游戏道具和场地，这都需要课前准备好，游戏道具可利用已有的教学工具，也可自己动手制作。为了节减经费投入，并发挥教师的创造性及校本课程资源的开发，教师还可准备一些象征性的，如纸剪的小红花、五角星、小红旗等。教具要提前准备好。教师还应根据游戏要求安排好相应的场地。尽量在平整的场地上游戏，注意安全，教学设施确保安全性，这是保证教学任务实现的根本要求。游戏中通过对场地、设备、器材新颖别致地选择与布置，创设一个优美的学习环境与上课场

101

①　严振宇.游戏法在中专篮球教学中的应用[J].科教文汇(下旬刊).2009(02).

地,发挥环境育人的功能,使学生在学习中得到美的感受,中枢神经系统的兴奋性得到提高。在体育教学中,学生参加各种体育活动,学习各种技术、技巧,目的在于通过对这些技术、技巧的掌握和运用,增强体质,锻炼身心。现在有些教材内容是非常枯燥无味的,如田径运动项目中的中长跑等素质训练和篮球运动中的运球训练等,机械地重复动作,学生的身心难免要承受压力。游戏中优美的学习环境和种种乐趣,可以有效克服常规教学中学生的心理和生理疲劳,使学生既锻炼了身体,又获得了种种情感体验。正是这种游戏化的教学形式,使学生始终处于一种宽松活泼、和谐融洽的教学气氛中,充分发挥主体能动作用。[①]

（二）教学活动

1. 合理安排游戏的时间。游戏进行的时间长短,要根据学生的兴趣、能力及教学内容加以安排。但是长时间的游戏有时并不能起到积极的作用,反而会起到相反的作用,因此,在教学中要注意适时地实行,时间要适宜,既让学生产生学习的兴趣,又能高效合理地利用时间,让学生带着期待的心理进行学习。教师可以根据知识点的难易程度合理分配游戏在整个课堂教学过程中所占的比例,可以使学生在轻松愉快的学习活动中掌握知识。如果时间过长,学生的兴趣就会下降;如果时间过短,则达不到预期的教学效果。

游戏活动大都是在整个教学活动的相应环节中按顺序预先计划好的,根据教师的教学要求来选择时机,以确定放在一节课的哪个环节才能使学生留下深刻印象,发挥出如期的教学效能。如果在上课开始时,通过游戏导课,可以使学生的内在潜力和积极性最大限度地调动起来,振奋精神,迅速进入最佳学习状态。如果在教学过程中安排一些教学游戏活动可强化教学节奏,活跃气氛,加深对教学内容的理解,消除学生疲劳,并提高下半节课的效益。

2. 教师适时适当地指导,要有示范性。当代心理学家朱智贤教授指出:游戏在学生心理发展上的作用,决不是自然而然实现的,而是跟成人、特别是教师的正确组织和指导分不开的。[②] 这一精彩的剖析也同样适用游戏教学法的实践活动。在游戏教学中,教师可以通过实施指导或清楚的示范,帮助学生认识、规范教学任务,待学生熟练之后,再让学生自主地训练,不仅使学生了解到其可操作性,而且锻炼了学生的注意力和反应力。游戏的示范,是用直观的方法,使学生明确游戏的方法及动作要求,通过教师的示范,激发学生的情绪,吸引学生积极参与到游戏中来。当然,在教师的指导后,应让学生大胆尝试,通过学生的模仿练习,自主地学习和训练,达到学生掌握的标准。

（三）教学反馈与评价

在游戏教学之后进行课堂小结,对游戏中学生的表现进行表扬和鼓励。小结应多表扬少批评,表扬那些在游戏中遵守纪律、勇敢顽强、机智敏捷,富有团结、协作精神的小组或个人,达到培养学生良好情感的目的。对于失败的小组或个人,指出他们在技术上、相互配合上及其他方面的问题,鼓励他们改正不足,不断取得新的进步。

要对游戏实施控制,反馈是不可少的,是检验游戏对教学目标的达成效果的重要手段。教师在游戏活动中应注意观察学生的游戏活动,随时获取反馈信息,根据学生的具体反馈情况进行指导,随时矫正,既保证了游戏教学的安全,又能灵活控制游戏的时间和方式。通过对学生的评价,鼓励学生的正向积极发展,达到教学目标的要求。

总之,游戏教学要按照教学目标的要求,结合学生的年龄特点和心理活动特征,合理的设计可以激发学生的学习兴趣,使学生主动参与到游戏教学活动之中。不仅使学生的智力

① 康宏亮,李友.论"游戏化"教学法在体育教学中的应用[J].开封教育学院学报.2008(04).
② 朱智贤.儿童心理学[M].北京:人民教育出版社,1981.159.

得到发展,而且培养了他们的良好的情感意识和团队合作精神。在教学方法上,游戏教学法不失为一种好的教学方法。在教学中,结合其他教学方法使用,会使教学活动的开展更有创新性、灵活性及艺术性的风格、智慧及魅力。

以下是一个游戏教学法的案例,在某种程度上对游戏教学法的实践予以一定的解读:

《谁的本领大》一课是义务教育课程标准实验教科书三年级下册《科学》(青岛版)中最后一单元《电的本领》里的一课,本单元是小学阶段电学研究的第一个单元,学生对电的了解有许多的知识经验,这些经验会帮助学生更好地开展本课的探究活动。因此教师在选择材料时,从生活中选取学生熟悉的材料,使学生感到不陌生并富有一定的挑战。电路知识对学生是熟悉的,但导体和绝缘体概念对他们来说是陌生的,因此如何引领学生从感性认识上升到理性的理解是教学的关键。三年级学期末学生经过了将近一年的科学课学习和训练,基本掌握了科学探究的方法并经历了科学探究的过程,对他们来说能利用现有的材料设计简单的研究方案应该在情理之中。因此教师发动学生在玩中让他们发现有趣的现象,本课就以此为切入点,共设计了五个游戏贯穿一条主线来完成了教学任务。第一步让学生做"灯泡亮了"的游戏,要求用桌上的材料,想办法让小灯泡亮起来。使学生马上投入到紧张的游戏比赛当中。第二步是利用教师提供的材料和学生自带的材料引导学生进行猜想做"猜一猜"的游戏,我们把这一预测环节搞扎实一点,养成习惯,到高年级才能从容地向前跨出一步。第三步指导学生进行实验验证,做好"做一做"的游戏,让每个孩子根据自己的体验,用自己的思维方式自由地、开放地去探索、去发现,这也是科学课堂教学的核心要素之一。第四步教师组织学生开展积极有效的交流,让学生描述事实的过程,做第四个"说一说"的游戏,学生进行组内讨论,组际交流,让他们充分展示个人或小组的探究方法,探究结果,使其变成大家共享的财富。第五步是通过"辩论"游戏,来分析概括认识导体和绝缘体,把学生分成两大组,让他们针对"导体和绝缘体谁的本领大"这一专题展开辩论,从而加深对导体和绝缘体的认识。第六步是对学生进行学法指导,从头至尾把五个游戏贯穿成了一条主线,灯泡亮了(提出问题)、→猜一猜(猜想假设)→做一做(实验验证)→说一说(结论)→辩论(应用)。

一、导入新课

听说咱们班同学非常喜欢上科学课,在科学课你们喜欢做什么?1生:喜欢做实验。2生:喜欢玩。3生:喜欢讨论。4生:喜欢听老师讲。5生:喜欢做游戏。师:这节课老师就和大家一起做几个游戏。做游戏要注意:(1)要分工合作好。(2)仔细倾听别人的发言。(3)注意动脑筋,做游戏要有所发现。

(意图:教师给学生提出了游戏规则和要求并不过多,因为本课活动内容较多,可以指导学生如何用好实验材料,不至于学生盲目去做会影响教学进度,这也是对培养学生科学、严谨、细致的科学态度非常有利的,三年级也是实验常规及能力培养的初始阶段,对今后的学习有着直接的影响。)

2. 下面我们就进行第一个游戏,"灯泡亮了"。

(1)要求桌上的材料,想办法让小灯泡亮起来。比一比哪个小组合作好,能最先让小灯泡亮起来。

(2)学生连接简单电路。

(3)教师评价:现在每个小组都成功地让小灯泡亮起来了,用掌声祝贺我们自己和大家。

(4)当我们把铝片连入电路中,小灯炮亮了,说明电能从铝片中流过,我们说铝片能导电。(板书:导电)。把铝片换成铜丝,大家看到什么现象?这说明了什么?再把铜丝换成木条,大家再仔细观察,有什么发现?说明了什么?

二、探究活动

活动1:假设猜想

1.导语:看来,有些物体能导电,有些物体不能导电,接下来,我们做第二个游戏,"考一考、猜一猜"。

2.游戏规则:老师这儿给大家提供了很多种材料,同学们根据你们的生活经验,先猜一猜。哪些物体会像铝片一样能导电,画"√"表示,哪些不能导电画"○"表示。小组商量一下,把猜想结果记录在左栏内(每组发一张记录单)。

(意图:教师对实验报告填写内容较多,延误时间太长,影响上课的质量,以致造成每堂课任务完不成,设计以画"√"表示和画"○"的符号代表要表达的语言,很明显地提高了课堂教学效率。)

3.学生猜测、记录。

4.学生汇报:找同学说一说你们组的猜测结果。

刚才的结果只是猜测,到底对不对呢?你有什么办法能验证一下吗?(学生说方法)

(意图:猜想是科学探究中的重要一环,学生可能会根据自己的生活经验对两种物体产生的现象进行预测,猜想到底正确与否,将激发学生对猜想进行探究,为下一步训练学生科学思维的方法做铺垫。)

活动2:实验探究

1.导语:现在我们就来进行第三个游戏"做一做"。验证刚才的猜测是否正确。

2.学生验证:学生验证小组合作好,边验证边做记录,把结果记在右栏

3.同学们研究很认真,都有了自己的发现和收获,哪个小组的同学愿意汇报你们的实验结果。

4.学生汇报。

5.如再有争议,教师可以让学生再重复做一遍,让学生分析问题可能出现在哪里。

6.导语:没关系的,科学家的伟大实验也往往是经过上百上千次的实验才完成的,你们的实验结果与猜测。

(意图:在课堂教学中,导语设计这一环节,无疑应成为新课程标准实施的一个亮点。教师在教学过程中要进入下一个教学环节,中间要设计一个连贯上下内容的习惯性导语,这也是评价教师教学素质的一个综合方面,导语的设计要注意两个问题:一是导语设计要紧扣上下环节的内容、学习要求等。二是教师要不断提高自身素质,把导语设计成有意义、有价值、有趣味的内容形式。)

活动3:交流探究成果

1.导语、通过刚才的实验,我们能根据物体的导电性能分类吗?下面我们做第四个游戏,"说一说"。

2.学生说一说分几类?(两类)

小组讨论汇报:1生:一种是电体,一种不是电体。2生:一种是导电体,一种不是导电体。3生:一种是传电物体,一种不是传电物体。

教师小结:刚才同学们起的名字都很好。我们把铝片、铜丝等能导电的物体叫导体;像木片、塑料等不能导电的物体叫绝缘体。(板书:导体、绝缘体)对于同一种物体导电性没有绝对的能与不能,因此,我们说容易导电的物体叫导体,不容易导电的物体叫绝缘体。指名说说什么是导体、绝缘体?我们知道了什么是导体、绝缘体,同学们袋中有好多东西,同组同学指一指,说一说,哪些是导体,哪些是绝缘体。

活动4：成果升华

1.通过大家举例，我们知道导体、绝缘体，在生活中应用非常广泛。下面我们准备再做一个游戏，"辩论"游戏，辩一辩导体、绝缘体谁的本领大。

2.指导：我们可以从两个方面辩论：(1)它们在生产、生活中的应用；(2)假如没有……生活是什么样子？

3.分组：根据学生认为谁的本领大分成两大组(导体、绝缘体)。

4.同组讨论：给学生充分的讨论时间。

5.学生开始辩论。

通过大家激烈的辩论，我们知道，它们的本领都很大，许多地方导体、绝缘体是同时出现，共同为人类服务，可以说，生活中我们人人离不开它们，时刻都离不开它们。

三、总结

1.转眼一节课就要结束了，同学们谈谈这节课你都有哪些收获？

2.这节课除了学会了很多知识外，我们还像科学家一样进行了一次严密的科学探究，同学们回顾一下，我们做了"考一考"、"猜一猜"、"做一做"、"说一说"等游戏。

"考一考"其实就是提出问题(板书：问题)所有的科学研究都是从问题开始的，这节课我们也是这样。猜一猜，在科学研究中，这个环节被称为假设(板书：假设)，就是对问题作出判断和猜想。"做一做"就是为验证猜想而做的实验(板书：实验)。"说一说"其实就是向大家展示研究的结果，也就是得出结论(板书：结论)。指着板书：问题→假设→实验→结论，这是科学的研究过程。

小结：这节课我们就是这样严密正规地做了一次探讨，同学们太伟大了，希望同学们以后能善于发现问题，用这种科学的方法去研究，相信，我们每一位同学都是小小的科学家。

四、拓展作业

课下，同学们就用这种科学的研究方法，调查我们周围的物品，哪些地方用导体，哪些地方用绝缘体，想一想人们这样设计的原因是什么？

(设计意图：结合学生的生活实际，创设问题的情境，培养学生发现问题、思考问题和科学地解决问题的能力。让学生自然而然地感受到生活中无处不在的科学，产生对科学的亲近感)

(意图：箭头结合式板书设计，就是借助于各种箭头，可以表示连接、跳跃、总括、强调等各种含义，不仅可以节省语言表达，而且使人一目了然，可以确切而又经济的表示各部分之间的关系。完整地表明科学知识结构、体系。可以启发学生思维，更好地更有效地实现课堂教学目标，使学生对特定的应该掌握的教材内容印象更鲜明、深刻，理解更清晰、全面，记忆更牢固。这里用了红、蓝线，也可以用虚线、实线各种箭头等。)①

105

① http://www.5ykj.com/Health/er/22296.htm

第四章 立足于"教育主体"的有效教学技能与艺术

学生是教育的主体,作为教育的最高任务就是培养人的主体性,即培养具有主体意识、主体精神的人。关注人的主体能动性、主体意识、主体精神、主体潜能的充分发展以及它们在教学中的作用已经成为现代教学的基本规律和本质特征。立足于"教育主体"的教学要求教师不仅要尊重主体,发展主体,还要让学生主动开发自身的主体意识,建构以学生为主体、师生互动的教学模式。

第一节 探究式教学

探究式教学是指学生在教师指导下,以类似科学研究的方式去获取知识技能,发展认识能力的一种教学形式。学生是教育的主体,任何教育教学活动都离不开学生个体的积极参与和自主活动。教育者的任务不仅在于传授知识,更为重要的是要在教育教学活动过程中充分激发和调动学生的能动性、自主性和创造性,培养学生的探究态度和发展学生的探究能力。

探究教学的出发点在于学生,探究是学生的探究,它是以发展学生的创造性思维,培养学习能力为宗旨,力图通过自我探究引导学生学会学习和掌握科学方法,为其终身学习和工作奠定基础。

一、探究式教学的形成与发展

探究式教学作为与知识授受教学相对应的一种教学方式,由来已久。它早期的表现形式是"发现法"和"问题解决法"。"发现学习是以培养探究性思维的方法为目标,以基本教材为内容,使学生通过再发现的步骤来进行的学习。"[1]以发现学习为主要特征的发现教学是探究教学的一种主要形式。发现教学思想的萌芽最早可以追溯到卢梭。卢梭自然主义教育倡导教育要适应儿童的自然本性,主张凡是儿童能从经验中学习的事物,都不要使他们从书本中去学。而经验主要来源于行,来源于探究。19世纪末20世纪初,英国的阿姆斯特朗等人不仅积极倡导这种教学方式,而且也努力实践。与此同时,杜威提出并实践"做中学",认为个体要获得真知,就必须在活动中主动去体检、尝试、改造,必须去"做",因为经验都是由"做"得来的。这一思想对探究教学的形成与发展起了推波助澜的作用。

真正使发现法形成理论并风靡全球的,当属美国心理学家、教学论专家J·S·布鲁纳。布鲁纳认为,发现法的实质是要求在教师的启发引导下,让学生按照自己观察和思考事物的特殊方式去认知事物,理解学科的基本结构;或者让学生借助教材或教师所提供的有关材料去亲自探索或"发现"应得出的结论或规律性知识,并发展他们"发现学习"的能力。在他看来,发现包括用自己的头脑亲自获取知识的一切方式,诸如学生对未知世界的探索以及学生对人类已知而自己尚未知道的事物与规律的再发现。但是,发现学习中的再发现与科学上的原发现是有差别的,其区别仅仅是在程度上而不在性质上,因为它们本质上都是一种顿悟、领悟,布鲁纳常称之为直觉。在布鲁纳之后,发现教学法在世界范围内得到了广泛运用。

---

① 钟启泉.现代教学论的发展[M].上海:上海教育出版社,1998.351.

明确把"探究学习"作为一种重要教学方式则是 20 世纪五六十年代的事情,其首倡者是美国生物学家、课程专家、芝加哥大学教授施瓦布。

1961 年,施瓦布在哈佛大学的一次演讲中,提出了"作为探究的理科教学"的观念,认为传统的课程对科学进行了静态的、结论式的描述,这恰恰掩盖了科学知识是试探性的、不断发展的真相,极力主张要积极地引导学生像科学家那样对世界进行探究。在施瓦布等人的推动下,探究教学在英美等国得到了蓬勃的发展,先后涌现出几种著名的探究教学模式,如:萨其曼的探究训练模式、施瓦布的生物科学探究模式、马希尔斯和考克斯的社会探究模式,以及学习环模式和 5E 模式。萨其曼的探究训练模式是通过观察、分析科学家的创造性探索活动之后,结合教学的因素概括而成的。它遵循"问题—假设—验证—结论"这样的程序,在课堂上展开讨论和对话,通过对话对学生进行探究方法和思维方式的训练。生物科学探究模式是施瓦布所领导的生物科学课程研究会(BSCS)所开发出的适用于高中生物教学的模式,它通过"确定研究对象和方法重点、学生构建问题、推测问题症结、解决问题"四个阶段来模拟生物学家的探究过程,积极引导学生树立正确的科学理念,掌握科学方法,尤其是实验方法。社会探究模式则把主要用于科学教育的探究活动引入到人文社会学科之中,以问题为中心,通过"定向、假说、定义、引申、求证、概括"六个阶段来建构课堂教学,引导学生关注社会问题,激发学生参与社会事务的意识,提高解决社会问题的能力。学习环模式是卡普拉斯及其同事在科学课程改革研究中发展起来的。它以皮亚杰的发生认识论为基础,同时借鉴和运用了奥苏贝尔等人的学习理论,将教学过程划分为概念探讨、概念介绍和概念运用三个前后相连的阶段,以提高学生的探究水平,促进学生的智力发展,是基础科学知识教学的主要方式。在学习环模式基础上建立起来的 5E 模式,有一套更完备、更符合学生认知特点的教学程序和教学策略。它将教学过程划分为五个紧密相连的阶段:吸引(Engagement)、探索(Exploration)、解释(Explanation)、加工(Elaboration)和评价(Evaluation)。

20 世纪 80 年代以来,出于提高综合国力和适应知识经济发展的需要,各国都普遍重视对学生创新能力的培养,对探究教学的研究也有了新的发展。在国外,以英美为首的发达资本主义国家通过各种方式推动探究教学的发展。英国推出《1998 年教育改革法案》,首次将科学课程与英语、数学并列为三大核心课程。而在科学课程中,特别强调对学生科学探究能力的培养。20 世纪 90 年代,美国先后出台了两部具有纲领性的科学教育文献:一是 1990 年美国科学教育研究会提出的《2061 计划》,二是美国国家研究理事会 1996 年推出的《美国国家科学教育标准》。这两部文献都强调探究教学的重要性,后者甚至认为"学习科学的中心环节就是探究",并对探究教学提出了一系列标准。

我国自改革开放以来,也日益重视对学生探究能力的培养,促使学生成为创新型人才。1999 年第三次全教会后所颁布的《中共中央国务院关于深化教育改革全面推进素质教育的决定》,进一步强调了学生创新精神和实践能力的培养,而创新精神和实践能力的培养离不开探究教学。在此背景下,我国不少地方开展了探究教学实验研究,从 2001 年 9 月开始,全国普通高中均开设了这门课程。新近颁布的《基础教育课程改革纲要(试行)》明确提出要"改变课程实施过于强调死记硬背、机械训练的现状,倡导学生的主动参与、乐于探究、勤于动手,培养学生搜集和处理信息的能力、获取新知识的能力、分析和解决问题的能力,以及交流与合作的能力"。至此,探究教学作为一个独立的研究课题在我国正式形成,并成了一个摆在我们面前的急待探讨的问题。我们有理由相信,《纲要》的颁布将在我国谱写探究教学的新篇章。

107

二、探究式教学的内涵

探究式教学在实质上是一种模拟性的科学研究活动。具体说来它包括两个相互联系的方面:一是有一个以"学"为中心的探究学习环境,这个环境中有丰富的教学材料、各种教学仪器和设备等,而且这些材料是围绕某个知识主题来安排,而不是杂乱无章;有民主和谐的课堂气氛,使学生很少感到压力,能自由寻找所需要的信息、自己作种种设想、以自己独立或有效协作的方式检验自己设想。总之,这种环境要使学生真正有独立探究的机会和愿望,而不是被教师直接引向问题的答案。二是给学生提供必要的帮助和指导,使学生在探究中能明确方向。这种指导和帮助的形式与传统教学中教师的作用有很大的不同,主要是通过安排有一定内在结构、能揭示各现象间相互联系的各种教学材料,以及在关键时候给学生必要的提示等。

安德森在他主编的《教学和教育百科全书》中,对探究式教学的几个方面做了高度的概括:探究式教学的本质特征是不直接把构成教学目标的有关概念和认知策略直接告诉学生取而代之,而是由教师创造一种智力和社会交往环境,让学生通过探索发现有利于开展这种探索的学科内容要素和认知策略。具体可概括为以下五个方面:

(一)学习者围绕科学性问题展开探究活动

所谓科学性问题是针对客观世界中的物体、生物体和事件提出的,问题要与学生必学的科学概念相联系,并且能够引发他们进行实验研究,导致收集数据和利用数据对科学现象做出解释的活动。在课堂上,一个有难度但又让人能得到解释、足以引发探究的问题,能激发学生的求知欲望,并能引出另一些问题。

(二)学习者获取可以帮助他们解释和评价科学性问题的证据

与其他认知方式不同的是,科学是以实验证据为基础来解释客观世界的运行机制。科学家在实验中通过观察测量获得实验证据,而实验的环境可以是自然环境如海洋,也可以是人工环境如实验室。在观察与测量中,科学家利用感官感知,或借助于仪器如望远镜延伸感官功能进行观察,甚至用仪器测量人的感官所不能感知的物质特性,如测量磁场。有时,科学家能控制条件进行实验;而另一些时候则无法控制,或者实行控制将破坏实验现象。这种情况下,科学家只有对自然界中发生的现象进行大范围、长时间的观测以便推断出不同因素的影响。可以通过改进测量、反复观察,或者就相同的现象收集不同类型的实验数据的方法提高所收集到的证据的可靠性。证据是可以被质疑和进一步调查研究的。在课堂探究活动中,学生也需要运用证据对科学现象做出解释。学生对动植物、岩石进行观察并详细记录它们的特征;对温度、距离、时间进行测量并仔细记录数据;对化学反应和月相进行观测并绘制图表说明它们的变化情况。同时,学生也可以从教师、教材、网络或其他地方获取证据对他们的探究进行补充。

(三)学习者要根据事实证据形成解释,对科学性问题做出回答

科学解释借助于推理提出现象或结果产生的原因,并在证据和逻辑论证的基础上建立各种各样的联系。科学解释须同自然观察或实验所得的证据一致,并遵循证据规则。科学解释还须接受公开的批评质疑,并要求运用各种与科学有关的一般认知方法(如分类、分析、推论、预测)以及一般的认知过程(如批判性推理和逻辑推理)。解释是将所观察到的与已有知识联系起来学习新知识的方法。因此,解释要超越现有知识,提出新的见解。对于科学界,这意味着知识的增长;对于学生,这意味着对现有理解的更新。两种情况的结果都能产生新的认识。例如,学生可根据观察或其他的证据解释月相的变化、不同条件下植物的生长状况的差异性及其原因以及饮食与健康的关系等问题。

(四)学习者通过比较其他可能的解释,特别是那些体现出科学性理解的解释,来评价他们自己的解释

评价解释,并且对解释进行修正,甚至是抛弃,是科学探究有别于其他探究形式及其解释的一个特征。评价解释时,可以提出这样的问题:有关的证据是否支持提出的解释? 这个解释是否足以回答提出的问题? 从证据到解释的推理过程是否明显存在某些偏见或缺陷? 从相关的证据中是否还能推论出其他合理的解释? 核查不同的解释就要学生参与讨论,比较各自的结果,或者与教师、教材提供的结论相比较以检查学生自己提出的结论是否正确。这一特征的一个根本要素是保证学生在他自己的结论与适合他们发展水平的科学知识之间建立联系。也就是说,学生的解释最后应与当前广泛为人们所承认的科学知识相一致。

(五)学习者要交流和论证他们所提出的解释

科学家以结果能够重复验证的方式交流他们的解释。这就要求科学家清楚地阐述研究的问题、程序、证据、提出的解释以及对不同解释的核查,以便疑问者进一步地核实或者其他科学家将这一解释用于新问题的研究。而课堂上,学生公布他们的解释,使别的学生有机会就这些解释提出疑问、审查证据、挑出逻辑错误、指出解释中有悖于事实证据的地方,或者就相同的观察提出不同的解释。学生间相互讨论各自对问题的解释,能够引发新的问题,有助于学生将实验证据、已有的科学知识和他们所提出的解释这三者之间更紧密地联系起来。最终,学生能解决彼此观点中的矛盾,巩固以实验为基础的论证。

三、探究式教学的意义

探究式教学是把促进学生创新精神和实践能力的发展作为重点,以学生的自主探究学习为核心,将教学与学生的生活实际紧密地联系起来,在交流与实践中探索、发现与应用新知,形成积极主动的、轻松活跃的、气氛和谐的学习过程,它对于教育的发展以及学生创新意识、创新精神和实践能力的培养都具有积极的意义。

(一)探究教学与教育发展

首先,探究式教学为创新教育开拓了新的途径,使创新教育真正付诸于现实。开展创新教育,培养学生的创新精神与创造能力已经成为我国教育改革的主旋律。教育的使命在于把学生的创造性潜能发挥出来,探究式教学改变了传统的授受型教学,用创新性教学取代了维持性教学,探究式教学强调学生的自主探索、问题解决、发现学习、科学精神等为培养学生的创新精神、创造能力和实践能力都创造了良好的教学环境。

其次,探究式教学改变了传统的教师观,建立起互助合作的新型师生关系。长期以来教师是教学活动的主宰,对学生有无上的权威。探究式教学中师生关系是平等的,教师不再是知识的仲裁者、课堂的控制者,而是学生探究学习活动的支持者、引导者和合作者,是和学生平等相处的伙伴,双方互相尊重、互相信任、真诚交往。教学不只是传授知识,更重要的是建构师生双方的主体性,教师和学生都是真理的探索者和追求者。教学中强调以学生为中心,倡导学生主动参与、探究发现,注重学生的经验与学习兴趣,突出知识的建构性与教学方法的引导性。教学过程即是教师帮助学生认识问题、解决问题、发现新知的过程,教学的一切方法、手段最终都要落实到学生的"学"上来。

再次,探究式教学切实改变了传统的教学方式,给课堂教学带来了新的活力,使素质教育得到了落实。素质教育的着眼点就是要改变学生的学习方式和与之对应的教学方式。探究式教学不仅仅是学习方式的转变,而且是通过转变学习方式来促进每个学生的个性健康发展。探究式教学为每个学生创设了自己的发展空间,因而每一个学生的独特个性和创造精神受到了尊重,他们在具体生活中的经历和经验有了充分的发展空间。正是这种对人的个性、经历的关注与尊重,使学生的学习观发生了根本变革,学生可以在更高的层面上开展学习,所获取的信息、掌握的知识越多、能力提高就越快,适应时代要求的能力就越强。

(二)探究式教学与学生发展

探究式教学对学生的发展有着不可低估的影响力,主要表现在以下几个方面:

1. 调动了学生的学习积极性。探究教学注重从学生的已有经验出发,学生的学习不是从空白开始,而是从自己的亲身经历中获得,学生已有的经验会影响现在的学习,这样就激发了学生内在的学习动机,学生就会在自主、探究、合作中发生学习行为。

2. 培养了学生的科学探究能力。探究式教学认为学生对问题都要进行假设与验证,要求学生从事观察、实验、调查、收集材料等科学探索性活动,主张学生在了解和研究的基础上总结出规律认识。学生从多角度、多层次深入地理解知识,更容易建立起知识间的联系,从而达到灵活地运用知识解决问题。学生通过各式各样的探究活动得出结论,参与并体验了知识的获得过程,建构起新的对自然、对社会的认识,也就在同时培养了科学探究的能力。

3. 锻炼了学生的推理及思维判断能力。探究式教学重视证据在探究中的作用,学生通过证据的收集、从证据中提炼解释、将解释与已有的知识相联系等过程,懂得如何思考问题,如何分析问题,如何通过各种方法验证自己所建立的各种的假设,如何通过探究发展并获得新知。

4. 增强了学生的团队精神和合作意识。在探究教学中,非常强调学生的合作,由于学生已有经验、文化知识面不同,对事物的理解会有差异,他们会看到问题的不同侧面。合作探究中学生通过对自己和他人的观点进行反思或批判,从而建构起更新的、更深层次的理解。探究过程中常常需要分组活动,如分组实验和分组讨论,这也需要学生间的相互合作,这样就不断地增强学生的合作意识。

四、探究式教学实施的条件

探究式教学的本质特征是问题性、实践性、参与性和开放性,为了在课堂教学中实施探究式教学,引导学生探究,必须满足以下条件:

(一)有一定难度的探究内容

探究内容是探究教学目标实现的载体,任何探究目标的达成都必须通过一定的探究对象而实现。因此,选择恰当的探究内容是实现探究的必要条件。探究内容是选择学习材料、安排学习环境和教学条件的依据。但并非所有的探究内容都适合于探究。一方面有些内容,特别是一些复杂的规律性问题很难通过简单的探究活动所能概括出来的,不利于我们进行探究教学。另一方面,简单易学的材料不能引起学生的学习兴趣,也不需要他们经过探究而有所发现,只需要用现有的认知结构和认知方式去同化吸收,这类简单的学习材料,学生也不需要采用探究式方式来学习。所以,探究教学的条件之一,就是学习材料应具有一定的难度。所谓具有一定难度的学习材料,是指学生现有的认知结构和认知方式无法直接同化吸收的学习材料。在对具有一定难度的学习材料的学习中,学生要根据自己的学习目的,对自身的认知结构进行调整,从而将外在的知识真正内化到自己已有的认知结构中。一定难度的学习内容客观上要求学生去努力探索,积极研究,即采用探究式教学。

(二)明确学生的主体性

探究式教学是以发挥学生主体性为特征的教学,因此,探究内容必须能激发学生的内在动机,激起学生的探究乐趣,让他们充分主动地学习。作为学习的主体,学生必须要有明确的学习目的,找准自己的学习方向,真正成为学习的主人,通过积极主动的探索学习对象,对自身现有的知识结构和认知方式进行调整、和变革,并将知识内化到自己的认知结构中。同时还要掌握基本的学习策略和学习方法,只有这样才能知道怎样探究式地进行学习。只有当学生作为学习的主体而参与教学的过程中,他才可能是探究式学习。从根本上讲,让学生成为真正的学习主体是使教学成为探究式教学的根本条件,一切寄希望于培养学生探究能力和创造能力的教学改革,其中心工作就是要创造相应的教学环境和教学条件,使学生成为学习的主体。

(三)发挥教师的主导作用

相对于传统教学,探究教学更加突出学生的主体地位,强调学生的积极参与,但如果缺乏教师的主导作用,仍不会有好的教学效果。无论是探究种类的选择、探究条件的创造,还是探究阶段的活动,都离不开教师,都要求教师发挥主观能动性和创造性。在探究式教学中教师的主导作用主要表现在精心设计研究计划,选择和组织恰当的教学资料,做好教学组织安排和指导教学过程。概言之,在探究的各个阶段,教师的工作都是指导学生的学习,把注意力集中于他们的学习,激发和鼓励他们的学习。学生在探究教学中的主体地位,首先从形式上得到了保证,但不等于学生已经就能开展主体性学习。还需要学生通过教师的有效指导,从模仿到创造,逐步进行探究学习。

(四)以一定的学科知识为基础

构建主义理论认为学生的学习有它固有的基础——学生已有的知识和经验会影响以后的学习过程。杜威也曾经提出,探究离不开知识,任何知识的学习,即是为某一理论提供依据,有时形成新理论的条件。事实上,内容与过程、科学知识与科学探究是密不可分的:掌握知识是发展探究能力的基础,一定的探究能力又是掌握知识的条件。因此,在探究教学中,作为知识的基本概念存在是必不可少的。要使学生学习得更有效,必须充分利用学生已有的知识和经验。在探究教学中,特别要重视从学生已有的知识和生活实际出发,安排学习过程,调动学生先期知识储备,这是探究的基础,也是有意义学习得以实现的重要条件。

(五)创设问题情境

探究始于问题,问题是探究式教学的核心。然而并非所有的问题都能引起探究。对于任何具体的探究活动而言,引发探究的问题都不是信手拈来的,它有一定的特性和要求。在有意义的探究教学中,教师首先就必须把学生要学习的内容巧妙地转化为问题情境。进一步说,探究问题应具有真实性、具体性和解决的可能性。真实性是指形成问题的情境内容必须与现实生活中真正存在的事物或现象有关,而不能是虚无缥缈的东西,并且要与学生的亲身经历或即将获得的亲身经历相联系。具体性是指问题是特定的、具体情境中的,而不是抽象宽泛的。换言之,问题形成的情境实际上反映的是科学概念或原理在具体事物或现象的某个侧面的体现或应用,学生正是要通过这种具体的问题来探究抽象的概念或原理,尽量使思维实现从具体到抽象的飞跃。解决的可能性是指学生根据现有知识经验和能力水平所不能独自解决的,但却可以在他人的帮助下获得解决。探究性教学中教师不直接向学生呈现所要学的知识以及获得这些知识的认知策略,而是将它们寓于要解决的问题之中,要求学生通过发现与解决问题获得。这就使得探究问题成为探究教学的必要条件。

(六)活泼融洽的课堂氛围

活泼融洽的课堂氛围是探究教学的重要条件,只有在民主的轻松愉快的课堂氛围中,学生才能独立地探索、自由地思考,并在这个基础上自主探究和自由创造。传统教学中教师对学生自尊、自主和独立的要求重视不够。学生在统一严格的管理下,差异性、创造性没有了空间。探究教学必须建立平等、民主的师生关系,使这种关系反映到教学过程中,消除专制的教育气氛,改变把教师、教材当成真理的现象,还学生以自由,让学生自由选择教育、自由支配时间和空间。营造宽松自由、平等和谐的课堂气氛,让学生成为教学的主动参与者,鼓励学生的质疑精神和求异思维,允许学生对教师、对教材质疑问难,给与学生思考的自由,发扬学术自由精神,使每个学生都能心情愉快、精神饱满地学习和发展。

(七)良好的探究环境

学生探究性学习的过程与人类科学探索过程及发展在本质上是基本一致的,要让学生能大致经历科学的探索过程,必须营造一个良好的科学环境,创造一个学生能观察和实验的条件,让学生体会科学观念、概念和规律思维的过程。这样的科学探究环境能激发学生探索未知世界的兴趣和欲望,积极参与到科学研究过程中。时间、空间、学习资源都是探究学习环境的重要组成部分。探究式教学要求学生自己通过探究来理解科学知识,发展探究能力,它比机械记忆、灌输式的学习或直接传授知识更加费时。因此,学生需要有充足的时间进行探索学习。其次探究式教学还需要灵活的探究空间。空间和设备的安排会直接影响到探究活动的性质,常备的充足灵活的空间才能确保探究活动安全持久地进行下去。学习资源是指提供与问题解决相关的各种信息资源(包括文本、图形、声音、视频、动画等)以及从网络上获取各种有关资源。学生自主学习、意义建构是在大量信息的基础之上进行的,丰富的学习资源是探究教学的必不可少的条件。

五、探究式教学实施的艺术

探究式教学实施的目的是开发学生的智力,发展学生的创造性思维,培养自学能力,力图通过自我探究引导学生学会学习和掌握科学方法,为终身学习和工作奠定基础,因此应注重教学的各个环节。

(一)探究式教学设计

教学设计也称教学系统设计,它以传播学、学习理论和教学理论为基础,运用系统论的观点和方法,分析教学中的问题和需求,从而找出最佳解决方案,即为了实现一定的教学目标,依据课程内容主题、学生特征和环境条件,运用教与学的原理,为学生策划学习资源和学习活动的过程,或者说是基于现代教学理论指导下,为了促进学生学习和发展而设计的解决教与学问题的一套系统化程序。这是一种将学和教的原理转化成教学材料和教学活动的方案的系统化过程,也是一种教学问题求解,侧重于问题求解中方案的寻找和决策的过程。

为此设计者要牢牢把握探究活动的特点,根据不同的内容和环境灵活地对教学活动进行周密的安排。

1. 探究式教学设计的原则

(1)体现学生主体探究的意识

探究教学的理论依据之一就是它能够发展学生自主思考、自主创新的能力,因此充分发挥学生的主体性即是探究教学的主要特色,也是探究活动得以进行的前提。学生所掌握的科学知识、逻辑结构及科学所蕴含的价值观体系,是他们在积极主动地参与由教师精心设计的探究活动中自主发现和体验到的,而不是靠外在的压力强加和灌输给他们的。发挥学生的主体性要求在进行教学设计时,充分考虑如何激发学生对问题情境或探究内容的兴趣和探究动机,保证整个探究过程对学生的开放性,给学生提供自主探索、自主创造的机会。探究教学设计成为学生直接参与的科学的开放的体系,学生可以自己提出问题、解决问题,教师作为探究活动的支持者和亲密伙伴,对学生在探究活动中的体现给与充分的理解和尊重,让学生自由自在地探究科学,充分发挥主体性。

(2)符合学生的认知特点

传统接受式教学忽略学生直接经验的获取和感性认识,使学生习惯于死记硬背,难以实现新旧知识经验的有机整合,学生始终处于被动消极地位,难以激发学生内在的学习动机和积极性。随着年级的升高,积累的问题越来越多,学生对于学习的兴趣和热情会随之消减,创造意识薄弱、求知欲下降、动手实践能力弱等等,极大阻碍了素质教育的实施效果。因此,探究教学的设计不能从保持科学知识的逻辑体系与逻辑结构出发,一味追求科学内容的标准化、系统化与严密性,而是应该从学生现有经验出发,从学生身边熟悉的事物出发,探究内容由简到复杂,根据学生的年龄特点,按一定的顺序发展适当的概念,使之与更为主要的概念链接,加深学生学习过程心理的认识,使学生能够通过顺序学习的知识与先前的知识联系起来,逐步逐级地建构对某一事物相关的理解。

（3）统筹安排系统性的原则

统筹安排是指教学设计要从系统科学出发,对有诸多要素构成的教学活动进行综合的、整体的计划与安排。教学探究活动涉及教师、学生以及学习的材料、媒介等诸多因素,教师必须从整体出发,对探究教学的目标、内容、环境、过程、评价等进行周密的安排,各个要素要紧紧围绕探究目标,为实现特定的探究目标服务。各个要素还要具有内在的联系性,任何一个环节出了问题,都可能导致探究无法顺利进行下去。因此,在探究教学设计中,必须从整个教学系统着眼,注重每个因素在系统中所发挥的作用,并对其进行合理的改造,以适应系统发展的需要。

（4）简便易行的原则

科学探究活动并不是让学生去探究高深的复杂的科学领域,每次探究活动涉及一个或两个重要的科学概念即可,重要的是让学生通过探究活动的过程,积累进行科学探究的方法及体验。因此,探究活动设计成简单的不需精深的科学知识和复杂的技能学生就能进行探究活动。此外,探究活动的顺利实施还需要一定的物质保障。进行探究教学的工具不必是精密的仪器,而是充分利用一切可利用的资源,如废旧材料等作为简单的活动材料,甚至走进大自然或利用博物馆等进行探究活动。在进行探究活动设计时一定要结合本地资源情况,简便有效地进行,鼓励教师和学生自行开发一些简单易行的活动工具,使之操作方便,节约成本。

2. 探究式教学设计的内容

一般来说,探究式教学设计的内容应包括以下方面:探究目标、探究对象的选择、学生的初始行为、探究方法的确定、探究学习的情境。

探究目标是探究教学得以顺利开展的首要条件和指导方针,确定探究内容、选择学习材料、安排教学环节、调控教学环境的依据,评价教学效果的基本依据。在探究教学中,一方面要设定总的教学目标,另一方面,更主要的是要从探究目标中分析出操作性的目标。

探究对象即探究的内容。在探究教学中,原始的探究内容必须改造成适合探究的形式,既满足学生的现实需要,激发学生的兴趣,又对提高学生的探究能力具有重要的价值。

学生的初始行为是指学生学习的基础,学生的学习基础影响着教学的安排。任何学科的构建,都要包括一系列基本的概念、原理、规则以及由它们构成的体系。只有在这些基本的科学知识的基础上,学生才能进一步发展科学探究能力,培养正确或理性的科学态度。

探究方法是指在探究教学活动中应采取的路径和手段。探究方法的设计不能固定化,以免丢失探究教学设计的特征。正确选择方法的途径是看什么方法最适合某一类型的问题,看哪种方法最适合什么样的学生,符合学生的实际。

探究情境是探究教学中的重要因素,探究教学需要一个自由和谐的学习氛围,尽可能排除外界干扰的探究环境,使学习者能利用自己原有认知结构中有关经验去"同化"和"顺应"

113

新知识,从而赋予新知识以某种意义。

(二)探究问题的创设

探究教学是从形成一个有待探究的问题开始的,能否形成探究问题以及形成什么样的探究问题必将对探究教学的进程和结果产生重大的影响。

1.探究问题的内涵

所谓探究问题,就是从学生熟悉的或感兴趣的社会现象、自然现象和日常生活现象中揭示矛盾,促使学生主动去分析解决问题。富有针对性和启发性的问题可以激发学生兴趣,开拓学生思维,使他们处于思维的最佳状态。需要指出的是,不存在普遍适应的探究问题。探究问题既然是学生自己形成的、目前没有现成答案而必须自己寻找解决办法的"疑难",那么对于不同学生而言"疑难"的困难程度是有差别的,它会随着学生年龄大小、知识经验和心理发展水平的不同而不同。比如为小学生设计的探究物体热胀冷缩性质的问题,对于高中生来说也许根本不是什么疑难;相反,适合高中生的探究问题,因难度过大不能引起小学生的兴趣,也无法成为他们探究的问题。进一步说来,探究问题有以下三个特征。

(1)真实性

所谓探究问题的真实性是指问题是学生真正感到困惑不解的,是真问题而不是假问题。它表现在:第一,问题必须由学生自己自然而然地提出,而不是外部强加的。他人或书本上的问题要想引起学生的探究活动,成为探究问题,必须首先能引起学生的注意并真正转化为他们自己的问题;第二,形成问题的情境内容必须与现实生活中真正存在的事物或现象有关,而不能是虚无缥缈根本不存在的东西,并且要与学生的亲身经历或即将获得的亲身经历相联系;第三,问题具有挑战性,隐含着未知,学生目前还不能解答。一些学者在讨论探究学习时,坚持认为探究问题应该由学生自己提出。因为如果问题不由学生自己提出那么它就不是学生自己的问题,学生似乎没有理由去关心它,更不会主动地去探究解决它。这种看法实际上是要求探究问题具有真实性。

(2)具体性

所谓探究问题的具体性是指问题是特定的、具体情境中的,而不是抽象宽泛的。换言之,问题形成的情境实际上反映的是科学概念或原理在具体事物或现象的某个侧面的体现或应用,学生正是要通过这种具体的问题来探究抽象的概念或原理,尽量使思维实现从具体到抽象的飞跃。而且学生年龄越小,探究问题的这一特性越明显。这一方面是因为儿童的思维发展要经历从动作思维到具体形象思维再到抽象思维,因而学生年龄越小越应当注意利用他们的动作思维或具体形象思维。另一方面也是因为具体问题有利于学生探究时有明确的方向,知道需要哪方面的资料以及如何着手去获得这些资料,相反宽泛抽象的问题往往使学生感到无所适从,不知道从何入手。此外,有时学生的学习时间有限,不能对某个知识作全面的探究,这也要求从某个具体问题开展探究学习。

(3)解决的可能性

所谓探究问题的可能性是指问题是学生根据现有知识经验和能力水平所不能独自解决的,但却可以在他人帮助下获得解决。前面曾说,探究问题要具有挑战性,但这并不是说越难越好,而是要有一个恰当的度,其难易程度要处在维果茨基所说的"最近发展区",这样才利于学生开展探究学习,促使他们的探究能力获得最大限度的发展。否则,问题过易,不能激发学生探究的兴趣,促使他们积极思维;问题过难,又会使学生感到力所不及,失去探究的兴趣和勇气,从而同样失去发展的机会。

2. 创设探究问题情境的途径

(1)通过创设活动情境产生问题

学生无论年龄大小,都喜爱从事有趣的活动。因此,让学生参与活动,在活动过程中面临具体的问题情境,逐步形成探究问题,无疑是一条有效而又切实可行的途径。即使年龄很小的学前儿童与小学低年级儿童,也能通过这种方式使他们进入颇有成效的探究学习中,让儿童在反复尝试各种不同操作活动的过程中,不断提出问题、不断探索问题、不断讨论对问题的看法,从而逐步发现自然现象的某种联系或自然事物的种种属性,乃至本质属性。

在探究教学的开始阶段,教师给学生提供准备好的有关活动材料,如果探究需遵守一定规则,在向学生讲明以后,便让学生使用材料从事相应的活动。学生则相当自然地或从活动过程中,或从活动结果中逐渐发现他们感到困惑的问题,从而引起进一步的探究活动。比如,一位生物教师组织学生学习达尔文的自然选择原理时,不是要学生同时观察动物的颜色、习性、形状等方面的适应情况,而是针对"颜色"这一侧面,以学生到室外"捕食"的方式,来引导学生探究该原理。

活动前,他将学生带到草地上并告诉学生,他们即将扮演成肉食动物,有机会捕食昆虫。为此,他把准备好的红、绿两色小珠各 200 粒撒在绿草地上当作"昆虫"。他要求学生注意听老师发口令,以便大家都从同一时间开始或结束"捕食"。他还告诉学生捕食时间持续数分钟,捕食规则是学生要直立行走,每次弯腰只能捡起一只昆虫,走两步后再捡另外一只。期间可以有几次间歇,每次一分钟。然后,让学生开始按规则捕食昆虫。捕食结束学生返回教室后,教师要求每个学生报告各自捕食的红、绿两色昆虫数,并一起完成黑板上的数据表,其中包括红、绿两色昆虫被吃总数、占总数的百分比以及各自的剩余百分比。完成数据表后,很多同学不需要教师提问,便自然而然地对表中不一致的数据感到困惑:为什么绿的被吃少剩余多,而红的被吃多剩余少呢?并很快形成"动物的颜色是否有利于保护动物的生存"这样的探究问题。我国美国兰本达教授提出的"探究—研讨"模式,其核心便是让儿童操作精心选择的系列材料(即兰本达所说的可以揭示自然现象或事物之间某种关系的有结构的材料),使儿童在反复尝试各种不同操作活动的过程中,不断提出问题,不断探索问题,不断讨论对问题的看法,从而逐步发现自然现象的某种联系或自然事物的种种属性,乃至本质属性。

(2)通过创设实验情境以引出问题

让学生亲手操作实验或观察教师的演示实验,出乎意料之外的实验现象或结果使学生大惑不解,从而引起他们强烈的探究欲望!急切地想把实验中的"奇怪"现象弄明白,这也是探究教学实践中促使学生形成探究问题的一种极为普遍的做法。当自然状态下某些自然现象或事物的本质属性及其联系难以觉察,或不同条件导致其所产生的细微变化不明显,因而学生往往持有错误或不准确的看法时,用实验方法来引导学生探究其中所涉及的科学概念或原理,使学生激发出的动机尤为强烈。有时为加强动机的强度,事先可让学生对实验结果作预测,从而使学生从预测与实际结果的鲜明对比中形成更强的认知冲突。

比如,关于物体热胀冷缩性质的探究学习,有位小学教师选择液体中的水为对象做实验让学生观察:实验装置为玻璃管下连着一圆底烧瓶,即在烧瓶口紧塞的胶塞上插入一根筷子粗的玻璃管将烧瓶装满水,直至上升到玻璃管中,而且为便于观察,水被染成红色。教师实验之前问学生,如果把烧瓶放进热水中会出现什么现象,学生们回答说烧瓶和水都将变热。当教师将烧瓶放进热水后,不久便出现他们没有意料到的情境:玻璃管中的水开始慢慢上升。烧瓶中的水为什么会上升呢?加热与体积有什么关系吗?处在困惑中的学生纷纷提出各自的猜测和假设，开始了热烈的探究活动。

上述实验之所以成功地引起了学生的探究，原因就在于学生从中形成的探究问题符合真实性和具体性两个特征。热胀冷缩是固体、液体和气体物质都具有的性质，教师不是与学生抽象讨论分子运动与物体胀、缩的关系，而是选择液体中常见的水，学生形成的问题与玻璃管中水位的变化有关，因而是具体的；在日常生活中，气温的变化并没有使学生觉察出某种容器中水位的上升或下降，但烧瓶遇热后玻璃管中的水位开始上升的情况，不仅是学生亲眼所见的，也是他们所不理解的，因而他们形成的问题是真实的。由于玻璃管中水位上升的原因需运用分子运动原理作解释，这涉及抽象思维活动，超出了小学生的能力水平。所以，学生实际上并没有从水的探究中得出分子运动定律来，因而成为一堂有较好的开端却又未达到教师预期结果的一次"失败"的探究学习课。

（3）通过创设故事情境来激发问题

通过故事激发问题是美国学者萨其曼倡导的一种教学方式，在实践中也有广泛运用。萨其曼认为探究始于既使人们所熟悉又令人困惑不解的情境，任何神奇、反常、意料之外的现象或事件都能起到这种作用。因此，他主张将科学概念或原理寓于那些使人倍感诧异、引起悬念的事件之中，并用语言将这些事件描述给学生，使学生非感兴趣不可，不由自主地去探究。如一位生物教师在采用这种方式引导学生探究动物的生态平衡关系时，给全班学生讲了如下故事：

许多年前，在西南部的山里有很多鹿，它们的数量一直变化不大。山里还有狼，从城里来的人曾经目睹狼咬两只小鹿。他们非常震惊，结果发动了一场灭狼运动。使人们惊奇的是，在灭狼以后的几年里，鹿的数量不仅没有增加，却反而减少了。既然狼是鹿的天敌，为什么会发生这种情况呢？

灭狼后鹿的数量不但没有增加反而减少，这一有悖常理的情况使学生处在疑惑的中，从而想知道到底是怎么回事。学生根据已掌握的有关动物的知识，很快形成"鹿的死亡是否与其他天敌有关"或"是否因食物有限被饿死的"这类探究问题，从而引发搜集资料、建立假设等探究活动。而且，由于选择鹿和狼为例来体现生态平衡这个更为一般的问题，缩小了探究范围，便于学生搜集资料与形成假设，使探究活动能够更有针对性和方向性。由此可见，故事陈述的确能有效引起学生探究问题倾向。当探究学习受时间、地点和材料的限制，难以开展活动或实验时，采用讲故事的方式也不失为引起发生学生探究行为的有效途径。

（4）通过谬误创设问题情境

在教学过程中，教师稚化自己的思维，模仿学生错误思维方式，进行推理、论证或演示实验。当产生不合理结论时，极易使学生产生疑问。例如，不少学生认为，只有点燃后才能发生燃烧，教师模仿学生得出这一结论后，在让学生演示白磷在水中燃烧的实验，引发学生的生活体验与实验现象的冲突，促使学生提出物质燃烧究竟需要什么条件的主题，主动探讨自燃的原因。

此外，教师还可以利用学生已有知识创设问题情境。例如，在学习了氢气和氧气的制法后，可通过对比实验室制氢气和实验室制氧气来探究二氧化碳的实验室制法。

总之，创设问题情境的方法多种多样，但无论采取何种方法，都必须把握以下几点：

第一，创设问题情境的素材必须有利于对问题展开探究。构成问题情境的资源应该有探究价值，拓宽学生的知识面，开阔视野，并能有效地激发学生的学习兴趣，培养其积极的情感和态度，促成学生的后续学习和长足发展。

第二，创设的问题情境必须富有思考性，引发学生的思维活动。精心设计的问题情境可以激发学生的想象,启发学生的思维,让学生尽快进入积极的思维状态。

第三,问题情境还必须具有趣味性。兴趣是最好的老师,只有富有趣味性的问题情境,才能引发学生内在的探求欲望和好奇心。

第四,创设问题情境还要充分考虑情境的真实性。科学探究活动的意义之一在于培养学生实事求是的科学态度。如果本身问题情境都缺乏真实性和科学性,不仅不利于探究活动的开展,还会给学生的学习带来态度与观念上的不利影响。

(三)探究教学的组织

探究式教学让学生真正成为学习的主人,充分体现了教师的"导"完全为学生的"学"服务这一现代教学思想。

1. 引导学生学习教材和相关资料

教材是学生学习的基本资料,是教师教、学生学的依据,教师必须组织学生学习,领悟教材的有关内容。对教材的学习,教师要把握内容的意图和目的,清楚讲什么,学生应该掌握什么,哪些内容精讲、少讲,哪些是提示性讲解,那些让学生独立思考,以改变以往满堂灌、注入式的教学方法,调动学生的积极性,使学生自觉主动地进行探究学习。同时,教师要为学生提供相关的参考资料和书籍,让学生通过对这些材料的分析研究,掌握全面深入的知识。教师在选择教学材料时应注意所选材料必须要与重要的概念和原理有关,要有适合性和可操作性,并且紧紧围绕它们组织和展开教学活动。此外,材料要能因其学生兴趣,产生心理共鸣,激起探究的欲望,如生活中的自然现象、蕴含哲理的有趣故事、生动形象的录像等。

2. 解释问题、合作探究

在探讨学习教材和相关资料的基础上,对问题进行解释,解释分为两个阶段:首先是学生的解释,学生根据自己的归纳推理和理解,用自己的语言说明有关的概念、定义和问题,并与同学交流、沟通,倾听他人的理解,并对他人的叙述提出自己不同的观点和看法。其次是教师为学生提供科学的定义,以澄清学生理解中的错误。面对学生的疑点、难点,教师不要过早解释,而是综合大家的问题,组织学生合作探究。合作探究有四种类型:(1)师生合作探究。即教师主导、学生主体的学习;(2)以学生互动为特征的合作学习,即相邻同学各自发挥探究优势,对问题相互启发、相互补充、相互帮助、相互支持的学习;(3)以教师互动为特征的合作学习,教师相互启发、相互补充、相互帮助、相互支持的学习;(4)以全员互动为特征的合作学习。即抓住中心问题,让学生各抒己见,集中解决难点的学习。在合作探究中要注意学习流于形式或是教师牵着学生鼻子走。教师在整个探索过程中起指导、控制作用,避免学生注意力分散,及时把探究转移到新的内容上。合作探究有利于学生摆脱自我中心的思维倾向,有利于学生在彼此交流、争论、意见综合中启迪思想,建构出对知识新的假设和更深层的理解,有利于营造民主、和谐的课堂气氛、培养学生良好的个性品质。

3. 提倡多样化的教学方式

探究式教学不是唯一的教学方式,授受式教学已不是唯一的教学方式,两者应该相辅相成,互相促进。

由于探究过程需要探究者综合运用自己的已有知识和经验,这对增进和加深对已学知识的理解,将其融会贯通十分关键。在教学过程中,应综合运用多种教学方式。每种教学方式都有各自的长处和短处,运用得好就会发挥其他学习方式不能代替的特殊功效,运用不好也会产生这样或那样的问题。为满足学生精神和心灵的渴望,学生必须接受式学习大量的人类文化遗产中的精华,以丰富他们的心智,而且对于一些基本史实以及人们普遍认同、接受的定理、公式与原理、规律而言,他们不可能自主发现式地进行建构,但这并不意味着这将成为唯一的学习方式,而且也不意味着间接知识的接受式学习就只能采取被动的、消极的听讲方式开展。实际上,儿童围绕一定情境或问题开展的主动搜集资料的过程,提出问题后查阅书刊及其他信息源,一边了解相关的已有知识。虽然是接受式教学,但却是主动的、积极的探究式学习过程的一部分。因此,也应该提倡以主动积极的探究方式来学习大量的间接知识,把间接知识的学习纳入到多样化的探究过程中。

4. 辩证处理学生自主与教师指导的关系

探究式教学强调学生的自主性,但并不忽视教师的指导。应该特别强调教师适时的、必要的、谨慎的、有效的指导,以追求真正从探究中有所收获,其中,包括增进对世界的认识和学生探究素质的不断提升,从而使学生的探究实践得到不断提高和完善。探究教学要求教师把科学当作一种过程,而不仅仅是作为结果的知识体系来教,教学时既要重视结果又要重视知识的获得过程,有时重过程更甚于重结果。学生进行探究学习时,全身心投入其中,他们的认识、情感、意志及行为达到高度地统一状态。而教学要想引起学生的这种全身心投入状态,就必须以学生而不是教师为中心,使学生对观察、提问、分类、测量、实验、推理、解释、预测等智能操作及科学实践活动既感兴趣,又力所能及。但探究教学并不是也不可能完全凭学生去自学或盲目探索,而不要教师的指导。从本质上说,探究教学有两层含义:一是设置有利于学生进行探究学习的环境;二是提供充分的帮助和指导,以确保学生经过探究后成功地发现科学概念或原理。因此可以说,探究教学不仅没有否定教师的主导地位,恰巧相反,它为教师主导地位的确定奠定了现实基础,开展探究教学必须充分发挥教师的能动性和创造性。

(四)探究教学的总结评价

探究教学不是一蹴而就的,由于学生受学习经验、知识水平、理解能力的局限,不可能对问题理解都很正确,难免有失误和偏差,教师应及时地予以总结评价,使学生对以往的学习有系统、深刻的认识。评价要全面客观,以使学生树立正确的探究思想,掌握科学的探究方法,养成自觉探究的习惯,为进一步深入探究打下基础。

1. 探究教学评价的原则

(1)目的性原则

所谓目的性原则,是指评价内容的确定、收集和解释数据的方式必须围绕并有利于达到评价目的。对于中小学而言,开展探究教学评价的目的很多,例如改进教学,促进学生的探究能力;考察探究教学的条件,为指定政策提供信息等等。开展总结评价时,教师必须明确目的是什么,并在制定评价指标、收集数据时将它充分突出出来。

(2)科学性与客观性相结合的原则

所谓科学性是指评价要讲信度和效度。有效是指评价结果能真正反映所要考核的内容,也就是说评价的内容和形式必须适合有待考核的项目。可信是指评价数据具有足够的稳定性。也就是说,评价应建立在科学基础之上,有科学的依据,采用科学的方法,将科学性与客观性结合起来,从多种角度进行评价。

(3)重在学习过程的原则

探究教学的评价应重在学习过程而不是它的结果。学生的探究能力是在探究的过程中形成和发展起来的,评价学生的探究能力应注重考核学生对知识的理解、推理和运用,注重学生对知识技能的应用,而不是知识的数量,重视学生亲身参与探索实践活动,获得感悟和体验,而不是一般地接受别人传授的经验。

(4)评价与指导相结合的原则

评价的目的在于提供探究教学结果的反馈信息,形成调整或改进教学的意见或方案,以指导实践,从评价到指导,从指导到实践,再到下一次评价,循环往复,这是提高教学质量的必由之路。对于探究教学评价而言,将评价与指导相结合尤为必要。因为探究教学的性质,以及学生探究能力的不断发展变化,要求教师不断通过探究教学评价来观察和了解学生的探究学习状况,以便为改进探究教学及时提供帮助和指导。

(5)教师评价与学生自我评价相结合的原则

开展探究教学时,教师尤其要重视引导学生认清自己的学习目的,制定自我评价的方法。教师要为学生提供一切可能的机会,让学生去提高自己的探究能力。学生提高能力的过程不仅可以为教师了解学生的探究学习提供新的视角,也可以深化每个学生对科学内容及其运用的理解。学生参与评价可以发展学生思维的独立性、判断性和创造性。

2. 探究教学评价的特点

(1)评价主体的多元化

探究教学中,评价主体可以包括很多人,评价者既可以是教师,也可以是学生小组,还可以是学生自己。

(2)评价内容的丰富性

探究教学的评价不能仅仅是对结果的评价,更重要的是对探究过程的评价。把探究学习视为一个建构的过程,意味着要对学生探究的前提条件做出有效地评估,在此基础上,对学生探究过程中表现出来的智慧、能力、态度、信念等进行全面考察,在整体层次上对学生的表现作出综合的评价。对结果的评价既要包括对知识、能力的测试,又要对其在探究活动中形成的情感和伦理道德观念、科学精神做出一定的评析。

(3)评价方法的灵活性

评价可以贯穿于探究的全过程,可以是对其各个环节进行评价,也可以是对其中一个环节进行评价。可以是定量评价,也可以是定性评价。可以采用问卷、调查、访谈等形式。

(4)评价标准的差异性

评价要尊重、弘扬学生的个性,就要承认学生个体的独特性和差异性。在评价学生时,要运用多层次的评价标准来评价学生,给学生一个弹性化、人性化的发展空间。

3. 探究教学评价的内容

(1)参与探究学习活动的态度

学生探究学习的态度可以通过学生在活动过程中的表现来判断。如是否认真参加每一次课题组活动,是否努力地完成自己所承担的任务,是否做好资料积累和分析处理工作,是否主动提出研究和工作设想、建议,是否与他人合作,采纳他人的意见。

(2)探究活动中获得的体验情况

探究活动中获得的体验情况主要通过学生的自我陈述以及小组记录、活动开展过程的记录等来反映,亦可通过行为表现和学习的结果反映出来。

(3)学习和探究的方法、技能掌握情况

对学生在探究学习活动各个环节中掌握和运用有关方法、技能的水平进行评价,如查阅和筛选资料、对资料归类和统计分析、使用新技术、对探究结果的表达与交流等。

(4)学生创新能力的发展状况

考察学生在探究活动中从发现和提出问题、分析问题到解决问题的全过程所显示的探究精神和能力来评价学生创新能力的发展状况。

(5)学生的学习成果

119

探究学习成果的形式多样,它可能是一篇论文,可能是一个实验报告,可能是一份观察记录,也可能是一个问题的答案,教师需要灵活掌握评价标准。

六、探究式教学应注意的问题

探究式教学是强调以学生为主体的自主学习,但是教师的有效组织和引导也是探究式教学成功的关键,这就需要教师在教学过程中处理好各种问题,保证探究式教学的顺利进行。

(一)不要把探究式教学理解成流程式教学

在教学中发现,有些教师过分拘泥于探究式教学的程式,把探究式教学理解成流程式教学,结果弄得很生硬和别扭。在教学实践中发现,不是所有的探究都流程化,探究式教学不是呆板的、僵化的,而是灵活的,在探究式教学中,要根据具体的教学内容,对探究要素做不同的要求并有所侧重。

(二)不要把探究教学理解成完全放手让学生自由活动

探究式教学是在课堂教学的情境下由教师的参与、指导和引导下进行的,学生从好奇心及兴趣出发,自身发现问题,并通过实验、实践,用所学的知识去解决问题、验证原理或尝试相关知识的综合性教学活动,千万不要把探究教学理解成完全放手让学生自由活动。在探究式教学中,教师管得太多,束缚学生的手脚是不适当的,但什么都"放手"不管也走向了另一种偏颇。教师要精心安排,充分预测,在探究过程中要和学生同悲、同乐,一起享受成功与失败,并引导好学生积极参与"过程与方法",在感受体会中总结提高。学生受到原有基础知识、智力和非智力等因素的影响,如果探究成为自由活动,那么基础知识差、探究能力差的学生产生依附心理和自卑心理,参与意识淡化,最后会导致严重的两极分化,这违背了探究式教学是为提高全体学生科学素养与创新能力的初衷。可以说探究式教学成功与否,与教师的积极指导是分不开的,尤其是探究教学的起始阶段。

(三)不要把探究式教学与传授式教学对立起来

传授式教学就是主要由教师用语言传授知识,学生间接地获得知识的教学过程,间接获得知识仍然是学生获得知识的重要途径。在新课程中提倡探究式教学,并不是要否定传授式教学,为提高探究质量,也不能忽视传授式教学。因为,探究的过程离不开应用知识和技能;在提出问题时,评价问题的价值和可探究性时需要一定的知识;在做出猜想、假设时,需要依据已有的知识和经验;设计实验时,需要掌握相关的原理和方法;只有将证据与科学知识建立联系才能得出合理的解释;检验和评价探究的结果需要原理、模型和理论。而这些知识和技能不可能都直接由学生探究获得,而主要依靠传授式教学给学生传授知识。教学方式是多样的,不同的教学内容可采用不同的教学方式,知识性、定义类、单位及其换算类的内容,主要采取传授式进行教学,如电流强度的定义、方向、单位及其换算;凡是对那些概念性强,学生容易产生分歧的内容,一般采用讨论式进行教学,如功的概念、牛顿第一定律等;凡涉及应用知识的迁移能力、对待事实证据的科学态度、搜索信息能力、交流与合作能力方面的内容,一般采用探究式教学。在传授知识的同时,渗透探究的思想,在探究的过程中,传授必要的知识,是一种可以借鉴的教学方式。教无定法,贵在得法。

(四)科学探究不一定都要动手做实验

实验是自然科学的基础,这是从整体上说实验推动了自然科学的发展,而绝不是说,自然科学中的每一个规律都"应该"或者"可以"直接由实验总结出来。明确了这个认识以后,在学习过程中我们就敢于确认:那种包含了科学探究的若干要素,但不包含学生实验或演示实验的教学过程,也是科学探究,例如研究重力势能、两个电阻并联后的总阻值与各分阻值的关系等都属这种情形,这恰能有助于克服科学探究中的形式主义。有些学科、有些教师进行的"做中学"的尝试,有助于改变我国科学教育中轻视实验、轻视操作的倾向,但像任何教学方式一样,它也有一定的适用范围。不分学科、不分学段地一味强调在操作中学习,并不是对新课程改革理念的正确理解。

科学探究是一种精神,它应该贯穿于整个学习过程,教师要想尽一切方法调动学生探求新知识的积极性,而不是被动地吸收知识,这样就体现了新课程的探究精神。不宜说某节课是科学探究课,某节不是;也不宜说某个教学活动是,某个不是。科学探究要渗透到全部教学活动中。不同的学习条件下都能进行科学探究,但探究的形式可能不同。实验设备少,难以进行学生分组实验时,可以用演示实验代替,只要教师示范性地提出问题、启发学生猜想……这样也能体现探究的精神。班上学生太多而难以讨论,也能体现探究精神。极端情况下,即使是教师一个人演独角戏,也能让学生对科学探究有所体会。关键是教师要把自己扮成学习者的角色,并且要剖析自己,把自己的思维过程展示给学生。这就要求教师自己要不断学习,不断学习新的知识、新的教学方法。这样做的目的不在于增加了多少新知识,而是要教师不断地体验、重温和享受学习的过程,保持对未知事物的新鲜感和激动的心情。

第二节　启发式教学

启发式教学是指受教育者在教育者的启发诱导下,主动获取知识,发展智能,陶冶个性,形成完满人格的过程。培育和发展人的主体性是启发式教学人本观的诉求,也是现代乃至未来社会所追求的最高目标和任务。启发式教学作为一种教育思想或流派,形成了一个比较完整的教学论体系,突出了自己的教学个性和特点,其思想的科学性日益为教学实践和相关科学所证实。

一、启发式教学的形成与发展

启发式教学在我国可谓源远流长,"启发"一词最早源于孔子,他在《论语·述而》中有"不愤不启,不悱不发。举一隅不以三隅反,则不复也"。宋代朱熹在《四书章句集注》中对此注解说:"愤者,心求其通而未得之意;悱者,口欲言而未能之貌。启,谓开其意;发,谓达其辞。物之有四隅者,举一可知其三。反者,还以相证之义。复,再告也。"也就是说,教师要在学生思而未得时帮助开启;要在思而有所得,但却不能准确表达时予以疏导。即应在学生达到"愤悱"的境界时,教师方可"愤则启,悱则发。";"举一隅不以三隅反,则不复也。"是说如果举一不能反三,就不要再往下教了。由此可见,孔子的启发式教学强调学生产生积极的学习态度,强调教师掌握最佳教学实际,强调教师具有非常强的启发能力,强调训练和发展学生的思维能力和语言能力。

孔子的启发式教学思想,得到了后来者的继承和发扬。《学记》中又进一步阐述了"善喻"的具体做法:"道而弗牵;强而弗抑;开而弗达。""道而弗牵"是说教学中要善于引导,指导学生的思维按着正确的方向前进,而不是硬牵着学生走。学生是学习的主体,学生的学习,不应当被动地简单地接受教师所传授的知识。学生的大脑,不是接受知识的容器,而是加工制造精神财富的器官,教师应当让学生发挥主观能动性和创造性,培养学生学习的自觉性,引导他们主动参与,主动提出问题,回答问题;"强而弗抑"是说教师对学生要多表扬鼓励,而不批评压抑,即要注重学生的情绪。教师在学生学习和发展中是指路人,教师不应以教为主,而应以指导为主。教师要重在点化,要善于引导,指关键,教要点,释难点。

在西方,首先倡导启发式谈话的是古希腊学者苏格拉底,他认为教师的功能在于帮助学

121

生助产知识，导引知识。教师的任务，并不是臆造和传播知识，而是做一个新生思想的"产婆"。真理存在于每个人的心灵中，但并不是每个人都能在自己身上发现真理。教师就应采用对话和提问的方法，帮助学生发现存在于自我内心世界的真理，并将其引导出来。他称这种方法为"精神助产术"。后来，他的思想被其学生柏拉图继承和发扬，倡导归纳法，启发、诱导学生发现真理。以苏格拉底为代表的西方古典启发式教学，主要体现了在教学中注重理性知识的传授与解析以及定义的作用，强调发展学生的思维。

此后，德国教育家第斯多惠也对启发式教学理论化做出了卓越的贡献。他认为："教育就是引导"，要调动学生的主动性，这是他启发式教学的首要原理，也是他教学成功的基础和标志。他主张实行启发式教学，在《德国教师教育指南》一书中，认为："只有在教师起领导作用的条件下，才能在教学过程中发展儿童的主动性。"他建议：教学要采用发展的方法，即"是一种归纳的或诱导的、分析的、回归的、启发式的教学方法"。启发式能激发学生的智力，使他们能够"探求、考虑、判断、发现"。

综上所述，虽然东西方关于启发式教学的渊源不同，各自建立在不同的哲学观和认识论基础上，但都显现了相似的教育教学价值观。

二、启发式教学的内涵

现代教学论中的启发式教学思想是在辩证唯物主义的认识论指导下，批判地继承了传统教学论遗产，在现代心理学和教育学发展的基础上，结合现阶段人才培养需要进一步完善起来的。启发式教学是从学生的需要及人类认识自然的需要出发，正确处理教育学的相互关系，反映了教与学的客观规律。

作为一种现代教学论思想，启发式教学思想是与注入式教学思想根本对立的。在人类教育教学的发展过程中，二者在此消彼长中抗衡。启发式教学思想一经产生，便和先于它存在的注入式教学思想分道扬镳，成为毫无兼容的两种对抗的倾向和思潮。应该承认，注入式教学在原始社会和早期文明社会文化知识贫乏时期具有传递人类文化遗产的功能，随着历史的发展，其弊端和局限性日益暴露，成为束缚人的发展的桎梏和枷锁。而启发式教学思想在人类追求科学的、人文的、民主的教育时代背景下显示出强大的优势。

启发式教学思想是指教师依据教学目标，根据学生的认知水平和年龄特点，采取各种方法，创设一种引导学生的思维处于积极状态的学习情境，从而使学生积极主动地获取知识、发展能力，使学生真正成为学习的主人。因此，启发式教学思想的实质是引导学生积极主动思考，以充分挖掘其思维潜能。从教师方面看，就是帮助学生学会学习、学会思考，以便认识本质，发现规律，举一反三；从学生方面看，就是不断地进行知识重组，完善自己的认知结构，提高认识和解决问题的能力。

由启发式教学思想的含义可以看出，教师对学生的启发应该是全方位的。这其中包括启发学生的情感，在情感的激荡中唤起学生学习的兴趣和动机；启发学生的思维，帮助学生跨越思维障碍，顺利地进入高层次学习；启发学习方法，引导学生从"学会"转变为"会学"。因此，启发式教学思想对注入式教学思想的超越表现在：

第一，坚持学生是教学的主体，尊重学生的自主意识，教学活动围绕和促进学生的学。学生只有通过自己的一系列思维活动，才能使外在知识内化为个人的知识、素质和能力。

第二，强调教学是双边互动过程，师生之间是民主型关系。教学过程是信息的双向交流，互相激发，教学相长。

第三，注重对学生智力的启迪和方法上的引导。主张授之以"渔"，而不是授之以"鱼"，不满足于释疑、解惑，更侧重于设疑、启思，以鼓励学生参与探索，独立思考。

哲学、心理学、教学论等都曾对启发式教学思想的科学性进行了有力的论证,启发式教学思想具有如下特点:

(一)客观性

客观性是指教学内容、方法的设计和实施要符合学生的客观实际。这里实际的内容非常广泛,它包括学生实际的需求、特点、认知等。教学活动是人为的但不是主观任意设计和实施的,从根本上说,它既来源于客观,又从一定程度上受客观的制约。因此,教学作为一种造就人的实践活动,必须首先对其造就的对象——人,取得一定的认识和了解,才能获得行动的主动权。这其中不仅要了解学生在生理、心理上的共性,还要了解学生的个体差异,只有在此基础上,教师才能有的放矢地进行启发式教学。多年以来,广大教师在实际工作中总结出来的"备教材、备学生"和"关注学生"等经验都是启发式教学思想客观性的体现。教师只有平时善于以各种方法了解学生,研究学生,才能在教学中明确学生是否积极思考,思考什么,能达到什么程度,才能在此基础上适时适度地启发诱导,真正进行启发式教学。

(二)主动性

所谓主动性,是指在教学活动中,学生学习的自觉性、积极性、创造性得到了较好的发挥。当学生对学习的意义有了明确的认识后,会采取主动进取的态度,并伴以浓厚的学习兴趣和坚强的学习毅力,在学习中发挥自主性和创造性。我国古代教育家孔子说:"知之者不如好之者,好之者不如乐之者。"现代心理学认为,学习过程是以人的整体的心理活动为基础的认知活动和情感活动有机统一的过程。学生在课堂上是兴高采烈还是冷漠呆滞,是其乐融融还是愁眉苦脸,这些都是教学所应关注的。学习活动对学生来说不应该是一种负担,而应该是一种享受,是一种愉快的体验,当学习与学生的生活、生命、成长有机地联系起来时,学生的主动性得到最大的发挥。教学的目的是促进学生的发展和成长,离开学生积极主动的参与是很难实现的。因此,启发式教学思想特别强调学生主动性的发挥,能否有效地调动学生的主动性和积极性是实施启发式教学成败的关键。

(三)互动性

所有的教学,都以交往的形态存在,都是发生在师生之间交往的一种特殊形式。启发式教学思想正是体现了教学以"交往"为本质的定位。其一,它是针对学生的问题、需要等所进行的双向信息交流,是有针对性的而不是盲目的。其二,它是通过教师指点方法,调动学生的思维,引导学生思考和解决问题,而不是教师将问题的答案简单地告诉学生。启发式教学从来都不否定教师的作用,教师有针对性地点化、引导,是为了更好地启情诱思。例如,教师可以先让学生充分表现,再有的放矢地进行矫正归纳;可以欲扬先抑,让学生在柳暗花明中尝到收获的乐趣;可以多方联想,恰当补充些课外内容,以求得开阔思路、触类旁通的效果;甚至可以故设迷津,以便激发学生求知的欲望和想象力。在此过程中,教师与学生分享彼此的思考、经验和知识,交流彼此的情感、体验与观念,从而达到共识、共享、共进,实现教学相长和共同发展。因此,启发式教学思想体现了教学过程不仅仅是学生得到发展的过程,也是教师本人生命价值的体现和自我完善的过程。

(四)民主性

民主平等是现代师生伦理关系的核心要求。当前一些学者对教学主客体关系的论证中的"双主体论"是启发式教学思想民主性特点的充分体现。"双主体论"认为,教师是教的主体,学生是学的主体,教学活动是在师生充分发挥各自主体性的过程中进行的。教与学的双主体性发展,要求教学过程要在一种相互信任、相互尊重的教学环境中进行。和谐的人际关系、活跃的课堂气氛、高涨的学习情绪,有利于学生质疑、探新、提问和发表自己的观点,有助于学生创造力的开发。人本主义心理学家强调,教育教学要充分尊重、理解学生,要创设一个自由、宽松、民主的气氛,只有在这样的环境中才能促进学生的学习和成长。

(五)发展性

所谓发展性,是指在教学过程中,教师能有效地促进学生学习,促进学生的全面发展,使教学活动富有成效。启发式教学思想主张,学生应该真正成为学习的主体。这个学习主体不仅是学习书本知识的主体,而且也是按照教育目标参与各种教育活动的主体。推进素质教育,提倡学生的素质在活动中形成和发展,而以启发式教学思想为指导的教学,正是让学生亲身经历学习过程,并在接受、探索、模仿、体验等丰富多样的活动中学习知识,陶冶情操,使教学过程以认识和情感为核心和主线,激发学生学习的积极性,让学生主动参与教学环境,不仅培养学生掌握和运用知识的态度和能力,更关注学生的情感体验和道德发展。这样一来,学科知识的增长过程同时也成为人格的健全与发展过程,启发式教学思想指导下的教学有力地实现了促进学生全面和谐发展的目的。

以上五个方面概括了启发式教学思想的特征,其中客观性是出发点,发展性是落脚点,主动性、互动性和民主性是反映过程的特点,尽管这些特征各有侧重,但它们之间又是互相依存和互相促进的。在这当中,客观性是前提条件,只有从学生实际出发,才能调动学生的主动性,也才能使学生有所发展进步;主动性是关键,当学生对学习产生了浓厚的兴趣,有了高涨的积极性和自觉性,才会主动参与师生之间以交往互动为形式的教学;互动性是过程,师生间、学生间的双向和多向交流,不仅充分体现了教学的民主,而且实现了教学相长;民主性是外在条件,教学氛围的和谐才会使主动性和互动性得到充分展现;发展性是目的,是教学中坚持启发式教学思想的最终落脚点。

三、启发式教学的意义

启发式教学作为一种教学思想代表了现代和未来教育教学改革的发展趋势,它的许多思想、观点在教育实践中得以付诸实施,显示出它强大的优越性。

(一)启发式教学确立了主体教育观,让学生真正成为学习活动的主人

传统的应试教育往往以"讲"代"练",以"教"代"学",满堂灌,将学生当作被动接受的"容器",教师对学生"你不想学我要你学","你不会学我教你学",不把学生当主人。启发式教学则认为学生是学习的主体,教师把主要精神和时间放在激发学生的学习兴趣上,在"导"字上下功夫,"精讲"上动脑筋,使学生始终处于自觉、积极的心态之中,全身心地投入到学习上。在教学过程中,要采用多种方法调动学生的积极性和主动性,使其参与到教学活动中来,激励其主动发展。启发式教学是依据社会发展和人的发展的需要,使受教育者在生理素质、心理素质和社会文化素质上获得和谐发展的教育思想。在教学中,教师不再把现成的概念、结构"灌输"给学生,而是重视学生内因的启动,尊重其主体地位,发挥其主动作用,以弘扬人的主体性,开发人的潜能,发展人的创造性,培养健全的人格。如在启发式教学中,让学生自己总结方法,发表看法,讨论问题,编题解答等,都是学生主体性的表现。

(二)启发式教学充分发挥了教师的主导作用

注入式教学过分强调教师的"教",把教学的重点放在"善教",而不放在"善学"上。启发式教学承认教与学是一个统一体,既要充分发挥学生学习的主动性,也要充分发挥教师的引导作用,教师应循循善诱,启发学生科学的思维方法,激发学生探索的精神。在课堂教学中,教师的主导作用,体现在"导"上,是教学任务的领导者,教学目标的制定者,教学课程的组织者、文化知识的传递者,学生求知的启发者,学生的学习活动的指导者,学生发展多种可能性、选择性、可变性的调控者,为学生的学习导向引航。这就要求教师必须研究学生内心想法和需求,从学生的知识水平、能力水平、动机水平的实际出发,采用风趣讲解,设疑引思,模拟演示等有效措施,调动每一个学生的学习积极性,使每一个学生都能在各自原有的基础上得到应有的进步。在启发式教学中,如果没有教师的设问、启发是难以想象的。正是教师所提出的启发式问题,犹如一个个闪光点,在学生的"头脑库存"中引起碰撞,迸发出火花,把学生现实的"惑"和原有的见闻、体验、知识,认识沟通起来,最后水到渠成地解决。可见,启发式教学充分发挥了教师的主导作用。

(三)启发式教学加强了师生双方情感交流,营造了民主和谐、愉悦的课堂气氛

中国历来比较讲究"师道尊严",课堂教学中,教师教、学生学的教学形式是天经地义。教师高高在上,扮演着"传道、授业、解惑"的角色,其权威性不可动摇,而学生只有处于被动接受的状态,很少有自由学习、主动学习的机会。长此以来,学生变得不敢想、不敢说,仿佛学习只要跟着老师就行了,有的甚至到了"唯师命是从"的地步。这种僵化、刻板、拘束的学习氛围无疑成了学生学习的枷锁。在启发式教学中,教师摒弃了"满堂灌"的传统做法,通过教师的设问、引导,不仅调动了学生思维的积极性,让学生敢于发表不同的见解,在民主讨论的基础上获得新知,而且还要了解感受学生对设问、引导的反应,然后及时给予评价或进一步引导,甚至改变教法。学生从教师的评价和引导中也及时获得了反馈信息,这些反馈信息使学生集中注意调整情绪,强化正确,改正错误,促进学习。在这一过程中教师是可亲可敬的"引路人",学生是积极主动的"探索者",师生互动,教学相长。

(四)启发式教学有助于学生建构合理的知识体系,训练学生的思维能力

在掌握知识的过程中,我们总是运用已有的知识来同化、理解新知识,从而不断完善我们的知识结构体系。而如何把新知识纳入到自身原有的知识结构中的适当位置,形成自己良好的认知结构却并非易事。通过教师启发性地引导,可以帮助学生分类整理,主动建构知识,将散沙一盘的知识点连缀在一起,形成一个知识的网络。通过启发,学生独立完成对一个问题的分析、比较和推理,洞察事物发生发展的过程和内部联系,从而提高了他们发现问题、分析问题、解决问题的能力,使学生的思维长期处于一种活跃状态,是一种很好的思维训练。启发式教学的过程不仅是学生独立思考的过程,还是学生掌握教师思路和方法的过程,学生在潜移默化中就会形成自我启发和自我提问,使他们不仅肯于思考,而且善于思考,这就助于培养学生严谨科学的思维能力。

(五)启发式教学有助于培养学生的情感价值观

启发式教学过程是民主的教学过程,教师和学生犹如一对朋友,相互启发、相互影响,形成了非常融洽的沟通氛围,这种和谐的课堂气氛,有利于学生消除紧张情绪,建立一种真诚、理解和信任的师生关系。在教师的引导下,可以使学生减少探索过程中的盲目性,尽快解决问题,产生成就感和自我价值感,有利于他们形成良好的情感态度和价值观。

四、启发式教学的条件

启发式教学对教师、学生及课程都有很高的要求,这些条件直接影响着启发式教学的效果。

(一)充分发挥教师的积极性是启发式教学的前提

教师作为教学活动的外部条件,对教学活动具有表现为组织管理、积极引导及科学设计的主导性作用。在启发式教学的过程中,不仅所采取的一切方法步骤都需要教师来安排,学生的积极性、主动性也需要教师来培养,来调动,教师充分发挥自己的积极性、主动性是启发式教学的前提。

教学活动具有双边性的特点,教与学矛盾的产生,是由教这一外部因素来引起的,教育

者在教学活动"愤悱"的状态中起着主导作用。教育者作为教学主导作用的外部因素由多种成分构成,既有教的动力成分,又有教的目标、内容、手段、方法因素,它们作为教师主导活动的诱因,是沟通教与学之间联系的中介,是促成教学认识活动的外部因素。在教学活动中,无论是认识主体学生学习动机的激发,还是学生知识学习"困境"状况的发生,与教师教的外因有着直接联系。按传统观点而言,只要教师提供的教学内容与学生原有的知识经验具有内在联系,就可以产生教学认识。这当然是引起学生进行学习的外部信息因素之一。但是,学生常常无动于衷,这并非说学生缺乏学习动机,而是说学生的学习需要还处在一种潜在的静态,若要使潜在的需要和动机转化为实在的活动动机,教师就要为学生提供诱因,激发学生学习的积极性。心理学研究表明,仅有学习愿望或学习意向不足,便难以形成学习的积极性,实现学习活动。有了学习需要只是使主体具备了激发学习积极性的潜在条件。事实表明,只有能够当能满足这种需要的目标与期待同时存在时,认识主体的活动才能指向确定的方向。学习的诱因是指激起需要的条件或满足需要的对象。无论学生潜在的学习需要和学习动机的水平及强度如何,在缺乏诱因的条件下都不能转化为活跃的学习动机,而在教学活动中,作为具有学习目标的各种诱因总是由教师提供的。教师通过提供诱因,主要是明确学习目标,提供教学内容,既能满足主体学习需要,又使主体感到可以达到,从而形成学习期待,引起学习活动。总之,教师要通过教学内容、方法、手段、环境等途径不断设置诱因以引起学生的学习动机,激发学生的学习行为。因此,教师的特殊性决定了其在教学中的主导地位,这种主导作用也决定了启发式教学有赖于教师积极性的充分发挥。

(二)调动学生学习的积极性是启发式教学的关键

进行启发式教学,教师需要做大量的工作,其中的关键就是要调动学生学习的自觉性、积极性,使他们能主动积极地开动脑筋来学习。学生既是学习的主体,同时又是具有主观能动性的人。一方面它们对外界信息的选择性决定了教与学之间的价值关系,而并非仅仅是受动的反映关系;另一方面他们对教学过程具有制约性,教学过程要受到学生原有的认知结构、情感意志、价值观念等内在机制的制约。如何调动学生学习的积极性,应包括以下几个方面:

1. 关注学生需要

启发式教学特别注重以学生为主体,关注学生的需要。一般来讲,学生所需要的并不是问题的答案,而是需要开启知识的钥匙,需要培养思维方式和学习能力。教师在设置启发问题、创建启发情景时,要站在学生的角度去思考问题,考虑学生的年龄、心理特征、认知结构、知识基础、学习经验、能力水平等各方面的实际状态及其需要,预测学生可能出现的情况,并针对这些情况来安排备课、上课等教学工作的各个环节。特别需要注意的是要把学习的主动权交给学生,教学中引导学生积极思维,使他们获取知识,发展智能。

2. 面向全体学生

素质教育的内涵之一就是要面向全体学生,促进学生的全面发展。教师在运用启发式教学过程中的问题设计不能只指向个别学生,而是激发班级中绝大多数学生达到思考和活动的积极状态,即让大多数学生都能对问题进行积极思考,达到急于解决而又没有搞通,欲言又无法表达的心理状态;而不是让某些成绩优秀或表现欲强烈的学生抢占风头,其他大多数学生无动于衷;那些思维较慢、不善表达、缺乏自信的学生容易被课堂遗忘,需要特别给予关注,使每个学生都能在原有的基础上得到发展。

3. 关注个体差异

不同的学生有不同的特点,不同的班级也有不同的班风。不同的个体对同一个问题的思考和感悟、表现是不一样的。所以教师要允许学生自由发表意见,对有见地的学生发言要充分肯定,鼓励创新思维,鼓励个性发展。对理解有失偏颇甚至错误的学生,不要挫伤他们的学习积极性,要给以鼓励,给予正确引导。因此,在一个班级上课时,要关注学生的个体差异,考虑启发的梯度,在不同班级授课时,要根据具体情况调整启发诱导的方式。只有真正做到因材施教,因生施问,问题难易搭配,才能满足各个层次学生的学习需求。

(三)启发思维是启发式教学的核心

俗话说:"授人以鱼,不如授人以渔。"也有人说教人猎物,不如教人学习打猎的方法,意思都是强调方法的重要性。只有让学生真正掌握了有关的科学思维方法,启发式教学才真正取得了成功。在教学中,教师应通过启发思维,使学生的各种思维能力都得到应有的发展,诸如形象思维能力、逻辑思维能力、直觉思维能力、聚合性思维能力、发散性思维能力、创造性思维能力等。通过思维能力的发展,使学生具备良好的思维品质。教师在课堂教学中启发思维,应注意遵循三条原则:

1. 适时适度

在教学活动中,教师准确地把握教学时机,有利于启发学生思维,启迪学生智慧。同时,教师在启发思维中问题的难易要适度,速度快慢要适宜,广度的大小要恰当,恰到好处地引发学生积极思维,使学生的思维提高到"最近发展区"的水平。

2. 循序渐进

教师启发思维应注意学生的个别差异,学生的个性特点、知识结构、思维类型各不相同,就决定了启发思维的重点难点、方式方法必须因人而异。教师应根据学生的特点循序渐进地启发学生思维,学生的思维发展从具体到抽象、从个别到一般、从简单到复杂,教师要循其序而导引,使学生课堂思维富有节奏感和逻辑性。

3. 反馈强化

教师调动各种途径和手段启发学生思维时,应注意接受学生的反馈信息,及时作出相应的控制调节,使启发思维取得最佳效果。这就要求教师在课堂教学中及时捕获准确的反馈信息,并做出及时而准确的评价,强化学生的思维,调动学生课堂思维的积极性。教师恰如其分的表扬和赞许,会使学生及时改正思维的错误,直接影响学生的思维方式。

五、启发式教学实施的艺术

启发式教学应贯串整个教学的始末,具体来讲:

(一)在备课的过程中贯彻启发式教学思想

一名优秀教师对自己所教学科的内容是熟悉的。备课的主要内容是研究教材和学生的特点,设计合适的教学方法。而这个设计的过程就是如何贯彻启发式教学的过程。一般来说,我们使用的教材都有严密的科学性和逻辑性,而学生却各有不同。因此,要求教师对学生的情况了如指掌,为此,教师必须深入实际,调查研究,了解和掌握学生的思想动向,知识基础,接受能力,思维习惯,动机情绪,治学态度,以及学习中的具体的困难和问题等。有了这些方面的底数,教师才有可能做到每一堂课,每一席话都能围绕教学目标要求,恰到好处地激发疑问,启发诱导,起到促其深思的作用。所以说,我们备课,不仅要备教材,备教法,而且要备学生,备学法。设计出适合学生参与开发的最优教学方案。

(二)课堂中体现启发式教学

课堂教学是实施启发式教学一个重要而关键的环节,在课堂教学中教师应灵活运用各种教学策略,优化组合各种教学方法,科学而艺术地设计并组织课堂教学,保证启发式教学顺利实施。

1. 注意启发学生的情感,培养良好的学习动机

人富有情感,学生情感更为丰富。情感不仅反映事物本身而且反映客观事物和人之间的关系。如对某一事物的喜爱和厌恶,它带有很强的个体性和被动性。不同的学生在不同条件下对某一门功课会有不同的情感。情感是一种心理体验,很容易变化。正是这种易变性常常会打断学生思考的逻辑过程,使之出现跳跃,改变原来的思维方式。而思维灵性的产生常导于浓厚的兴趣和快乐的情绪。所以,教师在讲课时要特别注意学生的情感世界中哪怕是十分微妙的表现,要千方百计有意识地激发学生对课堂内学习的兴趣和热情。这种对学习的兴趣和热情关系到他的学习动机,直接影响学生学习积极性的发挥和教学的实际效果。正如爱因斯坦所说:"兴趣是最好的老师。"

2. 揭示矛盾,创设问题情境

创设问题的情境,组织学生参与知识的生成与建构过程,作为现代教学新理念正对教学改革发挥出日益显著的影响。启发式教学的关键是让学生积极地开动脑筋来学习。揭示矛盾,创设问题的情境,则是打开学生心灵窗扉,促使他们开动脑筋的一把金钥匙。人们常说:"思维活跃于疑路的交叉点。"意思是说,思维活跃在于有问题等待解决的时候。心理学研究证明:思维永远是由问题开始的。如果教师能够按照思维活动的规律,在教学中不断提示矛盾,创设出问题情境,使学生时时感到许多新鲜而有趣的问题必须思考,自然就会引起他们的高度注意,促使他们联想有关的旧知识,对比新知识,思考它们的区别和联系,设想诸种解答的方案,积极进行分析综合,一系列复杂的心理活动便在头脑中积极地展开。这不仅是真正消化理解知识的合理选择,也是发展学生的思维,提高学生分析问题和解决问题能力所必需的。创设问题的情境有多种手段:

(1)以教师巧妙的语言为引导创设问题情境

苏霍姆林斯基指出,如果教师不想方设法使学生产生情绪高昂和智力振奋的内心状态,就急于传授知识的话,那么,这种知识就只能使学生产生冷漠的态度,而不动感情的劳动就会带来疲倦。也就是说,学生只有在强烈的学习动机的驱使下,才会对学习表现出浓厚的兴趣。因此,通过教师巧妙的语言,创设问题情境,形成悬念,使学生处于期望、追求的心理状态,可以引发学习的兴趣,使教材紧扣学生的心弦,启发他们积极思考,从而提高学习效率。

(2)以学生质疑为依托,创设问题情境

在教学实践中,许多教师的课堂都没有专门组织由学生质疑展开讨论这一环节,其主要原因是:有些老师认为那样会浪费时间,影响教学任务的完成;有些老师担心学生的质问会让自己难以驾驭,从而出现尴尬的局面。殊不知,学生的质疑可以直接生成许多问题情境,打开教学的崭新局面。如一位语文教师讲授《孔乙己》一课中,学生就纷纷质疑,其中几个提问还生成了很好的问题情境。如"文章前三段都没有提到孔乙己,这样的开头是否太浪费了","文章的结尾说'大约孔乙己的确死了',既是'大约'又是'的确',这难道不矛盾吗? 孔乙己到底死了没有? 作者这样写,用意何在呢?"第一个问题很自然迫使大家去思考文章前三段分别写了什么? 这些内容对塑造孔乙己的形象有何意义? 对表现小说的主题又起了什么作用? 由此,同学们就被这些问题所吸引、诱惑,从而自然地进入了一种探究的良好状态。第二个问题起到了"牵一发而动全身"的效果。通过对孔乙己是"大约死"还是"的确死"及其原因的追寻,可以牵涉到人物的性格、命运、科举制度的毒害等诸多问题,各种学习任务由此迎刃而解。

在课堂上,学生质疑越多,说明他们对文本研究得越深入。学生围绕着自己想知道的问题展开学习,既提高了学习目标的有效性,也提高了学习的自主性和积极性,减少了老师过多地分析讲解,从而保证了课堂的高效性。

（3）以课堂生成为契机,创设问题情境

传统教学过分强调预设与控制,而新的课程观却十分注重课堂生成。恰当地利用生成性资源,可以创设良好的问题情境,使之成为教学过程中产生的动力性资源,促使学生进入高效学习的状态。如一位教师在教授话剧《雷雨》时,先带学生快速了解剧情,并通过讨论,初步认识剧中人物形象,在此基础上分角色朗读课文,目的是想借此发现一些问题,从而引导学生深入思考、品味剧中人物语言,把握人物形象。果然,学生的朗读比较投入,也可以看出他们对人物的思想感情能基本把握。但是,一些地方语速、语气、重音、节奏等没有处理好。教师没有立即告诉他们那些地方应该怎样读,而是跟他们说,没有读好是因为我们没有把握人物说话时的情感和心理,也就是没有把握人物语言的潜台词,要想深刻理解人物的心理,必须能体味其语言的深层含义、言外之意。于是,教师跟学生讨论文中几个"哦"字的内涵和语气,以及"三十年的工夫你还是找到这儿来了"这一句子的重音。（也是朗读有问题的地方）然后要求学生自己在课文里找一些句子进行品味,并说出自己的思考和发现。学生举了很多例子,课堂气氛也非常活跃,教师除了对学生的思考和发现进行肯定之外,主要在两个地方重点进行了引导点拨,深化了学生的认识,也取得了课前没有料到的效果。

（4）以教学活动为载体,创设问题情境

实践活动是培养和发展智能的有效组织方式,也是验证学校课程实施成效的一项重要指标。如果学生的求知欲望不强烈,就很难掌握一定的知识。因此,教师要用活动课程精心营造问题情境,发挥心理暗示作用,给学生一片发展的空间,让他们在体验中学习、思考、感悟,以充分感受学习的成功和快乐。在教学过程中,教师应在不同阶段,伺机用活动创设不同的问题情境,以营造一种宽松的教学氛围,激发学生强烈的求知欲望。如一位语文教师在讲述《变色龙》一文时,在整体感知并把握文章的主题之后,就安排一节课的时间,让学生自编自排课本剧。学生在认真研读课文的基础上,激烈研讨,认真揣摩奥楚蔑洛夫警官欺下媚上的心理和善变的性格特点。在编排表演中,他们互相磋商,相互协作,课堂气氛空前活跃。实践证明,是活动营造了这种浓烈的学习氛围,充分调动了学生的学习兴趣,及时捕捉了学生思维的火花,并让他们沉浸于思考中,体验别样的成功与快乐。

3. 采用多种启发教学的方法

在启发式教学中教师应用合理的教学方法,紧紧抓住学生注意力,促使学生高水平智力活动的开展。

（1）提问启发

提问启发,就是抓住教材的重点、难点和关键,根据学生的实际情况,由易到难,循序渐进地巧妙提问,促使学生在紧张而有趣的思维活动中去寻求答案,索取新知,培养学生在学习过程中善于发现问题、分析问题、解决问题的能力和创新能力。

采用这种方法,教师要善于提出富于思考性的问题,创设问题情境,提供思考的材料,指导思索的方法,引导学生积极思考,得出结论。在考究结论引发正确性的同时,更要注重从不同的层面和角度去寻求结论的途径和方法,学生用非常规的方式、方法表达意见,鼓励学生标新立异,培养学生的求新、创新意识和创新思维。

提问启发,也可引导学生经过思维而提出问题,经过师生之间的讨论交流,成为师生共同追求缜密的科学结论的活动,从而使学生学得活泼,思路广阔,创新意识强烈,对问题理解得深刻,掌握得牢固,并培养学生会提问题,善于、勇于、创造性地提出问题,且能够独立分析、解决问题,尤其能够在诸多问题中发现新的信息,新的联系,寻找新的突破口,勇于求新、创新的意识和能力。提问启发是各学科培养学生创新能力的常用方法。贯彻启发式少不了提问,但提问不等于启发式,怎样才算是启发性的问题?

首先问题必须切实揭示学生学习活动中的实际矛盾,而不是教师主观臆造的问题。每门课的教材,实质上都是在讲各种社会现象和自然现象的诸种矛盾的统一。但是由于学生知识经验的缺乏或被错误的学习习惯和思维方法所限,往往不能正确认识,因而不能积极开动脑筋发现问题。教师的责任就是揭示这些矛盾,开启学生心扉,培养他们独自发现问题,提出问题的能力。

其次,抓住主要矛盾,在重点关键上设问,而不是事无巨细,每事必问。抓主要矛盾就是要学生在关键问题上充分开动脑筋、集中优势解决问题,以收举一反三、触类旁通之效。如语文课讲授《孔乙己》,其中有这样一句:"孔乙己是站着喝酒而穿长衫的唯一的人。"他揭示孔乙己形象的深刻意义,实施学生加深对这篇小说主题思想理解的关键。教师抓住这一点,揭示矛盾、发问学生:"为什么孔乙己是'站着喝酒',而又是'穿长衫的唯一的人'?"这一句虽短,但却是带有全局性的,揭示了孔乙己这个深受封建思想毒害,没有爬上统治阶层,而又不甘心脱下长衫与劳动人民为伍的上不去也下不来的典型形象。同时学生联系到当时的社会背景,分析在孔乙己身上,为什么会出现这样的矛盾,学生思维积极、发言踊跃,很有启发作用。

再次,提问要精心设计,问题水平适合学生程度。问题难度过大,则令人可望而不可攀;问题过于简单,则又完全丧失了其实际意义,过难或过易的问题都不易形成具有强烈启发性的问题情景。应当是以让学生有满怀信心,兴致盎然跃跃欲试之意,使学生拾级奋力能上,而后发力一跃恰能摘到"果子"为好。例如讲《物质的量》时,教师一上课提出"18克水到底含有多少水分子?"同学们茫然,有的回答"不知道。"有的回答"条件不够好"。教师抓住矛盾,提出这样的问题,"假如给你一个氢原子的质量,一个氧原子的质量,你能算出来吗?"请同学开始算。同学们花了好几分钟算出来了,又问:"容易不容易算呢?"大家显然回答不容易。接下来教师说:"好,我们能不能找到一种方法或计量不需要算?"问题的情境勃然而发,人人思维活跃,急欲求得问题的解答,下一步无论引导学生自己得出新结论或由教师讲述,都会得到很好的启发效果。

(2)比喻启发

比喻启发是指教师灵活运用自然贴切、新颖有趣、生动形象的巧譬妙喻,将教学内容化难为易、化深为浅、化繁为简、化生为熟、化理为趣,达到启智的目的。在教学中,生动精切的比喻对于帮助学生掌握抽象深奥的科学道理,发展他们的思维,提高他们分析问题解决问题的能力,具有不可忽视的作用。如:数学课讲授平面直角坐标概念时,学生对于需要两个数据才能确定一个点的位置理解不深,教师就以看电影找座位的比喻来引导学生:只知道排数或只知道号数都不能找到确定的位置。只有同时知道几排和几号,才能准确找到位置。这样一比便很容易使学生理解坐标的概念。由此可见,恰当的比喻,不只使深奥的道理变得浅显易懂,而且使一些枯燥的教材变得生动活泼,给学生留下深刻明晰的印象,既有助于掌握知识,又能开发学生思维。

为提高比喻的启发效果,比喻应具有科学性、思想性和通俗性。比喻必须有助于确切地说明被比事物,而不致引起其他误解或歪曲原意。比喻能引起学生的联想,启发人的才智,有助于正确理解教材的实质。比喻应富有教育意义,能提高人的思想境界和品质。同时,比喻应是浅显的生动具体的,为学生所熟知的。

(3)故事启发

　　故事启发是指教师精心选择与教学内容密切相关的、简短有趣而又能说明问题的故事，以让学生从中受到有益的启示。有一位老师上生物课,讲昆虫的趋食性这一节时,讲了一个这样的故事:"在楚汉战争中,项羽被刘邦击败,星夜逃跑,当天亮到达乌江岸边时,突然发现,江边有几个黑色的大字:'项羽必亡'。他走近细看,黑字全是蚂蚁拼成的。顿时军中一片混乱,他们认为是天公要灭项羽,项羽无奈拨剑自刎了。"这时同学们个个聚精会神,纷纷猜测其中的道理。最后在教师的帮助下揭开了这个谜。原来是刘邦的军师张良利用昆虫趋食性的道理,黑夜派人用食油和米糖在江边写下了那几个字。招来无数蚂蚁,造成项羽军心的恐慌。故事启发的效果如何,主要取决于教师所选故事与教学内容的相关程度和教师本人讲故事的能力水平。

　　(4)类比启发

　　类比启发是指教师通过将相互联系的事物和知识放在一起或先后讲述,让学生通过对照比较,觉察其中的联系,而进行类推,得出结论。如物理课上在讲有用功、额外功、机械效率等概念时,借用了一个形象的比喻,要到书店去购买 10 元钱的书,采取用三种方式:来回乘坐 1 元钱的公交车去书店;来回打 3 元的士车去书店;来回走路去书店。问他们买书时钱的利用率各是多少? 通过类比启发,学生很快就理解了有用功、额外功、机械效率等概念,也明确了机械效率是所做功的利用率,是比率,不存在单位。又比如在讲决定电阻大小因素时,可以把导体对定向移动的电荷的阻碍作用,比喻成一群人要通过一条街道时,而街道对人的阻碍作用取决于街道的宽度、街道的长度和街道障碍物的情况等,自然推知影响电阻大小的因素是导体的横截面积、长度、材料和温度等。

　　(5)直观演示启发

　　演示启发是指教师利用直观手段和演示操作,让学生边观察边思考,将感性认识升华为理性认识。如在物理课上,教师为了使学生掌握"力矩"这一科学概念,他没有滔滔不绝地讲授,也没有从定义出发让学生死记硬背,而是根据学生已经学过力、力臂以及杠杆知识的情况作了三个实验:第一个实验室相同力臂,加以不同的力,从而杠杆向较大的力的方向转动,启发学生了解转动效果与力有关;第二个实验是力相同,而力臂不同,杠杆向力臂大的一方转动,使学生进一步了解到产生转动的效果与力臂有关;第三个实验是力不同,力臂也不同,但力与力臂的乘积相同,结果杠杆不动。三个实验的演示引起了学生认真地思考、热烈地讨论,无不力求探索其中的奥秘。在这样演示的基础上,教师引导学生得出结论,使杠杆产生转动效果的既不全是力,也不全是力臂,而是它们的乘积"力矩"。从而使学生生动明确地掌握了"力矩"这一概念,收到了很好的启发效果。可见,演示对于形象地揭示事物的矛盾,激发学生学习的积极性,培养观察问题、分析问题和解决问题的能力,形成鲜明确切的科学概念,是有巨大作用的。

　　演示的种类很多,除通过实验演示外,还可通过录音、幻灯、模型、标本、挂图等直观教具进行演示。这样从形象、具体的东西入手,是完全符合人们从感性到理性,从抽象到本质,从具体到抽象的认识过程的。它既启发学生的思维便于理解,又形成深刻印象便于记忆。

　　(6)讨论启发

　　讨论启发是指教师围绕教学任务,善于在关键处从学生实际出发,看准时机抛出问题,揭示矛盾,引导学生讨论研究,逐步寻求答案;或者是以议为主,结合读、讲、练,引发学生各抒己见,师生共同得出结论。讨论启发能激发调动学生独立思考,勇于发表见解,培养学生的创新精神和成功意识。比如学习《静电场》初期,学生对电场强度和带电体所受到的电场力,电势高低和带电体所具有的电势能分辨不清,常常误认为在电场强度大的地方,带电体

131

受到的电场力一定大,电势高的地方带电体的电势能一定高。通过在电场中大、小、正、负不同的带电体的讨论和比较,学生们很快就了解了电场强度和电视是电场本身的属性,而带电体所受的电场力的大小和方向,电势能的高低不仅取决于电场的性质,还要看它本身所带电荷的情况。从而提高了他们比较和辨别的能力。以后碰到类似的情况,学生便能根据具体情况进行具体分析。

讨论可以采用多种不同的方式,根据不同科目、不同问题,采取不同方式进行,如,全班讨论、分组讨论、结合具体问题讨论,内容深刻广泛,形式丰富多样。

(7)反诘启发

在教学中,当学生对于自己提出的问题或对教师提出的问题,作出不完全、不正确的回答时,教师有时并不直接解答或纠正,而是提出补充问题进行反问,使学生在反问的启发引导下,进一步开动脑筋,经过独立思考,自觉地纠正错误或不足之处,找出正确答案,这种方法叫做反诘法或称反问法。

由于反诘法总是在学生回答或提出问题的基础上,一步深似一步地提出问题,引导他们进一步地思考、学习、纠正错误、追求真理,而后得出正确结论,因而对于克服学生在注入式教法束缚下形成的习惯于死记硬背,不求甚解的不良学风,培养深入钻研、善动脑筋、追根问底的精神,发展他们的逻辑思维,提高分析问题和解决问题的能力,都是卓有成效的。

教师在运用反诘法时,必须熟悉教材、了解学生,掌握学生知与不知的矛盾所在,反诘的问题应与本题有明确的必然联系,不要离题太远,使学生感到"茫无边际,摸不到头脑"。有时新旧教材之间的跳跃较大,学生一时回答不了新问题,教师也可用反诘提出一些有关的较简易的问题做阶梯,引导学生步步深入来解决较难的问题。有时学生分析问题的方法错了,教师也可以通过反诘使学生感到自己的错误,自觉地加以纠正。反诘的问题在于引导学生用正确的观点方法去分析问题,而不在于暗示他们现成的结论,应注意提高学生的独立分析解决问题的信心,而不能粗暴地驳斥学生的意见,更不能嘲弄学生,迫使他们承认自己的无知。

(8)激疑启发

激疑启发,是指激发起学生的疑问,引发他们在生疑-释疑-置疑的循环往复中,在提出问题-解决问题-再发现问题的矛盾运动中探求新知,发展智能。疑的作用不可低估,它是产生认知冲突,造成求知欲望,形成探索和发现目标的动力,使学习具有自觉性、积极性和创造性。"疑"是探索,创新的动力和源泉,激疑启发是各学科培养学生创新能力的通用方法。在教学过程中,教师引导学生质疑问难,有意创设问题的情境,是打开学生心灵之扉,促使他们开动脑筋的一把"金钥匙"。宋朝学者朱熹在《学规类编》中说:"读书无疑者需教有疑,有疑者却要无疑,到这里方见长进"。"疑"是探究知识的起点。教师的责任在于把学生培养成为具有独立思考和独立行动的人。启发学生"于无疑处生疑",能开拓思想,启发学生多想、深思,培养探索问题的能力。更是从问题入手,引起悬念,意欲让学生博中寻觅问题的"归宿"和"落脚点"。这种教学方式在知识的重点、知识的联系、学生的思维发展上均可应用。如,在课题上设疑:在学习能被2.5整除的数时,教师首先让学生随便说出一些数,教师都能迅速判断能被几整除,学生验算后深惊奇,接着教师出示一组数问:"谁能很快答出能被2.5整除的数各是哪个? 怎样判断一个数能被另一个数整除呢? 他们具有哪些特征?……。这是我们今天要学的新内容"。以此导入新课,可使课题然而出,吸引学生积极思考,去寻找问题的"注脚"

此外,启发式教学艺术还有很多方法,如练习启发、侧面启发、目标启发、纠错启发等。

4.积极引进和运用现代化的教学手段。

现代化教学要求我们在教学过程中注意不断强化形声教学。幻灯、电影、录音、录像、多媒体课件等形声教学手段能给学生提供丰富而生动的认识材料,这些直感性很强的认识材料本身具有极强的启发性。它不仅可以引发学生的学习兴趣,而且,促进学生掌握知识和技能,利于发展学生的智力和能力,我们实行启发式教学,应积极地创造条件,在可能的范围内积极地引进和运用多样化的现代化的教学手段。使传统的常规的教学媒体与多样化的现代化的教学媒体有机地结合起来,以实现最优化的启发式教学。

(三)在课后工作中体现启发式

一个真正优秀的教师应该将启发式教学思想作为自己整体工作的指导思想。课堂以外我们要给学生留作业,搞活动,与学生谈心,这些都是为了达到启发学生思考问题的目的。教师与学生之间的谈话,不是一般人之间的闲聊,教师与学生谈话要讲求启发,启发的目的是要让学生学会用自己的头脑分析问题,而不是强求学生按教师的意志办事。

六、启发式教学应注意的问题

在运用启发式教学的过程中,由于各种主客观原因,部分教师会走进一些误区,产生一些负面的影响,因而教师在运用启发式教学的过程中要特别注意避免出现以下几个问题。

(一)假启发

"假启发"就是教师在启发前已经设置了一个唯一正确的答案,无论启发的过程中使用了什么手段,目的都是千方百计地把这个结果问出来。这种启发不管学生如何作答,最终还是被老师拉回"标准答案"上来,而不是引导学生讲出自己想要的答案。学生的参与是虚假的主体参与,独立思考成了牵引思考,课堂民主成了假民主。当然为了使学生的回答不偏离预先设置的答案,一般假启发的问题往往也是"假问题"。学生对这种问题不需要思考,也没有感悟,既不涉及知识的主动建构,也不涉及能力的培养提高,更没有真实情感的参与。因此,这样的课堂即使表面上很热闹,学生争先恐后举手发言,也和传统教学没什么区别。要提高提问的实效性必须关注学生的特点。谁都能回答的问题对他们来说已经激不起表现的欲望,找到这些简单问题的答案也不会引起他们的成就感,不能增加他们对本学科学习的兴趣。为调动学生积极的思维,问题就要设置在学生的"最近发展区",即"现有水平"和"潜在水平"之间,学生的"愤"、"悱"心理状态便是学生思考的兴奋区,这样可以更好地收到启发的效果。

(二)启而不发

如果课堂出现启而不发的冷场局面,一般有两点原因:一是课堂氛围不够开放,学生无话可说,或者至少是不想说;二是教师的提问不明晰或过于抽象,学生对问题不理解,不知如何回答。前一种问题主要出现在长期"满堂灌"的环境中,学生已经习惯在课堂上接受,即使问题设置很好,学生仍然没有思考和发言的积极性。改变这种状况需要一定的时间,教师要充分利用一些有效的方式,如设置特别的情境,或通过课堂上的"布白艺术",让学生拥有思维的空间,鼓励他们发言,肯定他们的进步,激发学生的成就感与好胜心,逐渐培育课堂上的民主氛围,培养他们的开放性、发散性思维,通过组织多样化的活动教学,让学生受到启发,心有体会,自然会畅所欲言。第二种问题的解决,要在提问问题上下功夫去思考:提问什么,怎样提问,学生才明白、才感兴趣、才能回答。应要注意以下几个问题:一是要注意提问方式的多样化,如果出现"冷场",不要急于用点名回答来"解围",通过引导学生集体回答可以烘托气氛,激起学生发言的积极性。二是要注意问题的层次性,一般来说要由浅入深。问题太难会使学生产生畏难情绪,所以问题设计得有梯度,就好像引导学生去攀登山峰,翻过一个

133

山头还有更高的山在前面招手,不断驱使学生去积极主动地思考,向困难挑战。所以,问题之间有一定的内在联系,又层层深入,既符合学生的思维逻辑,又符合学生的心理特征。在实践中会收到较好的效果。三是要重视提问的趣味性,强化学生的主体意识。可以通过模拟现实生活情景和片段等让学生能够参与到实践中去,在教学中体验实践,学生的积极性得到充分地调动,不但掌握了知识,而且也活用了知识,锻炼了能力,培养了兴趣。

(三)启发过度

启发过度一般有这样几种情况:

1. 学生发言离题太远,同学们的积极性虽然调动起来了,能够敞开思想、畅所欲言,但课堂上却出现离题太远的现象。这时要发挥教师的主导作用,因势利导,将问题的中心转回到与课堂相关的部分上来。这不是教师定调子、画框子,而恰恰是抓住了问题的实质,突出了重点、难点。当然,一定要注意不能泼冷水,以免挫伤了学生学习的积极性。

2. 纠缠于某个问题,争执不休。学生在讨论问题时对自己观点的坚持,往往会引起课堂上争执不休的局面。出现这种局面的时候,教师要分辨情况,灵活掌握,妥善处理。一般有两种情况,一种是没有争论必要的枝节问题。这种问题要向学生们讲明原因,防止纠缠不休,影响主要问题的解决和教学计划的完成。另一种是本节课必须解决的问题。这时需要教师仔细倾听两种对立的观点,如果两种意见一对一错,就需要肯定正确的,指出错误所在。如果是两种意见都对,只是认识问题的角度不同,这时就要适当点评,使他们统一认识,防止钻牛角尖,如果两种意见都不正确,教师要及时加以引导,使争论转向正确的方向。

3. 启发引发出课堂一时不能解决的问题。启发式教学引发的结果是开放性的,因此,有时在课堂上还会遇到这种情况,同学们一下子提出许多问题,而这些问题不可能在有限的一节课时间里全部解决,这时要分情况对待。如果碰到的问题与本节课教学内容有关,可以适当涉及,并利用问题引导学生的学习兴趣,也可以留下分层作业,让有兴趣的学生进一步研究。如果同学们提的问题是与后面的教材内容有关,就明确地告诉他们,待学到后面那节课时,再解决这个问题。如果遇到学生提出的问题出乎教师的意料,这时应该在同学们的热烈讨论中注意听、认真想,随时准备好自己的意见参与讨论,如果有些问题一时答不出来,就公开说明自己还没有想好,或者还没有弄明白,需要进一步研究再解答。但也不能把悬念留得太多,力求当节课解决大部分问题。这就要求教师不断学习,丰富知识,并在课前做好充分准备。启发过度往往与课堂控制不善有关。

因此,启发的预设和实施都需要精致、到位,当出现问题,更要及时通过点拨、引导、评价等方法,调整课堂的活动,这样才能收到良好的效果。启发式教学是一种有效的教学方式,但是使用的同时也要注意并不是所有的问题都适合启发,一些难度大、逻辑性强或者学生知识储备不足的问题,用讲授的方法效果反而会更好。"教无定法,贵在得法",因此,要选择合适的教学方法教学,不能又一次将教学方法僵化,这才是对启发式教学的科学理解,才能收到良好的教学效果。

第五章 定位"教育对象"的有效教学技能与艺术

在教学活动中,学生既是学习的主体,又是教学的对象。由于学生正处在成长期,学识水平、人生阅历、情感价值观、学习技巧等都存在局限,这就需要依靠教师发挥主导作用,按照学生身心发展的特点对教育内容、教育过程进行合理安排,最终实施于教育对象,达到使教育对象全面发展的目标。在发挥教师主导作用的过程中,不可无视学生生理、心理的接受力,需要掌握有效的教学方法,关注学生的情感、态度和价值观,用爱心赢得爱心,用真诚换得真诚,从而形成教师的人格教育力,使学生"信其师,亲其道",达到良好的教学效果。

第一节 发挥教师主导作用

教师在教学活动中通过有效地发挥主导作用,能够提高教学效率,创建良好的教学氛围,展现教师的人格教育魅力并感染教育对象。学生作为教育的对象,只有在平等、和谐、充满关爱的教育环境下接受知识,才能获得身心的共同发展。这是对教师合理发挥主导作用,采用有效教学方法提出的考验。综合我国教育现状及教育新理念,直叙引导式、内隐启发式和情感体验式的教学方法有助于教师发挥主导作用,引导学生达到全面发展。

一、发挥教师主导作用的意义

教师是传递和传播人类文明的专职人员,是学校教育的主要实施者。在教育过程中,教师处于教育者和组织者的地位,对教育内容、教育方法和教育过程进行组织,对学生的学习、锻炼、身心发展等都起到主导的作用。

教师在教学中占什么样的位置,一直是教育活动探讨的问题。历史上对教师地位主要有两种不同的看法。一种看法认为教师是教育活动的中心,教师能力水平、责任心、事业心直接决定学生的发展方向和水平,学生的发展与成长完全受制于教师的指导。另一种看法认为,教师的作用只是在满足学生的发展需要,学生自身的发展是主动的过程,因而学生才是教育活动的中心。这两种不同的观点和看法都从不同侧面、不同程度上揭示了教育过程中师生地位的某些本质,但就教育过程的本质和教学活动的目的性、计划性及复杂性等特点而言,教师应居于教学的主导地位。

教师之所以在教学过程中起着主导作用,首先是因为教师是人类灵魂的工程师,在塑造学生道德品质方面起着楷模的作用。教师在向学生传授知识、发展学生智力的同时,还把道德观念、行为准则传授给学生,培养学生良好的行为习惯。其次,教师是学生潜能的开发者,对人的智力发展起着奠基的作用。具体说来,发挥教师的主导作用有以下几方面意义:

(一)有利于提高教学的效率

教师是一个完整的、有自己的探究能力、理解能力和创造能力的人,为了有效地提高教学的质量,进行教学的"决策"行为,扮演了"决策者"的角色。由于教育是培养人的活动,因而决定了教师的劳动必然带有强烈的示范性,教师用自己的思想、学识和言行,通过规范与导向的方式去直接影响劳动对象。教师在教学过程中会将经过历史检验的知识最直接、最快捷地传授给学生,节省了知识的验证时间,提高了教学的效率。

(二)在一定程度上决定课堂氛围的构建

课堂气氛作为教学环境中的重要因素,发挥了心理磁场及潜在课程的作用,是渗透教于学中的并有暗示效应的一种力量。积极健康、生动活泼的课堂气氛仅仅依靠学生是不可能构建的，它需要教师的积极营造。教学过程更多的是考验教师的心理活动过程，教师营造充满生机的课堂气氛容易激发学生的求知欲，使学生大脑皮层出于兴奋状态，引起学生兴趣，从而更好地接受新知识。相反，如果教师主导作用发挥得不好就会造成消极、冷漠、沉闷的课堂气氛，使学生烦闷、延误、焦虑，使其消极地接受知识，势必变成一种灌输式的教学及高压、紧张的人际关系。可见，教师主导作用的表现程度直接决定了教学氛围的构建。

（三）展现教师独特多样的教学风格，对学生产生直接影响

富有个性的教学风格，是教师个性在教学中的自然流露，也是培养学生优良个性的重要手段。教师采用何种教学风格和学生的个性发展确实存在着非常直接的关系，教学的个性风格一旦和学生的个性培养联系起来，就显示出其不可忽略、不可替代的价值和作用。调查显示，在教师民主的教学方式教育下的学生比权威方式下的学生活泼、外向，较受朋友尊重，好奇心强，富有创造力，并且富有建设性探索力量。

然而，应当注意的是，发挥教师的主导作用并非让教师成为整个课堂的支配者，而是本着满足学生求知欲，培养学生身心发展的目标，积极地引导和启发学生，从这一方面上讲，教师需要对整个课堂的安排拥有相对的主动权。至于如何把握好度的问题，关键在于教师的理念，只要心里有"还课堂给学生"的宗旨，就不会造成专制型的课堂效果。

二、发挥教师主导作用的具体教学方法

很多学生感觉所学的知识技能是了无生趣的，之所以会产生这样的感受，更多时候需要从教师层面进行反思。哲学认识论认为，知识的价值以及它的呈现方式在一定程度上决定着它的趣味性，教师能否采用有效的教学方法将死的知识变成活的教学内容是发挥其教学主导作用的重心。教学内容应当是有趣味又有价值的有逻辑性的系统知识技能体系，但对于具体的知识而言，价值往往隐藏于其中，教师如能运用新式合理的教学方法巧妙地帮助学生认识教学内容的价值，那么他们就会对所学知识技能充满兴趣，而且在知识技能的掌握基础上，发展认识能力，培养道德以及健全的心理品质。

（一）直叙引导式

直叙引导式即教师叙述，学生理解，教师安排具体的教学步骤，学生按照教师的引导吸取训练知识技能。这是一种直接的、自上而下的知识呈现方式。在当前的教育背景下，发挥教师主导作用不是简单地由教师告诉学生"是什么"、"为什么"，学生根据教师的讲解，记忆"是什么"与"为什么"的知识或形式主义、呆板的技能训练，而是更加注重教师在直叙方式中的引导、刺激策略。下面一则案例中，教师以提问作为激发学生学习的导火索，引导学生畅所欲言，根据学生的回答步步引导，最终达到学生深入理解教材的目的。

直叙引导式教学案例：

师：下面的两个故事中，晏子的语言体现的智慧究竟在哪？请同学们自由选择，联系上下文读读晏子的话，看看这语言的背后究竟藏着什么力量。

师：请同学们交流。大家注意听，看看他的见解与你有哪些相同与不同，可以补充，可以升华。

生：我说第二个故事。你看，楚王嘲笑齐国没人，就是说齐国没有人才，怎么派你这么个拿不出手的人来呢。晏子是"拱了拱手"说，既是礼貌，又是不卑不亢。也许在"拱了拱手"的时候，低头想对策，但不让楚王发现。

生：还有，晏子是"装着很为难的样子"回答楚王的。这是故意的，让你楚王先得意，一会就让你哑口无言。同时，还是给楚王足够的面子。

生：再有，不但如此，晏子还说"敝国有个规矩"，不但把自己国家放在低处，还要说，不但我讲规矩，我们国家也懂规矩，不像你，作为一个国王竟然这样不懂规矩。

师：那意思就是晏子和齐国做到了"规圆矩方"了。很好。再读读晏子说这句话的前后表现，看你还发现了什么。

生：我发现了，晏子说这句话的时候是"故意笑了笑"。我认为晏子故意笑了笑，是晏子笑楚王太狂妄了。但只是笑，不是发脾气。这不是正面在讽刺楚王，他是在拐弯抹角地讥笑楚王。

生："故意"是说我们有目的地去给别人看的事，所以，刚才晏子是"看了看"，现在是"笑了笑"，说明他缓解紧张的气氛，笑得非常轻松。

生：晏子的笑也是自嘲呢。晏子承认自己个子矮，不中用，因为不中用的人派到下等国家，所以说楚国是个下等国家。

师：而我们的国家人才多啦！用刚才学的成语，那叫——

生：张袂成阴，挥汗成雨，比肩继踵。

师：我们看了多少广告，你看那些形象代言人，什么飘柔洗发广告的靓女啊，什么雅戈尔西服广告的酷男啊，总之一句话，要做广告代言人，那得——

生：帅。而且要是国家外交官更是风度翩翩。可是晏子个子就这么高，要形象，没形象，要个头，没个头。

师：楚王啊楚王，你笑吧，你冷笑，嘲笑吧，你不是说我不中用吗？这是敝国的规矩，就让我这不中用的人——

生：访问你这样的国家。（大笑）

师：我就笑着和你说，一点都不生气。（笑）大胆想象，当时晏子的表情会是什么样？

生：晏子一脸得意。[1]

教育心理学研究表明，个体内部因素对学习动机的有效激发和维持是至关重要的，当个体需要未得到满足时，就会处于唤醒状态，需要教育者开启这种朦胧状态。而此时，学习者又是清醒的，警觉的，其神经系统处于激活状态，对于即将出现的刺激有一种加工的准备倾向。[2] 因此，从心理学的角度，直叙引导式教学法是在学生处于需要唤醒的状态下，抓住时机进行启发引导，刺激学生神经系统，使其更加积极地接受即将进入大脑的知识。具体来说，直叙引导式教学大体要按照以下三个步骤进行：

第一，创设问题情境，激发学生求知欲。这是教师进行直叙引导的准备阶段。教师通过创设问题情境，将讲授的内容隐藏其中，和学生固有的知识理念及求知心理产生碰撞，将学生引入与问题有关的情景中。类似于苏格拉底在讲学中运用的"产婆术"，不是将现成的理论灌输于教育对象，而是通过不断引导，使学生认识并承认自己先前知识的不足。当学生脑中的新旧知识产生"矛盾"时，就可以在旧知识基础上引入新问题，激发学生的求知欲望，使他们有迫切需要阅读课本和解决问题的要求。在创设问题情境时应注意问题要新颖有趣、有适当的难度，靠近学生的"最近发展区"，带有启发性，善于将所要引入的知识寓于学生实际掌握的知识基础之中，造成其心理上的悬念。

第二，将直观材料呈现渗入教学指导中。在进行直叙引导式教学活动中，单单靠教师平铺直叙的讲述显然是枯燥乏味的，也不会达到学生良好的学习效果。教师在引导过程中要

---

① 窦桂梅.阅读尊严——我教《晏子使楚》[J].人民教育.2006.(2).
② 皮连生.学与教的心理学[M].上海：华东师范大学出版社，1997.291.

注意把握学生的心理接受力,运用直观的材料呈现,吸引学生的注意力。夸美纽斯指出,"一切知识都是从感官的感知开始的。"①只有在感觉中存在的东西,理智上才会出现。教师在进行教学内容讲解的过程中,可以将直观材料渗透到教学的讲述中,通过图画、幻灯、录像、报告会、实验演示、野外考察等多种方式来培养学生对学习内容的浓厚兴趣。

第三,利用学习动机迁移,拓展延伸。当学生在掌握课本上的学习内容后,教师不应就此停止教育活动,要把握住学习动机的时机,运用迁移原理对该类知识进行拓展延伸。教师可以旁征博引,因势利导地把学生对已有经验的体悟迁移到学习该类知识上来。由此,才能使知识在学生的脑中更加巩固,在情感、态度、价值观方面更加认同该知识。

(二)内隐启发式

杜威强调教学中个体的亲身领悟和体会,他认为"思想、观念不可能以观念的形式从一个人传给另一个人。当一个人把观念告诉别人时,对听到的人来说,不再是观念,而是另一个已知的事实。这种思想的交流也许能刺激别人,使他人情问题所在,产生类似的观念;也可能使听到的人窒息,不合本身的兴趣,压制他开始思维的努力。但是,他直接得到的总不能是一个观念。只有当他亲身考虑问题的种种条件,寻求解决问题的方法时,才算真正在思维"。②

与直叙引导式相对应的,是将教师的指导作为"隐性"的辅助手段,通过学生自我学习的主动建构达到使学生身心和谐发展的目的。过去有些学者认为这是教师的"无为而治",实际"无为"是表面的,对于学生的学习过程如果不加过问和指导必然会倒向自由放纵的另一个极端。

中国历来有重视"学生自学"的传统,孔子教人的姿态是"不叩不鸣"。按照这个传统的做法,学生的"自学"成为教师教学的一个基本前提。在个人知识和隐性知识的视野中,知识不是一件简单的可以告诉或言传的事情,内隐启发式教学要求将自由选择的机会重新转让给学习者,意味着把亲自经历、亲自体验、亲自发现、亲自研究的时间和空间还给学习者。教师主导作用的发挥在于教给学生整体地亲自感知,让学习者在整体亲历中"心领神会"。

在内隐启发式教学方法中,学生面对隐性的知识自己在疑惑的、迷茫的探索中寻找获得知识、解决问题的方法,这个过程需要自己作出谋划并获得某种确定性的答案。学生之所以能够受教师的激励去亲自接触和体验课程资源,是因为学生原本已经具备内在的求知热情。在这种主动探索中,学生才会赢得真实的、丰富的、可言传及不可言传的个人"经验",学生才可能因此形成属于自己的"隐性知识"系统。在这种教学方法中,教师需要保持"无为而教"的自我克制,不要过多地干扰学生的自由学习权利及选择空间。但这并不意味着教师可以袖手旁观,教师的主导作用更多地是为学生提供大量的课程资源,唤醒和激励学生亲自去接触、体验课程资源,并用心倾听最终的结论是否正确。下面这一则便是教师在教学过程中充分运用了内隐启发式的教学方法,让学生自己寻找答案,最终成功的案例。

"蚯蚓的再生能力很强,把一条蚯蚓切为两段,放回土中没几天就会变成两条完整的蚯蚓……"金老师在课堂上讲到这里,一个小手举起来:"老师,如果把蚯蚓切成三段,能不能变成三条蚯蚓?如果切成四段、五段呢?"

教室里议论纷纷。鼓励学生大胆提问是创造教育的要点,面对学生的发散性思维,金老师说:"这个问题提得好,有创造性!老师一时回答不出,要靠大家一起来开动脑筋解决它。"

"去翻《十万个为什么》。""写一封信到自然博物馆请教专家。"还有同学提议干脆做一个

---

① [捷]夸美纽斯. 大教学论[M]. 北京:教育科学出版社,1999.112.
② [美]杜威(王承绪译). 民主主义与教育[M]. 北京:人民教育出版社,1990.170.

实验来看看结果。于是教室里多了几只大口瓶,几天之后,结果出来了:切成两段的变成了两条活蚯蚓;切成三段的,中间一段不能成活。在学生们的信息记录本(日知录)上,又多了一条有意义的信息。[①]

(三)情感体验式

情感体验式,即教师通过教学的设计,让学生参与其中,在活动中体验情感并获得正确的取向,教师适时进行点拨、引导、评价。情感体验式教学主要是针对活动课程和价值引导性的课程而言的。这类课程对教师提出了更高的要求,教师的关注点要集中在情感教学上,让学生获得真实的情感体验,帮助学生塑造完善的人格。

学生的情感往往是内隐的,需要教师动情地激发,以产生巨大的学习动力。要使学生产生丰富情感,教师就必须首先具有情感,在教学过程中倾注积极的情感和真诚的爱心,而且要将它们传递出来,用情感和爱心去感染和打动学生,引发学生的共鸣,让他们伴随着丰富而快乐的情感体验参与到教学过程中。在情感体验式教学中,教师一个简单的眼神就可以让一帮吵吵嚷嚷的孩子们安静下来,一个难以捉摸的微笑就能激发起学生的兴趣,这些行为本身必须从教师身上由衷地体现出来。

情感体验式教学中,教师的主要任务是创造促进体验学习的课堂气氛,一旦和谐的气氛形成后,随之而来的便是儿童的自我指向的学习,为此教师需要有真诚的感情,表现出温暖和同情。教师可以清楚而具体地描述自己的感情,以便让学生了解自己现在内心的感受。这样,就可以避免教育对象的不理解或误解,也可以避免他们的猜疑。戈登根据人本主义心理学的原理,设计了一项教师有效性训练,这种训练方法用在情感体验式教学会大有裨益。例如由于学生的行为使教师愤怒,在解决问题时,教师要一方面积极地倾听,一方面尽可能真诚和坦率地说出自己的感情。包括具体说明使自己生气的行为及其确切的后果,以及后来教师有什么感受。如教师可以说:"上课时你们说话(令人讨厌的行为),打乱了我的讲课(后果),我感到痛心(情感)"。教师表达的这种信息在师生之间造成了一种亲切感,没有强制的味道。[②]

综上所述,教师在教学活动中发挥主导作用对教学效率、教学氛围以及教师人格魅力的塑造有着极为重要的作用。然而,在不同的教学环境下,针对不同的教学内容和教育对象,教师的主导作用的发挥也需要采用灵活的教学方法,巧妙地帮助学生认识到学习内容的价值,并引导学生学会学习,教给他们学习的方法及策略。

第二节　发挥教师的人格教育力

学生作为教学的对象,在学习活动中与教师的关系最为密切,教师的言语和举止会对学生产生深刻的、潜移默化的影响,其广博的知识、道德情操、人格榜样以及丰富的情感和幽默的教学艺术都会对教育对象起着示范、激励和熏陶作用,从而形成教师独特的人格教育力。

一、教师人格魅力的教学意义

人格,从外在表现来看,是对人的性格、气质、能力等特征的综合描述,属于人的社会内涵范畴;对个人内在而言,是一个人比较稳定的、本质的、独特的心理倾向性和心理特征的总和。学生健全的人格需要人格魅力的感召。人格魅力是个人的性格、气质、能力对他人产生

---

① 苏军.创造之"火"从小燃起——闸北区和田路小学创造教育纪事[J].文汇报,2006年6月10日.
② 皮连生.学与教的心理学[M].上海:华东师范大学出版社,1997.274.

的吸引力和感染力。作为施教的主体，教师的性格、气质和自身能力等整体的精神面貌若能在学生心理上产生积极的吸引力和感召力，就会成为教师发挥出独特教育力量的人格魅力。

教师的人格魅力既是其在长期的职业生涯中积累的智慧，更是内在心里素质和道德修养的体现，而形成人格魅力的过程需要自身不断地探索、完善和感悟。因此，从形成过程来看，是教师在知识、经验习得的基础上，从情感和教学实践等多个层面上历练起来的综合素质，是人格的升华。而这种人格魅力一旦确立，影响的受众面是广泛而深远的。心理学研究表明，教师的人格魅力对学生人格的形成具有正相关的积极影响。因此，教师的人格魅力也就逾越了个人的影响力，更多的是对于受教育者来说的。乌申斯基指出："在教育中一切都应当以教育者的人格为基础……只有这样才能影响人格的发展和形成，只有性格才能形成性格。"[①]在教育环境中，教育者和受教育者几乎朝夕相处，作为正处于人格心理发展阶段的学生有着较强的模仿力，他们将教师视为最直接的榜样。因此，教师的语言、行为举止势必会对受教育者产生深刻的、潜移默化的影响。教师的人格魅力是最大的教育力量，会使学生产生积极的情感反应，能够在引导学生形成健全人格、树立高尚的道德情操方面起到积极的作用。

21 世纪教师人格魅力的展现不再只是单向的传授知识的工具，而是承载着点燃知识和引发情感的"火把"。优秀的教师在施展人格魅力的时候，会将知识和美德转化为智慧，教学生于无形之中，受教育者会将吸收的智慧逐渐积淀为人格。这也正是乌申斯基所讲的"只有性格才能形成性格"道理。教师对学生充满挚爱与呵护，将学生看作是有"生命创造"的个体，那么其智慧和知识才会最大限度地被吸收，学生会受到教师的感召力，将其视为楷模和效仿的榜样，由此形成健全的人格心理。若教师缺乏教育智慧和人文关怀，人格魅力也就无从谈起，这种应付、冷淡的心理也会传递给学生。因此，从一定意义上说，教师人格魅力水平的高低决定了学生人格发展的成功或失败。

(一)教师人格魅力的形成因素

如今，对于怎样才是有人格魅力的教师还没有一个具体细致的定义，但按照素质教育和新课程改革的评价标准，教师的人格魅力通常表现为有良好师德、精湛的专业知识、充满爱心的情感状态，掌握智慧的教育方法。

1. 良好的师德是教师人格魅力的基础师德，即教育者的品德。"学高为师，身正为范"，要真正成为学生的楷模，首先要以"身正"作为从师的基本标准。《论语·子路》中说，"其身正，不令而行；其身不正，虽令不行"。教育者有师德，不是仅仅停留在为受教育者讲授道德理论那样简单，自我心理品德及行为表现具备较高的道德影响力的教师才是真正有师德的教师。一位有师德的教师能够成为学生道德人格形成的标尺，起到道德的表率作用；而一位满口"道德"，自身却没有为人处事起码人格品质的教师是受人唾弃的。口头的品德教条、书本的道德说教远不及"身教"来得直接、深远。

2. 精湛的专业学科知识是教师人格魅力的必要条件。教师担负着传播知识，弘扬文化的重任，是专业知识的承载体。作为教师基本的职业体现，拥有夯实过硬的学科知识是必备的。从狭义上来讲，教师之所以能称之为教师就在于其"闻道有先后，术业有专攻"的职业特点。在受教育者的心目中，一个有能力的教师往往被评价为知识广博、专业水平深厚、教学成绩显著的施教者。在学生心理上，这样的教师是充满知识导航者的魅力的，他能够让学生信服和敬仰，从而使得学生对于教师有着潜在的向心力。

---

① 【苏】乌申斯基.人是教育的对象(第 1 卷)[M].北京:科学出版社,1959.131.

3. 充满爱心的情感状态是形成教师人格魅力的心理品性。教育是内因和外因共同作用的结果,学生的潜力不会自我完全萌发,有待教师去开启。很多人狭义地认为,所谓学生的潜力仅仅指其学习成果,挖掘学生的潜力就是想方设法提高学习水平。这是十分片面的。学生的健康成长更多的是其心理的健康状态,新时期的教育已经开始注重受教育者的内心需求,学生是需要被尊重、被关怀的。只要对学生充满爱心,那么教师就会发自内心地对学生散发着亲和力,其语言和肢体行为的感染力就会拉近师生间的情感距离,在这样状态下成长起来的学生就会愿意展现,喜欢将自己的特长与别人分享,从而激发出内在的求知动力。教育心理学中揭示的"皮格马里翁效应"即期待的教育作用,就能充分说明这一点。充满爱心的教师能够给予学生富有人文关怀的教育,能够照顾到学生个性的差异,能够创造一种宽松的、开放的、无威胁的氛围,使每个学生都乐于接近教师,从而提升教师的人格魅力。

4. 丰富多样的教学方法促进教师的人格魅力充分展现。学生正处在活泼好动的年龄阶段,死板的教学方法会掩埋学生的潜力。有的学生在课堂上无精打采,很多情况下不是听不懂,而是自身提不起听讲的兴趣。知识本身没有很强的"生命力",如果教育者按照单纯的"传道、授业、解惑"的固定模式来传授知识,势必会将"死知识"硬生生地填进学生的脑袋里。然而,拥有人格魅力的教师就不会在教学中只采用一种单一的教学方法。在新课程改革的大背景下,教学内容更加丰富多彩,教材编写及管理的理念也发生了转变,目的是要学生的思想和潜力"活"起来。新时期的教师如果能利用好这些教材,采用智慧多变的教学方法定会紧紧抓住学生的关注力,同时也会展现教师的人格魅力。

(二)教师人格魅力的作用

具备以上四项条件的教师才是真正有人格教育力的优秀教师,同时,我们也能看到拥有上述人格魅力的教师能够使学生的心理和行为带有"向师性"。具体来讲,教师人格教育力对教学和教育对象的作用,可以分为以下几种:

1. 发挥榜样示范作用,提升学生的道德境界

在学校里,教师是学生最亲近、最尊重的人,所以教师往往成为学生最直接的榜样,教师的一言一行深刻影响着学生的成长。一位有着纯洁高尚的道德人格,有着高度的事业心、使命感和责任感的教师,对学生来说无疑起着显著的示范作用。这种高尚的人格魅力一旦得到认同和宣传,就会激起学生效仿的心理需要,达到一定阶段会自我内化,从而形成个体自觉的行为习惯,提升个体的道德境界。教师区别于其他职业的最大特点是:教师劳动的对象是一个个活生生的人,教师的目标是培养和塑造身心健康的人。同时,教师作为人的个体,也是采用个人的人格、精神魅力来育人,其言行举止的示范性对学生有着直接的影响力,会潜移默化地传染给学生。一位拥有高尚品质的教育者,会使学生得到情感上的亲近,成为学生人格的楷模,其散发出的人格魅力可以影响学生的一生。

2. 对学生起到激励的作用,促进学生学业的发展

充满人格魅力的教师拥有崇高理想和丰富的知识,其身体力行所表现出来的对知识和事业兢兢业业的态度都会影响学生的心理倾向。学生在欣赏教师人格魅力的同时,会反思自己的学习和行为状态,激励自己以教师为榜样,激发自身潜在的动力因素,朝着预定的目标努力。

一般说来,教师的学识越渊博、身心素质越健康,其对学生的感召力就越强,人格魅力就越大。教学的过程不单是传授知识的过程,还需要师生间双向互动的思想情感交流。在交流的过程中,学生若能感受到教师丰富的情感,深厚的专业知识和健全的人格力量,定会景仰教师,并确立教师在自己心目中的威信。形成了教师的威信,才能更大程度上激发学生学习的积极性。因此，教师以其自身的人格魅力，能够激励学生学业的进步和发展。

3. 对学生产生潜在的熏陶作用，增进师生情感

荀子在《劝学》中说："与善人居，如入芝兰之室，久而不闻其香，即与之化矣。"教师的人格魅力对学生的气质、性格能够起到润物无声、春风化雨的作用，犹如唐代诗人杜甫在《春夜喜雨》中描写的那样："好雨知时节，当春乃发生，随风潜入夜，润物细无声。"富有人格魅力的教师能将学生的精神力量紧紧地凝聚在一起。青少年的自我意识比较强，渴望被尊重、被肯定，而教师充满爱心的人格魅力能够使师生间做到平等的交流与沟通，能够探寻学生真正的内心世界。教师的爱心能够感化学生的情感，解开学生心理的结，增强其求学的自信力，通过和学生分享自己的求学经历和一些人生感悟，拉近师生间的距离，克服他们的自卑感，成为学生心悦诚服的"良师益友"。

二、教师人格魅力的修养途径

"使学生得到全面发展"的培养目标以及教师队伍中客观存在的竞争压力迫使一线教师不得不努力进取。一些教师把自己的发展只寄托于学校或他人，这是十分错误的。教师职业的真正价值，在于用自己的智慧点燃他人的思维，换来种豆得豆、种瓜得瓜的成就与收获，在为学生的成长铺路搭桥的同时，也使自己与学生一道发展、一起进步。教师用自己的教育智慧参与到学生的生活中去，与学生发生心与心的碰撞和共鸣，与学生一道不断地创造和学习，从中展示了自己的职业特性，提升了其人格魅力。教师成长的自主追求是教师个体对自我的不断超越，是一种追求自我完善、提升个人魅力的内化行为。那么如何才能提升教师的人格魅力呢？

（一）增强道德责任感

教师的人格魅力首先来自其道德魅力。教师的道德责任感是教师道德品质重要部分，尤其是职业道德修养和教书育人责任感的体现。具有高尚道德品质并对教学充满责任感的教师，会使学生因"亲其师"，而达到"信其道"。作为教学一线的实际教育工作者，教师的道德风范体现在与学生相处、交流中，其一言一行都对学生产生示范性的影响，也都成为学生关注的焦点，受到学生们最严格的监督。注重师德历来是教师应当奉行的准则，也是提升教师人格魅力的主要途径。

通过增强道德责任感提升人格魅力，首先要以高尚的道德品质打动学生。教师作为学生学习的楷模，自身道德行为端正才能做好表率作用。自身刚正不阿，在育人的时候才会铿锵有力，以身示范。缺乏道德责任感的教师，不会为学生信服。教师在道德方面要具备高尚纯粹的道德品质、坚韧不拔的意志品格、正直诚实的人格情操、任劳任怨的奉献精神、健康纯洁的心理素质、积极向上的处世态度和豁达乐观的宽广胸怀，以这样的心理能力精神状态与道德情操去感染学生，丰富他们的精神生活，培养他们的崇高精神，造就他们的高尚人格。

其次，要保持敬业奉献的责任感。唐代诗人李商隐在《无题》诗中就有"春蚕到死丝方尽，蜡炬成灰泪始干"的诗句来赞美教师，教师的敬业奉献精神受到人们的敬仰，这是对教师人格魅力的浓缩。教师敬业奉献精神源于对教育事业的无限热爱，当教师热爱教书育人这份职业，就会表现出热情洋溢的激情和孜孜不倦的执著追求，这种充满朝气的动力播散在学生中间，学生就会从教师的身体力行中得到感染，会被教师的敬业精神所感动。教师用毕生的精力致力于培养国家的栋梁，足以彰显其人格魅力，受到学生的尊重，成为学生学习的榜样。

（二）主动学习

教师的专业素养和教学水平是人格魅力最直接的呈现，也是学生评价教师最直接的影响因素。学识渊博、不断进取的教师受到学生的尊重和敬仰。前苏联教育家马卡连柯曾说过:"学生可以原谅教师的严厉、刻板甚至吹毛求疵,但是不能原谅他们的不学无术,如果教师不能完善地掌握自己的专业,就不能成为一个好教师。"然而,有些教师自恃自己的知识储备足以"应付"学生,便不思进取,教学水平依旧维持现状。这种想法其实在推卸师道的责任,陶行知先生认为,"我们却不能懈怠,不能放松,一定要鞭策自己努力跑在学生前头引导学生,这是我们应有的责任。师道之可敬在此。所以我们要一面教,一面学。"①只有这样,教师才能不断完善自我,提升自身的人格教育力。

首先,提升教师的专业素养需要做好主动学习的准备。这是一个学习化的社会,继续教育、终身学习是流行的标语,反映了时代的要求。教师的培训及再教育是教育的主要内容。教师应树立主动学习,"以教人者教己"的观念在主动学习之前检查自我现状,盲目的或者被动的学习会让教师陷入困境而不能自拔。教师不应满足于现状,要把自身当作重新认识和思考的对象。例如,专业知识是否足够广博,是否有进修的必要;思考最近在教学方面遇到的瓶颈,在处理学生问题时是否采用了最恰当的方法;在教学理论上是否进行了积极的钻研,是否吸取了前任的成果并掌握了最新的教学发展动态。

其次,不断学习理论知识,能不断开阔视野。随着知识经济时代的到来,教师要不断汲取新知识,采用新方法,用最先进的教育理论武装自己,努力提高专业素养和专业水平,只有这样才能胜任职业角色,出色地完成教书育人的使命。作为教学一线的教师,要主动学习掌握所教学科扎实可靠的基本知识、理论体系以及相应的技能、技巧;熟悉学科的历史、现状、发展趋势;必须系统地学习掌握教育学、心理学、学科教学法等教育理论知识,遵循教学规律。这些理论知识及应用技能是提升教师人格魅力的精神食粮或物质资料。正如苏霍姆林斯基说的那样,"每天不断地读书,跟书籍结下终生的友谊。潺潺小溪,每日不断,注入思想的大河。读书不是为了应付明天的课,而是出自内心的需要和对知识的渴求。如果你想有更多的空闲时间,不至于把贝壳变成单调乏味的死扣教科书,那你就要读学术著作。应当在你所教的那门科学领域里,使学校教科书里包含的那点科学基础知识,对你来说只不过是入门的常识。"②没有教育的理论指导,没有正确的教育观,不懂得教育教学的规律,就不能有效地运用教学模式和教学方法,必然导致教育教学工作的高消耗、低效率。在扩充理论知识的同时,教师还应主动地积累理论经验,并以教学实践为参照,对自己进行适当的反思。随之再将自己加工过的教学理念、教学设计运用到教学实践中去。

第三,主动学习能观察领会他人的教学方法。对于教师来说,最困难的是走出自己个人狭小的教学空间,去看看他人正在努力改进什么。一些教师沉默寡言,喜欢独来独往,以自我为中心,这不利于自己的发展。要多与专家和其他同行交流,积极主动地参加学术研讨,不放过任何听课学习的机会。在交流过程中,积极大胆地提出疑问和问题,发表自己对于教学的思考和创新性的观点,很多棘手问题的解决办法就是在教育者之间的相互交流中产生的。

教师的主动学习使得教师针对教育问题展开"从下而上"的探索和寻求,教师不断学习、不断提高的过程具有极强的导向性、示范性,是学生身边一部具有说服力的"教科书"。教师强烈的进取意识、顽强的学习精神有助于激发学生学习的内驱力,帮助学生确立终身学习的理念,培养认真、执著的学习品质,开发自身的学习潜能,不断地发展自我、完善自我、超越

① 陶行知.陶行知文集[M].南京:江苏教育出版社,2008.60.
② [苏]苏霍姆林斯基著(杜殿坤编译).给教师的建议[M].北京:教育科学出版社,1984.7.

143

自我。

(三)培养丰富的情感

具有人格教育魅力的教师一定是感情丰富、有血有肉的教育者。教师每一份爱的付出都会收到爱的回报——学生的尊敬和信任。教师对学生的真切关爱、尊重与信任是其人格魅力中最容易为学生认知和感受的,也是学生的个性和潜能得以发挥的推动力。

教师丰富的教学情感来自对职业的热爱,不爱本职工作的教师不会付出太多的情感,也必然不会全身心地投入工作,教学上表现为满足于现状,得过且过,最终不会形成教师的人格魅力。然而教师一旦将内在的情感表露,将爱倾注到学生身上,表现为对学生的敏感和关怀,善于捕捉学生的闪光点,以友善、真诚的态度对待他们,给他们以心灵的启迪,学生就会感受到教师爱的温暖,愿意敞开心扉地同教师交流。

教师在有意识地培养自身丰富情感时,首先,要时刻注意自己的言行,多用肯定的、探讨的口吻与学生交谈。只要学生努力去做,教师都应该说:"好,非常好。"因为,学生只有对自己充满信心,才能在无限的空间实现飞跃。教师的真诚会塑造学生的真诚,教师以温柔的个性对待学生,也会让学生体验人性的美好。对学生来讲,这样的教师就是人格高尚、充满魅力的。一句无意的恶语中伤则会给学生造成无法磨灭的心理阴影,这种消极影响会渗透到学生对待教师的看法以及学习的态度上,学生害怕或者讨厌教师,心理上产生抵触心理,又何谈人格魅力呢?其次,不要吝惜鼓励与赞美。在成长期的学生们,都渴望得到老师的肯定,这成为他们进步的很大动力。当学生在学习中取得进步并获得快乐时,教师应当与之一起分享快乐和成就,并充满感情地给予赞美,鼓励其朝着积极的方向进步。当学生因遇到挫折而萎靡不振时,教师可以举出古今中外的事例或者亲身体验开导学生,给予亲切的鼓励与安慰。教师关怀的眼神或者话语能够驱散学生心理的阴霾,此时,学生感到自己是被关注、被重视的,从而能够更清楚地认识自己存在的问题,积极地寻求解决办法。只有教师以平等的、欣赏的眼光看待学生才能成为他们的良师益友,才能提升自己的人格魅力。

三、教师人格魅力在教学中的具体体现

学生对于教师最直观的了解是在课堂的教学中,教师需要将自身的人格魅力最大限度地展示给学生,对其起到感召作用。然而,教学中更多的是对教学内容的设计安排,因此,在教学中体现教师的人格魅力,应当将教师积累的道德心理品质,充满爱的情感以及忠诚奉献的职业精神融入于教学之中。

(一)旁征博引,拓宽视野

教师的才学和才能,是其学识和能力的体现。教师是以自身获得的知识和经验作资本向学生传授知识技能的职业工作者,知识越广博,经验越丰富,就犹如经营者的资本越雄厚一样,因此,渊博的学识和扎实的专业能力是构成教师人格魅力的基础。教师具备了渊博的知识,课堂上就不会仅仅局限于课程内容,被教案束缚自己想象的翅膀,就可以旁征博引,把课讲得生动活泼、引人入胜,从而唤起学生强烈的求知欲,发掘学生的天资,创造朝气蓬勃的智力生活。学生最不能容忍教师的"不学无术"和"照本宣科",正如陶行知先生所说:"要想学生好学,必须先生好学,唯有学而不厌的先生,才能教出学而不厌的学生。"[1]教师只有以真才实学、真情实感、真知灼见去吸引学生,才能创造出和谐温馨的教学氛围,使学生如沐春风、如逢甘露、学有收获。

---

[1] 陶行知. 如何引导学生努力求学[J]. 新教育评论. 1926. (12).

我们在欣赏优秀教师的课堂教学时,要么被教师旁征博引的知识储备所震撼,要么感觉教师的知识像涓涓的溪水,伴着美妙的音律流进你的心田,潜入你的记忆。这两种心理状态下的课堂学习是最有效的,也是学生最难忘的,因为这是教师在发挥其知识的磁力,能够最大限度地扩大知识的磁场来吸引学生的注意,形成教学人格魅力。教师所掌握的知识是种子,是力量,在学生思维的土壤里能够开出智慧的花,结出成功的果。如果不将知识的种子播撒,教学也就失去了本来的意义。

出口成章、博学多识的教师是受到学生尊敬和崇拜的,但是并不意味在课堂上可以海阔天空,东拉西扯。教师要谨记45分钟是学生学习的生命,必须浓缩自己的教学内容,在有限的时间里传递最多的知识含量。教师在筛选信息提供给学生时,要紧紧把握住课堂的中心目标,尽可能采用最前沿的信息、扩充学生的头脑。知识是永无止境的,教师要有一颗关注学生,关注教学的责任心,一双善于发现问题,搜索信息的眼睛,心系教学才能打开吸取知识的闸门。教师在教学中需要展现丰富的知识储备魅力,然而,学生是教育的对象,教师的人格魅力最终还是要为学生服务,将教师的知识磁力同启发教学法联系起来能够达到事半功倍的教学效果。

(二)用爱的精神触动学生的心灵

教育的爱主要表现为教师对学生的,是指教师对教育对象的一种纯真而深厚的爱,它是一种不是母爱却胜似母爱的理智的爱。前苏联教育家乌申斯基说:"如果你不热爱自己的学生,那么你的教育一开始就结束了。"可见,教师的爱,是一种巨大的教育力量,是教师人格的情感支柱。教师的爱使学生"亲其师"而"信其道",在爱的氛围中不断取得进步。

教师在教学过程中的教态是学生的一面镜子,它包括教师的仪表、举止,还包括教学的态度。教态是教师道德人格魅力在教学中重要的体现形式,怎样的教态才最具有人格魅力呢?

第一,仪表端庄。所谓仪表,是指人的外表,包括容貌、姿态、风度等。学生认识教师的第一印象就是教师的仪表。相貌堂堂固然引以为自豪,但容颜平常也没有必要自卑,只要举止端庄从容,衣着朴素大方,不做作,不浮夸就会给学生留下较好的形象,树立较高的威信,赢得学生的尊敬。保持仪表端庄看似简单,实际是对教师进行细节的检验。学生对教师持有特殊的期望和依赖,观察教师时往往会产生一种"放大效应":教师端庄的仪表,会使他们感到无比的舒服;教师的一点小小瑕疵,则会使他们产生莫大的失望,如果教师衣冠不整、蓬头垢面、不修边幅,就失去了教育的信服力。

第二,用微笑感染学生。微笑代表了一种积极的处世态度,表现为用宽容、接纳、豁达、愉悦的心态去看待周围的人和事。微笑是可以传染的,教师的微笑能够感染学生的心情,笑口常开的教师,能够赢得满堂春风,既有利于调动课堂气氛,提高教学效率,又有利于学生健康人格的形成。学生在教师的微笑中能够感受到教师开朗积极的性格,自己也会受到感染,学会关心、谅解、善待他人。教师真诚的微笑,是热爱学生的体现,是真情的流露。生活中会有很多不如意的事情,教师的微笑能够让学生体会到教师的魅力,明白"天将大任于斯人也,必先苦其心智,劳其筋骨"的道理,学会坚强面对一切。

(三)采用幽默的教学艺术

所谓幽默教学艺术,乃是指教师将幽默运用于教学并以其独特的艺术魅力在学生会心的微笑中提高教学艺术效果和水平的活动。[①] 教学中幽默的艺术是作为教师人格魅力的高

---

① 李如密.试论教学幽默的艺术[J].普教研究.1989.(02).

雅流露,得力于教师豁达的胸怀、乐观的态度和宽容的心理。幽默教学能够活跃课堂气氛,调动学生积极的注意力,激发学生的求知欲,使学生直接感受到学习过程的趣味性,从而摆脱苦学的烦恼,享受到轻松愉快的情感体验。充满人格魅力的教师善于通过言传身教,把理性的教化、爱的滋润、美的熏陶有机地融为一体,倾注到教学的过程,指导学生在学习中开明智,让学生体会到爱与美。

在教学中要打破课堂上的沉闷局面,激发学生学习的浓厚兴趣和探求新知识的欲望,教师也必须善于借用双关、借代等修辞方法,形成一种幽默的语言,从而使学生在愉快的笑声中,不知不觉地受到启迪和教育。教师幽默的语言能使学生身心愉悦,调节课堂气氛。以下以幽默艺术教学《认识新朋友》(江苏教育出版社《品德与生活》一年级上册第一课)的案例:

上课铃响,教师走进教室。

师:同学们看到我这张新面貌,一定想知道该如何称呼老师,是吗?

生:是呀!老师您姓什么?

师:老师的姓,与猴子有关,请大家猜猜看

老师姓什么?

生:猴子?人们不是喜欢说孙猴子吗?我知道了,老师,您姓孙。

(众生大笑)

师:你猜对了,同学们就叫我孙老师好了。今天的《品德与生活》,我们要学《认识新朋友》(出示课题),孙老师很高兴做你们的朋友,同学们欢迎吗?

生齐(情绪热烈):欢迎![1]

"老师的姓与猴子有关",一句略带幽默的话语,激起了学生的兴趣,启发了学生的思维,点燃了学生的情感。类似这样的幽默语言,机智、诙谐,能给予学生美的享受。

轻松发笑是幽默的外壳,透彻精辟的说理是幽默的内核,能把这两者巧妙地统一起来的幽默,才是最好的幽默。[2] 教学的幽默并非是简单的插科打诨逗乐,在灵活运用幽默语言的同时,采用寓庄于谐的幽默教学方法是对教师人格魅力的考验。教师的幽默不能太低俗,也不能太深奥,需要亦庄亦谐,同时又不可以脱离教学,需要寓教于乐。

当发现学生的错误时,教师往往迫不及待地指出纠正。但是,直截了当地揭发学生,会对学生的自尊产生消极影响,学生也可能会因此在同学中间受到嘲笑和轻视。所以,教师不妨采用灵活机动的幽默,既不伤害学生的自尊心,又使学生意识到自身的错误,受到良好的教育效果:

"凡抄袭作业的,本子撕掉!罚抄50遍!"许多老师几乎都是这样惩罚抄袭作业的学生的。可是我们的老师却有些"怪"。一次作文欣赏课上,我们的老师说:"黎明这次作文写得很精彩,让我们共同开欣赏。"结果老师才读了两句,许多同学就举报说这篇作文是抄的。没想到老师竟说:"就算是抄的,我还是要表扬他!"一边说一边瞟了一眼满脸不自在的黎明,"我要表扬他以下几点:第一,他有上进心,想得个好成绩,这点很可贵。"说完又瞟了一眼满脸通红的黎明,"第二,他有辨别力,看出这是一篇佳作。"说完再次瞟了一眼脑袋深深垂在胸前的黎明,"第三,抄写认真,字迹工整……"没等老师说完,一向被同学们戏称为"宁死不屈"的黎明竟然流出了眼泪:"老……老师,您罚我吧!我不该抄人家的作文……"可"怪"老师不仅没有罚,还嘿嘿地笑。我们都傻眼了!您说怎么这么怪呢?更怪的是,从那以后,这个"抄

① 陈光全.活动教学中教师情感性语言的运用[J].中国教育学刊.2009.(03).
② 陈益,曾娅玲,何贵.教学艺术漫画[M].重庆:西南师范大学出版社,1988.82.

袭大王"再也没有抄过作业,真是不服都不行啊![①]

　　在课堂教学中产生矛盾是最能体现教师的机智和人格魅力的时刻。上面的例子,显然是教师故意设置的错误,其利用学生爱找错纠错的心理,让学生自己获得"发现"的兴趣,教师并没有因其他学生的检举就停止了引导。假设教师由此承认这篇作文的确是黎明同学抄袭的,那么这堂作文课就会变成审判的公堂,而教师也会因此成为同其他同学一起批判的帮凶。然而,教师不但幽默地采用了借题发挥的教学方法,还从侧面引导学生自我选择正确的价值取向,最终达到教育犯错的学生并感染大家的效果,这样的教师便是富有人格魅力的教师。

　　综上所述,教师人格魅力的形成需要自身具备"能力恐慌"意识,强烈的道德责任感,并且主动学习,加强自我修养,培养丰富的情感。只有以这样的精神面貌育人才能支撑起教师这份沉甸甸的职业,在学生中树立威信,形成教师独特的人格魅力。而教师在教学活动中展现其人格魅力,就会像磁铁一样吸引着学生,使学生产生"向师性",从而达到良好的教学效果,因此,教师应当注重自身人格魅力的塑造。

第三节　教学的组织策略

　　教师作为教学活动的安排者,扮演了引导者、发起者的角色,需要对教育对象、教育内容以及教育过程进行主导性地统筹规划。教师在教育活动中运用自己的权威促使教学的顺利进行是教师必备的教学组织策略,而如何适度地发挥教师权威是教学组织中较难把握的问题。同时,教学中人际关系的协调和各种突发问题的出现也都将考验教师的组织能力。

一、教师权威的形成及其合理向度

　　随着新时代信息技术的盛行,学生个性的逐渐强化,教师权威受到了巨大的挑战,并且出现了"取消教师权威,完全还给学生"的观点。但是,在教学实践中,教师权威是一种重要的教育手段,带有不可替代的影响力,具有存在的必然性与合理性。苏霍姆林斯基说:"在教师所拥有的教育手段中,对学生的权威是最要紧、最普遍、包罗一切的,使用它可以进行最细致的、难以觉察的手术。这是一把不安全的,但同时又是不可缺少的刀子。"[②]教师权威不但要存在,而且要以新的形式存在,并在教学中发挥重要作用。

(一)教师权威的内涵

　　恩格斯对于"权威"做过这样的解释:"一方面,权威是把别人的意志强加于我们;另一方面,权威又是以服从为前提的。"[③]权威实质上是一种主客体之间的信从关系,恃强凌弱不能叫做"权威",信服才是权威的根本。教师权威是国家、社会赋予教师的教育权力,是教师在教育过程中通过发挥教育魅力,赢得学生的肯定和尊敬,产生的巨大影响力。学生从内心生成对教师的信赖和服从是教育权威的集中体现。

　　教师的权威不同于其他主体的权威,这是由教师和学生的角色以及教学工作的本质意义决定的。教师教学的对象是学生,使用权威的目的是通过智力、情感和人格上的感召,引领学生走向全面发展。学者们一般将教师权威的内涵归结为目的性、内隐性、综合性和互动

①　赵作银.我们的老师有点"怪"[J].班主任,2007.(04).
②　苏霍姆林斯基.给教师的一百条建议[M].天津:天津人民出版社,1981.76.
③　马克思恩格斯选集(第三卷)[M].北京:人民出版社,2004.224.

性四类。[①]

1. 教师权威的目的性很明确,就是从言语行为上对学生达到"教化"的目的。传统上对待教师权威的理解十分片面,认为教师要以"学高"的优势,角色的强势控制、支配学生的思想和行为,使学生听话,这实际上就是对学生进行生硬的"训育"。在那种权威的压制下,学生的自由发展得不到满足,思想受到禁锢,行为产生压制性的无条件服从。当今的教育改革理念正是要摒弃这种无视学生个体发展的思想,现代教育以"一切为了学生发展"作为教学的宗旨,要求教师的权威要全面顾及到学生这个发展对象的人格心理,力求达到学生主体意识和自主能力的增强,全面促进学生的发展。

2. 教师的权威带有内隐性。现代教学理念下的权威并非表现为强制性的语言或者命令性的规定。学生的思想是开放的,他们对于教师的评价是十分严格的,一位经常训斥学生的教师在学生中的威信不会太高,学生可能更加怕他,但并不会从内心深处认同他。除此之外,教师的权威更多体现在不言而喻的行为表现上,即教师的人格带给学生的内心冲击,在潜移默化的人格影响力之下,学生在无形中受到教师的影响,比言语上明确的强制力更能得到学生的首肯,也更能建立教师在学生心目中的权威形象。

3. 综合性。教师权威的综合性表现在形成因素和对学生的影响上,(1)教师权威的形成因素具有综合性,包括教师的智力权威,情感权威,人格权威等。(2)教师的权威对学生产生的影响是多方面的。例如,教师的智力权威会对学生在学习成就方面给予更高的要求,他们以自身的智力权威感召学生;教师的情感权威则会更关注学生的心理发展健康的程度;教师的人格权威会影响学生健全人格的成长。一个真正具有权威的教师并不会将其中的一方面偏废,他们都是教师人格权威的综合体现。

4. 互动性。教学是教育者和教育对象相互影响的学习过程,教师不可能在讲台上"唱独角戏",教师的权威也不可能脱离学生的肯定和服从单独存在。教师的学识、智慧、人格、态度都会作用于学生,使学生从内心产生对教师的评价,受到学生肯定和敬佩的教师才是有权威的教师。教师的权威一旦形成,就会对学生产生激励作用,有助于提升教师的教学能力。

(二)教师权威的形成

教师之所以称之为教师,在于其知识与能力水平的优势,韩愈在《师说》中对教师自身的优势作了客观的分析:"闻道有先后,术业有专攻,如是而已。"可见,教师权威的形成与自身客观的水平优势有着必然的联系。

由于特定的职业角色和年龄学识的固有特征,教师在知识储备和教学组织技能方面具有优势,因而智力权威是教师权威形成的主要因素。另外,教师的人生阅历比学生要丰富的多,在情感、态度、价值观方面也会成为学生敬仰的榜样,从而构成教师的情感权威。再者,教师健全的人格品质也会在同学生交往中形成教师的权威。

第一,智力权威,即教师拥有丰富的知识经验和教育教学技能。与学生相比,教师在年龄、知识储备、人生阅历方面无疑具有优势,学生会发自本能地对教师产生敬畏感。教师的智力权威主要体现在教师在教学内容和教学技巧的处理上,教师长时间处在教学的第一线,会归纳总结出各种教学方法和教学技能,包括组织课堂教学的技能、教学的空间组织技能、教学的时间组织技能、教学的话语表现技能和教学操作技能等,这些技能是教师智力权威构成的主要因素,可以确保教学过程的顺利进行。然而,在信息时代,教师的权威性却受到了

---

① 刘志春,杨娟娟.教师权威的现代解读[J].湖北第二师范学院学报.2009.(05).

挑战,诚然教师不可能对任何知识和信息拥有绝对的话语权,但教师对于某一问题的深入认识,就应当理直气壮地表现在学生面前。当然,这种控制需要把握一定的度,不应当因为智力的权威而与学生对话时表现出话语的霸权,使学生在教师面前不敢发表自己的观点。

第二,情感权威,即积极的情感投入。由于教师在人生经历方面比学生先行,因此其情感态度和价值观必定成为学生的长者。教学情感包括教师对教学工作的情感,对学生的情感,对教师集体的情感。优秀的教师都具备情感权威,有着积极的情感投入,总是以情传理、寓理于情、情理交融。教师的情感权威更多的是其情感的感染力,苏霍姆林斯基对情感进行了形象的描述:"情感如同肥沃的土壤,知识的种子就播种在这个土壤上。种子会萌发幼芽来:儿童边认识边干得越多,对劳动快乐的激动情感体验得越深,他就想知道得更多,他的求知渴望、钻研精神、学习劲头也就越强烈。"①当教师具备了高尚的情感、态度、价值观,势必会将个人魅力播撒在学生之中,从而形成教师的情感权威。

第三,人格权威,即健全的人格品质。教师的人格权威主要体现在教师的教学态度和处理师生关系的技巧。一个情绪不稳定的教师容易扰动其学生的情绪,而一个情绪稳定的教师也会使其学生的情绪趋于稳定。在教学中,教师的人格力量是无穷的,人格的权威是无法伪装和特意制造的,这是教师魅力的真诚流露。教师蓬勃的活力,对教育事业的执著热情,诚实并勇于自责的精神、认真负责的态度构成了教师的人格权威,学生在与教师的交流中能够感受到这种权威的存在,也会对这种权威产生敬畏和模仿的心理。

(三)发挥教师权威的合理向度

教师的权威是师生之间的一种自然的正常关系,教师由于自己的良好表现,而具有威信;学生由于信任与尊敬自己的老师,而乐于遵从老师的指导。然而,在现实教学中教师由于自身意识以及受到社会观念的影响,往往在发挥教师权威方面出现偏颇。

1. 教师滥用权威的危害。如上所述,由于教师具备智力、情感和人格方面的权威,又加之自古以来受"师道尊严"观念的影响,教师有时会从心理上不由自主地产生"高高在上"的权威感。然而,如果过度施展权威,教师便会在言语和行为上强硬地支配和命令学生,例如,教师经常说"必须严格地照我说的去做……""如果你再不听我的话,我就开除你……"这种过度的权威使教师凌驾于学生之上,是迫使学生服从教师的行为。过度施展教师权威在教学中主要表现为教师讲、学生听的单向活动,这样的学生缺乏质疑精神和学习的主动性,变成了"顺从的绵羊",会逐渐丧失自主探究思考的能力。而造成这种现象的其中一个原因,就在于教师没有做好角色定位,往往以权威者自居,认为只有自己才能提供教学信息,这种情况下学生将教师看作知识和权力的化身,视为绝对的权威和倚仗听从的对象,这种支配型、权力型和专制型的权威很大程度上压抑了学生,妨碍学生身心健康发展,使学生缺乏独创精神与挑战的勇气,容易产生不安,失去自信,抹杀了思想的火花。因此,教师权威的发挥并不是越淋漓尽致越好,而应该把握合理向度。

2. 不可丧失教师权威。在新的教育理念推行后,有些人提出要坚决捍卫学生的"自主权",甚至曲解了学生主体性的含义,认为教师可以完全放手,让学生来控制课堂。这样对教育理念的理解势必会走向另一个弊端,即自由散漫主义。学生处在身心的成长期,对于道德价值、学习目标、学习方法等都不具备明确的认识,再加之他们活泼好动,自制力不强,如果缺少教师的权威引导,就会导致放任自流的后果,学习效果也就无从谈起。教师树立自身的智力、情感和人格权威,能够以最快捷、最有效的方式让学生吸收掌握知识,能够直接引导学

---

① [苏]苏霍姆林斯基.帕夫雷什中学[M].北京:教育科学出版社出版,1983.265.

生树立正确的人生价值观。从这个意义上来讲,教师的权威发挥了重要的调控引导作用。"尊师重道"是中华民族历来的师教观,强调学生的生命意识却并非要使教师处在被剥夺话语权的地位上,一旦教师放弃了教学的主导地位,没有正视自身在教学中的价值角色,那么教师就会丧失威信和人格魅力,正常的教学秩序也就无法维持。因而,教师要认清权威的价值,不可完全丧失权威。

3. 正确发挥教师权威的"度"。教师的权威犹如无形的纽带,紧紧联系着教师与学生,把握好权威的合理向度是保证教学顺利进行和学生发展的必要条件,是存在于学生心中的、使学生从内心产生的对教师知识及人格钦佩、敬仰的一种力量,是学生对教师道德的肯定、知识的折服和情感的依恋。综合上述两方面的弊端可知,教师既要正视自己的权威,又不可特意制造权威。那么教师如何积极创造条件,适度发挥权威呢?

一是树立民主意识,主动与学生沟通。教师的民主意识是指说话的表情达意把学生当成民主平等对话的一方,充分地尊重学生,而非固守讲台,过分施展师威,采用居高临下式的"要怎样""必须怎样"和"不要怎样"的生硬的指令性语言。在民主型的教学中,教师尊重、热爱、关心、信任学生,靠自己的德和才来吸引和影响学生,发扬民主,学生钦佩、尊敬、热爱教师。带有民主意识的教师往往威信声望较高,学生容易发自内心地信服教师,是以心灵赢心灵,以人格塑人格的培养方式。

正确发挥教师威信的合理向度还需要依靠和谐的师生关系。师生关系一般要经历生疏、接触、亲近、依赖、协调、默契的阶段,并不是所有的师生关系从起初就可以处理得很好,在交往的过程中往往会产生误解甚至冲突,这就要求教师掌握沟通与交往的主动性,掌握与学生交往的策略和技巧。教育是用爱心赢得爱心,用真诚换得真诚的民主平等的双向交流,是教师通过高尚、积极、健康的情感介入来激励、引导、组织学生进行自主学习的途径。教师积极主动地与学生沟通,更加贴近学生的内心感受,使学生对教师产生信任感,有助于从情感上合理把握教师的权威。以下是合作学习中教师发挥民主意识的案例:

教学《团结合作》,上课伊始,教师安排了如下活动:四个同学一组,每组的同学要站到一张四开的白纸上,用最短时间完成的组取胜。可是下达指令后,学生呆坐在原位上,显得不知所措,有几个同学仿佛在嘀咕些什么。

师:你们为什么不动呢?难道这个活动不好?

生1(壮着胆子说):老师,大家活动起来,把一张好端端的纸,踩得脏兮兮的,这太浪费了。我有个建议,用粉笔照着白纸的大小划一个框,让大家站行不行?

师:同学们有什么意见,欢迎发表。

生2:我也怕踩坏了纸,用粉笔画框作边界,不会影响活动的。

生3:踩坏纸,浪费资源,对保护环境也不利。

师(满怀激情地说):同学们说得好!你们从一点一滴小事上都考虑到了保护环境。老师还缺乏这种意识。我的设计很粗心,要向你们学习,谢谢同学们的帮助。

师(把八张白纸捡起来,然后用粉笔在水泥地上画同样大小的框):我重新宣布,活动开始,看哪个组用最短的时间完成任务?请注意,组内每个成员的腿和脚都不能放到粉笔框外。

(学生迅速组队,积极地活动起来)[1]

上述案例体现了教育者与受教育者平等和谐的人际关系,学生是一个个有独立思考能

[1] 陈光全.活动教学中教师情感性语言的运用[J].中国教育学刊.2009.(03).

力的个体,而教师也充分尊重了学生的人格需要。这位教师在解决教学问题方面,正确发挥了权威的作用,适时引导学生又不强制地支配学生,他鼓励学生敢说敢做,让学生充分表达内心的想法和感受。当学生提出更好的建议时,教师并没有因此感到"丢面子",而是进行自我检讨,接受了学生的提议,立刻组织学生活动起来,重新获得了学生们的积极响应,树立了教师在学生中的威信。

二是尊重、热爱学生,公平对待学生。尊重学生即尊重学生的人格,保护学生的自尊心,尽量避免师生对立。热爱学生是指热爱所有学生,对学生充满爱心。对学生存有偏心,挖苦讽刺学生、粗暴对待学生的教师是没有威信可言的,在学生中间也无法树立教师的权威。要想真正使学生心悦诚服,必须要以人格影响人格,尊重爱护他们,公正无私,这也是教师道德威信形成的根本保证。教师要把学生以独立的平等的个体对待,只有以良好的感情、崇高的道德去关爱学生,才会激发学生积极向上的力量,受到学生的尊敬与爱戴。

三是要树立正确的学生观,赏识学生。学生观就是教师对学生的基本看法,它影响教师对学生的认识及其态度与行为,进而影响学生的发展。学生对教师的关注力和模仿力是十分强烈的,教师如何看待学生,从一定意义上讲,学生就会如何看待教师。正确发挥教师权威的教师应当以赏识的眼光看待学生,只有真正认为每个学生都有巨大的发展潜力,积极地培养开发学生,才能使学生信服,感受到教师的爱和权威。教师劳动的对象是有着丰富情感和人格尊严的、可塑的、活生生的个人,是具有主观能动性的个人,因此,教师必须重视学生的心理和能动性,用欣赏的眼光来对待每一个学生,少一点求全责备,多一些欣赏赞美。把教师的尊重、理解、关怀、信任如阳光一样照耀在每一位学生的身上,使学生倍感亲切和温暖,产生愉悦的情绪反应,学生自然会自愿接受教师的权威,自我进行修养,从而促进学生的自我发展、自我提高。

四要本着诚实的态度对待学生。教学过程中,教师经常会遇到学生的提问,有时会遇到自己不懂或者不太清楚的疑难问题,有时则是因一时遗忘而解答不上。有的教师担心自己的面子受损,采取模糊搪塞或者怪罪学生的解决办法企图蒙混过去,"这么简单的问题还要问我?这个问题非常容易理解嘛!"这种先声夺人的处理方法,虽然学生可能会被暂时"镇住",而事实上,教师的这些小聪明实际是在以教师的权威压制学生,使学生乖乖顺从,这样做反而会丢掉教师的人格威信,使得学生私下对教师议论纷纷,产生逆反心理。正确的态度,应该是诚实、坦率地向学生承认,放下架子共同研究。这样,不仅不会降低教师的威信,相反会使学生从教师实事求是的治学态度中增加对教师的敬意。

综上所述,人为的以"权威者"自居的姿态并不能够产生真正的威信,滥用权威对学生发展百害而无一利;而抛弃教师权威,又会导致教学的失控和放纵。因此,只有热情地赏识学生、尊重学生,诚实地、民主地对待学生,才能得到学生的认可和敬佩,才可以在学生中享有真正的权威。

二、教学中人际关系的有效协调

教师作为教学的主导者,学生作为教育的对象,二者之间要产生交流合作的关系和各种复杂的角色定位,因此,有效协调教学中的人际关系是教师不可推卸的重要职责之一。在教育的改革浪潮中,本着"一切为了学生全面发展"的教育宗旨,教师需要认真学习和思考如何协调处理好教学中的人际关系。

(一)用积极的态度处理教师之间的关系

人们在谈及"有效教学"往往认为其终极关怀是而且应该是学生的有效学习,很少有人去关系教师的人文关怀,这是"有效教学"被遗忘的角落。教育要求教师以蜡烛、春蚕、铺路石等角色面对学生、家长和社会,而教师作为人的自身需要与追求,教师自身的理想与欢乐,却成了一个不毛的荒地。当教师被要求将关注点都集中在学生和教学方面,就会产生一个不自觉的小圈子,教师往往会认为自己是和学生、教材打交道,只要做好学生的工作就是万全之策。在这样狭小的圈子下,教师忽视了另一项重要的教学资源,即其他教师。

许多教师工作很认真,备教材、备学生、备课程内容精密细致,而结果却达不到完美的效果。新时期的教学应当注入新的资源活力——其他教师的作用。教学中会出现多种复杂的、不确定的因素,是对教师智慧的挑战,此时,很多教师都相信自己能够想出解决问题的办法,而事实上,对于普遍的教育问题也正是其他教师遇到的难题。教师主动走出自己的思维圈子,主动和同事进行探讨、交流,或许他人思维中的闪光点能够点燃你的思想火花,难题也会迎刃而解。如果教师固步自封,解决学生问题的结果要么以教师权威生硬地处理,要么拖延时间,延误问题的解决。

那么,如何处理教师与教师之间的关系呢?首先,尊重是开启人际关系的钥匙。一个没有尊重需要的人,在人格上是不健全的。尊重的需要有利于维持良好的人际关系,有利于个体不断上进。当前的教育实行民主教育,需要从教师开始,尊重每个教师的人格和意见。教师要在人际交往中学会尊重他人。只有尊重他人,才会反过来赢得别人的尊重。尊重他人,即尊重他人的劳动成果、人格、行为等。只有会自尊的人,才会懂得尊重他人,彼此借鉴,相互学习,克服"文人相轻"现象,形成有效教学的良好氛围。其次,将反思的方法用于人际关系。教师与教师的关系处理方面,不妨也采用反思的方法。教师以研究的心态和研究的策略展开自己的教学活动,是教师在自己的教学中不断地回顾、审视、批判和创造。无论是教学还是与他人合作,按照自己预想的计划永远都顺利前进的理想状态是不存在的。反思教学除了考虑学生的有效学习,也致力于教师自身的需要和追求。反思会使教师转换解决问题的方式,教师会因反思而变得"与人宽容"、"做事主动",也会因反思并学习而获得自由发展的快乐,有利于打开视野,积极主动地寻求问题的解决,有利于教师人格健康发展,对有效教学也有着非同寻常的意义。

(二)正确处理教师与学生的关系

教师与学生的关系是指在师生交往活动中形成的人与人的关系,是在教育、教学过程中,在师生之间的沟通、接触中形成的关系,包括彼此所处的地位、作用和相互对待的态度等。学校中的教育活动,是师生双方共同的活动,是在一定的师生关系维系下进行的。良好的师生关系,是提高教育质量的前提条件。

形成良好的师生人际关系既是教育的结果,又是教育的手段,它对于学生的"学"、教师的"教"以及学生与教师心理人格发展都具有十分重要的教学功能。良好师生关系的作用主要表现在以下两个方面:

1. 良好的师生关系有利于学生的学和教师的教。教与学总是在师生交往的背景下进行的。如果没有教师与学生的相互接触、相互沟通、相互作用,教学活动也就无从开展。良好的师生关系是对学生施加教育的基础和手段,它对课堂产生直接的影响,便于维持教学活动的秩序,有助于教师发挥教学积极性,有助于提高教学效果。例如,如果师生人际关系融洽,则往往会使教师教的热情高涨,使学生表现出好学、乐学,使课堂气氛积极、活跃。

2. 良好的师生关系对教师和学生的人格发展起着重要的促进作用。社会心理学的研究表明,融洽、和谐的师生人际关系有助于教师和学生人格的发展,并能调适或消除心理健康问题;而冷漠、紧张的师生人际关系则不利于学生人格发展,久而久之甚至有可能造成人格障碍。

从教师的角度讲,建立师生间良好的人际关系,需要遵循以下几个方面的基本要求:

1. 关心爱护学生,加强与学生的交往。教师应明确地认识到,师生之间不仅仅是教与学的关系,而且是人与人、你与我的关系,并在行动上主动地加强与学生的交往,与学生打成一片。教师和学生虽然可以相对独立地成为重要的课程资源,但在真实的课堂教学过程中,教师自身所蕴含的课程资源和学生自身所蕴含的课程资源只有在"师生互动"的过程中才充分地显示出来。从某种意义上说,有效的教学就是"师生互动"的教学,因为只有互动,教师和学生才可能获得相互理解。也可以说,有效的教师善于激励和唤醒学生主动学习、主动发展,并在激励和唤醒学生的主动学习、主动发展之后能够从中寻找和利用相关的信息资源。在与学生的交往中,教师应该有充分的情感投入,表现出自己真挚的情感,关心爱护学生,热心地帮助学生,用自己的真诚影响学生。

2. 尊重学生人格,以身作则,为人师表。教师与学生之间的人际关系是人与人的社会关系,要特别注意尊重学生的人格、权利,做到教师与学生间的民主、平等,杜绝专制的作风和侮辱学生人格、侵犯学生权利的行为;要使自己的言行符合社会和学生对教师角色的期望,在与学生相处的过程中,从各个方面做到以身作则,为人师表,严于律己,特别是在师生之间发生某种隔阂、冲突或矛盾时,更要善于控制自己的情绪,主动地、妥善地消除这种隔阂、冲突或矛盾。从长远来讲,教师要不断地努力提高自己的素质,包括丰富自己的学问、增强自己的能力、完善自己的性格、提高自己的修养水平等,巩固和提高自己的威信。

3. 公正无私,不偏不倚。教师要对每个学生都寄予良好的期望和信赖,要用爱和欣赏的眼光对待每一个学生。教师与学生的交往应该公正无私,面向全体学生而不是局限于少数学生,不能偏爱某一个或某一部分学生。这不仅是处理好教师与学生之间人际关系的一项重要指标和一个重要条件,也是建立学生与学生之间良好人际关系、形成良好的班风和校风、培养学生健全人格的一项重要条件。在解决学生之间的矛盾冲突时,教师要善于换位思考,多从学生的角度去考虑问题,认真倾听学生的心声,公正地评判,做到不偏不倚,如果因自我喜好而偏袒一方,就会有失公正,最终导致学生对教师的不信任。

4. 正确发挥表扬和批评的作用。表扬和批评是处理师生关系中一种不可或缺的辅助性手段,是"育人"时经常运用的一种教育方法。表扬,是对学生良好品质和行为的肯定,能起到正向激励的作用。它能给学生以精神上的满足,增强自信心,进一步发扬自身的优点,克服缺点。批评,是从否定方面告诉学生,什么是错的,为什么是错的,会产生什么后果,从而提高学生的道德行为水平,有负向强化的作用。它可以使学生从教师的评价中幡然醒悟,引发正确的价值取向。

对于想到达到的教育目的而言,表扬和批评是对立的,又是统一的。教师若不能正确处理表扬和批评的关系,发挥它们的价值,就会导致扰乱教学秩序,有伤教师威信的后果。教师在运用表扬批评这一手段时,不仅要从教师的角度考虑如何运用表扬批评,而且还要从学生的角度设想表扬批评可能产生的诸多反应及心理效果。

1. 表扬批评要以热爱学生为出发点。教师对学生进行评价时要真诚,教师所使用的情感性、激励性语言,要确实是因受到学生学习思想和学习行为中的某种积极因素或某个亮点的感触,是由情而发的自然流露。这是一个首要的前提,表扬学生要充分体现出对学生的关心、体贴和爱护。如果教师没有对学生的爱,不是出自内心对学生某些品行或点滴进步感到真诚的喜悦,运用表扬就会显得生硬、缺乏诚意和感情,学生会认为教师不是真心,产生反感,增加师生隔阂,达不到好的教育效果。批评学生时,也要让学生感受到教师的关怀爱护之情,从而消除疑虑心理和反感情绪,体会到教师的好心,相信教师的真心,对改正缺点和错误充满信心。如果教师对有缺点或错误的学生冷若冰霜，单纯斥责，就会引起学生的反感、抵触，在心理上产生消极的情绪体验。久而久之，学生会逐渐形成"自卫"的心理，形成所谓"软硬不吃"的"抗药性"心理障碍。以下是教师巧言"说服"犯错误学生的案例：

有一位教师发现，班里几个属鼠的男生产生了自满情绪，就对他们说："老师曾经听过这么一个故事。有只小老鼠外出旅游，恰好遇见两个小孩在下斗兽棋，小老鼠就躲在一旁看，结果它发现了一个大秘密，这就是，尽管棋中的老鼠可能被猫吃掉，被狼吃掉，被虎吃掉，却可以战胜大象。于是，它立刻认定，只有老鼠才是真正的百兽之王！这么一想，小老鼠就得意起来了，从此以后，它既瞧不起猫，也看不起狗，甚至还拿狼寻开心。有一天，他居然大摇大摆地爬到老虎的背上去了，恰好老虎正在打瞌睡，懒得动，没把他怎么样，小老鼠于是更加得意起来。有一天，他趁着黑夜钻进大象的鼻子，大象觉得鼻子痒痒的，就打了个喷嚏，小老鼠立刻像出膛炮弹似的飞了出去。就这么飞呀飞呀，飞了好半天，才'扑通'一声掉进了臭水坑！好，现在就请大家注意一下'臭'字的写法，'自''大'再加一'点'就是'臭'。咱们班有不少属鼠的同学，那么这些'小老鼠'们会不会也掉进臭水坑里呢？我想不会，但必须有一个条件，那就是永不骄傲！"说道这儿，老师意味深长地看了看那几个"自我感觉良好"的男生，那几个男生当然明白，老师要告诉他们的道理全包含在那个有趣的故事中了！他们感激老师的良苦用心，很快改正了自己的缺点。[①]

2. 表扬批评要公正。在表扬批评学生时，教师切忌从主观印象出发。要肯定学生真正值得肯定的东西，决不可将"非"说成"是"，黑白颠倒。对接触多而印象好的学生和接触少而印象差的学生，要一视同仁，不要厚此薄彼。好的学生犯了错误，千万不要因其平时表现较好，就轻描淡写，迁就姑息，甚至包庇遮掩。这样做，不仅对学生改正错误没有好处，相反，还会在其他学生心目中造成"老师心偏，办事不公"的影响。差的学生有了进步或成绩，不要因为平时表现较差，就视而不见，不予表扬，或者一时一事犯的错误，轻易对其全面否定，算总账，动辄把过去的错误，甚至已经改正了的错误，都"抖"出来，这样效果往往是很差的。

3. 表扬批评要考虑学生的个性特征。由于遗传因素、生活环境、个人经历和教育条件的不同，学生在气质、性格和意志品质等方面表现出一定程度的差异。教师在运用表扬批评这种教育方法时，要区别对待，因人而异。对勇敢、爽朗、进取心较强的学生，教师可以直率地提出明确而严格的要求；对怯懦、固执、缺乏自信心的学生，教师要温和而耐心地讲明道理，给他考虑和作出反应的时间，要鼓励多于要求；对有自卑感的学生，教师不可过多地指责，相反，要真诚而恰如其分地肯定他的优点和长处，以使其不断增强改正错误的勇气和信心；对自尊心强的学生，要注意场合，留有余地，但必须使他知道自己的缺点、错误和不足……总之，对学生进行表扬批评也要认真贯彻"因材施教"的原则。

4. 表扬为主，批评为辅。运用表扬和批评时，要以表扬为主，在教学过程中多为学生创造受表扬的机会，调动积极因素，坚持正面教育。批评只能作为备用手段，不能动辄批评。采取表扬为主、批评为辅的教学策略也并非廉价向学生送表扬，而是要激励他们更好、更快地奔向既定的发展目标。

三、预防阻碍教学实施的有效措施

在教学过程中，由于学生活跃的思维，不稳定的行为举止，往往会产生意想不到的矛盾事件；教师不是圣人，也会产生这样或者那样的错误；学生受到家庭、社会的价值取向的影响

---

① 马际娥.智言妙语巧"说服"[J].天津教育.2007.(01).

很有可能会与学校教学产生冲突……这些阻碍教学顺利进行的问题层出不穷,矛盾一旦发生若不即刻得到妥善的解决会影响教学的质量,教师处理不当也会尽失教师的人格魅力。面对各种问题,教师应当如何预防并解决呢?

(一)具备解决教学矛盾的乐观心理

作为"教育对象"的学生在与教学资源进行交往时,会产生很多矛盾:学生与教师之间的矛盾,学生与学生之间的矛盾,学生与教学内容的矛盾,学生与教学条件需要的矛盾……教师在教学中应形成正确的教学矛盾观,既要承认与正视矛盾,又要善于化解教学中出现的矛盾。

教师对教学矛盾的正确认识是他们积极对待矛盾的前提,要认识到教学中有矛盾是正常的,没有矛盾反而不正常,教学中出现的矛盾往往是学生发展的资源。教师的任务不仅是自己解决这些矛盾,还应创造机会与条件让学生去解决,这是由教学的根本任务所决定的。为此,教师应首先深刻理解教学的目的与任务,认识到教学不仅仅是为了完成教师的教学任务,满足自己表现与表达的欲望,更是为了让学生获得发展。教师要重视活的教育资源,重视学习过程的生成性与变化性,培植教育智慧,以欣赏的态度处理教学矛盾,促成不利事件向好的方向转化,这也是密切师生关系,促成有效教学的需要。化解矛盾的关键在于沟通与协调,教师要摆正心态,以爱和关怀的心态做好应对教学矛盾的心理素质。

(二)应对课堂教学中的突发事件

教学过程往往不是平淡顺利的,理想的不发生波澜的教学是不存在的,在课堂上往往会出现突发问题干扰教学的顺利进行。教师应当发挥个人魅力,随机应变,采取灵活有效的教学策略,确保教学顺利进行。

1. 灵活处理学生独特的质疑

青少年学生思维活跃,在课堂上可能向教师问许多超出书本知识的问题,有些问题,教师无法马上给学生一个圆满的回答,如果就此搁置会影响学生的求知欲,甚至会中断正常的教学活动。对此,教师可以以静制动,采取有效措施因素因势利导。以下是以静制动解决学生质疑的案例:

在中年级校本课程的《嘿,你好!》交往与礼仪课堂上,徐莉老师就在学生们的启发下,重新制定了"自我介绍"的课堂教学目标。

按照徐莉最初制定的目标,她的课程设置是先播放几位学生的自我介绍录像,其中有一位态度端庄始终面带微笑的女学生,另一位男生则结结巴巴,还不时紧张地摇头,扮鬼脸。徐莉本认为那位女生会成为学生学习的"最佳模范",男生会成为"反面典型"。但是当孩子们被问到"你喜欢与录像中的哪一位做朋友"时,竟然发生了意外。开始,学生们的想法还像教师设想的那样,可是不久教室一角突然响起:"其实,我喜欢与那个男同学做朋友,因为他看起来很有趣!""是啊,老师,我也觉得那位女同学有点做作!"

遇到这种措手不及的场面,徐莉索性与学生们展开充分讨论:"怎样的自我介绍才是最好的?"讨论结果在彼此的对话中给出,一起找到了交往的实质——关注对方,尊重对方。[①]

在这则案例中,学生没有按照教师的设想做出回答,而是提出了自己的独特看法,这是可贵的,而在这位学生的独特质疑触动了更多同学的发难,如果处理不好教师将置于被动尴尬的境地,而教学活动也会因此受阻。面对这种突发事件,这位教师沉着冷静,将教学的主动权转交给学生,让学生探索回答自己的疑问,这种以静制动,沉稳的心理素质是值得教师

---

① 程墨.新课改让学生敢向老师"发难"[J].中国教育报,2004-08-12(4).

155

学习的。

2. 依据课堂反馈修正教学安排

课堂教学是学生学习活动的关键环节,学习是流淌不息的活动过程,成功的教学应该对学生学习起到促进、指导和调控作用。在教学过程中,教师应当密切关注学生的反应,真正把学生当作学习的主体,从学生学习的实际需要出发调整教学计划,修正教学安排,这也是提升教学有效性的需要。教师不但有设计教案的权力,而且有修改教案的权力和责任,这样才能达到师生共同学习的效果。在班级授课制的条件下,教案设计有一定的局限性,教师不可能满足每一位学生的不同需求,这就需要教师在教学中及时根据学生的反馈制作"活"的教案,为学生的选择空间留出余地。

根据课堂反馈随时调整教学计划,努力满足不同学生的学习需要,并及时用多种方式给予相应评价,是有效教学的保障环节。教师要善于捕捉学生对教学的反馈信息,从而调节课堂节奏到达课堂的最优化。教师要善于从学生的目光表情、姿态和回答中了解学生对教学信息的接受情况,进行判断自己的教学内容是否适度、教学方法是否得当、要求是否合理等等。因此,教师应有一定的灵敏性、辩解力,善于总结经验,并且要讲究策略,激起学生反馈的积极性。同时,我们也应当认识到即使再好的准备也无法完全有效地应对课堂的变化,然而秉有正确的教学理念,以真诚的鼓舞对待学生的反馈就会更深入地了解学生,激励学生,满足学生对知识的需求。

灵活处理课堂"突然袭击"的案例:

在一堂美术课上,周萍新老师刚一走进教室,就受到学生们的一次"突然袭击"!

"老师,我有个建议,我们喜欢《小扇子》这一课,您能不能给我们提前上?""你们希望提前到哪一课前面呢?""最好今天上,因为您说过,如果我们喜欢哪一课,就可以要求先上!"说着,孩子们就把上课需要的用具和材料,高高举过头顶,并叫着:"您看!您看!""好厉害的孩子!不给老师留下丝毫的回旋余地!"看着孩子们充满渴望的眼神,周萍新愉快地点头。①

这则案例中,学生的反馈的确是"突然袭击",他们抓住了教师说过"如果喜欢哪一课,就可以要求先上"的许诺,进行看似无理的"反馈"。在这种情况下,如果没有学生主体性理念和过硬的专业水平是很难完善地解决的。周萍新教师抓住了学生的反馈信息,不放过学生任何渴望学习的机会,抓住了孩子的内心呼声和要求,把孩子看作学习的主体,按孩子的兴趣和心理需求安排教学内容,预防了教学中断情况的可能。

3. 妥善解决教师的失误。 在复杂的教学活动中,尽管教师课前做了精心准备,也难免会有种种失误,从而引发课堂骚动。此时,教师不应遮遮掩掩,"顾及面子",回避和强词夺理的解决办法会引起学生的质疑和反感,应当痛快诚恳地承认自己的失误,这样不但不会有损面子,还能赢得学生的尊重和肯定,也有助于学生人格心理的健康成长。同时,教师应善于动脑,巧妙处理,消除尴尬,变不利因素为有利因素,及时弥补失误。

(三)整合家庭、社会等多元文化对教学的冲突

尽力整合家庭与社会文化的多元影响,避免或化解学校文化与家庭、社会文化的直接冲突,是实现有效教学的后勤保障,是减少教学"障碍"的前提条件。

家庭文化、社会文化是多种多样的,它们与学校主流文化的矛盾碰撞,是中国社会主义现代化发展进程中遇到的必然现象。学生的心智年龄还不成熟,除了在学校环境中接受学习外,还要听从家长的指引,受到家庭环境的熏陶和社会文化的洗礼。他们辨别是非,处理

---

① 程墨. 新课改让学生敢向老师"发难"[J]. 中国教育报,2004−08−12(4).

问题的能力还有待加强,学生在成长阶段会受到以上因素的影响,并有可能同学校教育产生碰撞。教师如果不能正确地整合这些因素,势必会对教学产生冲击,不利于教师的正常教学,也不利于学生的健康成长。因此,教师要尽量为青少年学生营造较少矛盾冲突的发展环境,也要引导青少年学生在矛盾碰撞中学会正确地主动选择,虚心听取家长诉求,学会分辨和思考。为了预防干扰正常教学因素的扩大,教师不排除进行适当必要的妥协,从和谐构建的途径来整合多元文化的影响,这也是教师发挥主导作用,维持正常教学秩序的主要方法。如果教师与家长的意见出现冲突时,教师要将这种冲击的不利因素变为有利因素,将"家长学校"变为"家长委员会",与家长进行更多地沟通交流,吸纳家长的正确主张,请家长走进学校、体验教学,让家长参与学校管理,理解教师和学校文化。学生在家庭中情感的缺失也会影响学生对于教材和问题的理解,很多时候表现为不信任,不配合。在遇到这样的教学问题时,教师不应放弃这类学生,要更加关注这类学生的心理,耐心倾听,用尊重、宽容的心态呵护学生,用期待的目光注视学生,让学生感受到教师的温暖,从而产生积极学习的信心和勇气。

综上所述,将学生定位于"教育对象",无形中对教师在合理引导、启发学生方面的要求更高。教师要把学生看作培养的对象,发展的对象,秉承"一切为了学生,为了学生的一切"的教育理念,运用有效的教学技能与艺术,发挥教师的主导作用,形成自身独特的人格教育力,最终使教育对象在受到教育者模范感染的熏陶中乐其学。

第六章 凸显学生"发展性"的有效教学技能与艺术

人总是不断变化、发展的,正处于青少年时期的学生,其身心机能及水平在由不成熟到相对成熟,不完善到相对完善的过渡中,既有呈现较为稳定的阶段性,也有个体差异与前后特征的交错因素。生命的发展总是积极地从外界获取资源,"不断拓展生命的存在空间,发现与实现'可能',从而实现自身成长的过程。外界事物的价值,就在于它们具有滋养生命、丰富生命的内涵、促进个体生命成长的可能,具有扩展个体生命表达、延长个体生命时间、生成个体生命体验的可能性"。[①] 只有相信学生的潜力和潜能,以动态开放的态度对待教学过程和学生发展中出现的各种变化,灵活调整和纠正自己对学生原有的期待和评价,促进学生生命的成长,为学生进步提供更多的生命资源,才真正发挥了教学的价值。弄清教学对学生发展的具体作用,探寻凸显学生发展性的有效教学技能与艺术将成为教学活动的重要任务。教师的期待与形成性评价顺应了学生生命的动态过程,避免了用一成不变的眼光看待学生,能更有效地促进学生向好的方面发生和发展。

第一节 教学与学生发展的关系

158

教学与学生的发展存在着密切的关系。教学必须建立在学生生命发展的基础之上,否则教学将成为无本之源、无根之木。而教学又可以作为生命资源,促进学生的发展。由此可见,教学与学生的发展形成如下环形关系。

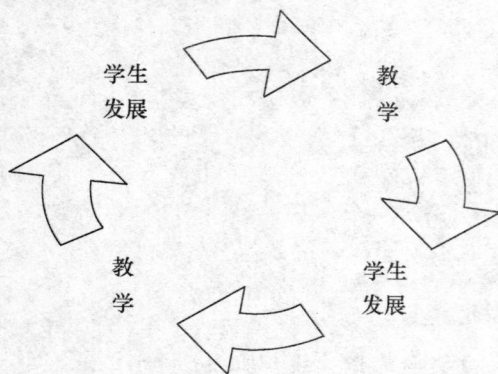

一、学生的生命发展特性是教学的基础

人的生命具有"未特定性"和"自为性",这为教学提供了前提和条件。如果人的生命已经"特定",与生俱有的本能已经使他完全与自然界融为一体,无需学习任何本能以外的东西就能游刃有余地适应社会及环境的挑战及要求,那就完全失去了教学的必要,这里既包括学校教学,也通指非制度化的社会或家庭教学。同时,如果人的生命像动物一样没有"自为性",缺乏自我意识和主体性,那就只能被动地接受大自然的安排,学习是毫无可能的。由此

---

① 李家成.关怀生命:当代中国学校教育价值取向探[M].北京:教育科学出版社,2006.25.

可见,没有人的生命特性,教学就失去了必要性和可能,学生作为一个正在蓬勃发展的人的生命,是教学的基础和前提。

(一)"未特定性"是学生发展的前提,是教学必要的根据

人的生命是"未特定性"的。所谓"未特定性"是指人的生命一生下来是没有"特定"的,不属于特定的环境和生活,仅仅靠本能是不能在任何一种环境中独立生活的,必须经过后天的学习和积累才能生存,儿童生理构造的非完整性和非规定性,使得人的发展方向和成熟路线有很多,有极大的可塑性。因此,教学成为人发展必不可缺少的必要手段。"人类进化的研究表明,人的未完成状态,主要不是表现在解剖学或生物学的次要特征上,而是表现在脑的潜在的未完成上。黑猩猩新生儿的脑子已经占了它成年体积的70%,而智人的新生儿的脑子只达到成年时的23%"。① 脑的未完成使学生的发展空间很宽广,发展余地很大,为学生的发展提供了前提,使教学的出现成为必要。

动物的生命是特定化的,一生下来就能完全依靠本能在某种属于自己的特定环境中自由自在地活着,这是动物的优势,也正是它的劣势,完全的适应性和规定性使它失去了发展的任何空间和可能,只能被动地听从大自然的摆布,一旦它所适应的环境不复存在,它就只能在大自然中消失。"人的未特定化,使人无法依靠特定化的图式生存,因此,人的生命需要和环境之间保持一个完全开放的空间,从而构成人向世界的开放性。同时,人的未特定化,赋予人以可塑性,使人能够根据环境的要求,自我确定同化的信息、作用外部世界的主体机制。"② 人由于没有特殊的本能,所以必须不断发展自己来获得生存,"与动物相比,人一生下来的非完整性、发展方向的多样性、所能接受的环境的可变性,以及成熟的长期性,都是大自然赋予人创造发展规定性的证据"。③ 教学因为人的未特定化而成为人的存在方式。

(二)"自为的存在"为学生发展提供了条件,使教学成为可能

"自为",顾名思义,就是自己有所作为;"自为的存在"有自我意识和主体性,不完全受制于大自然的指挥。人是"自为的存在",能够反作用于大自然,在与环境的相互作用中把客体转化为自身成长的资源和力量。"人作为自为的生命体,是一个主体,他在对客体改造的过程中呈现出积极性、主动性,对客体的改造反映自己的意志,使客体镌刻上人的本质的力量。所以,自为的生命是一种主动的生存方式,他源于生命本性的需要,使生命本身焕发出活力,表现出创造性和对自由的不断追求"。④ 不断从外界获取和积累生命资源是"自为的存在"的本性和需要,"自为的存在"处于不断学习的状态当中,这就使教学成为可能。

与"自为存在"相对的是"自在存在"。所谓"自在的存在"就是自然的存在,是环境的一部分,动物就是"自在存在",它对自然环境没有能动作用,天然地以其本能与自然融为一体,虽然蜜蜂可以造出很巧妙的"房屋"、燕子可以制作奇巧的窝巢,但它们都没有也不可能会在造"房屋"前后形成一个整体的布局,做一下思考、计划或安排,它们的所作所为就像春夏秋冬四季更替一样自然,毫无自我意识,只是本能如此。"人是有意识的,这种意识使自己的生命活动变成自己的支配对象,成为生命活动的主宰者。人是有意识的,这种意识通过生产劳动支配人的活动对象,变革人的生存环境、外部的客观世界"。⑤ 俗话说:再巧的蜜蜂也比不上一个蹩脚的工程师,关键就在于这"自为"上,人在这"自为"的本性下不断学习和提高,不

---

① 冯建军.生命与教育[M].北京:教育科学出版社,2004.33.
② 冯建军.生命与教育[M].北京:教育科学出版社,2004.33.
③ 郭思乐.教育走向生本[M].北京:人民教育出版社,2001.206.
④ 冯建军.生命与教育[M].北京:教育科学出版社,2004.23—24.
⑤ 冯建军.生命与教育[M].北京:教育科学出版社,2004.23.

断超越"实然性"的存在,向着"应然性"进步和发展,实现"其所能是",而教学是其从"其所是"到"其所能是"、从"实然态"向"应然态"转变道路上的重要手段。学生作为生机勃勃的发展中的人,其"自为性"更强,更是在积极主动地认识和改造世界,教学为其提供了认识和改造世界的方式和方法,使充分发展的可能性逐渐走向现实。

二、教学对学生发展的作用

关于教学和学生发展的关系,一直存在着三种观点:第一种是学生发展先于教学,只有在学生发展到一定程度,身心发展条件具备时,学生才能理解和掌握知识,才可以进行教学,认为发展不依赖于教学的观点是颇为常见的。根据这种观点,"发展的程序总是先于教学的程序……教学是架设在发展的上空的,实质上不能对发展做任何改变"。[①] 第二种是教学先于学生发展,学生的发展只有在教学的促进下才能实现,否则学生是不会自动发展的;第三种观点是教学与学生发展相互作用。教学要以一定的身心发展为基础,身心发展也要由教学来促进。"把学生的'发展'作为教学目标,围绕智能发展这一中心,使学生既有不断创新的知识基础,又有不断进取的毅力和追求;有求实的精神,又有大胆的猜想;能主动适应社会变化,又敢于创造为自己充分发挥才干的新天地。也就是说,要强调发展,把教学与发展,智能与知识结合统一起来,用教学推动发展,以发展来促进教学"。[②] 作者认为,教学和学生发展相辅相成、对立统一。教学可以推动学生的发展,学生身心的成熟也可以促进教学效率的提高。一方面,没有一定的生理和心理条件作为基础,教学是不可能进行的,就像对一个傻子或死人教授知识一样,是没有任何作用的;另一方面,教学是可以走在生命发展的前面,并且只有走在学生发展的前面,以学生的"最近发展区"作为方向和动力,为学生生命的发展提供资源的教学才是好的教学。"生命是通过积极自主地转化生命资源而获得成长的。没有了生命资源,生命无法存在;没有生命资源的意识,生命的成长将是盲目的。人的意识与自我意识的出现及其增强,使生命能够更为主动、自觉地发现资源、组织资源,从而大大提高资源的生命价值"。[③] 在学生的成长中,无论是教师的鼓励还是批评,是家长的叮嘱还是训斥,是同伴的欣赏还是排斥,直接经验还是间接知识……都是其发展的重要资源,教学为这重要资源的传递、筛选或者改造起着无可替代的作用。

"成为自己包括成为他的'生命所是'和'生命所能是'。'生命所是的自己'是指个体生命的'实然'态,是本真的自己在当下显现的'状态性'自己,当下自己本身既蕴涵着过去的自己,也昭示着未来的自己,即'生命能是的自己'。'生命能是的自己'是指个体生命的'应然'态,是指在成长的过程中,生命潜能不断实现的自己。这是一个动态的不断追求、不断'超越'当下自己的过程"。[④] 教学在这一过程中起着重要的作用,它以学生的发展为己任,按照学生身心发展的规律设计教学方式、安排教学任务,不仅使学生感受和体验生命,获得成长的动力和资源,而且促使简单的知觉成为有指向性、有意识、与思维紧密联系着的观察,间接促进学生思维能力的提高。在教学过程中,学生的发展和环境的变化不可能同步,两者总是处于一种矛盾的状态,合适的教学技能与艺术可以化解这种矛盾,使二者在"矛盾—平衡—新矛盾—再平衡……"链接中螺旋上升,使学生在化解矛盾的过程中不断进步。"教学双方相约相长,促进和谐发展。教学过程也是教学双方不断变化发展的过程,其中学生个性的和

① [苏]赞科夫编(杜殿坤等译).教学与发展[M].北京:人民教育出版社,1985.8.
② 颜泽贤,张铁明.教育系统论[M].河南教育出版社,1991.339.
③ 李家成.关怀生命:当代中国学校教育价值取向探[M].北京:教育科学出版社,2006.171.
④ 刘慧.生命德育论[M].北京:人民教育出版社,2005.9.

谐发展是教学目标的核心内容,是教学工作效率的最终体现。'发展'总是教学双方相约相长,比肩协调的结果。就学生的个性发展来看,教师的活动起着最直接、最密切、最有计划、最能激发学生进步的作用"。①

第二节　教师期待

教师是影响学生的重要因素,教师期待能促进学生更快速地朝着正确的方向发展。理解教师期待的内涵及作用,探寻教师期待在课堂教学中的实施技能与艺术是教育者不可回避的重要课题。

一、教师期待的含义

期待,是对某种事物发展的一种主观期望,相信它可以做到某些事情或发挥出某些潜力。教师期待是指教师对学生发展所持的态度,对学生潜能和未来发展的期望、是教师认为学生可能达到某种程度的一种预测,也就是教师根据学生原来的学业成绩、行为表现、家庭背景、性别、外貌等不同因素,经过自身判断、过滤后所产生的对学生的预期期望。其分为积极期待和消极期待两种,积极的期待能激励学生、促进学生的发展,而消极的期待只会使学生越来越自卑。事物的发展有好有坏,我们强调哪一方面就会产生哪一方面的结果,教师一定要相信每一位学生都有巨大的潜能,对每一位学生给予积极的期待,使其向好的方面发展。"教师对学生的积极期望,从心理学的角度来看,有助于改变他们的情绪和情感,体现了对学生真挚的爱,能让学生获得愉快、振奋的情绪情感,从而对他们的行为起到巩固、调整和校正的作用,也更能激发他们自身的潜能。心理学家詹姆斯认为,人的潜能是无限的,人的潜能只利用了10%;而人类学家米德认为,人的潜能只利用了6%。尽管说法不一,但相同的看法是每个学生都拥有巨大的潜力",②这巨大的潜力有待于教师的积极期待去挖掘,消极期待只会使这些潜能永远"沉默",有很多学习困难的学生都是由教师的消极期待造成的。本章所说的教师期待除特殊说明外,指的是积极期待。

虽然教师期待只是对学生的一种主观假设,并不一定真正存在,但事实上,教师期待是引发教师态度定向的一个重要因素,在现实中一次次得到验证。教师所期待与学生实现的几乎相同,这不是教师"慧眼识真人",而是教师期待对学生产生的重大效应。对教师期待效应的研究开始于1968年的罗森塔尔实验,罗森塔尔为了证明教师期待对学生学习成绩的影响,对"一所小学一至六年级的学生进行了智力测验,从中随意挑选了几名学生交给任课老师并告知说,这是一些特殊的学生,具有潜在的发展的可能性。一个学期后,研究者把这部分学生与其他学生作了对比,结果发现,这些学生学习积极,思维活跃,成绩进步飞快。一年后,进行第三次测验,其结果仍然如此"。③难道实验者真的能"点石成金"、点到谁就能使谁智力大增、学习进步吗?事实并非如此,是教师的期待效应在起作用。

当教师对某个学生产生期待,就真的从内心里认为其具有这个本事和能力,就会产生许多潜意识行为,不自觉地关注得更多,无意间流露出来的眼神、动作和话语都会不同。如,当教师认为某个学生具备写作文的天赋时,即使他写的作文不好,教师也会认为他的潜力还没有被开发出来,给他的评语在无意间就充满着信赖和鼓励;当这个学生看到评语,意识到教

① 颜泽贤,张铁明.教育系统论[M].河南教育出版社,1991.355—356.
② 从"罗森塔尔效应"浅析英语教学[J].社科纵横,2008.(04).
③ 张翠萍.赏识教育的理论与实施对策——中学实施赏识教育的初步探索[D].山东师范大学,2006.10.

师对自己的期望后就会产生极大的信心和动力,克服重重困难,努力向教师期待的结果靠近。"许多教育实践也表明:当教师对学生寄予高期望时,常会用赞赏的眼光对待学生,并给予他们更多关心、指导和鼓励,同时,这种期望也会转化为学生的一种外在的行为目标,激励学生按照教师的期望来调节自己的学习态度和行为,从而取得显著的进步,教师的期望是学生自我应验的预言"。① 事实上,每个学生都有潜能,就看教师能否给他们足够的时间、空间和氛围去把它激发出来。一个低估学生、认为学生没有能力的教师不会是一个好教师,他在无意间会通过自己的音容笑貌把"学生无能"的暗示传递给学生,从而使学生失去信心,产生负面影响。

从社会学角度讲,教师期待效应是师生互动的结果,教师期待决定学生学习的态度,态度虽然不能增加学习的能力,但却决定着行为的产生和选择,促使某种可能变为现实。从心理学上讲,教师期待效应是外部动机转化为内部动机的一种引擎机制,它促使学生把教师的期望这种外部动机,通过自身的不断努力,转化为自身的一种能量,使自己隐藏的潜能得以挖掘,从而整合和实现教师期待的自我。"教师期望并不能使学生自动产生自我实现的愿望,只有当教师用行为表达出这种期望,并且学生知觉到教师的期望行为,教师期望效应才能产生。学生对教师行为的知觉可能并不代表教师的行为意图或实际表现,但最终对学生产生影响的却是学生的这种知觉。学生感知教师期望的线索包括教师不经意的谈话、鼓励与赞赏的频率、成绩单上的考评以及被指定的任务,等等。教师期望效应(Expectancy Effect of Teacher)是指由教师对其期望采取的相应行动发生在学生身上的结果。教师期望效应也就是罗森塔尔效应"。②

二、教师期待的作用和影响

教师期待对学生的发展有很大的作用和影响,具体如下:

(一)影响学生的自信心

自信是"自我意识的重要组成部分。个体由对自己能力、品格和力量等的肯定评价而产生的信任自己的情感。作为一种个人素质,是个体成长和成才不可缺少的。自信心强的个体,能对自己所知所能及各方面的特性作出积极评价,坚信自己的判断而很少从众,其获取成功的可能性较自信心弱者大"。③ 一个没有自信的人,势必害怕困难,缺乏克服挫折的勇气和决心。教师期待是影响学生自信心的一个重要因素,学生对自我的认识总是从别人的评价和态度中获得的,教师因其特殊的身份和地位,所以其态度又占据了首位。一个得到教师"高期待"的学生必然会信心满怀,认为自己有能力学习好;而受到教师"低期待"的学生常常自暴自弃,认为自己真的是"朽木不可雕也",这种自卑的心理使得学生放弃努力。每个学生都有无尽的潜能,但潜能开发的多少和自身努力程度有很大关系,只有相信自己、自信满怀的学生才会努力使本身的潜能发挥出来,而自卑的学生根本就不相信自身潜能的存在,就更不会付诸努力了,于是就形成两个对立的良性循环和恶性循环,良性循环即"教师高期待——自信心——验证教师期待——教师更高的期待……",恶性循环即"教师低期待——自卑——验证教师期待——教师更低的期待……",既然教师期待能够极大影响着学生的自信心,教师就应该多用激励的方式引导学生树立自信,用积极的心态面对学习中出现的困难。

① 胡函.教师期望效应在课堂教学中的应用[J].辽宁行政学院学报.2008(04).
② 胡俊丽,杜红芹,杨梅.论教师期望理论与初中生发展的关系[J].重庆文理学院学报(社会科学版),2009.(09).
③ 黄希庭,杨治良,林崇德.心理学大辞典(下)[M].上海:上海教育出版社,2003.1779.

(二)调整师生关系

"在教和学协同活动的教学过程中,教师和学生是两个活生生的主体,维系于他们之间的情境也是时刻变化的,期望效应富有感染性和迁移性,因为教师期望转化为学生的内在需要也是一个情感活动过程,因而具有调整师生关系的功能,产生'同频共振'效应,即当教师的期望与学生的思想认识达到同一'频率'的时候,师生之间就会产生认识、情感、思维等方面的'共振'或'共鸣。'"①成绩不甚理想、想放弃学业的学生,常常与教师的关系也是生疏的,教师不妨用积极的期待来拉近师生的心理距离,一个温暖的微笑、一句真诚的鼓励,在使学生获得学习动力、朝着积极方向发展的同时,也使师生的关系更加融洽。

(三)克服心理障碍功能

学生在日常学习过程中和探索未知的领域的过程中,难免遇到这样或者那样的困难,一旦出现学不会、理解不了的课程内容时,就会产生种种心理障碍。在心理上的表现就是苦闷和急躁情绪的流露,甚至于对学习的进展彻底丧失了信心,情绪极度低落,更进一步就会产生厌学情绪。这种心理性障碍的问题在广大学生的求学过程中是广泛存在的,这也直接影响了很多在校学生的成绩,甚至于对他们一生的长期发展都是非常不利的。这是因为,此时学生正处于心理发展的过渡期,在学习和生活中必然会遇到各种波折和困惑,而要克服这些困难,就需要得到老师的关爱和集体的温暖,在这种情况下,教师就应当给予他们以心理上的支援,帮助他们克服心理障碍,同时做到尊重他们的人格,而这正是教师期待的一个目标。

(四)帮助学生塑造积极的人生态度

所谓积极的人生态度是指对学习和对人生的一种乐观向上的积极心态。"成功学里常提到的积极心态,主要是指态度,是指影响个体行为选择的内部状态。对于态度,心理学中可从三个方面来理解。第一,它是一种'内部状态',是指一种反应的倾向性或反应准备状态,而不是实际反应本身。也就是说,态度作为一种内部状态,它使某些类型的行为的出现成为可能;第二,这种内部状态或倾向同能力不同,能力决定人们能否顺利完成某些任务,而状态则决定人们的行为选择,即决定人们愿意不愿意完成某种任务;第三,态度是通过学习或经验组织而形成的。也就是说,态度不是天生的,是个体通过与其环境相互作用而形成的,也通过与其环境相互作用而改变的"。②教师期待则可以帮助学生采取相对积极的方式和态度对待学习和生活,这种内部和外部的不断相互印证则可以强化学生的积极心态,进而决定他们的人生态度。无论从何种意义上来理解,帮助学生树立积极的心态和积极的人生态度都是非常重要的,这也彰显了教师期待所具备的长远意义。

(五)超越自我的意识指引作用

所谓超越自我指的是学生在学习中不断地去挑战自我的勇气和最后实现超越的结果,而这就首先需要从意识上去超越自我,实现一种心理上的自我暗示。教师和学生长期在一起生活和学习,日常诸多活动中经常会需要互动,在这种互动中,如果教师能够将关于学生的个性、品质、学习潜力等方面的积极性的信息不断的向学生传导,从而对学生形成一种长期性的期望值。教师期待的行为就可以把这种期望值传导给学生,一旦学生接受了这种期望值,就会不断审视自我,形成一种特有的自尊,在自尊心的驱使下,不断地去将自己的行为向着期望的方向调整,这就是一种自我塑造的欲望在教师期待的行动下的反应。这种自我成功、自我超越的心理暗示,在长期意义上就会成为一种自我超越的意识,折射到学生的行

---

① 胡幽.教师期望效应在课堂教学中的应用[J].辽宁行政学院学报,2008.(04).

② 程鸿勋.生命发展阶梯:阶梯式学习法[M].北京:新世界出版社,2002.87.

动中,在意识指引下,朝着教师期待方向达到自我发展和自我完善。因此,教师期待通过心理暗示和意识指引对学生的自我实现起着至关重要的诱发性作用。

三、教师期待有效实施的技能和艺术

既然教师期待对学生有如此大的影响和作用,那么教师一定要在教学中采用合适的技能和艺术使教师期待效应发挥到最大。

(一)教师要有效传递积极期待

教师仅仅树立积极的期待是不行的,在未传递给学生之前积极期待只是教师的一种主观意念和愿望,只有把这种主观意念和愿望通过各种有效手段传递给学生,使学生体会到教师的积极期待后才会产生期待效应。"学生会对所获得的教师区别对待的信息进行归因,从而了解教师对自己的期望高低,进而影响自己对教师的情感和态度,改变自我意识,调节努力程度,最终影响学习成绩。"[1]如,在学习《我爱三峡》一课时,平时沉默寡言的小王也低低地举起了小手,教师及时向她投去真诚的目光,于是,她的小手举高了。教师连忙让她起来读一读。果然,小王读得声情并茂,教师用赞许的目光看着小王,大声夸奖道:"你读得真棒!你的朗读给大家以美的享受,老师希望你以后能时时听到你优美的朗读声。"听了教师的鼓励和赞美,小王坐直了身躯、抬起了头,眼中流淌着喜悦和自信。[2]在这堂课中,教师通过"真诚的目光""赞许的目光"和"及时的夸奖",把积极期待有效地传递给了小王,激起了小王表现的勇气,树立起学习的自信。相反,如果教师相信小王有能力读好课文,但没有把这种观念传递给她,没有让她起来读课文的话,恐怕这积极期待也难以在小王身上发挥作用。

(二)教师期待要保持稳定与发展的统一

教师期待是在充分认识和了解学生的基础上产生的,是对学生的激励和关怀,它是学生积极努力的方向,所以,教师对学生的期待一定要保持稳定性,切不可朝令夕改,今天期望张三成为音乐家,明天又认为张三五音不全,这会使学生不知所措;另一方面,万事万物都处于发展之中,学生也不例外,教师对学生的期待又不可不变,不能在学生已经懂得乘法如何计算后,教师还停滞于小学一年级看图数数时对学生的期待水平。稳定和发展是辩证统一的,教师对学生的期待一定要把握好两者的关系。

(三)教师期待要因人而异,保持合理的期待水平

每个学生都是一个独立的生命体,有其独特的性质和优势,教师要根据每个学生的实际给予不同的期待程度,既要高于学生的原有水平,又不脱离学生的"最近发展区域",使每一个学生都能"跳一跳够得着",切不可忽略时代要求和学生现状期待过高或过低,过高的期待会使学生望而生畏,而过低又会失去吸引力,激不起学生学习的动力,只有合理的期待才能激发学生的积极性、主动性和创造性。如,六年制小学十一册有这样一道题目:"一项工程,由甲工程队修建,需要20天;由乙工程队修建需要30天、两队合修需要多少天?"教师在课堂练习时可以做这样的梯度式设计:A.学困生:教师引导,根据工作总量÷工作时间=工作效率,求:①甲、乙每天完成这项工程的几分之几?②两队合修一天完成这项工程的几分之几?③两队合修要多少天?(着力于基础知识)B.中等生:独立解答,并说出解题思路。(着力于掌握规律)C.学优生:完成上题并继续完成下面问题"甲乙各完成这项工程的几分之几?(变式、拓展)[3]在这节课中,教师对不擅长数学的学生的期待是掌握基础知识,对于一

① 应湘,向祖强主编.教师专业发展与学生成长[M].广州:暨南大学出版社,2007.108.
② 何秋妹.我爱三峡.教学案例.奉城二小教育科研网.
③ 默耕.经典教学方法荟萃[M].福州:福建教育出版社,1993.39.

般水平的学生的期待则是发现规律,而对于在数学方面有优势的学生,教师的期待又提高到"变式、拓展",整个过程因人而异,保持了期待的合理性,充分调动了每个学生思考和解答问题的积极性,各有所得,在各自现实水平基础上最大程度地发展。

(四)定期调整座位

"据戴利和苏伊特(Daly and Suite 1981~1982)报道说,当只向教师提供学生的性别及学生一张虚构的班级图表上的座位位置的信息并请教师对学生做出判断时,教师们对于那些坐在教室前面的学生会给出比对坐在后面的学生更加积极的判断。"①也就是说,教师的积极期待更倾向于给予坐在教室前面的学生,而忽略后面的学生,为了避免因座位影响教师对学生的期待,最好定期调整座位,以利于教师做出合理的期待。

(五)建立良好的师生关系

《礼记·学记》说"亲其师,信其道",只有充分相信、信任教师的学生才会对教师的期待做出反应,逐渐内化为学习的动力,朝着教师期望的方向发展;而与教师关系恶劣的学生对教师的期待是冷漠的。良好的师生关系是教师积极期待转化为学生学习行为表现的催化剂,因此"师生间的互相理解非常重要。教师要在课堂上以和蔼可亲的形象、幽默风趣的谈吐以及丰富的表情吸引并引领学生创设一种自由和谐的学习氛围,使学生进入最佳的学习心理状态。……教师要尊重学生、关心学生,对学生要一视同仁、不偏不倚,仔细观察,对他们哪怕是最微小的进步、成功,都应给予及时的表扬、肯定,使他们从教师的赞扬中得到鼓励,千万不要伤其自尊心"。②并且要认真倾听学生的心声,循循善诱,尽心竭力,以一种平等的心态去和学生交朋友,只有当教师的期待和学生的心灵发生共鸣、共振时,才能被学生欣然接受,转化为自身学习的动机和力量,使教师期待得以实现。

(六)教师要提高自身素质

从下图(教师期待与学生表现之间的循环)中可以看出教师是期待与学生表现循环中的一个极其重要的因素,其自身素质的高低直接决定每一个环节的运转和整体循环的良性或恶性。如图所示,学生原有的智力、心理状况、学校方面的表现等"预期输入"要经过"教师的个性、性别和知识等因素"过滤后才到"教师的输出",而"教师输出"又要通过"教师的关注量、评估反馈的质量、教师的信誉和人格"等因素的过滤后才能到达"学生的输入"。由此可见,教师在每个环节中都很重要,节节相依,环环相扣。所以,教师一定要提高自身素质,以确保对学生的期待合理与适度。

教师期待需要关注和尊重每一个学生,相信每一个学生都有潜能,在课堂教学中把握三个重要原则:"1.民主原则。在教学中教师是主导,学生是主体,师生是有着独立人格与尊严的个体。教学是建立在平等、合作、互助的基础上的,而期望效应正是为创造这样一种情境服务的。2.适度原则。教师的期望目标必须遵循适度性原则,在教学中,要使学生对教师所教授的知识、理论、思想产生'共鸣'。……3.差异原则。人生来是平等的,但人生来就是不相同的,……这是中国古代教育巨匠孔子提出因材施教的依据。因而在教学中我们应充分承认和肯定学生之间的差异,对不同的学生形成不同的期望。"③这样才能把教师的积极期待有效地传递给学生,确保教师期待效应发挥到极致。

① [瑞典]T. 胡森、[德]T. N. 波斯尔斯韦特.教育大百科全书(第8卷)[M].西南师范大学出版社,海南出版社.37.
② 邱瑞君.英语教学中的"罗森塔尔效应"探析[J].重庆科技学院学报(社会科学版),2008.(04).
③ 胡闵.教师期望效应在课堂教学中的应用[J].辽宁行政学院学报,2008.(04).

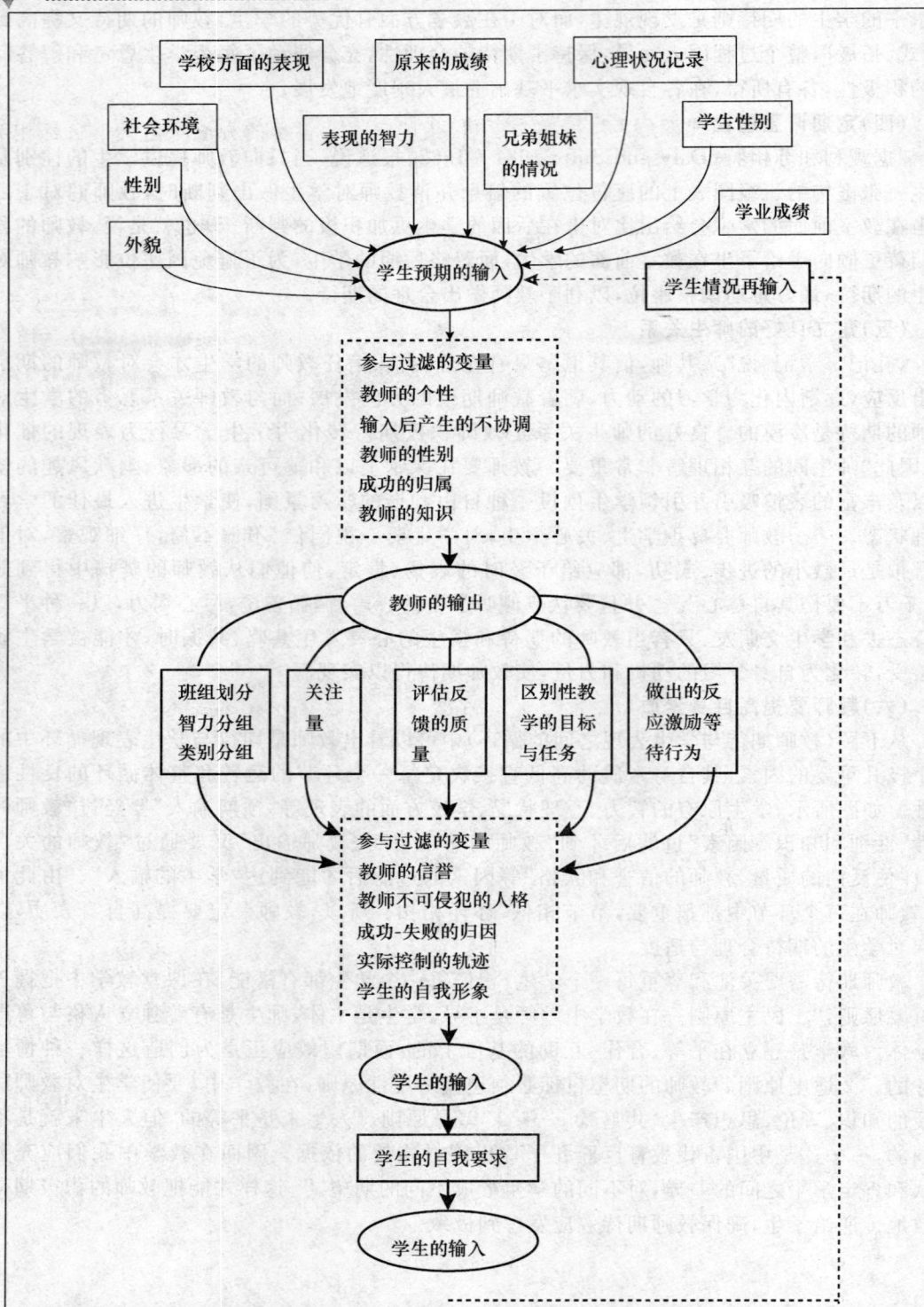

图形来源:朱智贤. 心理学百科全书(上). 浙江教育出版社,1995. 392。

第三节　形成性评价

作为教学的重要组成部分之一的教学评价,指的是运用科学的方法对与教学目标相关联的信息进行系统地收集整理,形成信息集,而后再对信息集进行分析处理,从而完成对教学活动过程及其结果与预期流程和目标的相符程度的测定和衡量,藉此可以对教学给予价值判断,进一步可以为修正教学设计提供依据,从而达到提高教学水平和实现教学增值的结果。学生是不断向前发展的生命,教学评价的类型虽然很多,各有其特点及长处,但在现代教学论中,尤为重视教学过程中的环节与调节反馈,使教学活动在"病理"诊断中得到改善、提高,这就突出了形成性评价,而相应地降低了终结性评价的地位。也就是说,只有运用形成性评价才能记载学生成长道路上的点滴进步,只有这种"动态性"的评价才跟得上学生不断发展的脚步、得出符合客观事实的结果,从而根据实际问题及时提出解决方案,帮助学生在学习过程中克服困难、养成良好的习惯,促进学生进一步地发展。

一、教学评价的类型

关于教学评价最早的概念性陈述始于 1930 年,由美国俄亥俄州立大学教育科学研究所的泰勒教授提出。同时他还强调,教学评价是教学过程中的一个重要环节,一方面可以使学生不断根据学习结果调整学习态度、改进学习策略细节、协调学习流程的各个环节,最终提高学习效率;另一方面可以帮助教师及时获得教学结果的信息反馈,从而了解存在的问题,及时改进教学方式,提高教学质量。由此可见,全面、客观、而又及时准确的科学的评价体系,对于教师掌控教学流程、改进教学方法、实现课程目标、提高教育的整体质量和水平是十分重要的;反过来对于学生了解自身的学习能力、学习中存在的缺陷,并及时调整自己的学习目标和学习策略也是大有裨益的。

1981 年,美国现代教育家布鲁姆主编《教育评价》一书出版。全书共分 11 章,其中有三章内容论述终结性评价、诊断性评价、形成性评价,并详细描述了如何利用评价使学生达到学习上应掌握的水平。最后四章是围绕教育目标分类学而编制的各种可作推理依据的评价工具。该书在 20 世纪 80 年代末由华东师范大学组织专家翻译、出版,与布鲁姆的《教育目标分类学》一样,产生广泛影响,标志着教育评价学进入了一个新的发展层阶。

根据评价的先后顺序和作用,教学评价可分为诊断性评价、形成性评价和终结性评价。诊断性评价是教师在备课时常用的,课前教师需要充分了解学生掌握知识的现状,以在这个事实基础上选择教学方法和内容等。形成性评价是在教学过程中最适宜的,教学过程是不断生成的,教学场境也是不断变化的,学生也是不断向前发展的,教师只有运用教学机制,根据实际发生的变化随时调整自己的评价,从而设计出最符合客观事实、最利于学生发展和教学进行的教学方案。终结性评价是课后对学习效果的总结,以便在以后的教学中,发扬成功的做法,谨记失败的教训。根据参照物的不同,教学评价又分为相对性评价和绝对性评价。相对性评价是学生与自身作比较,从而判断自身的能力是进步还是退步;绝对性评价则是把学生放到整个集体之中,让他与其他学生相比,看其到底处于何种位置的一种评价。

诊断性评价、形成性评价与终结性评价的对比表

对比项目	诊断性评价	形成性评价	终结性评价
评价目的	了解学生学习前的现状,对学生现实状况作出判断,清晰学生的起点,根据学生实际设计课堂教学	适应学生是不断发展的特征,在教学过程中实行动态性的评价,以激励学生学习的积极性和主动性,改进和完善教学	对教学活动作出总结性的结论,对最终效果做出评价,鉴别等级、分出优劣并总结经验和教训
评价时间	教学活动前	教学过程	教学活动后
评价主体	教师	教师、学生、同学、家长	教师
评价内容	知识掌握及输入情况	知、情、意、行各个方面	知识输出情况
评价结果	注重定量分析	定量和定性分析的统一;宏观和微观层面相结合	注重定量分析;通常作总体分析;
评价标准	诊断学生具体掌握了那些知识	看教学过程中,学生是否在不断进步和发展	看学生是否掌握了应该学习的知识
评价手段	考试、测验、提问等	日常观察、访谈、问卷调查、活动记录等。	标准化考试

　　传统型的教学评价是以终结性评价为主的,终结性教学评价指的是对学生的最终学习结果进行评价的,主要着力于在学习的阶段性过程结束后,对阶段性的最终结果进行综合的、科学的分析与整理,并给出合理的评语和价值判断,有时这里的价值判断是以等级描述形式体现的,可以用来对学生的学习结果进行评价以形成结论和判断。终结性评价的典型代表是标准化考试,多数用来证明学生的学习能力或者选拔。由此可见,终结性评价是以考试成绩为代表的最终结果的评价,具有很大的目的性,可以被普遍接受,但是却具有很大的片面性,因为他忽略了学习过程中学生学习的主观能动性和创造性,在强化分数等结果的同时,完全忽略了学生日常学习过程中的兴趣追求,最后导致学生学习缺乏积极性和可持续性。仅以学生学习英语为例,对分数的追求成为学习的目的和动机的话,学生就会逐渐丧失对英语学习的兴趣和英语学习能力上的提高,最终就是我们在英语教学上的失败,众多中国学生的"哑巴"英语就是我们长期坚持终结性评价英语教学的结果。

　　美国芝加哥大学哲学家斯克里在 1967 年论及课程改革时第一次提出了"形成性评价"。虽然对此有很多其他的名称,如"课堂评估"、"课堂评论"等,但是本书中继续沿用斯克里的"形成性评价"的名称。布卢姆在《教育评价方法指南》中认为,形成性评价是"根据教学活动过程中把握到的中间成果来修正教学计划,进行必要的补充指导或根据每个学生的实际情况来安排学习内容的评价活动。形成性评价注重对学生的学习过程进行评价,它不仅从评

价者的需要出发,更注重从被评价者的需要出发,重视学生在学习中的体验重视师生间的交流"。[①] "形成性评价一改以往重结果轻过程、重教师轻学生、重'标准'轻特征等弊端,促使教师用发展的眼光,全面、客观、公正地看待学生,从而使评价具有较强的动态性和合理性,达到培养学生健全人格、体现教育人文性的目的。课堂教学过程中,教师运用评价手段鼓励学生个性的发展,学生也从教师中肯的评价和积极的自我评价中找回自尊和自信。从而体验到作为一个'自然人'在成长中的收获与快乐"。[②]

二、形成性评价的特点和功能

形成性评价使得评价的内涵不再局限于考试,考试只是评价的一种手段,如果把考试等同于评价,是对考试的滥用、对评价的误解。"形成性评价又称过程性评价,是美国著名评价学专家斯克里芬(M. Scriven)于1967年提出来的。形成性评价强调要开展以调节教育过程、保证更好地实现教育目标为目的的评价活动,也就是说,在教育活动进行当中,即学习知识、技能与态度'形成'的过程中,对学生的学习进展情况进行监控与评价,为教师与学生提供反馈,并将评价中收集到的信息用于调整教学以满足学生需求及提高教学质量"。[③] 形成性评价把教学看成一个动态生成的过程,适合教学的规律,不仅评价学生的学,而且评价教师的教,并根据评价的结果随时调控教学和学习过程,有效激发学生发展的潜能,引导学生朝正确的方向发展,帮助学生形成健全、健康的人格。

形成性评价的特点:1.全面性。形成性评价的全面性表现在评价目的上,其目的是促进全体学生的发展和每个学生获得全面的发展;不仅使学生掌握知识,而且要促进学生品格、道德、情绪等的发展;不仅促进好学生的发展,更要促使"坏"学生的进步;2.发展性。形成性评价认识到学生是"处于不断发展中的人",教学过程中"一些任务的完成过程,就是学生获得知识和形成能力的过程,能够真实地反映出学生的进步情况,使学生在学习过程中得到激励,学生通过参与评价可增强对学习的责任感;通过对自己学习过程的适当监控和反思,掌握并调整适合自己的学习策略,增强学习能力,提高学习效果";[④] 3.多元性。形成性评价的多元性表现在评价主体、评价方式和评价标准上,它一改单一的教师评价,让每个学生都参与评价,有师生互评、学生互评、小组互评等不同的形式,通过课堂观察、讨论、作业等不同渠道,不仅增加了评价的客观性,而且使学生有一种主人翁的意识,更加积极主动地调整、改进自己的言行,养成良好的学习和生活习惯,获得更大的进步;4.人文性。形成性评价没有忽略学生不同的性格特点和优势,实行"一刀切",仅仅对结果做出评价,而是承认学生之间的差异,承认人与人之间发展速度快慢的不同,把学生作为一个个活生生的生命来看待,顺应生命发展的生态和规律,很有人文性;5.及时性。在整个教学过程中,形成性评价总是能通过各种方式及时传递给学生,使学生对自己的学习状态有清晰的认识,以便在第一时间巩固或调整自己的思想和行为。

形成性评价的功能可以描述为如下几个方面:

(一)促进教师的教和学生的学

"形成性评价始终贯穿于学生学习的整个过程,随时向教与学提供大量的反馈信息,用

169

---

① 李光辉.大学英语教学中的形成性评价[J].教育研究.2009.(06).
② 周菊芳,周亮.浅论赏识教育进课堂之十大策略[J].基础教育参考.2005.(09).
③ 张善琴.英语教学中形成性评价的实施[J].教育实践与研究.2009.(06).
④ 张琳.论大学英语教学中的形成性评价[J].山西财经大学学报.2009.(04).

以调节、控制、优化教育过程,较好地体现了评价具有的导向、激励和调节等功能。一方面,它能及时地反映学生的学习情况,帮助学生了解自己的不足之处,并以此对自己的学习态度、方法与效果进行反思和评价,学会分析自己的成绩与不足,调整自己的学习方法,明确今后的学习方向。另一方面也帮助教师了解每个学生的学习情况和学习需要,促进教师全面、深入、细致地总结课程、教材和教法等方面的经验和教训,随时调整教学内容和方法,从而提高教学效果。"[1]传统的评价往往只注重学习结果,对教学过程不作深入、细致的观察、分析和判断,在学生学完以后进行测试,忽略学习过程中遇到的困难,只能呈现出学生达到了什么样的水平,不能教会学生应该如何才能进步和提高。而形成性评价贯穿整个教学的始终,能够为师生双方提供及时、真实的诊断性信息,不仅能随时调整学生的学习方法和行为,而且能让教师及时发现教学中存在的问题,促进教师的教和学生的学。

(二)能促进学生的持续发展

形成性评价把学生看成一个个不断发展和进步的生命,认为这些生命成长的快慢有别,没必要也不允许把他们分成三六九等,评价所要做的就是肯定生命成长的潜力,给予其持续发展的力量。正如布鲁姆所说:"形成性评价的目的不是为了对学习者分等或鉴定,而是帮助学生和教师把注意力集中到进一步提高学习上。"

(三)能激发学生的潜力

形成性评价的内容是教的全过程和学的全过程,随时对学生的进步反应,"变单一的教师评价为学生自评、学生互评和教师评价相结合,使学生由被动受评者变为主动参与者,使教师从'考官'角色逐渐变为'合作者'角色。学生通过自评,不断自省和反思,形成符合个性特点的有效的学习策略,最终成为学习的主人;通过学生之间的互评,取长补短,培养团队精神和合作意识。同时,自由、民主和平等的评价氛围更有助于保护学生的自尊心,提高其自信心"。[2] 从而能激发出学生为取得更大进步的潜力。

(四)培养学生的观察和分析能力

在形成性评价中,不仅教师要对学生评价,更多的是学生自评和学生互评,这样学生就必须具有主人翁的意识,不仅客观分析自己在思想和学习中存在的矛盾和问题,而且要留意身边的同学,对同学的行为和学习方式做出分析,给同学做出一个符合客观事实的评价,这样就培养了学生的观察和分析能力。

(五)提高学生的自主学习能力

"在形成性评价的活动中,学生不是被动地接受评价,而是评价的主体和积极参与者。它不仅使老师更了解学生,也让学生更了解自己的学习,让学生看到自己在学习过程中的每一点收获,同时也让学生学会分析自己的不足,对自己的学习态度、学习方法与学习效果进行自我反思,并确定下一步学习的方案和努力的方向,从而进一步端正自我的学习态度,积极探索适合自己的学习方法,不断地调整学习策略,达到自主学习的目的"。[3] 研究表明,评价他人能够使学生换位思考,从另一个角度更清晰地认识自我,在与他人的比较中发现自身学习方法或方式的缺陷,借鉴和吸收他人的优点,使自己的学习更加完善。

---

① 黄良波.试论形成性评价在大学英语教学中的运用[J].内蒙古民族大学学报.2009.(05).
② 邱瑞君.英语教学中的"罗森塔尔效应"探析[J].重庆科技学院学报(社会科学版).2008.(04).
③.张善琴.英语教学中形成性评价的实施[J].教育实践与研究.2009.(06).

（六）塑造学生宝贵的品质

形成性评价的多种方式促使学生交流机会增多,学生在不断地交流中学会如何正确聆听和倾诉,学会理解和宽容别人。教学不再是一个知识的学习过程,而是学生品质形成的重要渠道。传统的课堂评价过度关注知识的输入和输出,注重结果的考察,忽视学生情感和品德的发展,致使出现一大批"高分低品质"的"人才",只关心自己,不关心他人、集体和国家,挖苦、讽刺同学,受不了一点挫折,使学生的身心发展受到极大损害。

（七）使教学和评价有机统一

教学和评价长期以来处于分离状态,教学的只管教学,没有权力涉及评价,而评价人员只会为教学指出优缺点,不会登台授课,甚至也不会授课。这就使得评价难以深入教学、促进教学。形成性评价改变了这一状态,在教学过程中进行评价,根据评价随时调整教学的方式和进度,使得教学和评价有机统一。教学和学习都是在与周围环境的相互作用中产生和发展的,教学过程和学习过程是不能完全预设的,期间充满的随机因素可能随时会改变教学和学习的方向,教学和学习过程的动态性决定了评价的动态性,只有用"动态"来评价"动态"才符合衡量事物的规律,形成性评价顺应了这一规律,贯穿在学生学习和教师教学的整个过程,使教学和评价有机统一。

传统的教学一直以终结性评价为主,这种只关注考试成绩,忽视学生情感、意志和个人发展差异的评价方法遭到众人的质疑。随着"以人为本"新时代的到来和"科学发展观"的提出,一种符合学生身心发展特点和教学规律的新型评价方式诞生了,这就是形成性评价。"形成性评价源于诊断性测试,它与终结性评价在评价的目的、时间、方法、结果等方面均有所不同。与终结性评价相比,形成性评价是通过教学过程中的评价肯定学生已取得的进步,发现教学中的问题并解决问题。形成性评价强调过程性、目标性和学生学习的自主性。对学生学习过程中表现出的兴趣、态度、参与活动程度、语言发展状态和学习尝试等进行评价和肯定,以促进学生的学习积极性,帮助学生认识到自己语言行为和目标的差距,辅助教师改进教学,提高教学效果"。[①]

三、形成性评价在教学中的具体实施

形成性评价在教学的具体实施中要把握三条原则:多元性原则、发展性原则、激励性原则。第一,多元性原则。教学中要对教师、学生、教学方法、学习方式、教学环境、学习态度等多种因素进行评价,收集多方面的信息,及时发现各个因素中存在的问题,及时解决。如,教学中要进行小组讨论,原先摆放的桌椅不适合学生间的交流,教师要及时把桌椅变换为圆形组合。第二,发展性原则。教学是一个动态生成的过程,学生的心理也无时无刻不在变化,因此,教师对学生和学生对学生的评价要多次进行,遵循发展的原则。第三,激励性原则。进行教学评价的目的是为了更好地促进学生的健康成长,因此,评价应以正面为主,使学生感受到自己有能力、有潜质把学习和事情弄好,体验到不断进步的充实感,激发其内在的学习动机。

在坚持上述三项原则的前提之下,教学中实施形成性评价的方式主要有如下几个方面:

（一）教师观察

"教师观察是评估学生学习过程的基本方式。老师可以从很多方面来观察学生,有效地

171

---

① 石晓玲. 大学外语课堂形成性评价及其后效研究[J]. 黑龙江史志. 2009.(20).

利用学生平时的表现给他们正确的评价,同时引导他们的学习。比如老师可以观察学生在课堂或课外活动中的表现,观察他们是如何有效地展示自己已经学习的知识,以及对正在进行的活动学生是以何种态度对待的"。[1] 在观察过程中要尤其注意学生的眼睛和面部表情,其透露着人的内心世界,如,迷惑的眼神表明学生还有很多疑惑,教师要对问题进行更深入、细致地讲解,讲解后学生的眼睛会豁然明亮;目不转睛的学生是注意力集中,在全身贯注地倾听;盲目的眼神说明学生思想已经在开小差,把教学抛到九霄云外了,教师可以轻轻走到他跟前,拍拍其肩膀,他会给教师一个羞涩的微笑,注意力立刻回到教学上;敌对的眼神表明学生心里的怨气,对外界的不满,教师要及时弄清楚事情的原委,化解学生心中的怨气,学生才会发出会心的微笑。这其中看似没有评价,其实形成性评价体现在整个教学过程中,"迷惑的眼神"、"目不转睛""盲目的眼神"和"敌对的眼神"等都是学生对教学所做的评价,而"讲解""轻拍肩膀""弄清原委"等都是教师在观察到这些信息后及时做出的反应,而"豁然明亮"、"羞涩的微笑"、"会心的微笑"等都是学生对教师做出反应后的再评价。由此可见,观察在形成性评价中的地位是举足轻重的。

(二)建立学生学习档案

学生档案是学生成长道路上的痕迹,记载着学生发展的历程,也构成形成性评价的重要内容。"它是让学生有目的地收集自己的作品,以展示自己学习的努力、取得的进步和成就的种评价方式。学习档案展示了学生在努力学习后所取得的进步和成绩。通过这一过程,学生增强了对自己的自豪感和自信心,也为老师,学校提供了学生进步的记录,还可以帮助观察学生所采用的学习策略。学习档案也叫做为学生自我监控学习过程的种工具。学生档案是评价学生学习过程、努力程度、进步轨迹及取得的成就的证据"。[2]

(三)把竞争机制引入课堂,开展学生互评

竞争是商品市场的手段或机制,适当地引入教学活动中,能起到激发内在动力、挖掘潜力、活跃兴趣的作用。班组之间合理的竞争或竞赛能加强班组内部的协作及向心力。教师在组织教学中,把学生分成小组,开展小组竞赛,让他们互相评价,不仅能够有效地激发和保持学生学习的热情,而且可以使学生明白:即使输给对手,自己给对手的评价也要保持公平、公正,这样就使得学生在掌握知识的同时,培养了良好的品德。例如,讲读课文《可爱的草塘》是篇借景抒情散文,其教学重点要学生理解草塘的"可爱"在于它美丽、富饶;教学难点在于引导学生理解文中最后一自然段,体会作者对草塘的思想感情。依次设计如下竞赛题(每题 20 分):(1)分别找出文中描写草塘美丽、富饶的词句。(2)作者初次见到的草塘怎样? (3)"这是一幅优美的画卷"到底是怎样的优美画卷呢? (4)"我"为什么犹豫? 为什么生怕弄坏? (5)作者随着对草塘认识的加深,感情有什么变化? 教学时,先公布竞赛题让学生自学课文,然后把学生分成小组,各小组内部讨论给出答案,由除了自己小组之外的小组打分,根据得分的高低当场表扬,并评价各组的利弊得失。[3] 在整个课堂中学生为了取胜,学习热情非常高涨,积极主动地读好文章每一个细节,并且认真倾听另外小组的回答,尽量给别的小组打分公平、公正,学生成为评价的主体,形成性评价得到了很好地实施。

---

① 李光辉.大学英语教学中的形成性评价[J].教育研究.2009.(06).
② 徐文彧.大学英语教学中形成性评价及策略[J].网络财富.2009.(07).
③ 默耕.经典教学方法荟萃[M].福州:福建教育出版社,1993.187-188.

（四）建立开放、宽松的教学氛围，保证形成性评价的多元性

只有在宽松的课堂环境中，学生才有自己的思想和判断标准，才敢畅所欲言，"学生参与课堂活动的程度与质量在很大程度上决定着学生的学习成效。学生的自我评价、相互评价和教师评价应贯穿整个课堂教学过程。教师要大量运用非测试性评价，如提问、抢答、小组讨论等各种课堂活动，引导学生对自己的学习情况进行反思，制定学习计划。教师根据学生不同的情况对教学进行反思，改进教学计划，调整教学方案，最大限度地优化课堂教学。"[①]以此来保证形成性评价的顺利实施。

形成性评价作为动态性的评价，符合学生发展和教学过程不断变化的规律，以发展的眼光看待学生，贯穿于整个教学过程，将评价结果及时反馈给学生，使学生看到自己的进步，并及时调整自己错误的行为，养成良好的学习和生活习惯；评价的主体是学生，并多以信息性和鼓励性的话语为主，能极大地激发了学生的积极性和主动性，推动学生不断进步。

---

① 黄良波.试论形成性评价在大学英语教学中的运用[J].内蒙古民族大学学报.2009.(05).

第七章 借助"人类言语、文字"的有效教学技能与艺术

人类的言语、文字是一种语言运用的实践,这种蕴含着人类生气与活力的技能,是与人的生命紧紧联系在一起的。人类有怎样的生命状态,就会有与之相符的言语人生,反之一定的言语状态也反映着生命的发展。教学的目的就在于让学生沉浸在教学内容中,熏陶、领会、感悟精神生命的言语,从而表达自己对生命的体验和感悟。

第一节 教学言语艺术

教学言语是人类在教学活动中逐渐形成的一种行业性用语,是教师在教学活动中向学生传授知识、技能、培养能力中使用的语言活动。言语交流是教学活动的重要组成部分,是教师传递情感、表达思想的主要载体和媒介,是课堂教学中最基本的手段和工具。苏联教育家马卡连柯曾指出教学言语是最重要的教学手段。教师恰当、准确的言语表达,可以寄厚于轻、寄深于浅、寄直于曲,对提高课堂教学质量起到良好的促进作用。

教师在教学过程中,针对学生的知识基础、接受能力和认知特点,结合教学内容,运用适当的语言表达方式,创造性地使用美的语言和幽默的语言,通俗易懂、生动形象、幽默风趣、妙趣横生地传授给学生知识的教学言语表达能力和技巧,就是教学语言艺术的内涵。在整个课堂教学过程中,教师语言科学恰当、生动形象、幽默风趣、亲切自然,学生就会在潜移默化中受到熏陶,教师讲授的教学内容就会入耳、入脑、入心,达到优化课堂教学的目的。好的教学言语是一种创造性的运用艺术,是教师先进的教育思想、丰富的知识沉淀积累、娴熟的教育技巧和高超的语言运用能力的完美结合。

一、教学言语艺术的作用

教学言语交流在中外历史上早已受到重视。《孟子·尽心下》曰:"言近而旨远者,善言也;守约而施博者,善道也。"《礼记·学记》中也记载:"善歌者,使人继其声。善教者,使人继其志。其言也,约而达,微而臧,罕譬而喻,可谓继志矣。"我国古代教育者认为,教学言语须简约精炼,又要蕴藏深刻的道理。在国外,古希腊的辩者派将辩论艺术融入了教学。中世纪的宗教教育善于推崇循循善诱和娓娓道来的言语艺术。苏霍姆林斯基认为,教师的言语修养是教师教育素养中"使人焦急"的一个方面。马卡连柯则提出,必须要对教师言语进行专门的训练,使"未来教师养成同儿童讲话的能力"。我国当代很多优秀教师也十分重视对言语艺术的运用,强调语言修养的重要性。当代小学语文教学名家、优秀教师霍懋征认为,教学言语要注意做到口齿清楚;教师的普通话要吐字清楚,言辞准确;讲话声音该高则高,该低则低,该快则快,该慢则慢,该强调要强调,但强调时不要声色俱厉,以免学生受到刺激和伤害。

教学言语受到古今中外教育家与优秀教师的重视和强调,充分表明它在教学中具有十分重要的作用和意义。

(一)教学言语艺术的恰当运用有助于提高课堂教学的有效性

语言是教学中最主要、最基本的教学手段,言语艺术则是追求最佳教学效果的重要途径。教师讲究教学言语艺术有助于学生理解和接受教师的讲授内容,激发学生的学习兴趣,开启学生的心智,从而提高课堂教学的有效性。苏霍姆林斯基指出,教师的言语修养"在极

大的程度上决定着学生在课堂上的脑力劳动的效率"。① 研究者所罗门和希勒指出："学生的知识学习同教师的表达的清晰度有显著的相关","教师讲解得含糊不清则与学生学习成绩有负相关"。言语是教师在课堂教学中运用的主要手段和工具,是打开学生心灵之门的钥匙,是架起师生知识和感情交流的双向桥梁。教师言语科学规范,思路清晰,恰当准确,情感丰富,生动形象,才能唤醒学生的思想和情感,激发学生的学习激情和审美情趣。因此,教师言语基本功十分重要。基本功扎实了,语言表达才能更上一层楼,才能化繁为简,深入浅出,从实质上减轻学生的心理压力和学习负担,使学生在爱学、乐学的氛围中主动积极地获取更多的知识。

(二)教学言语艺术有助于培养学生的审美能力

教师在教学过程中运用恰当优美的语言,寓审美教育于教学活动之中,从而激发学生的学习兴趣,培养学生健康的审美情趣和审美观念,能够不断提高教学的效果和质量。教学言语作为艺术性的语言,必定具备审美性,艺术化的言语不仅在于表情达意,更重要的是通过艺术化的形式和内容,通过生动形象、幽默风趣、亲切自然的表达,创造一种词汇美、语音美、情感美和修辞美,为学生呈现诗情画意的艺术境界,为学生演奏优美悦耳的奏鸣曲,达到整个教学的意境美,使学生产生如临其境、如见其人、如闻其声的美感,在美中不断熏陶、享受、认识、感悟、创造,得到审美能力和审美创造力的提高。教师的教学言语艺术本身就是学生审美的对象,苏霍姆林斯基说:"教师讲的话带有审美色彩,这是一把最精致的钥匙。它不仅开发情绪记忆,而且深入大脑最隐蔽的角落。"②学生从教师的言语艺术中获得审美感受,丰富审美情趣,提高审美能力。一位老师曾这样写道:

在讲初三《思想政治》"我国社会主义建设的宏伟目标"这一问题时,我是这样说的:"我国的宏伟目标,可以用一句话来概括,就是建设富强、民主、文明的社会主义现代化国家。这一宏伟目标,集中代表了全国人民振兴中华、强国富民的愿望,反映了社会主义的历史进程。同学们想一想:虎门销烟,戊戌变法,辛亥革命;同学们听一听:'五四'怒吼,'八一'枪声,芦沟惊雷! 一百多年来,中华民族都在做着同一个强国梦,一代又一代,不懈努力,奋发追求,寻找强国路。这个梦,好久好久! 这条路,好长好长! 今天,我们终于找到了强国之路,正在向这个宏伟目标挺进。我们伟大的祖国必将以一个政治稳定、经济繁荣、国力强盛、人民康乐的崭新形象,巍然屹立在世界的东方。"③

简短精悍的开场白是这位老师智慧和心血的结晶。细细品味这段言语,感受着强劲的节奏,脑海中自然舒展出一幅纵横古今、穿越时空、感人肺腑、惊人心魄的历史画卷。在画卷中,苏醒了对历史的记忆,完成了对现代的讴歌,带给学生雄壮豪放、恢弘高昂的审美感受。艺术化言语的表达与运用,美的言语刺激,是学生审美意识、审美能力提高的不竭源泉。因此,在科学准确的前提下,教师需要不断地追求言语的内容和形式美,通过自身审美修养的提高促进学生审美能力的发展,最优化地发挥教学言语的审美功能。

(三)教学言语艺术有助于学生思维能力的提高

"语言是思想的直接现实"④教师的教学言语艺术水平直接反映其思维能力的高低,学生透过教师的教学言语艺术可以探知教师的思维进程,从而激发思维兴趣,提高思维能力和水

① [苏]苏霍姆林斯基(杜殿坤编译).给教师的建议[M].北京:教育科学出版社,1984.421.
② [苏]苏霍姆林斯基(杜殿坤编译).给教师的建议[M].北京:教育科学出版社,1984.210.
③ 陈瑞花.政治课教学的语言美,http://portal.sdteacher.gov.cn/Course/zhengzhi/Article/469769.aspx
④ [苏]高尔基.论文学[M].北京:人民文学出版社,1983.332.

175

平。语言是思维的工具和"物质外壳",思维是一种心理活动过程,两者之间是互相促进、相互依存的。语言的发展能推动思维的发展。言语是个体对语言的运用。艺术化的言语侧重对词汇的选择、搭配、重组,侧重对教学内容与教学情景的整合和创设,追求灵活性、逼真性和条理性,旨在准确传达信息的基础上为学生学习增添乐趣和动力,它更在乎为学生带去一种心灵上的审美享受。因此,艺术化的言语是一种使思维得到优质刺激物的过程,是催化思维发展的一个有利因素,它不仅可以促使教师自身思维得到发展,也有利于学生思维能力的提高。学生获得丰富的言语刺激,在吸收知识的过程中必须调整思维的灵活度、舒畅度,以更大限度地获取有效信息。实际上学生吸收知识的过程也就转化成了思维发展的过程。

(四)教学言语艺术有助于学生言语能力的发展

在教学活动中,教师的一言一词一腔一调都是学生模仿的对象,教师的教学语言艺术有助于学生言语习惯与能力的发展。特级教师斯霞说:"教师的语言应该成为学生的楷模,要使学生学会普通话,说话口齿清楚,咬字正确,声音响亮,语言完整,简短扼要,用词确切,那么,教师自己首先要做到这些。我们决不可低估教师语言对学生语言的影响,这也是一种'潜移默化'。"特级教师于漪说:"教师带领学生学习规范的书面语言,如果自己的口头语言生动、活泼、优美,就能给学生以熏陶,大大提高学习效果。"①都足以表明教学言语艺术对学生言语能力发展的影响作用。

二、教学言语艺术的类型

教学言语按照其标准和方法,可以进行不同的分类。

(一)根据教学言语的功能性质分类

1. 系统讲授语言

系统讲授语言是指教师在课堂教学中以全班学生为对象系统讲解和传授科学文化知识的教学语言。这类教学语言的特点是:能够充分体现教师在教学过程中的主导地位和教学艺术才能,易于形成教师独特鲜明的教学语言艺术风格;教学语言表达的内容科学性强、专业特点突出;教学语言的形式逻辑性强、系统完整、层次分明,利于学生感知、理解和记忆;教师可以根据学科内容、学生特点预先精心设计、巧妙安排,增强教学语言表达的艺术效果;可以高效率、高质量地完成系统讲解和传授科学文化知识的教学任务,促进学生的知识、技能、品德等方面的发展。系统讲授语言可以适用于各级各类学校的各门学科的教学,是教师教学使用最广泛的语言类型。

2. 个别辅导语言

个别辅导语言主要是指教师在课内外教学中以个别学生为对象辅导学生学习的教学语言。这类语言的特点是:高度尊重学生的主体地位、充分调动学生的学习积极性,关注学生的个别差异和个性特点;教学辅导语言针对性强、利于因材施教,使学生能够了解自己的优缺点,以补偏疗弊、长善救失;要尽量适应学生的不同要求,语言形式灵活多变,一般难于事先设计;辅导语言要求精于启发、巧于点拨、善于激励、长于指导;可以帮助学生查漏补缺、解疑释惑,使学生形成正确的学习态度,掌握有效的学习方法,培养良好的学习习惯。个别辅导语言与系统讲授语言紧密配合,互为补充,相得益彰,是提高教学质量、促进所有学生全面发展的不可缺少的语言类型。

3. 组织协调语言

组织协调语言主要是指教师在教学中组织教学活动、协调教学关系、控制教学进程的语

---

① 黎祖谦.教师口语艺术[M].江西高校出版社,2001.13.

言。组织协调语言又可分为:(1)指令语言。例如"请看黑板上的例题"、"××同学,请回答问题"等等。指令语言应当明确具体、简短精练、热情文明,切忌模糊抽象、冗长杂乱、冷淡无礼。(2)商讨语言。如"这堂课我们这样上好不好?"你们希望老师讲什么呢?""下面我们就做练习吧?"等等。商讨语言应当体现民主的精神,尊重学生的选择,培养学生的参与意识,使教学真正成为双边活动。(3)衔接语言,或称过渡语言。教学要点的衔接、教学活动的转换,都需要有中间过渡语言,才不致使教学要点间缺乏联系、教学活动的变化显得突兀。衔接语言应当前后呼应、穿线贯珠、起承有序、转合明度,才能将整堂课组织得严谨细密、天衣无缝。(4)调节语言。通过恰当的褒贬评价,强化或改变学生的学习活动,以调节控制教学进程。教学调节语言应当实事求是、程度适当,方法因人而异,形式丰富多样。

(二)根据教学语言的信息流向分类

1. 单向传输语言

又称独白性语言。是指教师在教学中向学生进行单向输出的语言。此类教学语言的特点是:语言信息密集、讯道流畅;能较好地体现教师的教学意图;语言传输的效率高、质量好;语言表达过程易于自主调控,因而可以精心设计;要求学生具有相应的语言接收能力;可以给学生以良好的语言示范,培养学生的语言鉴赏能力、语言感受能力和语言表达能力;语言信息的单向输出缺乏反馈能力;语言效果取决于教师的语言艺术水平高低等。单向传输语言的运用要十分讲求语言表达技巧,增强其语言本身的吸引力,才能激发学生的接收兴趣,避免因单调枯燥给学生造成的语言疲劳。

2. 双向对话语言

双向对话语言,是指教师和学生以平等的身份,在民主融洽的气氛下,进行生动活泼的双向对话的语言。此类教学语言的特点是:语言的情境性增强,要求教师具备灵活机智的语言应变能力;语言流程出现曲折,语言信息传递效率受到影响;语言反馈的即时性增强了语言的实际效果;语言主体的平等地位,使师生双方都有了主动参与的积极性;语言信息的不断交换,提供了师生教学相长的可能性;可以增加学生语言实践的机会,锻炼学生思维的灵活性和即时口头表达能力。双向对话语言常用于课堂问答、个别辅导、交换意见、了解情况等教学活动。

3. 多向交流语言

多向交流语言是指教师在教学中有目的地组织学生进行座谈、讨论、辩论的语言。此类教学语言的持点是:教师以主持人的身份,组织和导演教学话剧;教师的语言具有鲜明的主导性和组织功能;语言流程具有不确定性,这增加了教学语言设计的难度;语言信息的多向流通,使教学活动结构呈现立体交叉网络状态;语言气氛的活跃,会激发师生思维的积极性和语言表达的兴趣;语言信息的碰撞,增加了语言活动的教育价值。多向交流语言的运用,要求教师具有较高的语言控制调节能力,使多向交流语言"形散而神不散",通过激发兴趣、点拨思维、引导言路,而达到预定目的。

(三)根据教学语言的表达方式分类

1. 说明式语言

说明式语言是指教师在教学中给学生解说事物、剖析事理的语言。它要对事物的形态、性质、构造、成因、种类、功能,或事理的概念、特点、来源、关系、演变等做清晰准确、通俗易懂的解说剖析,以帮助学生加深理解、形成概念。常用语句有:"这就是说"、"它的意思是"、"换句话说"、"我们可以把它理解为"、"打个比方说"、"它的理由是"等。它又可以分为以下几种具体说明方法。

（1）定义说明。就是用简练概括的语言给事理下一个明确的定义，以揭示其本质内涵。

（2）诠释说明。或称解释说明。它不同于定义说明，定义是对事物本质属性的简明而抽象的揭示，而诠释是对事物的各方面特征做具体而详细的解说。

（3）比较说明。是把两个以上、彼此存在一定联系和相同点的事理放在一起，从对照、比较中说明它们各自的特点和区别。

（4）分类说明，或称划分说明。是为了揭示事理的类属性，而把它分成若干亚类逐一说明，从而达到明确事物的对象范围或概念的外延情况的目的。

（5）比喻说明。是指使用恰当的比喻来揭示某一抽象事物的含义。比喻生动形象、新颖有趣，可起到化难为易、辅助说明的作用。

（6）举例说明。举出具体、典型的事例也可在一定程度上达到说明有关事理的目的。一般对列举的事例要做精当的分析，揭示它与有关事理的联系，才能起到辅助说明的作用。选取的事例要贴切、通俗、针对性强、富于启发，才会增强说明的效果。

2. 叙述式语言

叙述式语言是指教师在教学中将科学文化知识内容向学生作较客观的陈述语言。特别是把人物的活动、经历，事情的发生、发展或事理的变化过程具体表达出来，使学生获得脉络清楚、系统完整的有关知识或事实。它包括以下几种具体方法：

（1）纵式叙述。就是根据事理在时间上的联系性进行的叙述语言。纵式叙述适用于介绍具有时间性联系的事理知识，如历史事件、人物经历、故事情节、工艺程序、技术措施等。纵式叙述又有顺叙、倒叙、插叙、补叙、分叙等区别。

（2）横式叙述。又称并列叙述。就是根据事理的非时间性联系进行的叙述语言。横式叙述适用于介绍具有非时间性联系的事理知识。横式叙述，按其所叙内容的逻辑关系，可有空间远近关系排列的横式叙述、内容主次轻重关系排列的横式叙述、因果先后关系排列的模式叙述等具体方法的区别。

（3）交叉叙述。又称纵横式叙述。就是把纵式叙述与横式叙述结合起来进行。其特点是纵横交叉，组成立体网络结构。它又可分为纵纲横目式和横纲纵目式两小类。如要讲授中国历代教育家的思想，就要使用纵纲横目式叙述，即以历代时间纵向线索为纲，以各代著名教育家横向联系为目进行讲述；而如要讲授西方近代各国的教育发展史，就得采用横纲纵目式叙述，即以西方各国横向关系为纲，以各国教育的纵向发展为目进行讲述。

3. 描述式语言

描述式语言是指教师在教学中把有关内容直观形象、生动逼真地描绘出来的语言。其特点是通过摹态传神，使学生如见其人、如闻其声、如临其境，从而丰富感知、加深印象，并受到强烈的艺术感染。它可以分为以下几种具体方法：

（1）写意描述。又称白描。是指教师在教学中用朴素洗练的语言，寥寥数语即将描述对象的主要特征勾勒出来。

（2）工笔描述。又称细描。是用细腻的语言，对描述对象的某些方面作精雕细刻的描述。其特点是语言细密、色彩浓郁、细腻逼真、可知可感。

（3）直接描述。又称正面描述。指对描述对象进行直接地、具体地描述。

（4）间接描述。又称侧面描述或烘托。指对描述的对象不进行直接描述，而是通过与之相联系的周围事物的描述，来映衬、烘托被描述的对象。常能收到巧妙生动、激发想象的艺术效果。

4. 论证式语言

论证式语言是指教师在教学中用事实或理论等论据来证明论题或论点的真实性、正确性的语言。论证是由论题、论据通过论证方式组成的。其基本要求是语言富于逻辑性,论题明确,论据真实而充分。常用的关联词有"由于"、"因为"、"根据"、"基于"及与之相对应的"所以"、"因此"、"可见"、"总之"、"综上所述"等。包括:引典论证、因果论证、反面论证、排它论证、事例论证、类比论证、比喻论证、归谬论证等形式。

5. 抒情式语言

抒情式语言是指抒情式语言是指教师在教学中抒发感情的语言。教师的情感通过语言抒发出来,常能收到"动之以情、以情感人"的效果。抒情式语言包括直露倾诉式抒情、潜蕴事理式抒情等具体表现方式。

三、教学言语的具体实施技能和方式

教学言语艺术的根本任务是较好地运用语言向学生传道授业解惑,同时向学生表达自己的情感,并且通过学生的言语活动领会学生的情感,实现教学的双效互动交流,从而完成教学任务。教师言语或朴素庄重,或简练生动,或诙谐幽默,这都是教师在教学过程中长期积累、勤奋锤炼而来的。教学言语的具体实施技能和方式如下:

(一)科学性与艺术性相结合

这是教学言语艺术的基本要求。首先,教师言语的内容要科学。科学的语言可以使教学内容真实、清晰,符合学生的思维规律,教师将要讲述的内容,自然、连贯地表达出来,让学生在和谐的氛围中得到知识的学习。教学语言科学规范、重点突出、层次清楚,对于概念、观点、定律和原理等的表述,要含义准确、措辞严谨,不能含糊或者错误。这就要求教师一方面不断提高知识储备水平,熟练掌握教授内容,同时对教学语言进行周密设计,避免不必要的重复或者逻辑上的错误,保证传达的内容恰如其分,准确得当。其次,教师的言语还要具备艺术性。艺术性使教学言语更富有表现力和感染力,艺术化的教学言语如春风化雨般使学生受益匪浅,有助于激发学生的学习兴趣,加深学生对知识的理解。

(二)因材施教,使教学言语适应学生的年龄特点和知识水平

教师在教学言语表达过程中,对语言的选择要以能否被学生准确理解和接受为基点。学生不同,其教学言语的领会能力各不相同;年龄不同,对教学言语的接受能力也不尽相同。教师在教学中运用的词语必须准确,不能含糊其词,对所讲授的知识更不能信口开河,让学生无所适从。这就要求教师深入理解教材内容和学生的知识水平、言语发展水平,用学生熟悉的语言流利地进行启发和引导。

(三)注意倾听和领会学生的表达

倾听是领会的前提,教师在教学活动中要注意倾听和领会学生的表达,尽量做到领会与表达之间的零误差。倾听和领会学生的表达才能提高学生提问求知的热情,激发学生的上进心和学习欲望,让师生之间的沟通流畅、自然,提高课堂教学效果。例如吉春亚老师教学《詹天佑》片段:

师:用自己的言语,表达詹天佑是如何接受主持修筑京张铁路的任务的。

生:面对着帝国主义的阻挠、要挟、嘲笑,面对着祖国母亲受欺凌被侵略的处境,面对着科技落后、人才缺乏的现状,詹天佑毅然接受了任务。

师:你的言语严密,具有对称美。

生:面对帝国主义野蛮粗暴的干涉,面对着东三省又将被割让的危机,面对着名存实亡的清朝,面对着险恶的自然环境,面对着国内老百姓的希望,詹天佑毅然接受了修筑京张铁路的任务。

师：不错，你的思路开阔，语言有力。

生：看清了帝国主义的侵略野心和卑鄙手段，感受着清政府对自己无限信任的兴奋，承受着人才缺乏、科技落后的重大压力，詹天佑毅然接受修筑京张铁路的任务。

师：你的表达富有创造性，语言精炼，个性鲜明。………①

吉老师有意识地安排学生参加有充分表现机会的言语实践活动，这样充满趣味和活力的对话，更能激发学生的学习热情。

（四）注意教学语言抑扬顿挫的节奏感

教学言语中亦蕴含着节奏。良好的教学言语，或诙谐、幽默，或庄重、肃穆，或欢快、亲切，或豪迈、奔放，或悲凉、凄切，如果采用同一种声调讲课，学生听课极易疲劳，错落有致、抑扬顿挫的教学言语能始终使学生的大脑处于兴奋状态。苏霍姆林斯基曾说："教师讲话带有审美色彩，这是一把最精致的钥匙。它不仅开发情绪的记忆，而且深入到大脑最隐蔽的角落。"由此可见生动的语言对学生学习的影响。富有节奏感和韵律感的教学语言能使教学具有鲜明的节奏。

教师的言语是课堂教学的主要工具。教学语言的节奏，是指在讲课过程中，随着讲授内容不同，引起教师内心的情感发生相应的变化，从而使语速的快慢缓急、语言的轻重强弱、语句的断连疏密、语调的抑扬顿挫也发生变化，并有机地融合一体，以形成教学语言的节奏。②首先，根据教学内容来安排教学语言节奏。一般来讲，在教学过程中，对于重点内容，教师可以提升语调，放慢速度，缓和语气，以吸引学生的注意力；对于一般的陈述性内容，教师可以语调平缓，加快速度，使学生的大脑处于兴奋状态。此外，教学过程中适当的语速停顿，也可产生"此时无声胜有声"的效果。著名特级教师斯霞在总结自己的教学经验时说："讲到重要的地方，重复一遍；讲到快乐的地方，就自然地露出微笑；讲到愤怒的地方，情绪就很激昂；讲到悲伤的地方，声音变得低沉。"其次，根据学生的具体情况来调控教学语言节奏。"弹琴要看观众，射箭要看靶子。教学语言的对象感很强，要因人而异，因课而宜。③"根据不同年龄阶段的学生和不同特征的学生，采用不同的教学语言，使教学语言在整体上呈现错落有致的节奏变化，将学生的注意力和课堂教学节奏协调统一。

四、提高教学言语艺术的途径

课堂教学是教学活动的中心环节，而课堂教学言语是教师向学生传授知识的最主要的方式，追求课堂教学的言语艺术是每一位教师追求的最佳教学境界。俗话说：冰冻三尺非一日之寒。要想有效提高课堂教学言语交流艺术，掌握教学言语交流的技巧，并非一朝一夕可以成就。教师需要凭借耐心、细心、精心，有步骤有规律地学习与训练。下面将探讨一些提高课堂教学言语交流的技巧与策略。

（一）积累知识，提高素养

语言是丰富多彩的，作为教师更应该丰富自己的语言，加强日常语言的积累。有这样一种说法：教师要给学生一滴水，自己须有一杯水；要给学生一杯水，自己须有一桶水。言语体现出的艺术性是教师日积月累的知识加以灵活运用的精华和结晶。先来看几个教学实例：

实例1：有位老师将遗传和变异，引用了两句民间谚语："老百姓常说，龙生龙，凤生凤，老

① 钱加清,李燕.对话视野下语文课堂教学言语行为的发展取向[J].理论探索.2007.(09).
② 黄中建.教学语言艺术[M].四川:四川大学出版社,1991.135－136.
③ 王北生.教学艺术论[M].开封:河南大学出版社,2003.207.

鼠生儿会打洞,这是遗传";"一娘养九子,个个不相同,这是变异"。两句话把一个深奥的道理说了出来,深入浅出,形象生动。[①]

实例2:有一位老师,学生问他听到别人议论时怎么办,这位老师笑着说:"要回答这个问题,我得先给大家讲一个故事。一天,祖孙二人骑着毛驴去赶集。路人议论说,两人骑一驴过于残忍。于是爷爷下来让孙子骑。路人议论说,孙子不孝。孙子赶紧下来让爷爷上去。路人议论说,老人心肠太硬。后来两人都不骑了。路人又议论说,放着毛驴不骑太傻。"听着听着,同学们都笑起来。老师又问:"大家说说,这祖孙二人怎么办呢?"同学们会心地笑着说:"走自己的路,让别人去说吧!"[②]

实例3:有位教师在谈到对教育的认识时,一连引用了几个人的话,让同学佩服得五体投地:在一个文盲充斥的国家里是不能建成社会主义的。一个受了不良教育的孩童,等于丧失了方向。知识是引导人生到光明与真实境界的灯烛。所以,教育是廉价的国防。教育的根是苦的,但它的果是甜的。让我们为教育的甜果施肥、浇水,尽一点微薄的力量吧![③]

上面三个实例分别是对民间谚语、故事、名人名言的灵活运用。尤其在实例3中,教师分别引用了列宁(第一句话)、肯尼迪(第二句话)、李大钊(第三句话)、亚里士多德(第四句话)、J. R. 逊(第五句话)的名言,恰当、灵活、生动地阐明了教育的巨大价值,令整个教学顿然生辉,艺术气息增浓。

以上三个实例显示出了教师平日里对各种知识的点滴积累。言语运用水平的高低很大程度上取决于教师教学词汇的丰富程度。建议教师在日常的学习生活或工作中,有计划、有意识地积累、背诵一些名言警句、民间谚语、成语、诗词歌赋、典故、故事,不分古今中外,不分名言或是群众口语,只要是有益或有哲理性的词汇或言语,教师都可以多听、多读、多看、多写、多记,通过学习不断扩充自己的知识面,丰富自己的词汇量。在教学中一旦可用,便可从自己的知识库中灵活取出,信手拈来,得心应手地为我所用。

教师的教学言语艺术是教师文学素养、品德修养、美学修养、专业知识、思维方式、政治倾向、价值观等的综合体现。作为一名教师,不仅要重视外在知识的学习吸收,更应注重内在修养的自我提升;要广泛涉猎,做博览群书的"杂家",做品格高尚、受人尊敬和爱戴的人师。只有这样,教师才能在课堂教学中游刃有余、幽默风趣地表现出智慧和才华,才能在教学领域里利用教学言语自由地发挥。

(二)保护嗓子,训练语音

从一定程度上讲,嗓子是教师基本的教学工具。亲切、自然、流利、悦耳的言语都源自于教师的嗓音。拥有一副运用自如的好嗓子是每位教师进行言语表达的资本。教师的声音虽在一定程度上受先天因素的影响,但经过科学的保护与训练,嗓音可以得到一定的改进和优化。

1. 嗓音的训练

(1)呼吸训练

呼吸可分为胸式呼吸法、腹式呼吸法和胸腹联合呼吸法三种。胸式呼吸法是最常见、最普遍的呼吸方式。它利用肋骨和胸肌的运动完成呼吸,产生的气流微弱浅薄,声音较低较虚。腹式呼吸法依靠横膈膜和小腹肌肉的运动实现呼吸,呼气力量较强,声音有所增大,但

① 阎承利.教学最优化艺术[M].北京:教育科学出版社,1995.124-125.
② 张宝臣,张玉森,王秀兰主编.课堂教学艺术[M].哈尔滨工业大学出版社,1996.62-63.
③ 阎承利.教学最优化艺术[M].北京:教育科学出版社,1995.125.

不适合持久的高音发音。胸腹联合呼吸法是依靠肋骨和横膈膜共同运动完成的呼吸方式，是前两种呼吸法的结合，也是与艺术发音最贴近的呼吸方式。它通过借助吸气肌肉群体的力量提高肋骨的上下左右幅度，利用横膈膜的收缩下降扩大胸腔的容积，以此增加肺的容积，增强气流量的呼出。充足的气流量才能发出底气浑厚、后劲十足的声音。

正常的言语发声是在呼气而非吸气时完成的。在教学中，要注意气流的转换和呼气、吸气的时间调节，不能一口气讲到底，气竭声嘶时再换气，或是一次自然呼气没有完成便戛然而止，断断续续，时有时无。这些方式都是不科学的，教师应做到吸气充沛，换气适时，呼气、吸气均衡，转换自然。只有如此才能发出自然、清晰、响亮的声音，才能对嗓子起到保护与滋润的作用。

（2）共鸣技巧

人的语音是由肺部（发音的动力）、声带（发音体）和共鸣腔（包括口腔、鼻腔、胸腔等）共同作用的结果。有关研究表明，人讲话的音量有95％来源于共鸣腔的放大，5％来自于声带的发音。锻炼共鸣器是嗓音训练的重要方面。如何锻炼共鸣器呢？首先要注意舌头在口腔中的位置。舌高点在前（口腔前腔小于后腔），共鸣腔发出的声音就偏前，显得单薄无力。舌高点在后（口腔前腔大于后腔），共鸣腔发出的声音就偏后，显得浑厚有力。但如果太偏后，则发出的声音就会浑浊不清。因此，教师要通过不断的训练掌握适中的舌高点。第二要注意口腔的形状和张合大小。上下牙紧锁、口腔蠕动的说话方式发出的声音是含糊不清、哼哼叽叽、柔弱无力的。适当地长大嘴巴，扩大口腔，才会吸入更多充足的气流，使发音顺畅无阻，共鸣器得到最适宜的发挥。

2. 嗓音的保护

（1）科学用嗓

在中小学校，很多教师每周课时量达到十几节，几乎每天都要有1～2小时的讲课时间。据有关资料统计，70％以上的教师都出现不同程度的嗓子患病问题。如果不掌握科学的发音技巧一味提高嗓门大音量地讲课，那么很容易会造成声带肌肉的疲劳，导致声音嘶哑、精力疲惫、力气枯竭。若一味只顾保护嗓子不愿不敢大声放喉开腔，声音弱小无力，那么他的教学一定会陷入被质疑、否定甚至推翻的境地。究竟该如何做到课堂言语教学与嗓音保护的和谐统一呢？最主要的是遵循劳逸结合、张弛有度、轻重区别的原则，即根据教学内容、教学人数、教学环境等的不同采取不同的音量，做到合理调控、科学用嗓。

（2）日常养护

日常的教学或生活中，教师要注意及时补充水分，适当吃些水果来滋润嗓子；随身携带"金嗓子"、"胖大海"之类的护嗓含片或药物；多吃清养滋肺的食品，少吃刺激、辛辣或过咸的食品，不饮酒，不吸烟；保证充足的休息和睡眠；加强体育锻炼，预防各种呼吸道疾病。

（三）磨砺思想，训练思维

思维与言语密切相关。言语是思维的外在体现和表达方式，是思想的直接现实，思维的方式决定了言语表达的顺序和逻辑，言语反映思维的内容和发展的动态。思维的发展制约着言语的发展。因此，要提高教师的言语表达水平，进行思维训练也是必不可少的。

1. 思维广度训练

思维广度是指思维的发散程度，是指思考者看问题、想事情时能够围绕一个观点或中心并将思维视角分散开来，全面与细节、宏观与微观、整体与局部思维兼顾的程度。教师思维具有广度，知识表达既全面周到又无懈可击，才能使学生在自己教学言语的引导下展开广泛的想象。

一位教师在给出作文题目《我爱北京》后,讲到:"提到北京,历史上可联系到一二·九运动、五四运动、自元代以来中国的政治、经济和文化中心;地理上可联系到北京得天独厚的旅游资源,如天坛、故宫、颐和园、八达岭长城、天安门等;文化上可联系到四合院与胡同、京西太平鼓、皮影、北京美食小吃等;政治上可联系到全国人民代表大会的召开、北京奥运会的成功举办等。"

这一实例是发散性思维的运用和体现。这位教师的讲解以北京为出发点,从历史、地理、文化、政治等多个视角逐个展开,为学生作文提供了广阔的思维空间。在教学中,教师进行思维广度训练时应注意两点:第一,有广博的知识储备。渊博的知识是教师进行言语教学时旁征博引、滔滔不绝、左右逢源的物质基础。第二,进行思维广度训练,如充分联想等。

2. 思维深度训练

思维深度是指认识事物、思考问题的独到程度和深刻程度。思维深度要求以客观事实为基础,对问题提出独到透彻、入木三分的见解。

在教学吕叔湘先生的《语言的演变》一文时,一般教师在讲到该文"马"的历史典籍的名称时,只会对"马"的名称之多,而赞叹古人的造字之功,因为该文列举了"马"的名称有数十种之多。但这样的教学是肤浅的,学生的收获也是极为有限的。而讲究深究学习的方法就会使学生的收获颇丰。教师可以以"马"的名称之多让学生深入思考:为什么历史上马的名称如此之多如此之细如今只用一个"马"字来概括呢?这样的深究提问会让学生的思维立即活跃起来,语文学习也变得趣味盎然,学生对答案求解由浅入深的过程也将使学生的学习领域变得十分开阔。学生可能由此想到人类概括能力的增强,也可能想到"马"这一动物在某个特定历史时期的重要性(比如运输、交通、战争方面的功能)以及这种重要性由于时代的进步和生产力的不断发展而带来的逐步弱化。由此,学生可能触类旁通,举一反三地得出结论:当某一事物名称多、分类细的时候,正是这一事物在"这个"时期最为重要的时候。这样的深究学习就使得语文教学不单纯是语言文字的学习,它已与文化、历史、经济相交接,既扩大了学生的知识面,更利于学习思维能力的培养。①

不难看出教师思维深度在很大程度上影响了学生思维深度的发展。思维深度训练需要教师调动进一步探索的积极性,设计一些易于深度思考的问题,不停留于问题表面的肤浅思索,多问几个为什么,从更深层次去探究事物或问题的本质。如在教学时思考:这一问题的解释具有普遍性吗?有没有更深层的本质揭露?我对这一问题提出疑问的目的在于揭示什么?我提出怎样的问题引发自己和学生深入思考?

3. 思维敏捷度训练

思维的敏捷度是遇到问题时思维做出反应的快慢程度。思维敏捷度高的教师在日常的言语教学中能够保持比较均衡的速度,面对学生的提问、质疑、争辩时能做出迅速、准确的反应,随机应变,对答如流。如何培养思维的敏捷度呢?知识渊博、阅历丰富是思维敏捷的基础。脑中储备多,需要时才能思如泉涌、信手拈来;要善于思考,有"打破沙锅问到底"的不懈探究精神,多问几个"是什么","为什么","怎么样",通过思考运转大脑的"马达",提高思维的敏捷度。此外,还有一些小技巧和小方法,比如有研究者认为晒晒太阳可以使光线影响脑部特定区域,从而影响人体机能,帮助人保持清醒;多即兴发言或表演,多进行争论或参与辩论赛,短兵相接,针锋相对,也能提高思维的敏捷度。

---

① 周来宏.深究学习:强化语文学习思维深度的策略[J].教学与管理.2003.(01).

4.思维条理性、逻辑性训练

苏霍姆林斯基在谈到教师语言素养问题时曾说:"二十年前,我去听一位教师的课,观察孩子们怎样感知新教材的讲解。我发现,孩子们听后很疲劳,下课时简直是筋疲力尽了。我开始仔细听教师的语言(他教生物学),使我大为吃惊。教师的语言是那么混乱,没有逻辑顺序,他讲解教材内容是那么模糊不清,以至第一次感知这个或那个概念的儿童,不得不用全部力气,才能听懂一点点东西。孩子们感到疲劳的原因正在于此。"①思维没有条理性和逻辑性,表达的言语就会混乱,顺序颠三倒四,重复,停顿,前后不连贯等,使学生"感到疲劳"。

看一下优秀教师魏书生老师讲授《渔歌子》时设计的将文字变为图画的四个步骤:

①勾勒形态。请同学们先在脑子里反映西塞山、白鹭、桃花、流水、鳜鱼的轮廓。②染上色彩。请把黑白电视变为彩色电视,看谁脑子里的画面更鲜艳美丽。学生们说脑中出现了青色的山,粉红色的桃花,碧绿的流水。③使画面动起来。白鹭在山前自由自在地飞来飞去,水在溪中哗哗流淌,欢快跳跃,鳜鱼则不时跃出溪流汇积而成的深潭……④让画面更细致,更逼真。同学们还可以在大脑中放几个特写镜头:白鹭身上洁白细密的羽毛,鲜艳的桃花上带着花粉的花蕊……②

这四个步骤设计匠心独具。魏老师以"引导学生想象"为教学目的,有条理有次序地设计的四个步骤,由整体到局部、由静态到动态、由"黑白"到"彩色",将学生大脑中的图画逐渐立体化、具体化,所有这些无不体现了魏老师巧妙灵活、井井有条的缜密思维。

思维具有跳跃性、模糊性和发散性,这就要求教师在讲课前应该对教学内容、教学目的有一个清楚的认识。围绕一个中心,可按照一定的顺序(如由早到晚、由远到近、由局部到整体、由简单到复杂等)依次对教学内容进行表达。比如可以按照时间顺序介绍人物,按照空间顺序介绍地点。围绕中心,考虑如何开头,如何结尾,哪里详细说,哪里简略说。建议教师在讲课前先将所要讲述的内容分层分点做好记录,由内容的中心思想分散开来,对内容一一进行整理和归类,这样,真正步入课堂时才能保证理清思维,保证言语的条理和逻辑。

5.思维的严密性训练

在课堂教学尤其是在理科教学中,培养思维的严密性可以避免很多失误。波利亚说过,对于书上的定理我们不应该一开始就去记住它、运用它,而是要怀疑它,从反面去否定它,这样做虽常常徒劳但并非是无益的。因为这样做的结果能使我们真正理解它,并由此得到许多意想不到的收获,远比直接运用它有益得多。③

某老师参加考试遇到一难题,回来讨论仍不得其解,岂料是条件不够。题目是这样的:三等圆两两相切,求三圆所夹部分的面积。对于此题,我们有这样的看法,既然未告诉圆的大小则说明所求面积可能是一个常量但怎样考虑该面积与圆的大小有无关系呢?可以设想三等圆为天体与三等圆为乒乓球,则所求面积一样大吗?显然不会,那么如何解决此类问题呢?我们可以自己设变量 r(视为常量)而求之;也可以由此说明条件不够、不可求。④

这个例子恰恰是利用错例来培养思维严密性的一个典范。教师在日常教学中应该增强对思维严密性的训练,深入、细致、透彻地掌握知识。遇到绝对化的表述时不能随口脱出,应该多思考片刻来判断绝对化表述的准确性和科学性,寻求打破绝对化表述的因素是否存在。

---

① [苏]苏霍姆林斯基.(杜殿坤编译).给教师的建议[M].北京:教育科学出版社,1984.418-419.
② 魏书生.教学工作漫谈[M].漓江出版社,2005.14.
③ 冯元,朱光才.利用错例培养学生思维的严密性[J].数学教学研究.2003(02).
④ 冯元,朱光才.利用错例培养学生思维的严密性[J].数学教学研究.2003(02).

如"所有的整数都能被零整除","零就是什么都没有","北方人过年都吃饺子"等等,都缺乏思维的严密性。

(四)提高教学言语艺术运用的技巧

教师还要掌握一定的言语技能技巧,在教学过程中,针对不同的教学内容、教学对象,使用不同的语气、语调及措词来传递和表达教学内容。例如讲授准确严谨,提问适时恰当,处理偶发事件言语要灵活适度,遇到紧张气氛言语幽默缓和气氛等,提高教学言语艺术的技巧可以从以下三个方面进行。

1.正确地把握情感

情感,是人对客观事物的态度,是人的需要和客观事物之间关系的反映。课堂教学是知识的传授、情感的交流、智慧的培养和个性的塑造过程,课堂教学随着情感而流动。教学工作要处理好"知、理、情"三者的关系,不仅要"以知教人"、"以理服人",还要做到"以情动人"。教师是课堂教学的引导者,教师的情感具有感染功能、控制功能和组织功能。教学活动是一项富有创造性的活动,教师只有情动于中,才能形于外。教师通过语言将自己的情感表达出来,进而激发学生的情感,在师生双方情感变化的过程中,学生的激情之火被点燃、智慧之门被开启,学生的认识随之深化,教学效率随之而提高。例如:

于漪老师就十分注重教学情感。她的教学艺术的一大特点就是"教之以情"。在教学《七根火柴》时,一上课积蓄在她胸中的感情的闸门就被打开,纵横奔流,于是融入导语:"火柴,我们生活中天天用到,看起来是那么微不足道。可是,你们可曾想过,在艰苦的革命战争年代,在红军行经荒无人烟的草地时,就是这小小的火柴,发出多少热,放出多少光,它具有怎样的价值和意义?我们今天学习的这篇课文,作者就紧紧扣住火柴,描述了一个动人心弦的故事,谱写了一曲感人肺腑的悲壮的赞歌。"这深情的语言奠定了悲壮的情感基调。接着她引导学生进入课文具体情境,紧扣环境与声音描写,让学生身临其境地体验感情。在激发内在情感后,再引导学生从无名战士的形貌与动作中感受其顽强的革命意志,无畏的献身精神,激发学生对英雄的崇敬热爱之情。随着课文情节的展开,高潮的出现,于漪又抓住人物语言动作等关键词语进行剖析渲染,掀起情感波澜,把教学情感的潮流也一浪浪推向高峰。[①]

整堂课情感由直接抒发到炽热燃烧,层层推进,逐步升腾,充分显示了感情发展变化的律动。

2.掌握课堂应变艺术

整堂课的教学言语不是一成不变的。第一,因师而变。不同的教师有着不同的阅历、素养及风格,正是这些不同使教学言语呈现出变化之美;第二,因生而变。不同的学生其成长背景、发展阶段、学习水平各有不同,教师在安排教学活动时侧重点各不相同,因而形成不同的课堂教学言语;第三,因科而变。任何学科有着各自的学科特点,教师在教授过程中对言语的安排也不尽相同。课堂教学活动是一种创造性的艺术活动,每一个教学环节都需要教师的精心设计、缜密思考,才能把组成课堂教学的各个要素合理搭配、有序衔接,使整个课堂营造出一种变化之美。

《真情的回报》是苏教版第十二册的一篇课文,文章的思路也非常清楚,在教学过程中,我设计了这样一个问题:小男孩对_____付出了真情,得到了_____的回报呢?问题一出,我让学生带着问题自由朗读课文,学生们很快有了答案:小男孩对客户们付出了真情,得到了客户的信任、小费和一辆自行车的回报。课上得很顺利,学生的回答也让我感到很满

① 王绳媛,杜慧春.于漪课堂教学节奏美说略[J].景德镇高专学报.1996.(05).

意。正在这时,有一个学生突然站起来问:"认真送报纸是小男孩的工作职责,这是他应该做的,是理所当然的,为什么客户们送给他小费和自行车呢?会不会还有其他的原因呢?"这时,底下有很多学生也开始窃窃私语,我一时不知所措,于是,我把"绣球"又抛给了学生:"同学们,刚才这位同学的问题很有价值,你们带着这个问题再好好地读读课文,看看有没有新的发现呢?"很快,学生就发现了"新大陆"。有的同学认为小男孩送报纸的原因是打动客户的重要因素之一。一个小孩子这么乖巧、懂事,主动为生病的爸爸分担负担,客户们得知后,难道不会主动伸出援助之手吗?有的同学认为小男孩为了替爸爸还看病欠的账,把唯一的送报工具自行车都卖了,所以客户们得知后,主动去帮助、同情小男孩,这是人之常情,换了我们,也会和这些客户们一样做的,尽自己的所能帮助这个小男孩,尽自己的所能资助这个家庭,使它能够渡过这个难关……学生的这些回答是我备课时没有想到的,是教学参考书上没有的观点,但这丝毫没有阻挡精彩的散发。①

课堂教学的过程是千变万化的,使得课堂教学言语的呈现出变化之美,教师适时抓住这些时机就能得到意外收获。

第二节 教学体态语艺术

在课堂教学的师生交往中,除了有声语言外,还有一种无声的语言,即教学体态语言。教学体态语是指教师在授课的同时,以不同变换的肢体动作和面部表情辅助传达教学信息的一种言语活动,它较之有声语言更加具体、形象、生动、自然。

一、教学体态语艺术的作用

在课堂上,教师恰当地运用体态语,不仅有补充有声语言的作用,还能够及时启发学生智力,促进学生对知识的理解,为课堂教学增强形象性和趣味性,激发学生的学习兴趣,从而有效调动学生的学习积极性并提高教学质量。那么,在教学中运用体态语艺术究竟能起到怎样的作用呢?

(一)开发智能

"智力是人们对客观事物认识活动的稳定心理特征,是观察力、记忆力、想象力、思维力和注意力等心理因素的综合。"②智力与知识学习关系密切。要在传授知识中发展智力,在发展智力的基础上促进更多知识的学习。智力水平是影响学生知识水平的重要因素,发展学生智力是课堂教学的重要目标。智力发展主要是认知结构和功能的变化,涉及知识的同化与顺应。皮亚杰认为,同化是指刺激输入的过滤或改变,环境刺激被纳入到儿童已有的图式引起儿童原有认知结构的变化;顺应则是指原有图式不能同化环境刺激时,调整原有图式建立新图式,引起儿童原有认知结构的质变。若出现的刺激超出儿童同化与顺应范围时,同化与顺应无法进行,智力就无从发展。可见,来自外界刺激的种类、途径、量的大小是儿童智力发展的关键。在课堂讲授中,教师发出的言语信息刺激必须通过学生的心理机制转化成有意义的实体,与之相比,教学体态语为学生呈现了很多言语无法替代的直观形象刺激,这些刺激以生动的视觉形象出现,更易被学生同化、顺应。学生在重现尚未完全内化的知识时,可以把教师授课的神态举止作为重要的回忆线索。有研究表明:儿童比较偏爱通过视觉形象接受直观刺激得来的信息,它们便于理解,容易记忆,且保持时间长久。可见,教学体态语

---

① 徐栋.调整语文课堂教学节奏策略谈[J].教学与管理.2007.11.
② 袁振国.当代教育学[M].北京:教育科学出版社,1999.109-114.

呈现的形象、直观的刺激,有助于学生结合自己大脑内部的原有概念信息对知识进行调整和重组,从而促进知识的同化和顺应,起到开发智力的作用。

同样,教学体态语在开发右脑潜能上也具有独特作用。人的大脑分为两半部分,即右脑和左脑。右脑和左脑结构虽对称,但在功能上却有明显差异。左脑的主要功能为言语、逻辑、记忆、分析、计算、分类、排列等,而右脑主要功能为身体协调、想象、图形、音乐、节奏等。长期以来,人们一直重视智力因素和言语能力的发展,加大了对逻辑、计算能力的培养力度,促进了左脑的开发与优势的发挥。然而,由于对非智力因素的发展关注较少,忽视了对情感体验、形象思维、整体性思维、视觉表象记忆等因素的培养,导致左脑发展处于竞争劣势,其发展受到一定程度的阻碍和制约。因此,及时有效地开发右脑潜能已成为当务之急。在课堂教学中使用丰富的教学体态语配合言语讲授,通过不同表情、动作等展示不同情绪,描绘不同教学内容,可刺激开发学生对知识的整体把握能力,增加学生的情感体验,促进师生间的情感共鸣,从而有效开发右脑,推进左脑与右脑的均衡协调发展。

(二)教学的组织调控

教师要想运用体态语为实现对课堂教学的有效管理,就要了解不同学生体态语的表现情况。通过观察学生的体态语掌握各类反馈信息,及时发现问题、解决问题。若听课时学生昏昏欲睡、呵欠不停,则表示教师的教学乏味单调,缺乏新鲜和趣味;讲到难点问题,学生眼神黯淡,眉头紧锁,面露难色或轻轻摇头,则表示他们对知识的理解仍不透彻;上课保持低头姿势,偶尔警觉性地瞥教师一眼,则可能是在搞小动作;下课之际不停看表,连连抖腿或敲桌子,则是在提示教师要遵守时间,准时下课,等等。特级教师霍懋征认为,每个孩子都是一个小小的世界,教师在授课时要注意全部学生,观察他们眼睛反馈的信息和举止动作,从而揣摩他们的心理,了解他们的状况。

教师只有及时准确地接受学生体态语所反馈的信息,才能对症下药,发挥教学体态语交流的组织调控作用。课堂教学是教师有选择性地传播信息、学生主动性地接受信息的双向信息传输过程。对待教师的授课,不同情感个性的学生会做出不同的反应,教学效果必然不尽相同。所以,教师要学会根据学生的具体表现状况创造良好的教学环境。当课堂潜伏着一种混乱时,教师可面露严肃的表情,环视全体学生,伸手向前下压,或站到他们中间加以制止。面对某个无所事事的学生,教师可以走近他,给予适当的视觉警告。我们来看一个教学实例:

长春市语文教师牟丽芳在一次课上范读课文,她手捧着书,声情并茂,同时,全班学生也都在她的眼里,有一位同学眼睛偷偷地离开了课本,去看桌子上的什么东西了,但手仍然捧着书。牟老师敏锐地注意到了。她照样读着,非常自然地、慢慢地朝他那里踱去,一点也不露声色,仿佛踱步是课文情节所需要的。别的同学都沉浸在老师朗读课文所创造的意境中去了,那个溜了神的同学却感到了气氛的细微变化:老师离他近了。他立即抬起头,溜了老师一眼,恰好,牟老师也看了他一眼,这短暂的对视,是一次无声的交流。那个同学悄悄地溜了神。现在又悄悄地集中了精力。一个小小的风波就这样平息了,课堂上不见一丝涟漪,好像什么也没有发生过。[①]

牟老师的成功案例启示我们:体态语的恰当运用有利于控制教学,驾驭混乱的教学局面。与言语交流相比,体态语艺术具备无声性和含蓄性,同样能取得良好的教育效果。

---

① 杨健.试论语文教学中的非言语表达[D].湖南师范大学硕士学位论文.2004.19.

(三)提高学生参与课堂的积极性

教师的任务是发挥自己的优势,帮助学生学习知识、发展智力、丰富社会和人生的经验。但这一过程并非单向传输过程,它需要学生主体性的充分发挥。学生主体性的培养,既是教育的目的,又是教育成功的条件,已成为当前启发性教学的核心。课堂上,教师体态语的恰当运用对提高学生参与课堂教学的积极性具有重要意义。有研究者通过对100名不同文化层次的学生做调查问卷了解到:当他们回答教师提出的问题时,66%迎着教师目光,34%躲避教师目光;当答完问题时,80%的学生希望瞧着教师,以求教师作评价,17%不希望作评价,3%认为无所谓;在课堂上,83%的学生希望教师保持微笑的面部表情①。这一研究表明了面部表情和目光所具有的重要作用。在课堂上,教师的目光分布、面部表情、身体指向、相对距离以及座位排列等都会不同程度影响学生参与课堂活动的积极性。教师面部表情和若春风,经常用目光给予学生赞赏性鼓励或关切性询问,学生从这些不同的体态语中揣摩出教师的心理,引起相应的心理效应,更加亲近、崇敬教师,参与课堂活动的积极性也会相应提高。身体指向、座位排列、相对距离等也是影响学生积极性的重要因素。

可见,体态语艺术对学生智力的开发、积极性的提高以及教学的组织调控都具有重要作用。对教学体态语的地位和作用给予比较充分、深入的把握和认识,是对体态语艺术内在规律的探讨和挖掘,有助于提高教师运用体态语艺术的积极性和主动性,能够促使教师有意识地运用体态语手段进行教学,引导教师发挥其正效应,更顺利地完成教学任务。

二、教学体态语艺术的类型

按照教学体态语的发出部位对其进行分类和研究,将教学体态语艺术分为面势语、身势语、人际距离语、装扮语等四种主要类型。

(一)面势语

面势语是人面部器官用来传情达意的一个统一整体。它主要由眉毛、眼睛、鼻、嘴等器官的变化构成。罗曼·罗兰说:"面部的表情是多少世纪培养成功的语言,比嘴里讲得更复杂到千万倍的语言。"伯德惠斯戴尔认为:"光人的脸就能做出大约25万种不同的表情。"②可见,面势语能以"最灵敏的特点,把具有各种复杂变化的内心世界最迅速、最敏捷、最充分地反映出来"。③ 教师通过控制面部表情肌可以表达不同的情感。如欣喜、激动、惊讶、生气、苦恼等。欣喜:突出表现是皱眉肌促使双眉略微下垂,由眼轮匝肌使双目半闭半合,眼轮匝肌和面颊肌收缩显出微带笑意。激动:前额肌带动眉毛上扬,眼轮匝肌带动双眼睁大,同时嘴轮匝肌带动双唇张开。惊讶:前额肌牵动双眉尽力上抬,眼轮匝肌带动双目圆瞪,嘴轮匝肌使嘴张大,同时前额皱起。生气:双眉下垂,双目圆瞪,鼻翼翕动,鼻孔张大,嘴轮匝肌压缩双唇。苦恼:皱眉肌使双眉下垂,半合双眼,翘起上唇并由后扩张肌带动鼻翼扇动。

(二)身势语

身势语主要由头部、四肢、躯干的运动变化来传递信息。头部运动是一个运用较多、简洁明快的动作,教师可通过点头或摇头表达对学生的赞赏或否定。按构成方式及其功能可分为:

1.象征性手势语。如用不同的指形表示不同的数目、屈指计数;

2.会意性手势语。如食指刮脸表示羞人,手指放在嘴边意为"不要出声",手搔头发表示

① 陈从耘.试论教态对教学效果的影响[J].课程.教材.教法.1992.(11).
② [美]克特.W.巴克.社会心理学[M].南开大学出版社,1984.317.
③ 李如密.教学艺术论[M].山东教育出版社,1996.282.

"可怎么办"？单手托下巴表示"思索回忆"，双手颤抖表示心情激动，手心向上抬，示意站起来；手心向下按，示意坐下等；

3．指示性手势语。如指这儿，那里；你、我、他；前、后、左、右、上、中、下等；

4．强调性手势语。如拳头紧握表示决心下定，单手一劈表示"就是这样"；

5．描述性手势语。如用手比画物体，表示形状、大小、厚薄、方圆、长短、深浅、高度、速度等；

6．评价性手势语。如竖起大拇指表示称赞，伸小指头为轻蔑；摇手表示不对，鼓掌为"太好了"等。[①] 下肢语主要指行走和站立姿势。实际上，行走和站立姿势是以下肢动作为主体，通过整个身体协调完成的，而本文将其归类于下肢语。

（三）人际距离语

教师可通过调整或改变师生之间的人际距离空间来传递信息和情感，对学生施加不同的影响。美国学者爱德华·霍尔认为，人的距离是情感活动的一个变量。他对人际距离区域做了具有普遍意义的划分，将其分为四种类型，即：亲密距离（50cm 以内），个人距离（50～125cm），社交距离（125～350cm）和公共距离（350～750cm）。[②] 教师和学生之间同样存在这四种人际距离区域。有研究表明：教师和学生之间的距离在某种程度上对交流有重要影响。一般来说，教师越是靠近学生，学生的态度表现似乎越好。[③]

（四）装扮语

装扮语主要指教师的发型、服饰及其他外在装饰品。其中，服饰起着重要作用。洛雷塔·A. 马兰德罗指出："衣着有一种传播价值，它渗透一切社会领域。"在现代社会生活中，服饰穿着充分展示出教师的不同个性、思想和审美情趣，教师为树立自己在学生中的形象，应注意在课堂上的着装。

除以上四种分类，教师体态语所包含的内容还很多，如言语辅助语、教室的环境布置及座位排列、教师的字体、教具、气味、时间语等等。其中，言语辅助语在课堂教学中应用比较广泛。言语辅助语包括副言语和类言语两种。副言语是言语表达的一部分，但不是言语词语本身，其功能在于辅助言语完成特定意义和情感的充分表达，比如声音的音质、音量、语速、节奏等，通过这些因素的变化，教师能够赋予同一句话以不同的涵义，而学生往往以这些辅助语为依据，去揣测教师的内在心理，推测教师的真实情感。类言语是指没有固定语义的发声，如教师的笑声、哭泣、咳嗽、叹息、呻吟及呐、啊之类的停顿语等。在各类教学实践中，教师应从体态语的构成因素、教学内容及学生个体差异等各方面着手，灵活有效地运用体态语艺术方式，以提高自身的体态语水平。

三、教学体态语的具体实施技能和方式

教学体态语艺术对课堂教学有重大影响，能够影响学生身心发展和课堂教学效果的优劣。如何有效发挥教学体态语艺术的积极一面，灵活运用教学体态语艺术，实现教学成效的提高，是值得每个教师深思的问题。教学体态语种类繁多，教师应掌握不同体态语的常用表现形式，区别不同形式就可能产生不同的效果，科学合理地加以运用，以期对学生施加正确、健康的影响。

---

① 李如密.试论教师的非言语表达艺术[J].山东教育科研,1988.(03).

② [美]朱利叶斯.法斯特.人体语言[M].旅游教育出版社,1989.33.

③ 编委会编译.简明国际教育百科全书.教学(上)[M].北京:教育科学出版社,1990,46—47.

（一）面势语

教师要学会控制、调节表情，将最佳的情绪外显于面部，创造良好的课堂气氛和融洽的师生关系。同时，也要善于察言观色以获取学生的反馈信息，及时对学生进行有效管理。

1. 眼势语

在面势语中，眼势语占有突出地位。眼睛是人面部最重要的器官之一。据估计，约有80％的外界信息是由眼睛摄取的。同时，眼睛可以通过眼珠的转动、眼睑的张合、瞳孔的放大与缩小等来传递丰富的信息。鉴于眼睛突出而重要的作用，特将其单独列出，做一些详细介绍和分析。

常用的眼势语主要有：

（1）环视。环视是指眼睛在较大范围内的环状扫描，是教师对绝大多数乃至全体学生的关注与照顾。环视一般用于：

①讲课前：教师踏上讲台，在准备讲课之前对学生进行环视，是师生之间进行情感交流的第一步。环视示意学生授课开始，可以安定学生的学习情绪，集中学生的注意力，为上课做好积极准备。

②授课中：教学过程中，教师更应有意识地运用环视。环视可以无声表达出教师对每个同学的关爱，激励每个学生主动学习；可以使教师随时掌握每个学生的最新动态，通过学生的非言语反馈有针对性地调整教学；也能够及时对学生进行监督，便于教学活动有秩序地展开。

③提问后：教师提问后，采取环视能够鼓励、督促学生积极思考，防止懒惰学生乘机搞小动作，及时发现思索出答案的学生。

④下课时：授课结束时，环视可以为讲课画上一个圆满的句号。教师通过观察学生的所作所为，揣摩学生对于课程内容的理解程度，推测学生对本堂课程的满意程度。若发现问题，比如有的学生还在冥思苦想，有的学生早已精神疲惫，针对不同情况，教师要随时与学生交心，为下堂课的顺利进行做好准备。

环视应注意以下几个的问题：

①环视要适时运用，不应太过反复和频繁。否则，眼珠不停地转动会令学生感到滑稽可笑，认为教师行为不庄重。

②环视应该遵循一定的原则和规律，避免杂乱无章。以方形座位排列为例，教师的环视主要为四种，它们分别是：讲台左前方→左后→右后→右前→讲台正前→讲台正后；讲台右前方→右后→左后→左前→讲台正前→讲台正后；讲台正前方→正后→右后→右前→左前→左后；讲台正前方→正后→左后→左前→右前→右后。教师可根据客观实际和主观习惯选择适宜的方式。

③环视的持续时间因具体情境不同而不同。课前环视速度不宜太慢，以免耽误上课时间；讲课过程中或提问时，环视速度可适当放慢，以便于随时发现和解决问题。

（2）注视。注视是指目光较长时间的集中停留。不同的教学情况和时机，应采用不同视线、角度和表情的注视。

①授课注视：通常授课时要看着学生脸上的倒三角部位，这个三角形以嘴为顶点，以双眼为底线，即双眼到嘴之间的部位。面部温和、目光亲切地注视这一区域，易于在师生间形成比较融洽、和谐的气氛，促使教学顺利进行。运用授课注视应注意：授课注视要配合自然、和蔼的表情，否则将起不到应有作用；主要发挥授课注视的辅助作用，注意与课堂言语相协调，以获取最佳效果；授课注视是在课堂正常授课状态下的一种通常注视方式，但并非授课

中唯一的眼势语,要注意与其他眼势语协调运用。

②亲密注视:亲密注视是一种发自内心、饱含情感的近距离注视,注视区域为双眼到胸部之间,主要用于与学生进行亲切的个别谈话。这种注视方式充分体现出教师对学生的真诚关心和无微不至的体贴,可以拉近师生之间的心灵距离。但是,运用亲密注视尤其要注意学生的性别、年龄以及师生之间的年龄差距。就教师而言,亲密注视比较适用于小学生,而不宜对异性、年龄较大或者与自己年龄相近的中学生使用亲密注视,以免引起学生误解和不安。

③严肃注视:注视区域为学生脸上的正三角部位,即以双眼为底线,前额为顶点的范围区域。严肃注视主要用于对犯错误学生的批评教育,它能够让学生感到教师的严厉和诚恳,使教师在谈话中掌握一定的主动权。运用严肃注视时要目光直视,并配合严肃、认真的面部表情。

不宜运用的消极眼势语主要有:

①漠视:教师目光中隐藏的冷漠,容易引起学生的自卑感,从而消极地对待学习。

②逼视:紧盯着学生,身体不断向学生面前逼近,给学生带去一种无形的压迫感和命令感。

③呆视:教师双眼麻木痴呆,毫无表情,缺乏热情和活力,则无法感染学生,激发学生的学习兴趣。

④空视:空视指授课过程中教师不敢、不愿或忽视与学生进行目光交流,而是俯视讲桌或地面,或仰视天花板,抑或紧盯课本等学生之外的物体。

2. 微笑

微笑是通过不出声音的笑容来传情达意的一种最基本的面部表情语。从宏观的角度来看,教师上课时应始终保持面带微笑。

(1)挖掘教师的最佳心态,发挥教师的最优水平。我国心理学研究者所做的一项实验表明:教师在高兴、愉快的情绪下教学比不高兴、低沉情绪下的教学效果好得多。[①] 心理学认为,人类的不同表情是不同心态的外在表现,不同的心态会导致不同的面部表情。同样,面部表情肌也可以通过对大脑皮层控制表情的区域发生反作用,来制约和改变人的心态。因此,教师若在讲课过程中保持一种自然、诚挚的微笑,那么这种微笑便会促使教师的心态始终处于轻松喜悦的状态,从而提高大脑皮层的兴奋度,诱发教师产生意想不到的教学灵感。

(2)创建和谐师生关系,提高学生学习效率。当代教育学者李如密在论述微笑的教育功能时曾这样说道:"教师的微笑,是阳光,可以排除脸上的冬色;是春风,可以催开心灵的蓓蕾;是栈桥,可以沟通师生的心灵;是军号,可以给人以力量;是天使,可以唤起学生对美的追求。"[②]微笑是教师真诚爱心、宽宏胸怀和良好素养的综合表现,具有巨大的感染力量。亲切自然的微笑,能够使学生感觉到教师的和蔼可亲、平易近人,从而愿意主动向教师靠近,对教师敞开心扉。此外,微笑还能使学生拥有愉悦的接受心境,始终处于一种亢奋、舒畅的学习状态,为汲取知识奠定良好的心理基础。有位中学历史教师采用微笑提问、微笑批评、微笑启发、微笑辅导的"五微笑"法,通过一年的努力,把一个绝大多数学生有着厌学情绪的班级,改造成及格率达到85.9%的学习型集体,[③]用微笑创造了惊人的教学成绩,成为其他教师争

① 马晓霞.谈课堂教学中教师的情感[J].教育理论与实践.1992.(02).
② 李如密.教学艺术论[M].山东教育出版社,1996.283.
③ 隋云翔,刘平.非言语沟通与课堂教学[J].现代中小学教育.1991.(04).

相效仿和学习的范例。

运用微笑时,应遵循以下几点:第一,微笑要讲究自然,发自内心,不能为笑而笑,假笑装笑,否则会给学生留下一种皮笑肉不笑的感觉,令学生反感。第二,微笑要注意配合相应的教学内容。若讲到不宜微笑的内容时,应表现出相应的表情。第三,学会克制不良情绪。马卡连柯说:"我从来不让自己有忧愁的神色,抑郁的面容,甚至有不愉快的事情,我生病了,我也不在儿童面前表现出来。"①教师遭遇烦事心情不安时,走上讲台应调整心态,戴上"面具",把微笑的一面展示给每个学生,用微笑浓化愉快的课堂气氛,调动学生学习的积极性。

(二)身势语

教师身势语是教师内在素养和精神面貌的审美展示,任何轻蔑、矫情扭捏的动作,都是导致教师形象破损的重要因素。

1.头势语

(1)点头。头部垂直上下运动,在决大多数国家是表赞扬和肯定的体态信号。在尼泊尔、斯里兰卡、阿尔巴尼亚等国家,点头则表示否定,摇头表示同意。

(2)摇头。摇头主要分两种情况。一种是头部从一边转到另一边连续两次或两次以上,表否定或拒绝。由于摇头含有否定之意,因此教师运用时应充分考虑,慎重权衡。如评价学生学习和求知的结果时,教师不应运用坚决的摇头姿势去打击学生的自尊心和自信心,而对待学生行为和思想上所犯的严重过错,教师则应予以坚决有力的摇头,使学生意识到自己的错误,以便今后的改正。另一种是头部以颈为中心呈圆圈式转动。在吟诵古诗文时,教师边吟诵边摇头,自然流露出一种欢愉、陶陶然的如醉如痴感,能带给学生美的享受和快乐。

2.指势语

在教学活动中,教师运用灵活多变的手指可传递丰富的信息。

(1)翘拇指。即拇指上翘,其余手指向内撺拢呈拳状,拳面向前。一般情况下,翘拇指包含了教师的满意和欣喜之情。当学生的做法表现完美达到或超出教师提出的较有难度的要求时,教师常用此动作来传达对学生的高度肯定和由衷赞叹。若对翘拇指的姿势加以调整,则会表达不同含义。若握紧拳头,翘起拇指,掌心向内,掌背向外,拇指斜指身体外侧,并晃动几次,这一指势语暗含严重的蔑视,教师应尽力避免。应特别指出的是,由于文化的差异性,翘拇指在不同国家、地区有着不同的含义。在英国、澳大利亚等国家,旅游者翘拇指示意搭车,拇指指示他所要去的方向;在希腊,快速翘起拇指有"滚蛋"之意;在意大利,用拇指表示数字"1",而英国、美国、澳大利亚则用相同姿势表示数字"5"。对于在国内或国外为外国学生授课的教师来说,应考虑到这些含义的区别和变化,以免闹出笑话。同时,在同一文化背景下,教师也应尽量全面地传授各种体态语的不同含义,为学生将来的社交和发展奠定基础。

(2)伸食指。可表达四种主要含义。第一,表示数字"1"。撺拢拳头,将伸出的食指置于肩部前方,距离胸约20~30厘米处。教师教小学生学习数字或做计算题时,伸出食指表数字"1",可增强小学生对数字的理解和记忆,帮助小学生形成对数字"1"的感性认识。第二,起指示作用。教师可使用食指来强调讲授内容的重点或指示方向,以便集中学生精力,引起学生的注意。第三,表示"别出声"或"小声点",即伸出食指垂直靠近或贴近嘴唇。教师运用这一手势,暗示学生不要出声或小声,揉入了教师的亲切和友好,有助于缩短师生间的心理距离,产生良好的教育效果。第四,做书空练习。在小学低年级,为学习并巩固汉字的笔顺,

---

① http://www.zxls.com/Article_126/2005122112260608—1.html

熟练把握汉字的结构,教师可以右手食指为"笔"在空中书写,引导学生进行练习。书空练习时,教师的动作要匀速平稳,有较大幅度,使所有学生都能够清晰看到。此外,书空一定要配合恰当的言语,否则,很容易引起学生的误解,难以发挥其应有的作用。

(3)V 型手势。攥拢拳头,同时伸出食指和中指,并使之分开。含义有三种:第一,表示"胜利"。掌心向外,有"胜利"之意。但在英国、新西兰、澳大利亚等国家,有"滚出去"的意思。第二,表示数字"2"。掌心可向内或向外,用于小学低年级的数学教学。第三,表示"剪刀"。张开的食指和中指开口向前,作一张一合状。山东特级教师张伟在讲解唐代诗人贺知章的《咏柳》中的"不知细叶谁裁出,二月春风似剪刀"时,用此手势模拟二月春风裁剪细叶的情境,加深了学生对诗句的理解。

(4)戳动食指。伸出食指,攥拢其余手指,用食指对着学生不断戳动,以示对学生的批评和不满,发泄内心愤怒的情绪。这一指势语带有很强的攻击性,极易损伤学生的心灵,教师应杜绝使用。

(5)竖小指。竖起小指,攥拢其余手指,有鄙视、蔑视的讽刺意味。教师也应杜绝使用。

(6)数字手势。不同的手指组合,可以表示 0~10 之间的不同数字。数字"1"和数字"2"的表示方法前面已做说明,在此将不再赘述。数字"3":伸出食指、中指、无名指,并分开,其余手指攥拢。数字"4":攥拢拇指,伸出其余手指,分开。数字"5":伸出五指,分开。数字"6":伸出拇指和小指,其余手指攥拢。数字"7":拇指、食指和中指做捏状,其他手指攥拢。数字"8":伸出拇指和食指,分开,其他手指攥拢。数字"9":食指弯曲成勾状,其余手指攥拢。数字"10":有两种表示方法。一种是同时伸出左手和右手,一反一正;另一种是左右手食指交叉呈"十"字形,其余手指攥拢。

3. 掌势臂势语

(1)单手上抬。手臂自然伸展,掌心向上,轻轻掀动。此动作的象征意义是"起立,战立",引申意义为"请做某事"。山东省一位教师曾做过这样一个实验:他将选择六名女学生分为两组(A、B),把教室后面的两张课桌搬到教室前面,在发出指示时使用同一音调、同一词句和同样的面部表情。对 A 组,他运用轻柔的手掌上抬手势;对 B 组,他用食指指点。观察结果发现,A 组三名女学生从座位上起立去搬课桌时,均向教师微微笑了笑;而 B 组则面无表情,且没有用目光与教师进行交流。之后教师分别找她们谈话,谈对教师指派她们干活的看法。A 组一致认为:为集体干点事情是应该的,更何况是教师信任我们;B 组则认为:是教师让我们搬,我们就搬呗。[①]可见,单手上抬动作中糅和了教师对学生的尊重和关怀,体现了师生间相互平等、互相尊重的新型关系,具有良好的教育意义。

(2)单手下按。单手下按,掌心向下。动作接受对象一般为个体学生,主要用于组织教学。如学生起立回答问题后,可用单手下按示意学生坐下。使用单手下按,幅度不宜单手下按过大,用力不宜过于生硬或松弛,否则将影响其实际意义的表达。

(3)鼓掌。手臂自然弯曲,伸出双掌,掌心相击。教学中的鼓掌主要用于:第一,鼓励、赞许。当某个学生表现出色时,教师带动其他学生鼓掌表达对该学生的肯定,使受表扬的学生自信心倍增,有利于营造一种浓烈的激励氛围。第二,示意"安静"。课堂秩序较乱或学生自由讨论时,教师击掌数声,可集中学生注意力,使学生停止当前活动,尽快安静。

(4)击掌打节拍。一种有节奏的击掌方式。音乐教师可组织学生伴随音乐节奏击掌打节拍,培养学生的节奏感和协调感。需注意的是:击掌打节拍比较适用于节奏欢快、情绪高

---

① 庄锦英,李振村.教师体态语言艺术[M].山东教育出版社,1993.75-76.

昂的旋律,而非悲伤低沉的曲调。

(5)"丁"字手势。一掌平放,掌心朝下,另一手伸出食指,或五指并拢伸出,垂直向上顶于掌心。意为"暂停"。此手势体育教师应用较多。

(6)背手。双手放置于身后,一手握住另一手,是一种权威的显示。教师背手会令学生觉得教师严肃有权威。因此,监督考试及检查学生练习或作业完成情况时,可适当使用这种体态。但是,教师在讲台上讲课时应避免背手,因为背手会束缚教师的双手,使课堂变得呆板无情趣。与学生个别交谈时,教师采用背手动作会突显自身的权威,从而加大师生间的心理距离,影响师生间亲密友好的交流。

(7)双臂交叉,护于胸前。关于这种非言语的含义存在多种解释。现将其归类如下:第一,是一种自我保护的防御信号。用双臂交叉护住身体,避免受到伤害。第二,高傲凌人的表现。双臂交叉显示十足的神气,给人高高在上、目中无人之感。第三,暗示一种厌烦的心理状态。在教育教学活动中,教师采用双臂交叉姿势也可囊括于以上几种情况。无论哪种情况,对教师而言都是消极的非言语行为。因此,教师应力求避免这一姿势。

(8)手插入口袋。教师将手放入口袋,会给学生以懈怠、随便的感觉,有损教师的形象。此外,也会束缚教师双手,影响其他非言语行为的运用。

(9)双手支撑讲桌。教师长时间站立讲课,身体很容易困乏疲惫,双手支撑讲桌,能承受身体的一部分重量,减轻腿部的压力。这种姿势虽然会令教师身体比较舒服,但从教学角度分析,却会起到一定的消极作用。如捆绑了教师的双手,或显示出教师对教学的厌倦,亦或令学生觉得教师难以接近等等。因此,教师采用这一姿势应适度,力求次数愈少愈好。

(10)叉腰。将双手叉于腰部,有气势压人、咄咄逼人的压迫感和威胁感,易对学生造成心理上的伤害,教学中不宜采用。

4. 下肢语

(1)站立。站立要体现出教师的良好气质和优雅风度。教师在课堂上应尽量挺直身体,提高重心,表现出端庄的风度,给学生以稳重的感觉;要注意挺胸收腹,双腿站立并稍微分开,显现出积极的精神面貌,避免懒散和无精打采。

(2)行走。教师行走时要腰直、肩平、步履轻捷而稳健,频率适当,恰当把握手臂摆动幅度和步子大小,给人以生机勃勃、充满朝气、健康自信的良好感觉,影响和带动学生进入积极向上的学习状态。

(3)单腿倚后墙。一腿着地,另一腿向后倚墙,常伴随双手支撑讲桌的动作。此举止过于随便,缺乏庄重严肃感,有损教师在学生心目中的高尚形象。

(4)抖腿。一腿站立,一腿脚尖不停抖动,容易给学生留下轻浮、不稳重或烦躁不安的印象。教学中应避免使用。

(三)人际距离语

1. 亲密距离(50cm 以内)

在师生交往中,教师应善于发挥师生间亲密区的正面效应,使之促进教学活动的顺利开展。亲密距离的交流一般带有强烈的感情色彩,往往能起到鼓励、安慰或赞赏的作用。课堂上,面对胆怯回答不出问题的学生,教师可走到他身边,进入其亲密区,给他一个和蔼、鼓励的目光,或用手轻拍他的肩膀或背部,使他信心百倍,镇定自若。进入学生亲密区也可以维护课堂秩序,制止学生的小动作或其他不良行为。教师进入学生的亲密区,往往会与学生发生身体接触,但一般情况下动作的频率较低,接触时间很短,接触部位一般局限于手,如用手抚摸学生的头,轻拍学生的肩部或背部等等。亲密距离的运用应特别注意到学生的年龄及

194

性别。若进入年纪较小的低年级学生的亲密区,与其进行适当的身体接触,会大大缩短师生间的距离,使学生感到教师的关怀和温暖。但是年轻教师若对年纪较大的异性中学生实施抚摸行为,则会令学生感到窘迫和不安。

进入亲密区的身体接触不仅能传递肯定的积极信号,还可以表达否定和愤怒的情绪。如用食指戳动学生的脑门,扇学生的耳光,甚至对学生拳打脚踢等等。这些行为都属消极性非言语行为,必须严加禁止。

2. 个人距离(50－125cm)

这种距离常用于教师与学生的一般性谈话或交流。在学生的自由讨论会中,教师可加入到某一个小组中,认真倾听学生的阐述,并发表自己的见解,中肯地提出异议,这样可以营造一种和谐、民主、平等、共进的氛围,在密切师生关系的同时,有利于推动讨论的顺利展开。

3. 社交距离(125－350cm)

课堂上的授课活动是师生交流的重要环节。在这一环节中,教师应注意对社交距离的恰当运用。在授课过程中,教师可离开讲台,在教室过道上适当地走动,或用眼神扫视每个学生,以观察其听课反应,促使每个学生的思维紧紧跟随教师的思路,这不仅能提高师生交往的质量,还可提高教学效率,达到"一技多能"的效果。

4. 公共距离(350－750cm)

处于公共距离内,教师与学生之间进行的是一种公众性的交流,这种交流带有一定的规范性。如教师站在讲台上讲课,声音应该清晰洪亮,学生在台下必须挺直身体认真听讲,不可随便走动,干扰课堂秩序。这种交流与前三种相比,所带有的感情色彩较弱。因此,建议教师授课时不要仅停留于讲台,而应根据实际情况不断调整、变换师生间的人际距离,便于与学生进行情感沟通,随时捕捉其动态,持续刺激其大脑兴奋度,以提高教学效率。

(四)装扮语

1. 发型

教师的发型应追求朴素、简洁和清新。男性教师,尤其是年轻的男教师一般不适宜留长发,应以清新干净的短发为佳。女性教师可适当留长发,发型最好朴实大方,若太注重打扮,会分散学生的注意力,不利于教学的正常开展。

2. 服饰

从一定意义上讲,教师的服饰也是一种微妙的无声语言,能够向学生发送不同的信息。山东省著名小学语文教师宋君的教学实例就是一个很好的证明。在讲授《十里长街送总理》这篇课文时,宋老师穿着一身洁白的裙纱,渲染出了一种沉痛悲哀的氛围,再加之肃穆的表情、悲壮的音乐和激情的朗诵,使学生身临其境,加深了对文章所含情感的全面理解和真实把握。可见,宋老师精心设计的服饰已转变为烘托悲痛气氛的信息源,默默地诉说着失去总理后的无限感伤,有效刺激了学生的视觉系统,成为教学取得成功的关键一环。

教师的服饰穿着应注意:

(1)充分体现出自身的职业特点,既不能不修边幅,邋遢凌乱,也不能打扮得过分艳丽怪异、暴露,而应在清洁整齐的基础上保持一种文质彬彬、稳重自然的成熟感,并应根据教学情境的不同更换相应的服饰。

(2)在服饰颜色、款式、型号的搭配上,教师要根据自己的实际体貌有选择地挑选。例如,身材胖的教师可选择深色、竖条的服饰来演示身材的臃肿,增加视觉上的苗条效果,瘦弱的教师可选择宽松式的浅色服饰;脖子短的教师宜穿"V"字型开领的衣服,而脖子较长的教师可选择高领上衣进行搭配等等。

（3）外衣服饰不宜频繁更换，否则，学生几乎需要持续不断地接受来自教师服饰方面的新信息，不利于精力的集中。

课堂上，教师通过面势语、身势语、人际距离语、体貌及装扮语等体态语对学生施以不同的影响。它们有时单独作用，但更多情况下是以一个统一协调的整体共同发挥效应，共同完成教师传知育能的任务和使命，实现教学期望目标的。要提高体态语交流能力，教师若从体态语这一整体出发进行训练，往往会顾此失彼、手忙脚乱，毫无次序地东拼西凑。因此，有必要对体态语进行科学、规律地分解。教师可根据以上划分，首先将精力集中于局部、个别动作的练习，扎扎实实、脚踏实地地做到每个分解动作的标准化。在掌握一些局部动作后，可在课堂教学实践活动中逐步使之熟练化并向综合运用阶段过渡。最后，经过一段时间的练习，把每个标准化的动作结合成体态语，与言语行为紧密配合，综合运用于课堂之上。

四、提高教学体态语艺术的途径

恰当地应用教学体态语能够沟通和融洽师生关系，对促进学生学习兴趣、活跃课堂气氛，深化教学效果，提高教学质量有十分重要的作用。那么，如何提高教师的教学体态语艺术呢？

（一）提高重视，更新观念

在课堂活动实践中，很多教师片面认为言语交流是教学表达的全部，耗费过多的精力和时间来提高自身的言语水平，而忽视了对体态语艺术的探索与培养。思想上的轻视和观念上的偏差，直接引起教师教学实践活动中的种种失当行为。客观来说，每一位教师都在自觉或不自觉地运用着体态语艺术方式。在正常情况下，没有体态语参与的课堂环境是不存在的。教师应该认识到：除了一个言语的教学环境，同时还存在一个非言语的教学环境，意识不到后者的存在，他并没有从真正意义上步入课堂。总之，教师应更新陈旧的观念，了解体态语艺术的作用，在思想上重视体态语交流，只有这样，才能在教学实践中积极进取，不断创造新的教学成绩。应该强调的是，重视体态语交流，并非意味着对言语交流的忽视或否定，而应双管齐下，相互交融。从某种意义上讲，课堂教学过程就是师生人际交往的信息传输过程，教师运用言语和体态语手段传情达意，刺激学生的听觉神经系统和视觉神经系统，最大限度将教师发出的信息吸收内化，促进学生认知结构的变化和非智力因素的发展，这才是教学的最优化目标。

（二）刻苦磨砺，加强修养

日本著名教育家小原国芳在论述教师的重要性时曾谈到教师的修养："连自己修养都不注重的教师，即使不眠不休地工作又能做出何等事情来呢？"[①]体态语是教师内在修养的外在体现，增强内在修养可以为体态语的发展提供更广阔的空间。这里谈及的内在修养主要指：文化修养、品德修养和美学修养。

1. 文化修养

教师是人类灵魂的工程师，是授课过程中的主导因素、传承人类文化的重要载体，应该具备广博深厚的基础知识，掌握丰富精细的专业知识，面对不同类型、千姿百态的学生，在课堂上能够游刃有余、挥洒自如地去表现，引领学生在知识的海洋尽情畅游。"问渠哪得清如许，为有源头活水来。"教师拥有源头活水，才能不断滋润学生的心田。以渊博的知识武装自己的头脑，内心才能充满自信，面对学生的求教才能应对自如、左右逢源，表情、姿态大方自

---

① ［日］小原国芳著（刘剑乔等译）. 全人教育论. 小原国芳教育论著选（下卷）[M]. 人民教育出版社，1993.46.

然,而不会出现捉襟见肘、抓耳挠腮的困境。关于如何提高文化修养,有研究者谈到:"教师的文化素养是难以'培训'和'灌输'的,靠的是日积月累的'浸润'和'孕育'。唯其如此,我们所期望的教育智慧,才有可能因为这肥沃土壤的滋润,而真正地从我们心底萌发、生长,我们才有可能真正成为即使默默无语,也能让身旁的人感受到博大与深厚的师者。"[1]毛泽东曾用"饭可以一日不吃,书不可以一日不读"的豪言壮志向人们诠释读书的伟大与重要。教师在读书时应注意选择,有所侧重。首先,要饱览所教学科的专业知识及相关知识,形成系统的专业知识体系。另外,还要注意对一般知识诸如历史、地理、哲学、心理学等的学习,力求从全方位、多层次提升自身的文化修养。

2. 品德修养

加强品德修养,最主要的是拥有一颗热爱学生的美丽心灵。鲁迅先生曾说过:"教育植根于爱。"苏霍姆林斯基认为一个好教师意味着"他热爱孩子,感到跟孩子交往是一种乐趣,相信每个孩子都能成为一个好人,善于跟他们交朋友,关心孩子的快乐和悲伤,了解孩子的心灵,时刻不忘记自己也曾是个孩子"。[2] 可见,爱贯穿教育事业的始终,是教师一切行动的初衷和源泉。"知之深,爱之切"。热爱学生,首先要了解学生,充分把握学生的年龄、性格、生理和心理状况、家庭背景、文化背景等等。反映在体态语上,要求教师细致观察和捕捉每个学生的具体表情和举止动作,推断出学生的所思所想,从而对症下药,帮助学生健康成长,正如马卡连柯所说:"善于深入调查了解青少年个性特征,善于观察他们的表情、动作,以判断其内心活动,做好教育工作。"[3]古代教育家孔子认为,一位好教师不仅要爱护学生,还要具备以身作则的良好品质。教师的行为举止、一言一行都必须以身作则、严于律己,教师良好的道德胜过千言万语,对学生的成长有着潜移默化的深远影响。

3. 美学修养

柏拉图在《文艺对话集》中曾深刻指出:"对于有眼睛能看的人来说,最美的境界是不是心灵的优美与身体的优美谐和一致,融成一个整体?那当然是最美的。"马克思把追求美的意义更深层次地阐述为:"社会进步就是人类对美的追求的结晶。"在教育领域,审美教育已经渗透到各科教学,对教师提出了更高的要求:充分感受美、深刻鉴赏美、真实表达美。要在教学行为中体现美、教学生懂得美,教师首先要认识美,成为有美学修养的人。很多教师由于种种原因没有系统地学习过美学理论,对美学了解甚少,这更需要加强这方面的修养。一个不具备最基本审美能力的教师,是不可能对学生进行美育,进而发展学生的审美能力的。一个人的审美能力并非与生俱来,而是需要后天的长期审美实践加以培养。艺术美作为自然美、社会美的集中反映,是培养审美能力的理想材料。艺术欣赏的内容是丰富多彩的,诸如绝妙的建筑、精致的工艺、俏丽的装饰、奇绝的书法、传神的绘画、悦耳的音乐、飘逸的舞蹈、迷人的影剧、生动的小说、优美的诗歌等等,五光十色,都能给人以美学上的启迪和享受。教师应该有广泛的审美情趣,善于从广阔的芳林中去采撷美的花朵,在审美实践过程中不断提高自身的审美层次。教师拥有了较高的审美能力,才能做到时时处处追求美、创造美,将各种形式的美,如心灵美、言语美、体态语美协调统一,从而激发学生愉悦的情绪和情感体验,帮助学生形成良好健全的心理品质和审美能力。

(三)掌握技巧,科学练习

对于教师来讲,要使体态语交流恰当、准确、自然而又富有美感,并非一件易事。"宝剑

---

① 王丽玲.浅谈语文教师的文化修养[J].中小学教师培训.2006.(07).
② [苏]苏霍姆林斯基(赵玮、王义高等译).帕夫雷什中学[M].教育科学出版社,1983.44.
③ 瞿葆奎.教育学文集.教师[M].人民教育出版社,1991.148.

锋从磨砺出,梅花香自苦寒来。"只有付出不懈的努力,播洒辛劳的汗水,认真把握体态语艺术的练习技巧,不断学习、揣摩,体态语艺术能力才会在实践中得到不断地改善与提高。常用的练习方法有:

1. 观察模仿法

每个人时时处处都会展示或表达不同的体态语。生活中,善于用敏锐的眼睛捕捉每一个稍纵即逝的美丽瞬间,将其存入脑海或形诸笔墨,细心对这些体态语进行分析加工和锤炼,使之逐渐臻于完善,便于日后在课堂活动中的灵活运用。另外,观摩优秀教师的公开课,聆听辩论、演讲,观看电影电视等,有目的地观察人物运用的较专业精湛的体态语艺术,吸收其长变为己用,这无疑是提高教师体态语艺术简便快捷的技巧和方法。

2. 自我练习法

伟大的革命先行者孙中山先生和古希腊著名演说家德摩西尼,年轻时都曾对照镜子练习自己的姿态和动作。教师也可利用镜子,自我练习,观察自己的音容笑貌和仪表姿态,发现不妥之处,认真纠正。条件充足的教师,可通过录像记录自己的教学过程,然后观看拍摄材料,认真体会揣摩,巩固并完善成功标准的动作,剔除消极动作,改进自身的体态语艺术。

第三节　教学空间语艺术

教学空间是教学活动的基本要素之一,是师生共同开展教学活动的基本场所,它具有真实性、直观性和感染性等特点。教学空间语是建立在教学有声语言、教学无声语言和载体之上的,联系特定教学过程的现实空间和思维空间的总和,并且以师生内心情感和思想所表达的"无声语言"为主。

一、教学空间语艺术的作用

美国著名人类学家霍尔(Hall)认为,空间的变化会对交际发生影响,可以加强交际的效果,有时还会超过言语的作用。在教学中适当运用教学空间语艺术,不仅能有效激发学生的学习兴趣,还能提高学生的实践能力。

(一)激发活跃的学习气氛

教学空间语是有形的,但更是无形的,它是心理、精神和思维的高度概括和表达。在教学活动过程中,教师综合教室的布局、教学组织形式、教学的硬件设备,激发出活跃的课堂学习气氛、课程背景、思维空间,启发学生的思维,促进学生的想象,教师与学生相互推动,引起时空交融的共鸣,可以激发活跃的学习气氛,取得最佳的教学效果。例如李吉林老师就曾经把《下雨了》一课安排在雨中进行,让学生在雨中观察、雨中感受、雨中品味、雨中表达,教学空间语和教学内容情境的真实一致,极大地促进了学生对教学内容的理解和掌握。

(二)提高学生的实践能力

教师组织教学活动时,空间语丰富、切入点把握得当,能够逐步创建理想的教学空间,提高学生的实践能力。每位教师有自己特定的教学空间,每一节课又有特定的教学空间范围,此外,不同的课型内容需要组织不同的教学空间语言,不同特点的学生也需要不同的教学空间语。这就要求教师在课堂上精心组织,旁征博引,情境交融,拓宽了学生的思维空间,进而培养了学生的实践能力。

二、教学空间语艺术的类型

教学空间涉及教学活动开展的场所及教学活动中各要素之间的位置关系。教学空间语一般包括教师的身体指向、与学生的人际距离、方位角度等几个方面要素。

（一）积极的教学空间语和消极的教学空间语

教学空间语对于教学双方起着重要的相互影响的作用,这种作用也许是消极的,也许是积极的。

积极的教学空间语,它应该是开放的、具有弹性的,不拘泥于课堂和任何僵化形式的,相互激励、主动思维的情境空间语。这种教学空间语具有双方的积极推进作用,有着吸引学生,引导学生主动发现问题、思考问题、解决问题的作用,同时也是对教师的挑战,要求教师不断拓宽自己的知识,加深知识的深度。

消极的教学空间语,它是另一种僵化教条的,灌输的,使教学双方感到疲惫、困倦和压抑的,思维是停滞的语言形式。这里面不仅包含教师的个人因素,而是教学双方的问题,是由于教学空间提前达到学生认知和思维的饱和点甚至疲劳点而导致。

（二）传统的教学空间语和现代的教学空间语

传统的教学空间语,是相对封闭的单一的。它以严谨和经典的固定的思维模式统治师生的思维,缺乏活力和创新力。以教师为主体结构,课堂气氛始终显得严肃、紧张、沉闷,学生之间交谈不多,范围也小,旧的教育观念也限制学生交流。

现代教学空间语,是开放的、富有弹性的。为培养学生的创新思维提供了施展的舞台,其讲授内容不是僵化的、单一的;方法不是限制的、给定的;过程程序不是事先规定的,而是相对自由的,学生主动参与的;答案不是最终的,唯一的。

三、教学空间语的具体实施技能和方式

教学空间语艺术影响着课堂教学的质量和学生的身心发展,其表现形式多样,具体的实施技能和方式如下:

（一）更新教育理念,确立宽松的教学思想,营造生动活泼的教学氛围

教无定法,时代的发展、知识的更新赋予教师更大的教学组织权,这正给教师开创了更大的教学研究空间,促使教师放宽突破对课堂教学组织形式和表达的限制,并且更大地发挥教师的创造力。先进的教学理念会逐步深入人心,贯彻于教学之中,教学空间语艺术无疑是其中重要的一方面。

（二）突破自身思维方式,不拘一格、大胆尝试,有效使用教师教学空间语

教师要突破自身的狭隘和固步自封的思维方式,不拘一格的大胆探索和尝试。充分结合自身个性和特长,广泛学习,积极调整,可以在不同的教学情境中使用不同的教学空间语。具体表现在教师能否掌握身边的教学资源,合理科学地组织利用,充分调动学生的积极性。在备课时教师不应拘泥于固定的教学内容,而应把教学重点放在内容的扩展与编排上,通过巧妙的组合,结合恰当的教学空间语表达给学生,营造生动活泼的教学空间,调动与激发学生的思维,提高教学效率。

（三）研究学生的思维特点、年龄特征和个性特点等,使用恰当的教学空间语

研究学生的思维特点、年龄特征、个性特点等,把握学生的思想感情和精神需求,以学生最感兴趣的学习方式和思维方式组织学习,激发学生的主动性。学生的思维能力要进行培养,充分调动,要鼓励他们用已经掌握的知识去学新的知识,从而培养他们学习和思考的能力。

四、提高教学空间语艺术的途径

教学空间语丰富多样,提高教学空间语艺术的途径包括以下几个方面:

（一）正确把握教师在教学空间中的位置

教师在教室中的空间位置影响着师生之间关系,如果教师经常站在某个同学边上或站

在某一群同学中，就会使其他同学产生一种受冷落感；如果他在教室中一直站在讲台前，他则是在严肃地与学生保持着一段距离，他维护的师生关系是正式的；如果他来到学生中间，那么师生间就会产生一种直接的更接近的感受，使进行交流的要求加强。学生分神时，教师适当地走近他，表示提醒注意。教师应与全体学生保持大致相等的空间距离，以让大家感到，教师对所有学生都是一视同仁的。一般有经验的教师上课时并不老是停留在教室的某一个地方，也不仅仅偏向于几个人，而是时常走到教室的行间去，以控制整个课堂。所以，教师不能停留在课堂上或教室的一个地方，应及时调节与学生的距离和位置，组织好教学和控制好课堂。

（二）合理利用教室内环境的布置和使用

合理安排教室内的物品摆放，能够加强了师生之间的沟通。教室宽敞明亮，墙壁上张贴学生自己的作品，给学生以亲近感；桌椅的排列体现出师生之间的关系和地位上的差异。班级环境整洁美观，物品摆放整齐有序，讲究艺术性和实用性，对教学空间语的使用也起着十分重要的辅助作用。教师环境的布置既要与教学目标和学生的生活特点协调一致，又要符合学生的心理特点，考虑趣味性的同时又不能分散学生的注意力。

（三）课堂空间语要精炼

再重要的话，说得多了，对方的心理空间补挤满了也容易使其产生厌烦感，过犹不及。空间语精练，并不是指少用为精，而是指教学空间语的运用恰当，使学生一听就懂，一看就明白。因此，教学空间语也要简练得当，教师在教学中能够意识这点并巧妙地加以运用，就会增强教学效果，产生出"此时无声胜有声"才是"教学空间语"的价值体现。

第四节　教学板书艺术

文字是人类特有的，要充分挖掘文字的优点，为学生的学习贡献一份力量。板书艺术是文字在教学中的独特发挥，是教师根据教学的需要，在教学用具（一般指黑板）上以书面语言或符号语言进行的表情达意、教书育人。

从板书的表达方式来看，一般分为三种形式：板书、板演和板画。板书是各门课程教学经常用到的形式；板演是教师在黑板上进行例题演算、公式推导、书写方程等；板画是教师在黑板上画出各种需要的图形及表格。当然，三种板书并无严格的区分，有时常常结合使用。

从所表达的内容以及呈现过程来看，板书又可以分为主板书和副板书两种：主板书体现教学内容的重点、难点和关键问题等，是课堂板书的基本骨架，一般保留在教学的全部过程中；副板书主要在黑板一侧写出的零散的分析与演示过程，或单个的字词句等，是对主板书的补充和辅助说明，一般随时擦掉或择要保存。

一、教学板书艺术的作用

板书艺术体现教学内容的精华、教师教学的基本功，是学生有效学习的手段。好的板书设计能够直观地显示课文的脉络，加深学生对讲授内容的理解。

（一）板书体现教学内容的精华

板书是教师对教学内容深入挖掘和整理，科学和艺术地加工而提炼出来的教学内容的精华。教师利用板书可以把教学内容及其内部关系提纲挈领地表现出来，使学生了解教学内容的基本思路。教师也通过板书，找出教学的重点和难点，画龙点睛，使学生明确学习的重点和方向。独具匠心、恰到好处的板书能够深化教学内容的中心思想，

（二）板书综合体现了教师教学的基本功

精湛的板书艺术是教师劳动创造的结晶，它渗透着教师的学识、智慧和教学艺术，是教师教学能力的综合体现。教师通过板书可以弥补课堂语言的不足，丰富课堂教学信息传播的渠道。教师的板书艺术也向学生展示教师多方面的才华，有利于教师威信的确立。教师板书艺术也可以起到调整教学节奏的作用，使师生紧密配合，张弛有度，充分发挥师生的积极性，有效完成教学任务。

（三）板书是学生有效学习的途径

学生通过板书，可以掌握教学内容的思路、基本结构，了解重点、难点。板书能激发学生学习的动机，强化学生的感知和记忆。学生也可以通过板书和教师示范，学会学习的方法，掌握必要的学习技能。通过板书，可以发展学生的感知认知等因素，而且也影响他们非认知因素的发展。

二、教学板书艺术的类型

板书艺术的设计体现了一种教学理念和教学操作的技术水平，在课堂教学质量管理中十分重要。但板书的设计思路线索可以多种多样，可以用相应层次水平的类型加以界定和概括。

（一）以表现形式和手法为依据

从表现形式和手法角度来看，板书可以分为五种类型：

1. 词语式板书

教师在教学中选择或总结出关键性的词语构成的板书。这些关键性词语能反映教学的内容，有一定的内在联系，易于引起学生的思考，能加深他们对课文的理解和记忆。如《爱莲说》一课的板书设计：

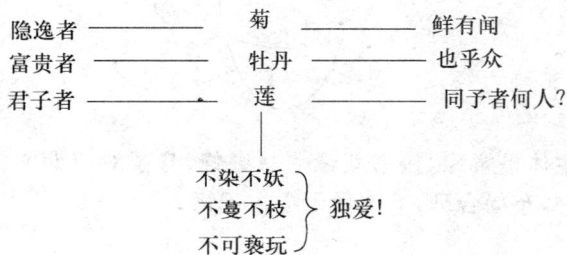

```
隐逸者 ——————  菊  —————— 鲜有闻
富贵者 ——————  牡丹 —————— 也乎众
君子者 ——————  莲  —————— 同予者何人?
                      |
               不染不妖
               不蔓不枝  } 独爱!
               不可亵玩
```

王安第设计这一板书只用 38 个字，以本课内容的基本识为主线，抓住了关键词，表现了荷花高洁的品质，以花喻人，布局精巧，有利于学生自主构建知识网络，全面、深刻地理解教材基本知识。

2. 表格式板书

将板书内容统一列成表格，并在表格中设置合理的空白，让学生从课文中找出或归纳出相关词句填入空白处。这样分类清楚，条理性强，能激发学生强烈的读书欲，训练学生的分析归纳能力。如生物课中"光合作用和呼吸作用"一课可设计板书如下：

	光合作用	呼吸作用
时间	在有光时进行	时刻都进行
位置	具有叶绿素作用	所有活细胞
物质变化	无机物变为有机物	有机物分解
能量变化	光解转变为化学能贮藏在有机物中	释放能量
本质	无机物变为有机物,光能变为化学能	分解有机物,释放能量

李凤华设计

3. 连线式板书

将选定的板书要点用线条或箭头连缀而成,它或是把握课文的情节线索,或是把握作者的情感线索,或是把握事物之间的密切关系,以连线推进形式展现给学生。如《我的老师》一课,可以这样来设计板书:

这个板书设计简单明了,箭头指明了人物间的情感关系,把师爱生、生敬师的情感组成一个菱形的圈,展现课文主体,也有助于学生理解课文。

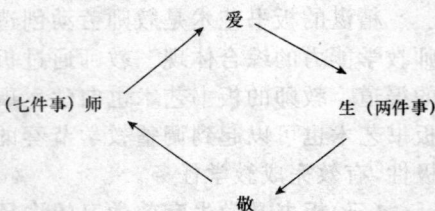

张永成设计

4. 图解式板书

为了显示某些内容的联系规律,或者情节的发展顺序,或者揭示事物的内部关系,采用图解式板书能更形象、更直观地反映其教学内容,学生更容易理解。如《荔枝蜜》一课的板书设计就是典例。

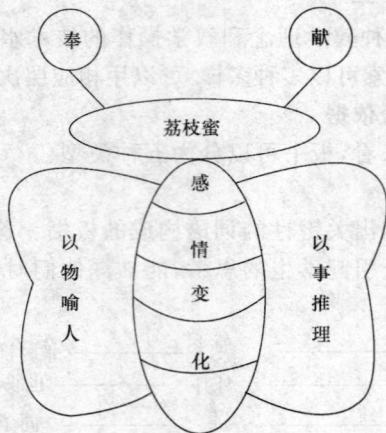

葛平设计

《荔枝蜜》一课的主体是蜜蜂,板书就像一只蜜蜂,身子对应课文主题,翅膀对应文章特色,用词精练,结构匀称,布局合理,非常便于学生记忆。

5. 综合式板书

借助一定的形象(动物、植物、山水、文字)直观地再现课堂内容、教学重点,给学生耳目一新之感。这种板书,是教师用一些简笔画,结合简要的文字说明方式出示的,在美学上的突出作用是其他板书方式难以达到的。如《小马过河》一课:

该板书设计紧扣教材,用词精当,线索分明,将文字、符号、简图巧妙组合,借助图文并茂式板书,引导学生将文字转化为一幅生动形象的图画,趣味盎然,开发学生的想象力,激发学生学习兴趣。

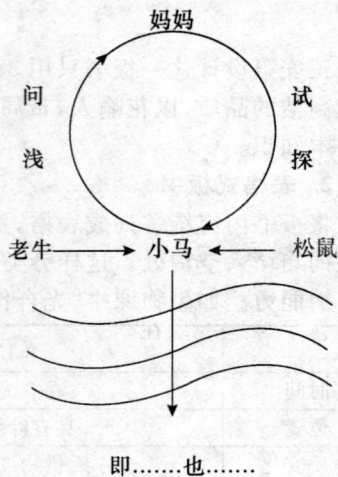

李健设计

（二）以内容和设计思路为依据①

从板书的内容和设计思路来看，可以有十种类型。

1. 要点式板书

教师按讲授的内容，内在的逻辑关系，概括出要点，依次排列而构成的板书。要点式板书是课堂教学中最基本、最为简便的板书样式。要点式板书的长处是：提纲挈领，简明扼要，条理清晰，层次分明，便于学生从整体上把握教学内容。因此，它几乎适用于所有的学科。如初中英语课文《Unit 23 Telephone》一课的板书设计：

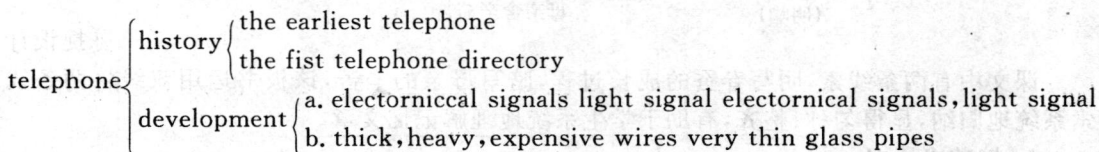

$$\text{telephone} \begin{cases} \text{history} \begin{cases} \text{the earliest telephone} \\ \text{the fist telephone directory} \end{cases} \\ \text{development} \begin{cases} \text{a. electorniccal signals light signal electornical signals, light signal} \\ \text{b. thick, heavy, expensive wires very thin glass pipes} \end{cases} \end{cases}$$

陶畅设计

根据课文内容和讲解顺序，将课文提纲编排书写，突出教学重点，培养学生的分析和概括能力，有助于帮助学生整体理解课文。

2. 提纲式板书

以课文的结构提纲或内容提要为主的板书，能比较完整地反映文章的结构层次或内容要点，有利于学生理解和掌握课文的脉络和写作特点。简言之，就是把"整篇课文概括成一个简单的写作提纲"。如《苏州园林》一课：

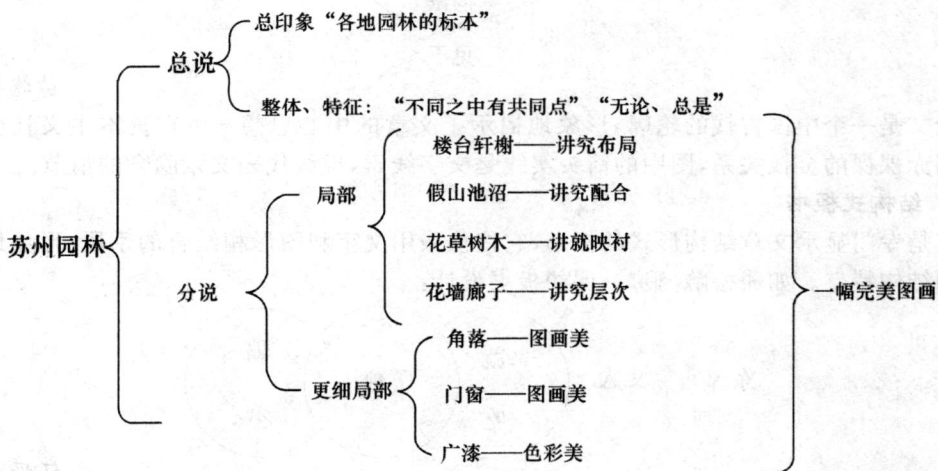

黄敏设计

3. 线索式板书

以教学内容的故事情节、发展过程为逻辑线索构成的板书。这类板书可以把教材的梗概一目了然地展现在学生的面前，使学生对它的全貌有所了解，思路清晰，线条晴朗，因此它常可以收到化繁为简、以简驭繁的效果。如讲授《春蚕》一课的板书设计：

---

① 部分参考自：吴洪成. 现代教学艺术的理论与实践[M]. 河北人民出版社，2009. 353－361.

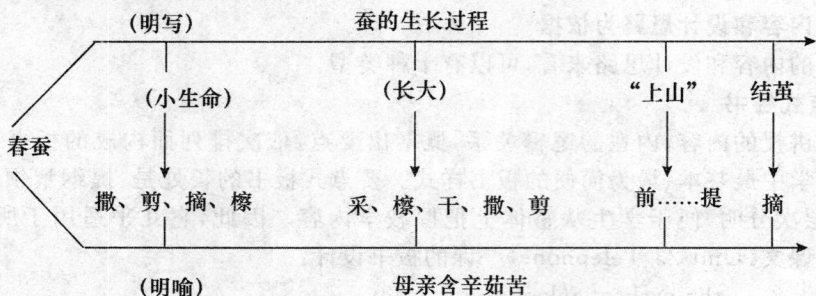

陈捷设计

课文中有两条线索,明写春蚕的成长过程,暗写母亲的辛苦,该板书运用双线将两条线索系统地归纳,显得匀称、整齐,有助于学生系统地理解记忆文章。

4. 情节式板书

按照课文故事情节的发生发展顺序安排板书。如《我的叔叔于勒》一课:

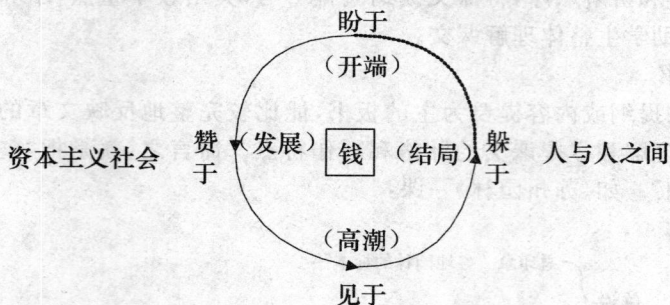

黄修省设计

全文是一个中国古钱的轮廓,形象地揭示了文章的中心思想——在资本主义社会人与人之间赤裸裸的金钱关系,图中的箭头实线是文字线索,虚线代表文章隐含的情节。

5. 结构式板书

这是专门显示文章结构形式的板书,它往往采用文字和图形相结合的手段,形象地显示文字的结构特点。如蒲松龄《狼》一课的板书设计:

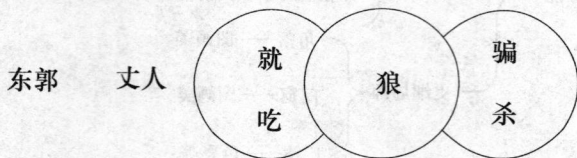

任爱萍设计

课文以狼为轴心,描写赵简子、东郭先生和丈人对狼的不同态度,赵简子"射"狼,东郭"救"狼,丈人"杀狼",狼又反要"吃"东郭,狼"骗"丈人,反又被丈人以智而杀,结构清晰,寓意明确。

6. 对称式板书

此类板书,最能说明课文中人物之间、事物之间、人物与事物之间的关系。如《大作家与小老师》一文,我们可以预设以下的板书:

204

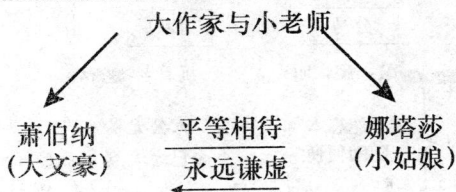

大作家与小老师

萧伯纳　　平等相待　　娜塔莎
（大文豪）　永远谦虚　（小姑娘）

李龙庚设计

板书清晰地反映了两个人物之间的关系，也揭示了课文的深刻内涵。凡描写人物之间互相帮助、密切交往的文章都可以预设这种板书。

7. 对比式板书

此类板书是把课文中同一类的事物归纳起来，进行比较，通过比较辨别异同，便于学生深入理解课文。如地理课中《高、低气压形成》一课的板书：

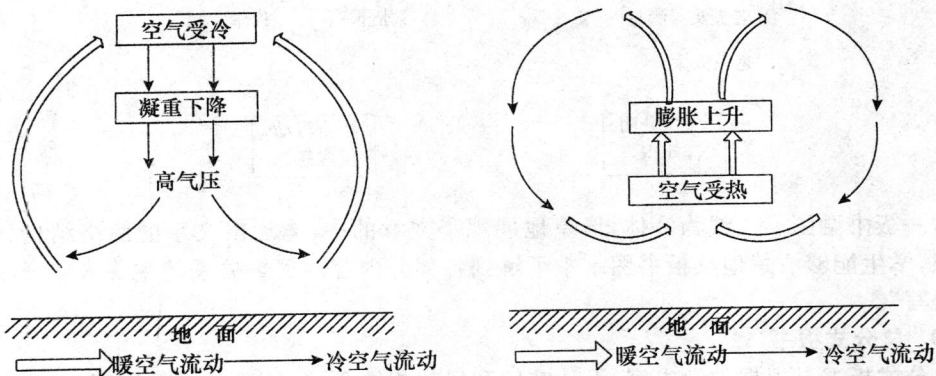

宋相珍设计

这一板书，采用对比形式，讲解地理事物在空间上和时间上的变化规律，形象生动，有利于学生从中悟出气压的变化规律。

8. 辐射式板书

此类板书是文字和线条相结合，围绕一个中心向西周辐射式的。这类板书如果设计得好，对学生把握课文中心，理解课文内容会起到画龙点睛的作用。如《赶海》一课的板书：

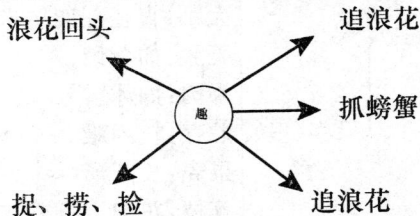

李龙庚设计

这一板书采用两边对称形式设计，中间突出课文中心，两边概括课文内容，既能让学生整体把握课文内容，板书形式也比较美观。

9. 多式合用式板书

此类板书是将几种形式的板书综合在一起使用的板书，它具有一定的创意，艺术形象性强，感染力强，需要在钻研文本的基础上，联系教师和学生的特点，精心设计，在课堂上恰到好处地操作。如《分马》一课的板书：

205

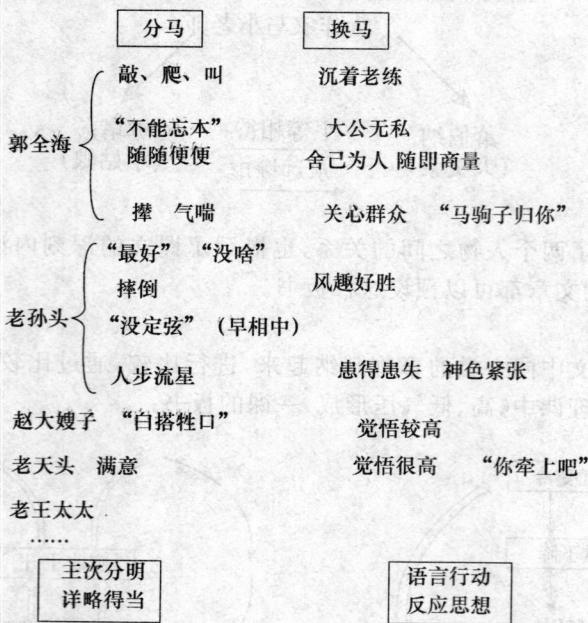

```
            分马              换马

          敲、爬、叫         沉着老练

    郭全海  "不能忘本"        大公无私
          随随便便          舍己为人 随即商量

          撵 气喘           关心群众 "马驹子归你"

          "最好" "没啥"      
    老孙头  摔倒             风趣好胜
          "没定弦" (早相中)

          大步流星          患得患失 神色紧张

    赵大嫂子 "白搭牲口"             觉悟较高

    老天头 满意              觉悟很高 "你牵上吧"

    老王太太
          ……

    ┌─────────┐        ┌─────────┐
    │ 主次分明 │        │ 语言行动 │
    │ 详略得当 │        │ 反应思想 │
    └─────────┘        └─────────┘
```

马笑霞设计

这一板书融图、字、线为一体,形象地展现了文章的中,体现出文字的脉络结构、内容以及思想,学生能够清楚地从板书图示中了解到各部分内容的逻辑关系,"主要人物详写,次要人物略写"。

10. 总分式板书

总分式板书是根据教学内容,设计整体和局部相结合的板书。这种板书条理清晰,有助于学生全面掌握知识结构,形成完整的认识体系,同时有利于学生更好地理解教材的难点和重点。如《南州六月荔枝丹》一课的板书设计:

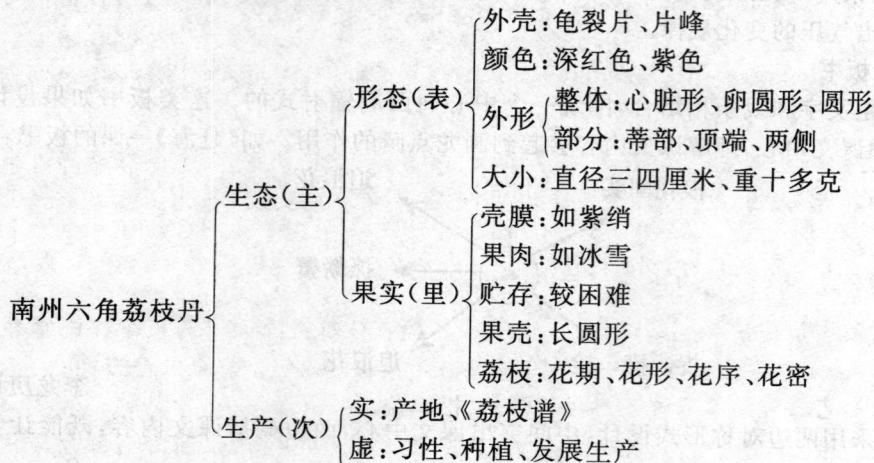

```
                              ┌外壳:龟裂片、片峰
                        形态(表)├颜色:深红色、紫色
                              │     ┌整体:心脏形、卵圆形、圆形
                              │外形┤
                              │     └部分:蒂部、顶端、两侧
              生态(主)┤        └大小:直径三四厘米、重十多克
                      │        ┌壳膜:如紫绡
                      │        │果肉:如冰雪
                      │果实(里)┤贮存:较困难
南州六角荔枝丹┤        │果壳:长圆形
                      │        └荔枝:花期、花形、花序、花密
                      │
              生产(次)┤实:产地、《荔枝谱》
                      └虚:习性、种植、发展生产
```

石银丽设计

板书显示了课文的说明内容和说明顺序,突出说明文特点,有利于学生弄清文字按照从主到次、由表及里的方式组织材料、安排结构的方法。

三、教学板书具体实施技能和方式

在教学实践的过程中,教师要善于发现美的眼睛,也要有创造美的能力,让学生能够达到艺术的享受。所以教师要掌握一定的课堂教学板书艺术的技巧,这样可以增强课堂教学板书的艺术性,使课堂板书更有成效。板书艺术具体实施的技能和方式主要有以下几个方面:

(一)内容精练,重点突出

内容精练是指板书要用凝练的文字或简洁明了的图形、符号反映教学的主要内容。重点突出是指板书要准确反映教学的难点、重点,反映文章的内容、层次和逻辑结构等,不要主次不分或主次颠倒。板书是教材要点的高度概括,每一个字、词、句都要认真思考,提取精华,突出重点,有用则书,无用则略,力求让学生记得简单而明确。

(二)语言科学,准确规范

板书要用词恰当、概括准确、图标规范、线条整齐,用以表达教学内容的板书语言信息符号要恰如其分。恰当的语言、整洁的图形是构成板书的重要要素,板书语言既要简约,更要合乎逻辑,合乎语法规则,避免语病。

(三)条理清晰,布局合理

板书的脉络、层次要清晰明了,各层次之间通过特殊的板书语言而形成一个整体。板书的标题、内容次序与详略,各部分的空间排列等要布局合理。板书的布局美体现在合理、清晰、对称,整个板书要紧凑、匀称、协调、美观大方,给人以美感。

(四)配合讲解,适时呈现

教学时必须考虑板书内容呈现的次序和时间,要与教学内容的逻辑顺序、课堂教学节奏和学生的思维过程相吻合。只有当学生需要的时候呈现,板书才能收到好的效果。

(五)形式多样,启发思维

板书没有固定的模式,同一个教学内容因教学主旨、风格、对象等不同也会有所区别。例如条理性强的内容,可采用提纲式板书,逻辑性强的内容,可采用线索式板书,需要辨别异同的内容,可采用对比式板书等等。但形式并不是为了装饰课堂,衡量板书形式好与不好的主要标准是看它能否在揭示教学基本内容的基础上启发学生的思维,应使板书形式与教学内容和谐统一。

(六)书写规范、流畅,示范性强

规范是指粉笔字字体工整、笔画正确、结构匀称、大小适宜、清洁整齐。流畅是指书写的速度应略快,以增强课堂教学的密度与节奏感。只有合乎规范性的要求,才能产生"润物细无声"的良好影响。

总之,优秀的板书艺术应抓住精、巧、美三个要点,精在内容,巧在构思,美在布局。这不但需要广大教师们认真钻研教材,熟悉教学内容,更需要实践再实践,才能创造出彰显艺术性的课堂教学。

四、提高教学板书艺术的途径

板书又称为微型教案,是课堂教学的重要手段之一。有效发挥板书的艺术在课堂教学中起着积极作用,让学生达到艺术的享受。提高板书艺术的途径包括以下几个方面:

(一)教学板书艺术与教学言语艺术互相配合、相得益彰

课堂教学过程是运用有声语言传递信息的过程,板书是对有声语言的恰当补充、配合,可以使讲授变得生动、形象、具体。为使学生加深对教学重点、难点的印象,教师可以发挥板书的慢节奏特点,与此同时,一边板书一边口述板书内容,这样板书和口语交替的节奏会使学生在视觉、听觉上受到交替的刺激,学校效果大大提升。因此,教师在授课过程中,做到将有声语言和板书自然结合、互相补充,使二者相辅相成、互为补充,才能创造出更加明显的教学效果。

207

（二）从教学内容出发选择板书类型

在选择板书类型时，首先要立足教材内容，通过认真分析和钻研教材，把握教材内容。对于记叙文类型的内容，为了凸显事件的发展脉络和人物关系，板书多采用连线式、要点式、提纲式、线索式和情节式等；对于说明文类型的内容，为了突显事物特征，板书多采用词语式、图解式、要点式、总分式等；对于议论文类型的内容，为了体现完整的情节、语言的生动，板书多采用情节式、结构式、对比式、辐射式等。板书作为教材内容的缩写，要对教材中的内容、定义、原理、公式等进行概括和总结，选择恰当的板书形式展示给学生。板书是一个相互联系的整体，由各个知识点构成完整的知识体系，作为教师讲授的简易教案，板书艺术要从教学内容出发，充分反映讲授内容的脉络，体现知识点之间的逻辑层次和因果关系。

（三）从课型特点出发选择板书类型

选择板书的类型，因课不同，要从课型的特点出发确定板书类型。一般来说，语文课的讲读内容比较多，故多采用词语式、情节式、结构式、线索式等板书方式呈现；物理、化学课的定理、概念性内容比较多，多采用表格式、连线式、提纲式、辐射式等板书方式呈现。总之，板书的设计类型要根据课型的不同而变化。教师应预先安排好，才能掌握教学的主动权，让学生的思路紧跟教学安排。

（四）从学生实际出发选择板书类型

板书类型的选择还要根据学生的认知发展情况而定。同样的内容在不同程度的班级讲授，板书的类型也不尽相同。对于低年级学生比较容易接受形象化类型的板书，适宜采用词语式、要点式、结构式、对比式、辐射式等类型的板书；对于高年级学生比较容易接受逻辑性较强类型的板书，适宜采用连线式、综合式、线索式、多式合用式、总分式等类型的板书。板书不单单是讲授教学内容，每一个图形、每一个例子放在什么位置，以什么形式呈现都要有一个合理的安排，要能够引导学生去思考和探索，充分发挥板书艺术对教学的促进作用，提高学生的学习兴趣。

后 记

　　一直以来,我都在思考:究竟什么样的教学才是好的教学? 究竟什么样的教学方式才能促进学生更快更好地健康发展。随着学生的负担越减越重,社会对课堂教学要效率的呼声也越来越高,我对这个问题的探寻也越加迫切。

　　一日,忙里偷闲,去学校花园中散步。恰至冬日,花草树木皆已衰败。那一片曾经鲜艳的花朵,亦只剩下它光秃秃的茎杆。是什么使这些光秃秃的茎杆来年又能绽放出美丽的花朵呢? 我看着这些寂寞的"茎杆"出神,突然,闪过一丝灵感:是"根"!"根"是植物的生命之本和成长之源,无论多么高大繁茂的树木,如若根部腐烂,也会枯死。万事万物何尝不是如此,生命之道关乎"根",成败关键系于"根"。只有找到事物的"根",根据"根"的习性创设适合"根"生长的环境,才能真正促进事物的发展。教学亦不例外。

　　教学的根究竟是什么呢? 一是学生!这是不容置疑的答案,因为教学的目的和核心就是为了学生的发展。只有我们认真研究、分析和把握学生的本质,根据学生—这一"根"的特性,运用合适的工具,找到有效教学的技能与艺术,才能设计出适合学生生长的教学环境,真正促进学生健康、快速地成长。这本书即是这一思想的延续和升华。

　　我们寻着这条思路,以课堂教学的有效性为核心,召集了几位有兴趣的研究生共同研究关于有效教学的技能与艺术的课题,并且合作完成了这部学术性教材。本书由河北大学教育学院吴洪成教授担任主编,负责确定书稿的体例结构、提纲标题及写作风格。各章分工如下:第一章:吴洪成、张丽晔(河北大学教育学院硕士研究生);第二章:秦俊巧(河北大学教育学院博士研究生);第三章:吴洪成、张慧哲(河北大学教育学院硕士研究生);第四章:甘少杰(河北大学教育学院博士研究生);第五章:于洋(河北大学教育学院硕士研究生);第六章:秦俊巧(河北大学教育学院博士研究生);第七章:王月平(河北大学教育学院硕士研究生)、尚春雅(重庆文理学院培训处讲师)。书稿完成之后,由吴洪成教授教授统稿、审阅并提出具体修改意见,或加以具体修改,统一文字表述方式,秦俊巧博士研究生配合主编共同完成上述各项工作,所有参与者都竭尽全力、诚心诚意,在此深表谢意。

　　书稿完成仓促,不妥之处请读者批评指正。

吴洪成于河北大学教育学院

2010 年 3 月 10 日

郑 重 声 明

为保护广大读者的合法权益,打击盗版,本图书已加入全国质量监督防伪查询系统,采用了数码防伪技术,在每本书的封面均张贴了数码防伪标签,请广大读者刮开防伪标签涂层获取密码,并按以下方式辨别所购图书的真伪:

电话查询:8007072315

短信查询:编辑 FW+密码发送至 1066916018

网站查询:www.707315.com

如密码不存在,发现盗版,可直接拨打 13121868875 进行举报,经核实后,给予举报者奖励,并承诺为举报者保密。